高等学校交通运输专业"十二五"规划系列教材

物流信息技术

WU LIU XIN XI JI SHU

（第2版）

编著 何杰

东南大学出版社
SOUTHEAST UNIVERSITY PRESS
·南京·

内容提要

本书是一部全面介绍物流信息系统概念、技术、设计与开发和应用的教科书。全书分4篇共15章，第一部分为概念篇；第二部分为技术篇；第三部分为设计与开发篇；第四部分为应用系统篇。

本书在第一版的基础上增加了许多新内容，在概念篇深刻描述了物流管理及其信息技术方面的进展，增加新模式的介绍，如O2O、B2B、B2C等电商模式、快递物流、4PL 等；在技术篇增加了声学识别技术、4G手机定位技术、APP技术、网上支付技术、物联网技术等知识；在设计与开发篇增加了物流系统仿真技术和系统安全设计等内容；在应用系统篇中更科学地对系统进行了分类，分公共物流信息平台、电商企业、生产制造企业、服务企业、第三方物流企业、第四方物流企业六类进行探讨，并新选择典型企业南方现代物流公共信息平台、京东、某汽车零部件制造商ERP实施、互联网外卖订餐平台、安得物流和菜鸟网络进行案例分析。

在学习本书之前，应掌握以下基本知识：物流学、管理学、计算机软硬件及网络基础、运输工程学、运筹学等相关课程。

本书适宜于物流、运输及管理类专业本科学生的必修或选修课教材，也可作为从事物流及运输组织以及相关延伸服务（仓储、配送等）工作者、各级行政主管部门及运政机关管理人员的参考书。对从事生产、工业、商业等部门经济管理的工作者也有一定的参考价值。

图书在版编目(CIP)数据

物流信息技术／何杰编著．— 2版．— 南京：东南大学出版社，2017.8
　ISBN 978-7-5641-7335-7

Ⅰ．物… Ⅱ．①何… Ⅲ．①物流—信息技术—高等学校—教材 Ⅳ．①F253.9

中国版本图书馆 CIP 数据核字(2017)第 160370 号

物流信息技术

编　　著	何 杰
选题总策划	李 玉
责任编辑	李 玉
责任印制	周荣虎
封面设计	顾晓阳
出版发行	东南大学出版社
地　　址	南京四牌楼2号
邮　　编	210096
出 版 人	江建中
经　　销	江苏省新华书店
印　　刷	常州市武进第三印刷有限公司
开　　本	700mm×1000mm　1/16
印　　张	26.5
字　　数	480千字
版　　次	2017年8月第2版
印　　次	2017年8月第1次印刷
书　　号	ISBN 978-7-5641-7335-7
印　　数	1—3000册
定　　价	49.80元

* 本社图书若有印装质量问题，请直接与营销部联系，电话：025-83791830。

高等学校交通运输专业"十二五"规划系列教材

编审委员会名单

主 任 委 员 李旭宏
副主任委员 毛海军　朱金福　鲁植雄
委　　　员 （按姓氏笔画排序）
丁　波　毛海军　朱金福　李仲兴　李旭宏　吴建华
张孝祖　顾正洪　鲁植雄　蔡伟义

编写委员会名单

主 任 委 员 李旭宏
副主任委员 毛海军　李玉
委　　　员 （按姓氏笔画排序）
丁　波　马金麟　王国林　王振军　毛海军　左付山
卢志滨　吕立亚　朱彦东　朱艳茹　刘兆斌　江浩斌
李　玉　李仲兴　李旭宏　何民爱　何　杰　宋　伟
张　永　张　远　张萌萌　陈大伟　陈松岩　陈昆山
杭　文　周凌云　孟祥茹　赵国柱　侯占峰　顾正洪
徐晓美　常玉林　崔书堂　梁　坤　鲁植雄　赖焕俊
鲍香台　薛金林　魏新军

执行主编 李　玉

编审委员会委员简介

李旭宏	东南大学交通学院	教授、博导
毛海军	东南大学交通学院	教授、博导
朱金福	南京航空航天大学民航学院	教授、博导
鲁植雄	南京农业大学工学院	教授、博导
李仲兴	江苏大学汽车与交通工程学院	教授、博导
张孝祖	江苏大学汽车与交通工程学院	教授、硕导
顾正洪	中国矿业大学矿业工程学院	副教授、博士
吴建华	淮阴工学院	副院长、教授
蔡伟义	南京林业大学机械电子工程学院	教授、硕导
丁　波	黑龙江工程学院	教授、系副主任

出 版 说 明

　　作为国民经济的重要基础设施和基础产业,交通运输是社会经济发展的重要物质基础,其基本任务是通过提高整个运输业的能力和工作质量,来改善国家各经济区之间的运输联系,进而安全迅速、经济合理地组织旅客和货物运输,保证最大限度地满足社会和国防建设对运输的需求。

　　改革开放以来,我国加快了交通基础设施建设,交通运输业成为重点扶持的支柱产业之一,尤其是20世纪90年代以来,我国采取了一系列重大举措,增加投资力度,促进了交通运输业的快速发展。但是,我国目前的主要运输装备及核心技术水平与世界先进水平存在较大差距,运输供给能力不足,综合交通体系建设滞后,各种交通方式缺乏综合协调,交通能源消耗与环境污染问题严峻。

　　展望21世纪,我国交通运输业将在继续大力推进交通基础设施建设的基础上,依靠科技进步,着力解决好交通运输中存在的诸多关键技术问题,包括来自环境、能源、安全等方面的众多挑战,建立起一个可持续性的新型综合交通运输体系,以满足全面建设小康社会对交通运输提出的更高要求。客运高速化、货运物流化、运营管理智能化将成为本世纪我国交通运输发展最明显的几个特征。

作为国民经济的命脉,交通运输业正面临着重大的战略需求。掌握交通运输技术的人才及其人才的培养自然成为社会各界关注的热点问题。无论是公路运输、铁路运输,还是水路运输、航空运输、管道运输等都需要大量交通运输专业的高级技术与组织管理人才,由他们运用先进的技术来装备交通运输,用科学的方法来组织管理交通运输。

教材建设是培养交通运输人才的基础建设之一,但目前我国对交通运输专业的教材建设却十分滞后,已经很难满足社会经济发展的需要,为此由东南大学出版社策划、并与国家重点学科东南大学载运工具运用工程专家共同组织有关高校在交通运输专业有多年教学科研经验的教师编写了这套"高等学校交通运输专业系列教材"。该套教材融入了作者多年的教学实践及相关课题研究成果,注重交通运输实践性强的特点和科学技术不断向交通运输渗透的趋势,在阐述基本理论、基本方法的同时,引入了大量的实际案例,使这套教材有其显著的特点。相信这套教材的出版,将有助于我国交通运输专业人才的培养,有助于交通运输在我国的社会经济与国防建设中发挥出更大的作用。

高等学校交通运输专业系列教材编写委员会
2007 年 12 月

前 言

(第 2 版)

  2007年在东南大学出版社的支持下,《物流信息技术》(第1版)被列入"高等学校交通运输专业'十一五'规划系列教材",由本人担任主编,东南大学研究生丁和平、刘霞、张小辉、张娣、任秀欢、陈晓义协助编写,于2009年9月发行。

  本次再版吸收了近年来物流管理和信息技术上的新知识,保留了原书的特色和风格,增加了许多新内容,以适应时代要求。

  本书共分四部分内容,第一部分介绍概念(1—4章);第二部分分析技术(5—8章);第三部分为设计与开发(9—12章);第四部分介绍应用系统(13—15章)。编写过程中吸取了近年来物流信息技术上的新知识,系统全面地展现了与物流信息相关的概念、技术、设计开发方法和系统应用知识。本书逻辑清晰,讲述通俗易懂,易教易学,可供有关专业大学生、教师、经理和干部学习参考。

本书由东南大学何杰主编,再版由东南大学交通学院研究生刘子洋、陆兴悦、成诚、张修远、卢文慧协助编写。

本书编写过程中参考了国内外大量的有关物流信息与管理信息系统方面的文献资料,特在参考文献中列出,在此向有关作者表示感谢。

由于编写时间紧和编写人员水平有限,书中难免存在不妥之处,在此恳请读者指正。

编者
2017 年 6 月

目　录

1 管理、信息与系统 1
  1.1 管理基础知识 1
    1.1.1 管理的定义和性质 1
    1.1.2 主要管理科学家的论点 2
    1.1.3 管理科学学派的发展 4
    1.1.4 管理的层次及组织 5
  1.2 信息基础知识 8
    1.2.1 信息的定义和性质 8
    1.2.2 信息生命周期的各阶段 13
  1.3 系统的概念与性质 17
    1.3.1 系统的基本概念和特性 17
    1.3.2 系统的分类 18
    1.3.3 系统性能的评价 19
    1.3.4 系统的计划与控制 20
    1.3.5 系统的分解和集成 21

2 现代物流及其信息化 24
  2.1 现代物流概述 24
    2.1.1 现代物流概念 24
    2.1.2 现代物流系统的构成及其功能 31
    2.1.3 国内外物流特点和发展 32
  2.2 物流信息化及其发展 40
    2.2.1 物流信息化概述 40
    2.2.2 物流信息化的特征 41
    2.2.3 物流信息化技术的新发展 42

2.3 物流信息化建设意义 ………………………………………………… 46
2.3.1 我国物流信息化建设 ………………………………………… 46
2.3.2 物流信息化建设的意义 ……………………………………… 49

3 物流信息系统 ……………………………………………………………… 50
3.1 管理信息系统概述 ……………………………………………………… 50
3.1.1 管理信息系统的定义和概念 ………………………………… 50
3.1.2 管理信息系统的类型 ………………………………………… 52
3.1.3 管理信息系统的结构 ………………………………………… 53
3.1.4 管理信息系统的功能 ………………………………………… 55
3.2 物流信息系统基本概念 ………………………………………………… 57
3.2.1 物流信息系统的概念 ………………………………………… 57
3.2.2 物流信息与物流信息系统的关系 …………………………… 58
3.2.3 物流管理与物流信息系统的关系 …………………………… 61
3.3 物流信息系统的结构、功能和作用 …………………………………… 62
3.3.1 物流信息系统的结构 ………………………………………… 62
3.3.2 物流信息系统的功能 ………………………………………… 63
3.3.3 物流信息系统的作用 ………………………………………… 64
3.4 物流信息系统的模式 …………………………………………………… 65
3.4.1 公共物流信息平台 …………………………………………… 66
3.4.2 电商企业物流信息系统 ……………………………………… 66
3.4.3 生产制造企业物流信息系统 ………………………………… 67
3.4.4 服务企业物流信息系统 ……………………………………… 67
3.4.5 第三方物流企业物流信息系统 ……………………………… 68
3.4.6 第四方物流企业物流信息系统 ……………………………… 69

4 计算机基础 ………………………………………………………………… 70
4.1 计算机系统 ……………………………………………………………… 70
4.1.1 计算机的发展阶段 …………………………………………… 70
4.1.2 计算机的类型 ………………………………………………… 71
4.1.3 计算机的应用领域 …………………………………………… 72
4.1.4 计算机系统的技术指标 ……………………………………… 73
4.1.5 计算机运算基础 ……………………………………………… 73
4.2 计算机软件系统 ………………………………………………………… 77
4.2.1 系统软件 ……………………………………………………… 77
4.2.2 应用软件 ……………………………………………………… 77
4.2.3 程序设计语言 ………………………………………………… 77

4.3　计算机硬件系统 …………………………………………………… 79
　　4.3.1　中央处理器 …………………………………………………… 80
　　4.3.2　存储系统 ……………………………………………………… 81
　　4.3.3　输入/输出设备 ………………………………………………… 82
　4.4　计算机网络技术 …………………………………………………… 83
　　4.4.1　计算机网络的定义 …………………………………………… 83
　　4.4.2　计算机网络的演变和发展 …………………………………… 84
　　4.4.3　计算机网络的功能与应用 …………………………………… 85
　　4.4.4　网络设备和通信介质 ………………………………………… 93

5　物流信息系统的识别与采集技术 …………………………………… 100
　5.1　条形码技术 ………………………………………………………… 100
　　5.1.1　条形码技术概述 ……………………………………………… 100
　　5.1.2　条形码的分类 ………………………………………………… 102
　　5.1.3　条形码的应用 ………………………………………………… 108
　5.2　射频技术 …………………………………………………………… 112
　　5.2.1　射频技术概述 ………………………………………………… 112
　　5.2.2　射频系统的分类 ……………………………………………… 113
　　5.2.3　射频识别技术应用 …………………………………………… 116
　5.3　其他识别与采集技术 ……………………………………………… 120
　　5.3.1　IC卡技术 ……………………………………………………… 120
　　5.3.2　扫描技术 ……………………………………………………… 122
　　5.3.3　光学字符识别技术 …………………………………………… 123
　　5.3.4　声学识别技术 ………………………………………………… 124

6　物流信息传输与跟踪技术 …………………………………………… 126
　6.1　电子数据交换 ……………………………………………………… 126
　　6.1.1　EDI的基本概念 ……………………………………………… 126
　　6.1.2　EDI的系统结构 ……………………………………………… 128
　　6.1.3　EDI的标准和单证 …………………………………………… 130
　　6.1.4　Internet下的EDI及应用案例 ………………………………… 135
　6.2　地理信息系统技术 ………………………………………………… 137
　　6.2.1　地理信息系统简介 …………………………………………… 137
　　6.2.2　地理信息系统的组成和功能 ………………………………… 138
　　6.2.3　GIS在物流系统中的应用 …………………………………… 141
　6.3　卫星导航系统 ……………………………………………………… 142
　　6.3.1　卫星导航系统简介 …………………………………………… 142

  6.3.2　GPS 系统 ……………………………………………………… 144
  6.3.3　其他卫星系统 …………………………………………………… 148
  6.3.4　卫星定位系统在物流中的应用 ………………………………… 151
 6.4　移动通信定位系统 ………………………………………………………… 152
  6.4.1　移动通信网络的概念与发展历程 ……………………………… 152
  6.4.2　手机移动定位系统 ……………………………………………… 153
  6.4.3　移动定位系统的应用 …………………………………………… 157

7　物流信息储存与分析技术 …………………………………………………… 159
 7.1　数据库 ……………………………………………………………………… 159
  7.1.1　数据库概述 ……………………………………………………… 159
  7.1.2　数据库分类 ……………………………………………………… 160
  7.1.3　数据库设计 ……………………………………………………… 162
  7.1.4　数据库设计案例分析 …………………………………………… 163
  7.1.5　数据库的应用 …………………………………………………… 166
 7.2　数据仓库 …………………………………………………………………… 169
  7.2.1　数据仓库概述 …………………………………………………… 169
  7.2.2　数据仓库系统的体系结构 ……………………………………… 169
  7.2.3　数据仓库与数据库的关系 ……………………………………… 170
  7.2.4　数据仓库的应用 ………………………………………………… 171
 7.3　数据挖掘 …………………………………………………………………… 172
  7.3.1　数据挖掘概述 …………………………………………………… 172
  7.3.2　数据挖掘的功能及方法 ………………………………………… 173
  7.3.3　数据挖掘和数据仓库的关系 …………………………………… 174
  7.3.4　数据挖掘的应用 ………………………………………………… 175

8　物流信息的相关辅助技术 …………………………………………………… 177
 8.1　销售点系统技术 …………………………………………………………… 177
  8.1.1　POS 系统概述 …………………………………………………… 177
  8.1.2　POS 系统的组成及特点 ………………………………………… 178
  8.1.3　POS 系统的效益分析 …………………………………………… 180
  8.1.4　POS 在物流管理中的应用 ……………………………………… 182
 8.2　电子订货技术（EOS） ……………………………………………………… 182
  8.2.1　电子订货系统概述 ……………………………………………… 182
  8.2.2　EOS 系统的流程与实施 ………………………………………… 184
  8.2.3　EOS 的作业过程和发展趋势 …………………………………… 185
 8.3　网上支付技术 ……………………………………………………………… 188

8.3.1 网上支付系统概述 …… 188
8.3.2 网上支付模式 …… 189
8.3.3 国内网上支付的发展前景 …… 192
8.4 手机应用软件技术(APP) …… 193
8.4.1 APP概述 …… 193
8.4.2 APP在物流领域的应用 …… 194
8.5 物联网技术 …… 196
8.5.1 物联网技术的概述 …… 196
8.5.2 物联网系统的基本组成 …… 197
8.5.3 物联网主要技术 …… 197
8.5.4 物联网技术在物流行业的应用 …… 199
8.6 其他辅助技术 …… 200
8.6.1 呼叫中心 …… 200
8.6.2 数字分拣技术 …… 204

9 物流信息系统的规划与开发方法 …… 206
9.1 物流信息系统的规划 …… 206
9.1.1 物流信息系统规划概述 …… 206
9.1.2 规划原则 …… 208
9.1.3 规划步骤 …… 208
9.1.4 规划方法 …… 209
9.2 物流信息系统开发 …… 216
9.2.1 物流信息系统开发概述 …… 216
9.2.2 物流信息系统开发的步骤 …… 218
9.2.3 物流信息系统开发的方法 …… 220

10 物流信息系统的分析 …… 231
10.1 系统分析概述 …… 231
10.1.1 系统分析的任务 …… 231
10.1.2 系统分析的特点 …… 232
10.1.3 系统分析的步骤 …… 232
10.2 系统需求分析 …… 233
10.2.1 需求分析概述 …… 233
10.2.2 需求分析 …… 234
10.3 组织结构与功能分析 …… 242
10.3.1 组织结构图 …… 242
10.3.2 组织/业务关系分析 …… 242

10.3.3　业务功能汇总表 …………………………………………………… 243
　10.4　业务流程分析 ……………………………………………………………… 244
　　　10.4.1　业务流程分析 …………………………………………………… 244
　　　10.4.2　业务流程图 ……………………………………………………… 244
　10.5　数据与数据流程分析 ……………………………………………………… 246
　　　10.5.1　调查数据的汇总分析 …………………………………………… 246
　　　10.5.2　数据流程分析 …………………………………………………… 249
　10.6　功能/数据分析 …………………………………………………………… 254
　　　10.6.1　U/C矩阵的建立 ………………………………………………… 254
　　　10.6.2　正确性检验 ……………………………………………………… 254
　　　10.6.3　U/C矩阵的求解 ………………………………………………… 255
　　　10.6.4　系统功能划分 …………………………………………………… 255
　10.7　物流系统仿真技术 ………………………………………………………… 257
　　　10.7.1　物流系统仿真技术概述 ………………………………………… 257
　　　10.7.2　物流系统仿真技术流程 ………………………………………… 259
　　　10.7.3　物流系统仿真软件 ……………………………………………… 259

11　物流信息系统的设计 …………………………………………………………… 263
　11.1　物流信息系统设计概述 …………………………………………………… 263
　　　11.1.1　物流信息系统设计的目标与主要内容 ………………………… 263
　　　11.1.2　物流信息系统设计的原则和方法 ……………………………… 265
　11.2　物流信息系统的总体设计 ………………………………………………… 266
　11.3　代码设计 …………………………………………………………………… 268
　　　11.3.1　代码设计的目的、作用与原则 ………………………………… 268
　　　11.3.2　一维代码的种类 ………………………………………………… 269
　　　11.3.3　二维码 …………………………………………………………… 272
　　　11.3.4　代码的检验 ……………………………………………………… 272
　11.4　数据库设计 ………………………………………………………………… 273
　　　11.4.1　数据库设计内容 ………………………………………………… 273
　　　11.4.2　关系数据库逻辑设计步骤 ……………………………………… 274
　　　11.4.3　数据库设计的实现与维护 ……………………………………… 276
　11.5　输入/输出设计 …………………………………………………………… 277
　　　11.5.1　输入设计 ………………………………………………………… 277
　　　11.5.2　输出设计 ………………………………………………………… 279
　11.6　模块功能与处理过程设计 ………………………………………………… 281
　　　11.6.1　模块功能设计 …………………………………………………… 281

  11.6.2　处理过程设计 ································· 283
 11.7　物流信息系统安全设计 ································· 286
  11.7.1　物流信息系统安全概述 ······················ 286
  11.7.2　物流信息系统安全设计 ······················ 287
  11.7.3　物流信息系统安全设计评价 ··············· 288
 11.8　物流信息系统设计报告 ································· 289

12 物流信息系统的开发与实施 ································· 291
 12.1　物流信息系统实施概述 ································· 291
 12.2　物流信息系统实施内容 ································· 293
  12.2.1　程序设计 ··· 293
  12.2.2　程序和系统调试 ································· 298
  12.2.3　新系统的建立 ···································· 300
  12.2.4　系统的运行和维护 ····························· 302
 12.3　物流信息系统的管理与控制 ························ 304
  12.3.1　物流信息系统的项目计划变更管理 ····· 305
  12.3.2　系统项目的进度管理与控制 ··············· 306
  12.3.3　系统建设的质量管理与控制 ··············· 307
  12.3.4　物流信息系统的安全与控制 ··············· 309
  12.3.5　人员管理及培训 ································· 311
 12.4　系统的文档管理 ··· 312
  12.4.1　文档与文档管理 ································· 312
  12.4.2　系统各类文档的内容 ·························· 312
 12.5　物流信息系统的评价 ···································· 316

13 物流管理及其信息技术 ······································· 319
 13.1　生产物流管理(MRP/MRPⅡ/ERP) ············ 319
  13.1.1　物料需求计划(MRP)系统概述 ········· 319
  13.1.2　制造资源计划(MRPⅡ)系统概述 ······ 324
  13.1.3　企业资源计划(ERP)系统概述 ·········· 327
  13.1.4　信息技术在MRP、MRPⅡ和ERP中的应用 ··· 332
 13.2　配送需求计划(DRP) ·································· 334
  13.2.1　配送需求计划(DRP)系统概述 ·········· 334
  13.2.2　信息技术在DRP中的应用 ················· 336
 13.3　物流资源计划(LRP) ·································· 337
  13.3.1　LRP系统概述 ··································· 337
  13.3.2　信息技术在LRP中的应用 ·················· 339

13.4 准时制生产方式(JIT) ·········· 339
　　13.4.1 JIT 系统概述 ·········· 339
　　13.4.2 信息技术在 JIT 中的应用 ·········· 341

14 物流信息系统模式 ·········· 342
14.1 物流信息系统模式——公共物流信息平台 ·········· 342
　　14.1.1 公共物流信息平台概述 ·········· 342
　　14.1.2 国内外公共物流信息平台建设现状 ·········· 345
　　14.1.3 公共物流信息平台设计 ·········· 347
　　14.1.4 物流园区公共物流信息平台 ·········· 350
14.2 电商企业物流信息系统 ·········· 352
　　14.2.1 电子商务概述 ·········· 352
　　14.2.2 电子商务物流概述 ·········· 355
　　14.2.3 电商企业物流信息系统构建 ·········· 356
14.3 生产制造企业物流信息系统 ·········· 359
　　14.3.1 生产制造企业物流概述 ·········· 359
　　14.3.2 生产制造企业物流信息系统设计 ·········· 360
14.4 服务企业物流信息系统 ·········· 361
14.5 第三方物流企业物流信息系统 ·········· 364
　　14.5.1 第三方物流企业概述 ·········· 364
　　14.5.2 第三方物流企业物流信息系统 ·········· 365
　　14.5.3 快递物流信息系统 ·········· 373
14.6 第四方物流企业物流信息系统 ·········· 375
　　14.6.1 第四方物流企业概述 ·········· 375
　　14.6.2 第四方物流企业物流信息系统 ·········· 379

15 物流信息系统案例分析 ·········· 384
15.1 公共物流信息平台案例:南方现代物流公共信息平台 ·········· 384
　　15.1.1 南方现代物流公共信息平台概述 ·········· 384
　　15.1.2 南方现代物流公共信息平台设计 ·········· 385
　　15.1.3 南方现代物流公共信息平台建设实施 ·········· 387
15.2 电商企业物流信息系统案例:京东物流信息系统 ·········· 388
　　15.2.1 企业概况 ·········· 388
　　15.2.2 京东企业物流信息系统 ·········· 388
15.3 生产制造企业物流信息系统案例:某汽车零部件制造商 ERP 实施案例 ·········· 390
　　15.3.1 企业引入 ERP 系统的必要性 ·········· 391
　　15.3.2 ERP 项目的实施过程 ·········· 392

15.3.3　引入 ERP 系统后的效果 …………………………………………… 393
15.4　服务企业物流信息系统案例:互联网外卖订餐平台 ……………………… 394
　　15.4.1　平台兴起背景 ………………………………………………………… 394
　　15.4.2　平台的订餐流程 ……………………………………………………… 394
　　15.4.3　分析与评价 …………………………………………………………… 395
15.5　第三方物流企业物流信息系统案例:安得物流信息系统 ………………… 396
　　15.5.1　公司简介 ……………………………………………………………… 396
　　15.5.2　安得物流信息系统建设 ……………………………………………… 396
15.6　第四方物流系统案例:菜鸟网络 …………………………………………… 398
　　15.6.1　菜鸟网络的兴起背景 ………………………………………………… 398
　　15.6.2　菜鸟网络的战略规划 ………………………………………………… 399
　　15.6.3　菜鸟网络的模式分析 ………………………………………………… 400
　　15.6.4　菜鸟网络的建设分析 ………………………………………………… 401

参考文献 ………………………………………………………………………………… 403

1 管理、信息与系统

学习目标

- ➢ 掌握管理、信息与系统的含义
- ➢ 理解并掌握几个管理科学家的观点
- ➢ 了解管理学派的发展
- ➢ 掌握管理的层次及组织的结构形式
- ➢ 掌握信息与管理信息的特性及信息的价值
- ➢ 熟悉信息生命周期的各个阶段
- ➢ 掌握系统的特性与分类
- ➢ 掌握系统的分解与集成

管理信息系统(Management Information System,MIS)作为一门新兴的边缘学科,虽然它的理论、内容、方法等还都处在发展之中,许多方面还有待于进一步完善,但是,就管理信息系统本身来说,它已经形成了一套比较完整独立的科学体系,建立起了自己明确的研究对象和解决问题的方法及手段。本章将分别对管理、信息与系统的基础知识作一些介绍。

1.1 管理基础知识

管理信息系统是服务于管理的,管理是信息系统服务的对象。对对象了解得越清楚,就能服务得越好。因而懂得基本的管理知识是很重要的。

1.1.1 管理的定义和性质

管理是人们有目的、有意识的实践活动,是指管理者在一定的社会条件(资源与环境的约束)下,为了实现预定目标对各种资源和实施环节进行规划安排,优化控制活动的总称。它的实质是通过对资源的合理配置,达到以最小的投入获得最大效益的目的。

管理具有目的性、约束性、实践性和艺术性等特征,管理学是现代社会中一门重要的学科,下面介绍一下有关的理论方法。

1.1.2 主要管理科学家的论点

1) 泰勒

泰勒于1911年发表了《科学管理原则》一书,第一次把科学原则应用于管理领域,也将管理带入科学殿堂,因而被称为"科学管理之父"。他把科学管理的基本原理归纳为:

①凭科学代替凭粗浅的经验办事;
②做到彼此合作,避免个人主义;
③集体行动协调,避免不合拍;
④追求产出最大,避免使它受到约束;
⑤尽最大可能培养工人,使他们和公司都取得更大的成就。

这些基本原理已有了资本主义后期"把蛋糕做大"的思想,主张劳资双方把注意力转向增加盈余而非盈余的分配上。

2) 甘特

甘特是泰勒较有名的追随者,他创立的甘特图至今仍是一种流行的简易的方法。因为它的内在思想简单,基本是一条线条图,横轴表示时间,纵轴表示活动(项目),线条表示在整个期间上计划和实际的活动完成情况。它直观地表明了任务计划在什么时候进行及实际进展与计划要求的对比。管理者由此便能极为便利地弄清一项任务(项目)还剩下哪些工作要做,并可评估工作是提前、滞后还是正常进行。

(1) 基本的甘特图

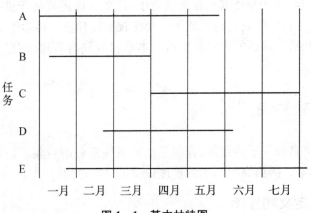

图1-1 基本甘特图

(2) 带有分项目的甘特图

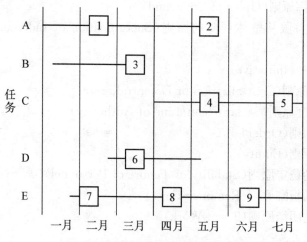

图 1-2　带有分项目的甘特图

(3) 带有分项目和分项目网络的甘特图

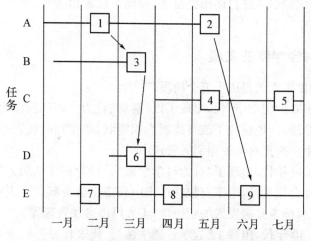

图 1-3　带有分项目和分项目网络的甘特图

3) 法约尔

他是管理学先驱之一,他的管理功能理论认为管理功能包括计划、组织、命令、协调和控制,管理的内容包括 6 项:技术、推销、财务、安全、会计和经营。管理并不是专家或经理独有的特权和责任,而是企业全体成员(包括工人)的共同职责,只是职位越高,管理责任越大。他在实践基础上总结出 14 条管理原则:

(1) 劳动分工原则(Division of Work)

(2) 权力与责任原则(Authority and Responsibilities)

(3) 纪律原则(Discipline)

(4) 统一领导原则(Unity of Direction)

(5) 统一指挥原则(Unity of Command)

(6) 个人利益服从整体利益的原则(Subordination of Individual Interest to the General Interest)

(7) 首创精神(Initiative)

(8) 集中的原则(Centralization or Decentralization)

(9) 等级制度原则(Scalar Chain/Line of Authority)

(10) 秩序原则(Order)

(11) 公平原则(Equity)

(12) 人员的稳定原则(Stability of Tenure of Personnel)

(13) 人员的报酬原则(Remuneration)

(14) 人员的团结原则(Team Work)

4) 迈约

他是行为科学学派的主要代表人物,在30年代和西方电气公司合作进行了著名的霍桑试验,结果表明试验小组无论照明是加强还是减弱,生产率均在提高。主要原因在于小组成员因为试验引人注目而感到自豪,因而可以看出士气、关系、社会因素是管理的成功因素。

1.1.3 管理科学学派的发展

管理科学的发展大致经历了五个阶段。

第一阶段是20世纪20年代,出现了以"泰勒制"为代表的科学管理。代表作是泰勒的《科学管理原理》。他研究了改直线制为职能制、动作和时耗、分工、劳动定额和计件工资等问题,第一次把科学原则引入管理中。

第二阶段是30年代,出现了"行为科学学派"。行为科学认为人是社会的人,企业应关心职工,为社会做贡献,职工有权在产出中获得生活资料。代表作是迈约的《工业文明中人的问题》,他主张激发人的积极性,工人可以参加管理等。

第三阶段是40年代,出现了"数学管理学派"。代表作是苏联康托纳维奇著的《生产组织与计划中的数学方法》。他认为生产指挥的问题主要是数学问题。

第四阶段是50年代,出现了"计算机管理学派"。他们把计算机广泛用于管理之中,在50年代末到60年代初期形成了计算机管理的第一次热潮。但在60年代末期,由于兴建的许多信息管理系统约有50%不成功,人们陷入迷惘。

第五阶段是70年代,出现了"系统工程学派"。代表作是华盛顿大学教授卡斯著的《组织与管理——从系统出发的研究》。

第六阶段是80年代,出现了"企业过程再工程"(Business Process Reengineering,BPR)的思想。BPR以企业过程为对象,从顾客的需求出发,对企业过程进行根本性的再思考和彻底的再设计;以信息技术和人员组织为使能器(enabler),以求达到企业关

键性能指标和业绩的巨大提高或改善,从而保证企业战略目标的实现。BRP 有以下 4 个关键点:

① 出发点　使顾客满意,企业战略发展

② 特征　企业性能的巨大提高

③ 途径　改变企业过程

④ 手段　以 IT 的应用和人员组织的调整为方法

后一种学派的产生,一般不是对前一种学派的否定,相反,是对前一种学派的弱点进行修正,使前者的愿望更好地得以实现。例如行为科学激励工人更好地完成定额,更便于科学管理的实现;计算机的出现使数学方法的应用更为可能,促进了应用数学的发展;而系统工程则是集过去之大成,更加综合,更加全面,它主张分析环境,确定系统目标,什么方法合适就用什么方法。

1.1.4　管理的层次及组织

1) 管理的层次

管理可分为高层管理、中层管理和低层管理三个层次。

高层管理者是企业组织的高级执行官,其主要作用是确立企业组织的目标。他们主要负责与外部环境进行联系,比如同金融机构、政界要员、重要供应商或客户等沟通。

中层管理人员负责分配资源以实现高层管理人员确立的目标,主要通过在其职权范围内执行计划并监督低层管理者来完成。

低层管理者负责监督日常业务活动,他们通常监督指导比如记录订货、收取支票、控制存货和维修设备之类的活动。一旦出现如定价错误或日常设备损坏等问题,低层管理者就应出面解决这些问题。

2) 管理的组织

管理组织是保证管理目标实现的重要手段,是管理的重要问题。

(1) 组织的含义

组织是一个由人和其他各种资源所组成,为达到某一个目标的集合体(即系统),组织又是权力、特权、义务和责任的集合,是一个处于平衡状态的集合体。

组织是 MIS 的根基,建立 MIS 首先应考虑组织因素。MIS 是一个人机系统,人的部分便是由组织结构、组织目标、工作方式等构成。

(2) 组织的结构

组织结构是指组织的各个单元及其与整个组织的连接方式。形式归纳起来可以分为以下几种:

① U 型组织

即直线职能制组织结构(Unitary Structure),它是一种内部一元化领导的组织形式。

• 纯直线制的形式,即每个下级只有一个上级,见图1-4。

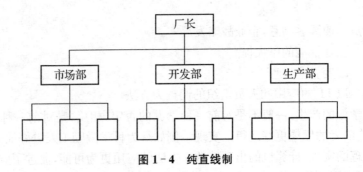

图1-4 纯直线制

这种形式在生产企业已几乎绝迹,它只适用于任务明确,而又要求领导集中、控制严格的情况。这可以说是一种树状组织。

• 直线职能制组织,即每个部门可以接受两个或两个以上单位的直接指令性或指导性领导,如图1-5所示。

这里,下属各车间和厂长之间属直线序列,它意味着权力的直接隶属。而职能部门,一般设市场、生产、会计、人事等科室或处室,则不属于直接权力序列,他们无权命令各车间,但有权在全厂制定的规则的基础上办理事务手续。如果手续不符合规定,他们可以不予办理,如手续符合规定他们必须办理。

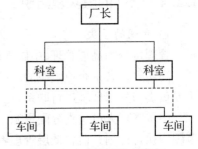

图1-5 直线职能制组织

职能制的执行往往走样。由于职能部门比较接近领导,而且完全从事管理工作,因而有为厂长或总经理代行权力的情况,导致他们权力的增长,形成对直线下属亦有领导作用的情况,如图1-6所示。

这种组织形式的优点是减少了厂长的负担,缺点是增加了车间的负担;而且容易造成"政出多门",办事效率低下等现象。

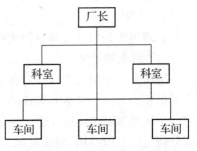

图1-6 直线职能制组织

② M型组织(Multidimensional Structure)。

M型组织又称为矩阵式组织,由于组织中职能部门的权力过大和直线组织的分段引起任务的分割,每个功能似乎均有人负责,而无人对整个任务或整个任务的过程负责。为了加强任务过程的负责制,许多组织采取了矩阵式组织。矩阵式组织由二维组成,一维是直线组织,另一维是任务,这个任务或为产品,或为项目,其形式如图1-7所示。

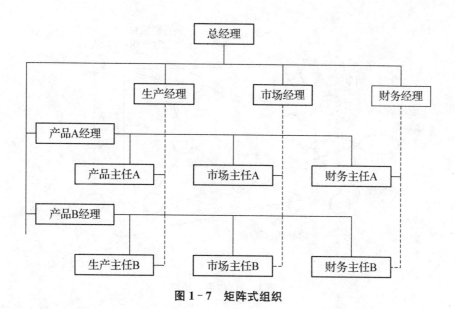

图 1-7 矩阵式组织

事业部制组织结构,它是矩阵式组织在更大范围即大公司范围的实现,组织结构如图 1-8 所示。

事业部一般按产品来划分,如某大型通信设备公司分为程控交换机部,无线寻呼台部等。事业部有较大的自主权,自己下设市场部、生产部

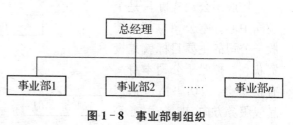

图 1-8 事业部制组织

等,但下设各事业部不是完全子公司,主要表现在两方面,一方面是有些事务还是归全公司管;二是它有为全公司服务或管理的义务。

在领导关系方面,M 型组织实现了多元化的领导。一些上下级之间的直接领导关系变成了指导关系,同级之间,在过去的统一领导下的配合关系变成了相互协调关系。多元化的领导必然意味着权力的下放,决策的下放,这样下级才能主动工作。随着信息技术的发展,管理的幅度扩大,过去一个"头"最合适的下属数是 7~8 个,否则很难深入领导,现在可以扩大到 30 个,因而组织呈现了扁平化的趋势,也就是在组织结构上有"压扁金字塔"的趋势。扁平化的组织是在决策权下放、协调加强的前提下而得以实现的。组织结构见图 1-9。

③H 型组织(Holding Company Structure)。

无论是 U 型组织或 M 型组织,对组织顶层来说均是共有一个"头"的组织,"多头"只表现在中间层,如多个事业部,多个项目组等。如果在组织中引入外部的"头"的成分,组织就发展成为含有"多头"的 H 型组织,其形式如图 1-10 所示。

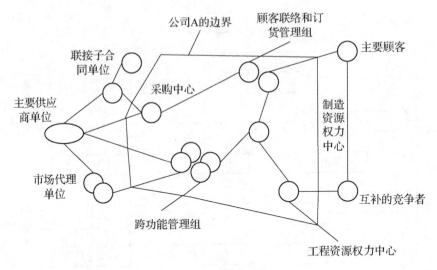

图 1-9 扁平化组织

控股子公司实际只是个利润中心。本公司总部对控股子公司的主要目标就是投资获利。控股子公司本身又有董事会，一切事情包括产品或服务方向、市场、财务等均由自己决定。本公司总部只能通过董事会施加影响，不能直接干预。

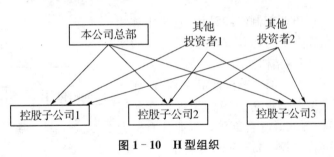

图 1-10 H型组织

由于本公司投资的多少，对于公司的影响力也就不同，所以下属子公司又可分为全资子公司、控股子公司和参股子公司。

H 型组织的进一步发展就是虚拟组织(Virtual Organization)。

1.2 信息基础知识

信息是管理信息系统最重要的组成部分。管理信息系统能起多大作用，对管理能做出多大贡献，都取决于有没有足够的和高质量的信息。

1.2.1 信息的定义和性质

1) 数据与信息

日常生活中，关于信息的解释很多，数据和信息也是经常分不开的。

(1) 数据

数据是人们用来反映客观世界而记录下来的可以鉴别的符号,如字母、数字、文字等。这个定义实质上包含着两方面的含义:

一方面是它的符号特性。数据是对客观事实的记录,这种记录必然要利用一些特定的符号,这是数据的具体表现形式。常用的符号是数字、文字、字母和一些专用的符号。另外,图形、图表、图像等也是数据的表现形式。

另一方面是它的客观性。数据是对客观事实的描述,它反映了某一客观事实的属性。这种属性通过属性名和属性值来表达。例如,"产量 10 台"是反映企业生产成果的一个数据,其中"产量"是这个数据的属性名,而"10"则是这个数据的属性值。属性名和属性值必须同时存在,数据才能完整地反映客观事实。如果离开了属性名,数据就失去了所反映的对象,属性值也就失去了意义。同样,如果数据没有属性值,就不能反映客观事实的具体特性,因而也就失去了作为数据的价值及意义。

(2) 信息

由于人们可以从不同的角度去解释,所以目前没有一个关于信息的确切定义。但是,借助于人们对信息的有关认识,可以帮助我们从本质上理解信息的含义。下面是几种有代表性的关于信息的定义:

①信息是数据所表达的客观事实,数据是信息的载体。

②信息是能够帮助我们做出决策的知识。

③信息是导致某种决策行动的外界情况。

④信息是表征事物状态的普遍形式。

(3) 数据与信息的关系

数据与信息的关系可以用一个简单的示意图来表示,见图 1-11。

人们将数据和信息的关系,形象地解释为原料和成品之间的关系,将数据看做是原料,而信息则是制成品。因此,同样的一组数据,对另外的人来说,可能就是信息。这如同某个部门的原料,就是另外一个部门的成品一样。同理,一组数据对某个人来说是信息,对另外的人来说可能就是数据。例如,在企业中,零件的成本对一个销售人员来说可能是信息,而对另一个负责确定当前库存价值的会计而言,它可能就只代表数据。

图 1-11 数据与信息关系示意图

2) 信息与管理信息的特性

(1) 信息的基本特性

①事实性。

这也是信息的真实性、准确性、精确性和客观性等,信息是人们决策或行动的依据,因此,不符合事实的信息,必然会给人们的决策或行动造成意想不到的错误。事实是信息的中心价值,事实性是信息的最基本性质,所以在收集信息时,必须首先研究它的事实性。

②等级性。

信息的等级性是和管理系统的层次性相对应的,不同的管理层次要求有不同的信息。管理有高、中、低三层,对应的信息有战略级、策略级和执行级。不同级别的信息,在其内容、来源、精度、加工方法、使用频率、使用寿命和保密程度上都是不同的,见图1-12。

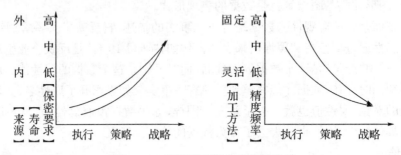

图1-12 不同级别信息的属性比较

③扩散性。

扩散性是信息的一种本性,信息总是力图通过各种渠道和手段向外扩散。信息的扩散性会产生两种影响:一方面它有利于知识的传播;另一方面它不利于保密,会造成知识的贬值,给信息的拥有者带来损失,像盗版软件的传播,因此,人们往往在推动信息有利扩散的同时,还要利用各种手段来阻止信息的不利扩散,如制定保密法、专利法、出版法等。

④可压缩性。

我们可以对信息进行浓缩、集中、精炼以及综合,并保持信息的本质,很像物质中的液化气或压缩饼干。例如,关于牛顿第二定律的论述可以压缩到一个简单的公式中;很多的实验数据可以组成一个经验公式;长串的程序可以压缩成框图;许多现场运行的经验可以编成手册等。

⑤传输性。

人们可以利用各种各样的传输手段向外传输信息。新的技术革命超越了用文件、报纸、书刊传递信息的限制,开始用光速等各种电信手段高效率地传输信息。它开阔了人们的眼界,提高了人们认识世界的能力,推动了社会的进步。

⑥共享性。

信息的共享性表现为同一则消息可以为众人所利用,这和实物的交换是相反的。信息的共享性有利于信息成为企业的一种资源,达到企业信息的共享后,才能很好地利用信息进行企业的计划与控制,从而有利于企业目标的实现。

⑦转换性。

信息、物质和能源是人类现在利用的三项宝贵资源。三者有机的联系在一起,形成三位一体,互相不能分割,并且可以转换。"知识就是力量"的说法,也是信息的转换性的一种描述。

⑧再生性。

用于某种目的的信息,可能随着时间的推移而失去其原有的价值。但是,对于另外一种目的,它可能又有了新的用途,新的价值。信息的再生性可以使人们从别人认为无用的信息中提炼出对自己有用的信息,并且这也是人们用于收集信息的重要手段。

(2) 管理信息的基本特性

管理信息(Management Information, MI)是信息的重要组成部分,也是管理信息系统管理的对象。它是在企业生产经营活动过程中收集的,经过加工处理后,对企业管理和决策产生影响的各种数据的总称。它通过数字、图表、表格等形式反映企业的生产经营活动状况,为管理者对整个企业实现有效的管理提供决策依据。管理信息除具有信息的一般特性外,还具有一些独有特性:

①时效性。

企业的生产经营活动和外部的环境都是在不断变化的,管理信息也会随着时间的推移发生老化,因此,管理信息是有寿命有时效的。任何时间的延续,都可能使管理信息失去原有的价值。

②目的性。

管理信息能反映企业生产经营过程的运行情况。因此可以帮助人们认识和了解生产经营过程中出现的问题,为各种决策提供科学的依据。对任何管理信息的收集和整理,都是为了某项具体的管理工作服务的,都有明确的目的性。

③系统性。

管理信息是在一定的环境和条件下,为实现某种目的而形成的有机整体,它必须能全面地完整地反映经济运动的变化和特征。因此,任何零散的、个别的信息都不足以帮助人们认识整个生产经营活动的发展变化情况。

④大量性。

管理信息要从不同的角度反映生产经营活动过程各方面的情况。企业规模越大,产品工艺越复杂,其信息量也越大。对这些大量的信息,若单靠人工来处理已经很难适应现代化管理的需要,因此必须采用电子计算机来对企业信息进行管理。

⑤非消耗性。

管理信息在一定的时间内可以多次为多方面所使用,而本身并不消耗。例如,企业的劳动定额既可以用来制订生产计划,又可以用来计算工资或者用来计算成本,这就是管理信息的非消耗性。

3) 信息的价值

怎样确定信息的价值呢?是什么能使某类信息具有很高的价值,而某些信息则毫无价值呢?我们不可能以美元为单位来精确度量信息的价值,我们能够做的就是按照信息的维度——时间、内容和形式(见表 1-1)来确定人们对信息的需要。运用上述三个维度,能够确定对人们有价值的信息的一些特征。

表 1-1 信息的维度

参考标准	特征
时间	1. 及时性:在人们需要时及时获得的信息 2. 新颖性:最新的信息
内容	1. 准确性:无差错信息 2. 相关性:与你要做的事相关的信息 3. 完整性:你要了解的完整的信息
形式	1. 详尽性:信息应详尽适当 2. 呈现性:信息应以最适当的形式(叙述、图形、彩色、打印、影像、声音等)被提供

除了上述所用方法,信息的价值还有两种衡量标准:一是使用效果;一是所花的社会必要劳动量。

(1) 按使用效果来计算信息的价值

这种方法认为信息的价值是在决策过程中该信息所增加的收益减去获取信息所花费用的差值。这里所说的收益是指在选择设计方案时,用信息进行比较并选择多个方案中最优的一个,比不用信息随便选一个方案要好,两种方案所获经济效益做比较。

$$P = P_{\max} - P_i \tag{1-1}$$

式中:$P_{\max}$——最好方案的收益;

P_i——任选某个方案的收益。

比较合理的是用几种方案的期望收益代替 P_i,再书写严格一些:

$$P = \max[P_1, P_2, \cdots P_n] - \sum_{i=1}^{n} \frac{1}{n} p_i \tag{1-2}$$

如果不是在多个方案中选一个,而是直接利用信息和模型选的最优方案,那么上式应为:

$$P = P_{opt} - \sum_{i=1}^{n} \frac{1}{n} p_i \tag{1-3}$$

式中:P_{opt}——最优方案的收益。

在工厂中订生产计划时,可以用计算机多订几个计划,从中选择一个最好的计划,其收益也应当这样计算。

(2) 按照社会必要劳动量来计算信息产品的价值。即:

$$V = C + P \text{ (value cost profit)} \tag{1-4}$$

式中:V——信息产品的价值;

C——生产该信息所花成本;

P——利润。

例如书籍的价值就可以这样计算。生产书所用的纸张、能源、设备折旧和人工费用等就是成本,再按国家规定的合理利润率算出利润,就得到书的价值。提供信息服务的各种学习班也可以这样定价,学习班所需的教材、请教员、做实验、租用教室及其他服务所花费用,加上合理的收益,即得出办班的价值,由此可算出学生应交的学费。

值不值得收集信息,或值不值得使用新的信息系统,要用"全情报价值"来衡量。所谓全情报价值是指获得全部情报,对客观环境完全了解,得到最优决策,与不收集情报所得最好收益之差。

4) 信息在管理中的作用

信息是人们从事各项管理活动的依据,是企业生产经营活动过程中必不可少的一项资源。随着生产技术的发展,信息在管理中的地位越来越重要,作用也越来越明显。

① 信息是管理活动的基础。

为了提高管理决策的科学性和正确性,减少管理活动的盲目性,必须以获得足够的信息为前提条件。人们从事任何一项管理活动,都必须首先了解和掌握与此项活动有关的信息,才能制定出正确的行动计划,才能对计划执行情况进行组织和控制。

② 信息是管理活动的核心。

企业的任何管理活动都是以信息的加工和转换为基本内容的。通过信息的加工转换,指导、控制和反映企业生产经营活动的过程,并且在这一过程的任何一个环节上,每一项具体的管理工作,也都是以信息处理为核心的。

③ 信息是提高企业效益的保证。

由于信息是企业的一种必不可少的资源,因此对于这种资源的开发利用必然会给企业带来相应的收益。开发利用信息资源,对于正确选择企业的发展方向,保证企业与社会之间的协调;对于提高管理效率,保证各种物质要素的充分利用;对于提高企业技术水平,保证技术的不断进步等都有十分重要的作用。所有这些都会促进企业经济效益的提高。

④ 信息是联系企业管理活动的纽带。

企业是一个系统,是一个有机的整体,企业各层次各个部门的管理活动,必须以信息为纽带紧密地联系在一起,使管理者和被管理者、管理者和管理者之间,都能围绕着系统的最高目标而从事各项工作。

1.2.2 信息生命周期的各阶段

信息和其他资源一样是有生命周期的,信息从产生到消亡,经历了要求、获得、服务和退出四个阶段。其生命周期见图 1-13。

要求是信息的孕育和构思的阶段,人们根据所发生的问题,要达到的目标,假想可能采取的方法等,构思所需要的信息的种类和结构。获得是得到信息的阶段,它包括信息的收集、传输以及加工成合用的形式,达到使用的要求。退出是

图 1-13 信息生命周期

信息已经老化、失去价值,没有保存的必要,就把它更新或销毁。

信息的整个生命周期,对应管理信息系统中的6个环节,即信息的收集、传输、加工、存储、维护、使用。其中,信息的收集和使用是两个比较困难的环节,它与特定的人和特定的决策目的有关。下面介绍每个环节的特点。

1)信息的收集

信息收集遇到的第一个问题就是信息的识别,即确定信息的需求。它要由系统目标和客观情况调查出发,加上主观判断规定数据的思路。方法有三种:

①由决策者进行识别。

决策者是信息的用户,他最清楚系统的目标,也最清楚信息的需要。向决策者调查可以采用交谈和发调查表的方法。

②系统分析员亲自识别。

信息分析员不直接询问信息的需要,而是了解工作,与管理人员交谈,从客观的角度分析信息的需要,并把信息的需要和其用途联系起来,弄清企业的信息需求。

③两种方法结合。

先由系统分析员观察得到基本信息要求,再向决策人员调查,补充信息。

信息识别以后,然后就是信息的采集。由于目标不同,信息采集的方法也不相同,大体有三种方法:

①有目的的专项收集。

例如我们要了解企业利润的留成情况,就要有意识地了解几项信息,发表格或亲自去调查。

②自下而上地广泛收集。

它服务于多种目标,一般用于统计。这种收集有固定的时间周期,固定的数据,一般不随便改动。

③随机积累法。

调查没有明确的目标,或者是很宽的目标,只要是"新鲜"的事就把它积累下来,以备后用,至于今后是否有用现在还不十分清楚。

2)信息的传输

信息传输的理论最早是在通信中研究的。它一般遵守香农模型,见图1-14。

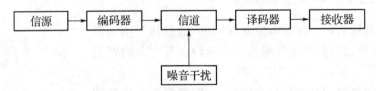

图1-14　信息传输的一般模式

信息的传输在管理信息系统中有非常重要的作用,只有通过信息的传输,才能实现信息的共享,发挥它的作用,最终实现它的价值。它的分类见表1-2。

1 管理、信息与系统

表 1-2 信息传输的分类

时间传输	把数据与信息储存起来,使信息能随时间的流逝而不断传输下去。如用写字、打字、印刷、照相、唱片、磁带、磁盘等方法把信息储存起来以备将来使用	
空间传输	就是通讯,解决信息传输的空间距离。因为任何一个组织活动总是在一定条件和环境下进行的,它必然要与整个社会及其他有关方面发生多种联系	1. 人工传输:人与人之间的通讯,如交谈、演讲、汇报等 2. 人与机器之间的通讯:利用人造卫星进行遥测,利用现代化通讯技术解决远距离信息传输等 3. 自动化传输系统:机器与机器之间的通讯,如机器的自动控制

3）信息的加工

数据加工成为信息的过程：

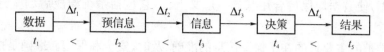

数据加工以后成为预信息或统计信息,统计信息再经过加工才成为信息。信息经过使用才能产生决策,有决策才有结果。每种转换都需要时间,因而不可避免地产生时间延迟,这也是信息的一个重要特征——滞后性。信息的这个特征会造成信息有时不能反映现实的最新动态,这就要求我们要更深入地研究,以便满足系统的要求。

按时间分,信息可分为一次信息和二次信息。信息加工的一般模式见图 1-15。

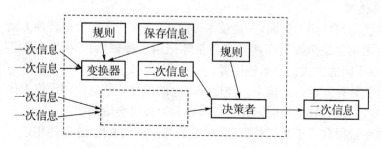

图 1-15 信息加工的一般模式

在加工中,按处理功能的深浅可分为预加工、业务处理和决策处理。

4）信息储存

经过加工后的信息,有的并不立即使用,有的虽已使用,但今后可能还要用,所以要将信息储存起来。储存起来的信息和其他资源的特征有着很大不同,信息资源是可重复使用的,当信息被检索和使用后,它并没有失去原来的价值,相反,由于使用增加了它的可信度,可能会增值。

信息储存和数据储存的设备是相同的,主要有三种:纸、胶卷和计算机存储器。但信息储存强调的是思路,即为什么要储存这些数据,用什么方式储存这些数据,利用什么介质,将来有何用,经济上怎么合算等。

为了更方便信息的处理和检索,信息储存首先应考虑信息的组织。信息组织可分为物理组织和逻辑组织。物理组织是指安排合适的地点,寻找合适的介质来存放信息(比如记录在纸上还是记录在磁带、磁盘等磁性介质上),这里应考虑信息的安全以及使用的方便性。逻辑组织则是指按照信息的内在联系及使用的方式,把大量信息组织成合理的结构,从而提高查找的速度,为使用信息的人员提供方便。

信息的存贮方式也是由系统目标确定的,信息保存时间的长短,也要根据系统的要求确定,认为保存信息越多越好,越长越好的观点是错误的,因为我们在保存信息时还应考虑经济上是否合算。

5) 信息的维护

信息的维护是指保持信息处于可以使用的状态。狭义上说,它包括经常更新存储器中的数据,使数据均保持合用状态。广义上说,它包括系统建成后的全部数据管理工作。

信息维护的主要目的在于保证信息的准确、及时、安全和保密。准确是指数据是最新的并在合理的误差范围内;及时是指信息的维护能及时地提供信息;安全是指防止信息受到破坏,同时采取一些安全措施,在万一被破坏后,能较容易地恢复数据;保密是当前十分关注的问题,由于信息被盗的情况越来越多,现在采取了许多技术来防止这种情况,在机器本身内部方面往往采用了密码方式。密码的方式主要有换位、替代和成组替代字母等。

6) 信息使用

信息的使用包括两个方面,一是技术方面;二是如何实现价值转换方面。

技术方面主要是指如何高速度高质量地把信息提供给使用者。即根据不同的需求,将信息以不同的方式提供给使用者。

信息价值转化方面是指信息在使用深度上的提高。信息使用深度大体上可分为三个阶段,即提高效率阶段、及时转化价值阶段和寻找机会阶段。

提高效率阶段联系于数据处理阶段,是手工作业机械化,这时使用信息技术的主要目的是提高效率,节省劳动力。

及时转化阶段是指信息已用于管理控制,人们已经认识到信息的价值要通过转化才能实现。鉴于信息的寿命有限,掌握信息后必须及时做出决策,使其转化及时。

寻找机会阶段的一个特征是信息商品化,信息成为易于存取、易于定价和易于流通的商品,使之不被局部占用。组织处在这样一个信息社会中,如果只凭组织本身的能力去预测和决策,很可能因丢失眼前闪过的机会而损失严重。我们应该应用信息商品化来促进信息更好地共享和发挥信息系统的潜力,提高信息系统的经济效益。

1.3 系统的概念与性质

系统这个词是经常用的,比如神经系统,微机系统,社会系统等。系统为描述和理解许多有组织的现象提供了有用的依据。一个系统不是一组随意组合的基本组成部分,它是由具有共同目标、目的和任务而集合在一起的许多基本组成部分组成的。下面我们来介绍一下系统的基础知识。

1.3.1 系统的基本概念和特性

1) 基本概念

(1) 系统(System)。

系统是指由许多元素随机地结合在一起并执行特定功能以达到特定目标的集合体。系统是一个相对的概念,在系统的内部还有系统,系统内部的系统称为子系统(Subsystem)。

(2) 元素(Element)。

组成系统的各个事物或部件称作系统的元素,一般元素都具有自己独立的功能,例如,一个计算机系统有硬件和软件,各软件又有各自的功能。

(3) 系统结构(Architecture)。

系统结构是指系统内各元素之间存在的物理或逻辑关系的集合。元素之间的联系方式有很多,比如各元素在数量上的比例关系,时间上的先后关系,空间上的连接关系,组织上的隶属关系等。

(4) 系统功能(Function)。

系统的功能即系统要达到一定目标所要具备的各种能力,是系统的基本属性。元素、结构和环境共同决定了系统的功能。系统的功能实现就是通过接受物质、能量与信息,将其进行变换,产生并输出另一种形式的物质、能量与信息的过程。

(5) 系统环境(Environment)。

相对于系统内部而言的系统外部环境,简称环境。如果一句话作为系统,上下文则是它的环境,称为语境。不同环境造就不同的系统,所谓"一方水土养一方人",说的就是这种情况。

(6) 系统输入和输出(Input and Output)。

系统的输入是指系统从外界接受的物质、能量和信息;输出是指输入系统的物质、能量和信息经过系统变换后产生另一种形态。

(7) 系统接口(Interface)。

系统与环境的边界作用点或子系统之间的连接点称为接口。

(8) 系统边界(Boundary)。

把系统与环境分开来的某种界限,叫做系统的边界。系统边界的划分一方面既要使边界包含系统的元素、结构及目标所共同涉及的范围,另一方面又要在满足系统目标的前提下,使边界包含的内容尽可能地少。

上面概念之间关系用图1-16来说明。

2) 系统的特性

一般系统有以下特点:

◇系统是由部件组成的,部件处于运动状态。

◇部件之间存在着联系。

◇系统行为的输出也就是对目标的贡献,系统各要素和的贡献大于各要素贡献之和,即系统的观点1+1>2。

◇系统的状态是可以转换的,在某些情况下系统有输入和输出,系统状态的转换是可以控制的。

一个实际系统的一般模型是一个输入,一个处理过程和一个输出,当然这是非常简化了的,因为一个系统可以有几个输入和几个输出,见图1-17。

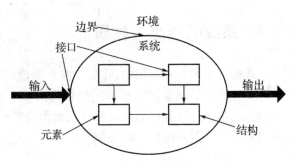

图1-16 系统概念之间的关系

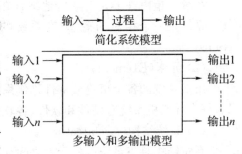

图1-17 系统的一般模型

1.3.2 系统的分类

系统的分类就是将具有某种相同属性的系统归并到一起,以便研究不同系统的特点。分类方法多种多样,这里介绍几种主要的分类方法:

1) 按系统的复杂程度

①物理结构系统。

如建筑、桥梁、仪器仪表、计算机、汽车、飞机等均为物理结构系统。它们的共同点是由一些无生命的物理元件构成,为人类提供一定的服务。

②生物系统。

凡是有生命的系统都属于生物系统。从微生物到植物,从植物到动物,它们的共同特点是由不同的细胞构成。事实上细胞本身也是一个生物系统,细胞虽小,但却比任何物理结构系统都更复杂。

③人类系统。

人作为动物进化的最高阶段,其复杂程度大大高于任何生物系统,人类的语言运用能力、学习能力、发明创造能力和想象力是目前已知的生命体所无法比拟的。

④社会系统。

社会是指由一定的经济基础和上层建筑所构成的人类生存环境的整体,其中包括文化、艺术、宗教、法律、经济、政治等多方面。

⑤宇宙系统。

包括地球在内的所有已知和未知的星球。

2) 按系统结构

因为完成一项任务(例如作一个决策)时,人和机器都进行了一些活动。这个机器的基本组成部分(计算机硬件和软件)是相当封闭的和确定的,然而这个系统中的人是开放的和随机的,因此人和机器可能构成各种各样的组合。例如,让计算机进行重要工作,而人仅仅监督它的运行等。

3) 按系统与环境的关系

①封闭系统。

封闭系统是说我们可以把系统和外界分开,外界不影响系统主要现象的复现,比如计算机程序,它仅接受预先定义的输入,处理它们,并提供预先定义的输出。

②开放系统。

开放系统是指不可能和外界分开的系统,如商场,如果不让进货,不让顾客出入,就不能称之为商场。见图1-18。

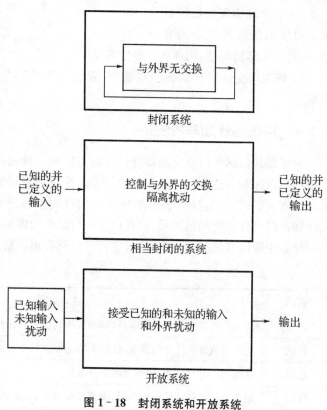

图1-18 封闭系统和开放系统

1.3.3 系统性能的评价

系统性能的评价可以从以下四点来说:

1) 目标明确。每个系统均为一个目标而运动,这个目标可能由一组子目标组成。系统的好坏要看它运行后对目标的贡献,因而目标明确合适是评价系统的第一指标。

2) 可靠性。指系统运行的可靠程度,当系统出现异常和故障时,采取哪些方法和措施来防止系统破坏。

3) 接口清楚。子系统之间有接口,系统和外部的连接也有接口,例如工厂和原料供应单位,工厂和运输部门之间接口都有明确规定。好接口的定义应十分清楚,见图1-19。

4) 结构合理灵活。子系统的连接方式组成系统的结构,连接清晰,路径通畅,冗余少等,才能合理实现系统的目标。而且系统的环境是多变的,这就要求结构灵活,以便更好的实现系统目标。

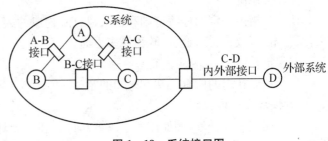

图1-19 系统接口图

5) 能观能控。只有系统能观能控,系统的工作质量才会提高,才会对目标做出贡献。

1.3.4 系统的计划与控制

为实现其目标任何系统均要进行计划与控制。计划是一个预先设定的行动指南,它表示出目标和为达到目标所必需的行动。控制是测量实际和计划的偏差,并进行校正。计划有正式的,也有非正式的,非正式的计划容易造成不一致和不完全的结果,正式计划不仅可作为行动的纲领,而且也是执行结果的评价基础。

计划中所用名词非常多,我们将它们区分整理出较精确的定义,见表1-3。

表1-3

名词	定义
目标	要达到的能测结果的说明,比如缩短接到任务到任务完成的时间
目的	将要完成什么任务的说明,比如不增加设备又不增加人的服务
战略	达到目的的总途径,比如提高服务质量
政策	道德伦理可接受的行为界限,决策界限和标准,比如系统边界
计划和预算	达到目标的具体行动和活动的调度进度表及费用,比如改善教育设备的利用率

上述名词的相互关系见图1-20。

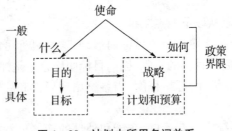

图1-20 计划中所用名词关系

计划是由远至近,由面至点分层进行的。层次见表1-4。

表1-4 计划的层次

战略计划 (五年及以上)	企业应当进入什么行业领域?如何筹集资金?如何分配现有资源?
策略计划 (1~5年)	实现长期计划的投资模型是什么?如何决定设备位置、扩建、停用,以使利润最大?产品系列中应增加、减少什么产品?最佳产品价格模型是什么?
运行计划 (1~12个月)	原料获得、库存水平、分配系统结构、路线和模式,怎样使运行最优?怎样和长期计划衔接?
调度和发放 (现时)	当前设备运行的顺序是什么?怎样吻合下一周期的运行要求?

控制是测量实际和计划的偏差,并采取校正行动的过程。这个过程见图1-21。

由图可以看出这个系统可以通过输入的改变,影响系统的输出。我们通过测量装置得到输出结果,送给控制装置,由控制装置按照一定的规则产生反馈信号,利用反馈信号改变输入,以达到控制输出的目的。

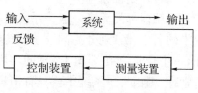

图1-21 系统的控制模型

1.3.5 系统的分解和集成

1)系统的分解

(1)分解目的

在表述和研究系统的过程中,通常要涉及对系统的分解和处理。这是因为面对一个庞大而又复杂的系统,我们无法通过一张图表把系统中所有元素之间的关系表达清楚,这时就要将系统按一定的原则分解成若干个子系统。分解后的每个子系统,相对于总系统而言,其功能和结构的复杂程度都大大降低。对于较复杂的子系统,我们还可以对其进行进一步的分解,直至达到要求为止。这样得到的各子系统即形成一个层次结构,如图1-22所示。

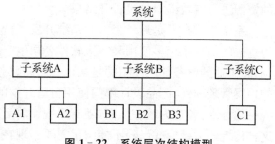

图1-22 系统层次结构模型

对子系统的分解可以从各种不同的角度来进行。例如,从职能的角度可将企业分成生产、后勤、财务、市场等子系统;从管理活动的角度又可以分为作业控制、管理计划和战略决策等子系统。无论何种系统，当把它分解成子系统时，必须要明确各个子系统的边界和接口，这样才能将各子系统有机地结合起来。

(2) 分解原则

系统的分解过程事实上就是确定子系统边界的过程。每个人根据对系统理解的方式与角度的不同，对子系统的划分也将出现不同的结果。为了保证系统分解的准确性及其合理性，一般来说需要考虑如下几个原则：

① 功能聚合性原则

系统内部的元素通常按功能聚集原则来进行子系统划分，各子系统按功能构成进行划分，例如材料采购子系统、生产计划子系统、销售子系统、财务子系统、设备与库存子系统等。再如软件系统通常由若干模块构成，各模块分别具有各自的功能，若干模块聚集则构成子系统。

② 可控制性原则

系统内部的元素一般是系统可控制的，而系统外部的元素则不可控制，因而在把系统中的若干元素划分为同一子系统时，该子系统应能管理和控制所属的所有元素。例如，一个企业中销售部门经理的聘用归上级人事部门管理，销售人员的聘用归本部门自行管理，则销售子系统中就只有销售人员的人事档案管理模块。

③ 接口标准化原则

系统在分解的过程中，需要定义大量的接口，接口是子系统之间的连接点，即子系统输入、输出的界面，在信息系统中接口的功能是十分重要的。通过接口系统可完成以下几个方面的工作：过滤，即通过接口去掉不需要的输入或输出元素；编码/解码，即将一种数据格式转换成另一种数据格式；纠错，即输入或输出错误的检测和修正；缓冲，即让两个子系统通过缓冲区耦合，完成同步。标准化接口有助于提高系统之间信息交换的效率，增强系统的扩充能力。

2) 系统集成

系统集成(System Integration)，一般认为就是为了达到系统目标而将各类可利用的资源进行有效组织的过程和结果。

系统集成技术是近年来引起系统开发人员及用户普遍重视的一个新技术。这是因为过去的信息系统多使用某一家软件公司生产的产品，或是使用某个专用的软件系统，例如，企业的财务部门使用的是某个公司的财务软件，人力资源部使用的是另一家公司的档案管理软件，产品设计部门使用自己开发的 CAD 软件，企业信息系统的构成没有统一的标准，各自为政。然而，随着系统朝着复杂化、大型化、网络化的方向不断发展，这种传统的系统模式已经不能满足需要。现在，越来越多的情况是以适合用户的需要为原则，对多个厂家的产品进行系统集成。

信息系统集成可以分为三个不同的层次，如图 1-23 所示。

（1）硬件集成

硬件集成用以解决系统之间硬件的连通问题，如网络的互联，这是系统集成的最低层次。

（2）软件集成

软件集成用以实现不同软件系统之间数据和信息的交换，设计统一的接口规范，解决系统的兼容性，这是系统集成的中间层次。

（3）信息集成

也称数据集成，是指实现不同系统之间数据和信息的共享，减少数据的冗余度，提高信息资源的利用率，它是系统集成的最高层次。

图1-23 系统集成层次结构

复习思考题

1. 管理的定义和性质是什么？和其他学科比较，管理的性质有何不同？
2. 几个具有代表性的管理科学家的关键论点是什么？管理科学学派经过了几个阶段的发展？
3. 管理的层次如何划分的？管理的组织形式有哪几种？你认为现在企业应该采用什么样的组织形式较好？
4. 根据本章的学习，构思并写出一篇关于企业管理的文章。
5. 什么是数据？什么是信息？数据与信息之间的关系又如何？试举例说明。
6. 信息有哪些基本性质？管理信息有哪些基本性质？二者的不同点在哪？
7. 如何衡量信息的价值并实现其价值？
8. 信息生命周期各阶段的特点是什么？如何利用周期使信息发挥更好作用？
9. 什么是系统？它的特性是什么？
10. 系统是怎样分类的？思考一下有没有别的分类方法？
11. 系统性能评价指标有哪几个？
12. 为什么实施系统的计划与控制？怎样去实施？
13. 为什么要对系统进行分解？系统的集成有哪些？
14. 通过学习本章，说说你的心得体会。

2 现代物流及其信息化

学习目标

- 了解物流的内涵和物流系统的分类
- 熟悉现代物流系统的构成及其各子系统的功能
- 了解物流信息化的定义和任务
- 理解物流信息化的特征
- 了解物流信息化技术的新发展
- 了解物流信息化建设的意义

2.1 现代物流概述

物流是国民经济的动脉系统,物流业正成为各企业、各地区乃至国家的新的经济增长点。本章阐述现代物流的基本概念,以及现代物流系统的构成和功能,是系统掌握现代物流理论、优化物流信息管理与运作所必需的基础知识。

2.1.1 现代物流概念

1) 物流的内涵

"物流"一词起源于第二次世界大战期间美国的军事应用(Physical Distribution,PD),直译为"物资分配",日本将其定为"物流"。战后,物流在企业界得到应用和发展,因此出现"物资管理"(Materials Management)、"配送工程"(Distribution Engineering)、"企业后勤"(Business Logistics)、"市场供应"(Market Supply)、"物流管理"(Logistics Management)等词来表述物流的内涵,现在多以 Logistics 表示。而物流在我国被重视和得到较大的发展是近二十年的事。

"物流"泛指物质资料实体在进行社会再生产过程中,在空间有目的性的(从供应地向接收地)实体流动的过程。它联结生产和消费,使货畅其流,物尽其用,促进生产不断

2 现代物流及其信息化

发展,满足社会生产、消费的需要。也有文献表述为"高效、低成本地将原材料、在制品、产成品等由其始发地至消费地的流动和储存,以及与其有关的信息流进行计划、实施和控制的过程,以达到满足用户需求的目的";"物流是物质资料从供给者到需求者的物理性运动(包括处在供给者内部的物理性运动),是创造时间价值和场所价值的活动(包括一定的加工附加值)"。

对物流的定义,学者们出于不同的侧重点(企业、工程、管理)有各种不同的提法,一般来说归纳为狭义的和广义的两种。狭义的"物流",仅指作为商品的物质资料的空间运动过程,属于流通领域的范畴。广义的"物流",则还包括物质资料在生产过程中的运动过程,即物流既发生在流通领域,又包含在生产领域之内。在此我们讨论的是广义的物流。

"物流"作为一个专用学科名词,它包含了物质资料在流动过程中的技术和管理活动。因此,"物流"的含义可以表述为:物质资料在生产过程中各个生产阶段之间的流动和从生产场所到消费场所之间的全部运动过程;包括运动过程中的空间位移及与之相关联的一系列生产技术性活动。这个技术包括自然技术和管理技术。由于物流技术的提高,降低了物质资料、产成品在流转过程中的费用,提高了经济效益和社会效益,因此被喻为"第三利润源泉"。

世界上对物流的定义有多种表述,虽然表述文字不一,但内涵丰富,有很好的参考价值。

1963年(美国)全国物流管理协会(National Council of Physical Distribution Management,NCPDM)对物流的定义是:物流是为了计划、执行和控制原材料、在制品及制成品从供应地到消费地的有效率的流动而进行的两种或多种活动的集成。这些活动可能包括:客户服务、需求预测、库存控制、物料搬运、订货处理、服务支持、工厂及仓库选址、采购、包装、退货处理、废弃物回收、运输、仓储管理。1985年美国物流管理协会(Council of Logistics Management,CLM)将物流的定义更新为:物流是对货物、服务及相关信息从供应地到消费地的有效率、有效益的流动和储存进行计划、执行与控制,以满足客户需求的过程。该过程包括进向、去向、内部和外部的移动,以及以环境保护为目的的物料回收。这两个定义的区别,前者强调了具体的物流活动,"有效率的流动";后者突出了管理效益,强调"有效率、有效益的流动",物流管理的战略导向是客户需求。应该说后者的表述适应的领域更为广泛。

加拿大供应链与物流管理协会(Canadian Association of Supply Chain & Logistics Management,CASCLM)在1985年的定义是:物流是对原材料、在制品、产成品及相关信息从起运地到消费地的有效率的、有效益的流动和储存进行计划、执行和控制,以满足客户需求的过程。该过程包括内向(inbound)、外向(outbound)和内部流动。到2000年基本上采用了美国物流管理协会的定义,只是进一步作了综合。

欧洲物流协会(European Logistics Association,ELA)在1994年发表的《物流术语》(Terminology in Logistics)中定义物流为:物流是在一个系统内对人员或商品的运输、安排及与此相关的支持活动的计划、执行与控制,以达到特定的目的。

日本后勤系统协会(Japan Institute of Logistics Systems，JILS)在 1992 年 6 月将物流改称为"后勤"，该协会的专务理事稻束原树 1997 年对"后勤"下了如下定义：后勤是一种对于原材料、半成品和成品的有效率流动进行规划、实施和管理的思路，它同时协调供应、生产和销售各部门的利益，最终达到满足客户的需求。

2) 物流的形成与发展

物流是随着一个国家或地区的经济发展而发展的，其中最为典型的例子是日本。

(1) 日本物流的发展

日本物流的发展，经历了五个阶段：

◇第一阶段——经济复兴阶段(1945—1953 年)

当时日本战后百废待兴、急需恢复经济。国内商品流通主要靠铁路运输，物流渠道尚未理顺，这时期的物流主要指运输。

◇第二阶段——以生产为主导的阶段(1954—1963 年)

出于其经济高速增长，进入以生产为主导的时代。日本企业界真正引进了"物流"新概念，开始重视物流管理工作，强化了物流职能的作用，如加强运输、储存、包装、装卸搬运等物流过程各环节和管理工作。

◇第三阶段——以流通为主导的阶段(1964—1973 年)

这是物流事业大发展的时代。从整个经济发展形势来看，商业、物流大发展，促使了物流基础设施的修建：世界上第一条高速铁路——东海道新干线于 1964 年建成，并修建了高速公路、集装箱码头。汽车的普及化，也为物流事业的大发展，创造了条件。此外，建设并形成了物流团体，开展了物流教育、物流咨询工作，等等。

◇第四阶段——以消费(生活)为主的阶段(1974—1983 年)

日本经济发展突飞猛进，已经达到了成熟期。社会物流的发展，开始注意环境问题，特别提出了节省资源的问题；开发物流服务新项目，重点是为了方便居民生活，如开展城市之间和市内的送货、路线配送、集中配送、取送货到家等，大大提高了物流企业的服务水平，并使物流工作渗透到社会的各个方面。

◇第五阶段——物流国际化时代(1984 年—至今)

随着经济和贸易的发展，日本输出输入的物流量大幅度增加。并且，商品生产向轻、薄、短、小发展，这就为物流业提出新的课题，必须用新的方法和手段。就配送作业活动来讲，它开始进入了以"多品种、多额度、数量少、时间快"为特点的物流时代。依靠计算机网络技术，以谋求全程物流整体优化和合理化。

(2) 我国物流的发展

我国物流业发展历程，可分为如下五个阶段，也反映了与经济发展的密切联系：

◇第一阶段——创建阶段(1949—1952 年)

这阶段为中国国民经济恢复时期。当时由于刚解放，百废待兴，物流业也刚开始创建，物流业的货物运输主要依靠铁路及部分公路。物流业的特点是：多数是商物合一型、兼营型的物流企业，附属于各专业公司或批发站(一些大城市除外)。在生产部门，物流问题还未提到日程上来。

◇第二阶段——发展时期(1955—1965年)

这个阶段,我国开始了第一个五年计划(1953—1957)。国民经济发展迅速。交通运输建设也有较大进展,通车里程大为增加,因此物流业也得到了相应的发展。在物资、商业、供销、粮食、外贸等流通部门相继成立了"商务分离"型、专业型的物流企业,如储运公司、仓储公司、中转站等,以及附属于各专业公司、批发站的"商物合一"型、兼营型的物流企业,初步形成了物流业。

◇第三阶段——停滞阶段(1966—1977年)

由于众所周知的"文化大革命"的影响,物流业发展处于停滞状态。

◇第四阶段——改革、开放阶段(1978—1998年)

1978年底,中共中央十一届三中全会决定进行经济体制改革和对外开放,并推行了一系列政策和措施,中国的现代化建设得到了迅速发展,交通运输建设也加快了步伐,物流业有了很大进展:不仅流通领域的专业性、兼营性的物流企业增加,在生产部门也重视物流合理化的研究;不仅建设和加强了国有物流企业,还有集体和个体的物流企业或储运专业户;国内加强横向经济联合,物流打破了部门、地区的界限,从而使得物流更加专业化、社会化。

◇第五阶段——大发展和国际化阶段(1999年—至今)

1999年11月25日,吴邦国副总理在现代物流发展国际研讨会上指出:现代物流是一项跨行业、跨部门、跨地区、甚至跨国界的系统工程,现代物流作为一种先进的组织方式和管理技术,被广泛认为是企业在降低物资消耗、提高劳动生产率以外的重要利润源泉,在国民经济和社会发展中发挥着越来越重要的作用。这一重要讲话标志着政府重视现代物流的发展,随后各地区和城市也纷纷制定物流发展规划,并积极开展国际物流业务,使物流向国际化方向迈进。

各国物流业的发展史都说明了一个问题,即物流业的发展取决于一个国家和地区的经济发展程度;而发展了的物流业又进一步促进这个地区和国家的经济繁荣和发展。当然,经济体制的变革和科技进步、物流技术提高等等都对物流业的发展起重要作用。

3) 现代物流的主要特征

通常认为,传统物流指物品的运输与储存及一些附属业务而形成的物流模式。

现代物流与传统物流的根本区别在于:现代物流强调系统整体优化,即以现代信息技术为基础,对物流系统内运输、包装、装卸搬运、流通加工、配送、存储等各子系统间进行优化整合,因此出现如供应链一体化管理、核心业务管理的协调,强调全程物流等等;现代物流一定有完善的物流信息系统和信息网络的支持,无论是决策、运作过程与管理都离不开信息系统的支撑;现代物流具有先进的物流科学技术。

在现代物流业蓬勃发展的今天,对现代物流也产生一些误解,认为现代物流业就是送货物到门服务,就是建立那些拥有先进仓储设施的产品分销中心,就是对传统主要贸易方式的有形市场的进一步发展,因此纷纷建造仓储设施和商品分销中心、开发区域性和全球性有形市场、拓展并巩固现有分销网络。而真正的现代物流要以虚拟市场取代有形市场,要压缩有形的仓储设施和商品分销中心,要精简和简化分销网络。

物流是社会经济发展的产物,随着社会经济的发展,现代物流在运作上呈现出多样化的特征,主要表现为以下几点:

①反应快速化。物流服务提供者对上游、下游的物流、配送需求的反应速度越来越快,配送间隔越来越短,商品周转次数越来越多。

②功能集成化。现代物流着重于将物流与供应链的其他环节进行集成。

③服务系列化。除了传统的储存、运输、包装、流通加工等服务外,现代物流服务在外延上向上扩展至市场调查与预测、采购及订单处理,向下延伸至配送、物流咨询、物流方案的选择与规划、库存控制策略建议、货款回收与结算、教育培训等增值服务。

④作业规范化。规范的作业标准和服务标准。

⑤目标系统化。现代物流从系统的角度统筹规划物流活动,力求整体活动的最优化。

⑥手段现代化。世界上最先进的物流系统已在运用 GPS(全球卫星定位系统)、卫星通讯。同时,国际先进的物流技术与设备已在运用最新的红外探测技术、激光技术、无线通信技术、编码认址技术、RFID 识别技术、PLC 控制技术、无接触式供电技术等光机电信息一体化等新技术,大大提高了设备运行速度和定位精度,目前正朝着大型化、节能化、标准化、系统化、智能化和高效化等方向发展。今后,对物流技术与装备的需求将更倾向于先进物流装备和物流技术集成化的物流系统。

⑦组织网络化。现代物流需要有完善、健全的物流网络体系,网络上点与点之间的物流活动保持系统性、一致性,这样可以保证整个物流网络有最优的库存总水平及库存分布,运输与配送结合,快速、灵活、高效。

⑧经营市场化。现代物流的具体经营采用市场机制,无论是企业自己组织物流,还是委托社会化物流企业承担物流任务,都以"服务—成本"的最佳组合为总目标,谁能提供最佳的"服务—成本"组合,就找谁服务。

4) 物流系统的分类

物流系统有多种分类型式,这里根据物流活动的相对范围和物流活动的业务性质将物流系统分类,如图 2-1 所示。

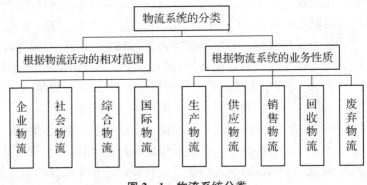

图 2-1 物流系统分类

根据物流活动的相对范围,可以将物流系统分为企业物流、社会物流、综合物流和国际物流。

(1) 企业物流(Internal Logistics)。指发生在本企业内部的物品实体流动。就工业企业而言,相同于生产物流。

(2) 社会物流(External Logistics)。指全社会范围内,企业外部及企业相互之间错综复杂的物流活动的总称。

(3) 综合物流(General Logistics)。因为每一个企业作为社会经济的一个细胞,都要与外部社会发生联系。各有所需,各有所供。各生产企业之间构成彼此连接、不可分割的物流网络体系。企业是物流网络的结点,企业物流与社会物流相衔接,形成全社会的大物流,即"综合物流"。所谓"综合物流",是指物质资料在生产者与消费者之间,以及生产过程各阶段之间流动的全过程。简单地说,综合物流包含了社会物流与企业物流两部分的物流全过程。它涉及供应部门向车间和企业供应生产资料的供应物流;商品物质实体从生产者到消费者流动的销售物流;物资在本企业内部各工序之间流动的生产物流;对生产过程和消费过程中所出现的废弃物,有的是可以再加工利用的回收物流;有的是弃而不用的废弃物流等。对其进行综合化、系统化,以期发挥更大的整体功能,更好地提高社会经济效益。

(4) 国际物流(International Logistics)。指世界各国(或地区)之间,由于进行国际贸易而发生的商品实体从一个国家(或地区)流转到另一个国家(或地区)的物流活动。随着国际贸易的发展,物流国际化越来越突出,"物流无国界"已被人们所公认,国际物流将不断得到发展,这就要求有相应的国际物流设施和管理经验。国际物流比国内物流更为复杂,需要国际间的良好协作,同时也需要国内各方面的重视和参与。

根据物流活动的业务性质,也可以将物流系统分为以下五种类型:

①生产物流(Production Logistics)。生产过程中,原材料、在制品、半成品、产成品等在企业内部的实体流动;流动过程中还包括分类拣选、包装,以及原材料的采购、运输、装卸搬运、储存及产成品入库等物流环节。

②供应物流(Supply Logistics)。为生产企业提供原材料、零部件或其他物品时,物品在提供者与需求者之间的实体流动。物资(主要指生产资料)从其生产者或持有者,经过物资采购、运输、储存、装卸搬运、加工或包装、拣选、配送、供应,到达顾客手中的流动过程。

③销售物流(Distribution Logistics)。生产企业、流通企业出售商品时,物品在供方与需方之间的实体流动是销售物流。是商品经过采购、运输、储存、装卸、搬运、加工或包装、拣选、配送、销售,到达顾客手中的实体流动过程。

④回收物流(Returned Logistics)。不合格物品的返修、退货及伴随货物运输或搬运中的包装、装卸工具及其他可再用的旧杂物等,经过回收、分类、再加工、使用的流动过程。

⑤废弃物流(Waste Material Logistics)。是伴随某些厂矿的产品共生的副产物

（如钢渣、煤矸石等）、废弃物，以及生活消费品中的废弃物（如垃圾）等，收集、分类、加工、包装、搬运、处理过程的实体物流。

现在，随着物流理念的深入与应用，有的物流企业根据干线运输的主要方式，将其称为航空物流、铁路物流、公路物流等，也有一定的适用性。

5）物流系统功能模式

物流系统与一般系统一样，具有输入、输出、处理（转化）、限制（制约）和反馈等功能（如图2-2所示）。

其具体内容如下：

（1）输入

输入的内容包括有形的和无形的，如各种原材料或产品、商品；生产或销售计划；需求或订货计划；资源、资金、劳力、合同、信息等。即通过提供资源、能源、机具、劳动力和劳动手段等，对某一系统发生的作用，称这一作用为外部环境对物流系统的"输入"。

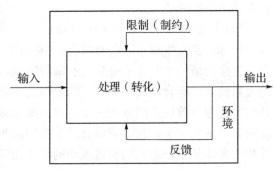

图2-2 一般物流系统模式

（2）输出

输出包括各种物品的场所转移；各种报表的传递；各种合同的履行；各种良好优秀服务等。物流系统以其本身所具有的各种手段和功能，在外部环境一定的制约作用下，对环境的输入进行必要的处理（转化），使之成为有用（有价值）的产成品，或位置的转移及提供其他服务等，称为物流系统的"输出"。

（3）处理（或转化）

处理，是指各种生产设备、设施（车间、机器、车辆、库房、货场等）的建设；各物流企业的物流业务活动（运输、储存、包装、装卸搬运等）；各种物流信息的数据处理；各项物流管理工作等等。

物流系统本身的转化过程，即从"输入"到"输出"之间所进行的生产销售和服务等物流业务活动，称为物流系统的处理（或转化）。

（4）限制（或制约）

由于外部环境也因资源条件（包括资金力量、生产能力、仓库容量）、能源限制、需求变化、运输能力（包括政策性波动等）、价格影响、市场调节、技术进步，以及其他各种变化因素的影响，而对物流系统施加一定的约束，称为外部环境对物流系统的限制（或干扰）。

（5）反馈

反馈，主要指信息反馈，如各种物流活动分析、各种统计报表数据、典型调查、工作总结、市场行情信息、国际物流动态等。

因为物流系统在把"输入"转化为"输出"的过程中，由于受系统内外环境的限制（干扰），不会完全按原来的计划实现，往往使系统的输出未达到预期的目标（当然，也有按计划完成生产或销售物流业务的)。所以,需要把"输出"结果返回给"输入",称为"信息反馈"。

2.1.2 现代物流系统的构成及其功能

从系统角度看,物流是一个过程,这个过程是存货的流动和储存的过程,是信息传递的过程,是满足客户需求的过程,是若干功能协调运作的过程。因此,从物流生产过程和生产活动环节分析,物流系统由以下各部分组成(见图2-3):

1) 运输子系统

运输是物流业务的中心活动。运输过程并不改变产品的实物形态,也不增加其数量,物流部门通过运输解决物资在生产地点和消费地点之间的空间距离问题,创造商品的空间效用,实现其使用价值,满足社会需要,所以是个极为重要

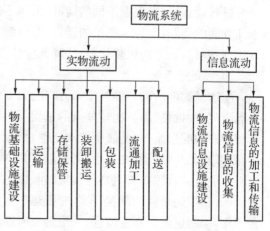

图2-3 物流的系统构成图

的环节。运输系统设计时,应根据其担负的业务范围、货运量的大小及与其他各子系统的协调关系,考虑以下几方面的问题:①运输方式的选择;②运输路径的确定;③运输工具的配备;④运输计划的制定;⑤运输环节的减少;⑥运输时间的加速;⑦运输质量的提高;⑧运输费用的节约;⑨作业流程的连续性;⑩服务水平的良好。

2) 存储子系统

储存保管是物流活动的一项重要业务,通过存储保管货物解决生产与消费在时间、数量上的差异,以创造物品的时间效用。仓库是物流的一个中心环节,是物流活动的一个基地。对储存系统进行设计时,应根据仓库所处的地理位置、周围环境及物流量的多少、进出库频度,考虑以下几方面的问题:①仓库建设与布局合理;②最大限度地利用仓库容积;③货物堆码、存放的科学性;④有利于在库物品的保养防护;⑤加强入库验收、出库复核;⑥加快出、入库时间;⑦降低保管费用;⑧加强库存管理,合理存储,防止缺货与积压;⑨进出库方便;⑩仓库安全。

3) 装卸搬运子系统

装卸搬运是各项物流过程中不可缺少的一项业务活动。特别在运输和保管工作中,几乎都离不开装卸搬运(有时是同步进行的)。装卸本身虽不产生价值,但在流通过程中,货物装卸好坏对保护货物使用价值和节省物流费用有很大影响。装卸搬运系统的设计,应根据其作业场所、使用机具及物流量的多少,考虑以下几方面的问题:①装卸搬运机械的选择;②装卸搬运机械化程度的确定;③装卸搬运辅助器具的准备;④装卸搬运的省力化;⑤制定装卸搬运作业程序;⑥配合其他子系统协同作业;⑦节约费用;⑧操作安全。

4）包装子系统

在整个物流过程中,包装也是一个很重要的环节。包装分工业包装和商业包装,以及在运输、配送当中,为了保护商品所进行的拆包再装和包装加固等业务活动。对包装系统进行设计时,应根据不同的商品,采用不同的包装机械、包装技术和方法,并考虑以下几方面的问题:①包装机械的选择;②包装技术的研究;③包装方法的改进;④包装标准化、系列化;⑤节约包装材料;⑥降低包装费用;⑦提高包装质量;⑧方便顾客使用。

5）配送子系统

配送是物流活动中接触千家万户的重要作业。它和运输的区别在于,运输一般是指远距离、大批量、品类比较复杂的过程,而从批发企业或物流中心、配送中心到零售商店和用户的配送服务,是属于二次运输、终端运输。配送系统设计时,应根据其配送区域、服务对象和物流量的大小,考虑以下几方面的问题:①配送中心地址的选择;②配送中心作业区的合理布置,包括:收货验收区、货物保管区、加工包装区、分货拣选区、备货配送区;③配送车辆的配置;④装卸搬运机械的选用;⑤配送路线的规划;⑥配送作业的合理化;⑦制定配送作业流程;⑧配送及时性;⑨收费便宜;⑩提高服务水平。

6）流通加工子系统

流通加工,主要是指在流通领域的物流过程中的加工,是为了销售或运输,以及提高物流效率而进行的加工。通过加工使物品更加适应消费者的需求,如大包装化为小包装,大件物品改为小件物品等。当然,在生产过程中也有一些外延加工,如钢材、木材等的剪断、切割等。流通加工系统的设计,应根据加工物品、销售对象和运输作业的要求,考虑以下几方面的问题:①加工场所的选定;②加工机械的配置;③加工技术、方法的研究;④制定加工作业流程;⑤加工物料的节约;⑥降低加工费用;⑦提高加工质量;⑧加工产品适销情况的反馈。

7）物流信息子系统

物流信息系统既是一个独立的子系统,又是为物流总系统服务的一个辅助系统。它的功能贯穿于物流各子系统业务活动之中,物流信息系统支持着物流各项业务活动。通过信息传递,把运输、储存、包装、装卸搬运、配送、流通加工等业务活动联系起来,协调一致,以提高物流整体作业效率,取得最佳的经济效益。当然,物流信息系统又有一些分支系统,如运输信息系统、储存信息系统、销售信息系统等,都分别配合该系统的业务进行活动,以期发挥其应有的作用。

在设计物流信息系统时,应考虑以下三方面的问题:系统的内容、系统的作用和系统的特点。为了组织好物流,必须采用一系列基础设施、技术装备、操作工艺和管理技术,并不断加以改造更新。也就是物流大系统的环境影响物流信息系统的内容、作用与特点。

2.1.3 国内外物流特点和发展

1）国外物流特点

经济发达国家如美国、日本等国,市场经济经过充分发育,已经形成了完备的现代化流通体系,物流业在高新技术支持下已经成为国民经济支柱产业,是提高经济效益、产业升级、企业重组的关键因素,也成为社会经济的基础部分,已进入较为成熟的阶段。物流行业作为一个系统化的整体正在极大地改变着目前的商务模式和生产模式,也越来越凸显出其在经济发展中的重要作用和不可或缺的战略地位,具有普遍影响力。在这大好的新形势下,研究国外物流发展水平,学习先进的物流技术,吸收他国物流管理经验,对于发展我国物流现代化具有重要意义。

国外物流业的发展与运作情况,归纳起来有如下五方面特点:

(1) 重视物流理论研究和物流技术推广

为了加强物流理论研究和推动、提高物流管理水平,除在有关的大专院校开设物流课程和进行物流研究外,国外普遍成立了各种学术团体,开展各种学术活动,推广先进物流技术。

日本于1970年,同时成立了两个最大的物流学术团体,"日本物流管理协会"和"日本物的流通协会",开展了一些全国性和国际性的物流学术活动。如进行了全国性的物流成本调查(1964年),承办了第一次东京国际包装展览(1966年),召开了物流全国会议(1970年),全面系统地推进了物流管理的合理化与现代化。1983年,日本成立了第三个大的物流学术团体——"日本物流学会",侧重于深入研究物流理论。同时,在东京先后召开了"第二次国际物流会议"(1979年)和"仓库自动化国际会议"(1981年),开展了国际间的物流学术活动。1984年,日本举办了全国性的物流大奖,对物流理论研究和实际工作方面有贡献的人,给予奖励。在东京召开了"第五次国际物流会议"、"亚洲国际物流会议"和"国际物流展览"等等,并预测和展望21世纪物流发展战略。

美国最早提出"物流"理论,物流技术和管理涉及的范围也广泛。美国有两个较大的物流学术团体,即1963年成立的"美国物流管理协会(NCPDM)"和1966年成立的"全美后勤工程师学会(SOLE)"。它们都是全国乃至国际性的学术团体,分别聚集了一批专家、学者,致力于物流理论研究和物流领域的开拓,如发展和普及物流理论、促进物流管理系统科学和技术的发展、鼓励和促进物流学科领域里的学术交流、提高物流协会成员的物流业务技术水平。它们对美国的物流乃至国际物流的研究,作出了杰出的贡献。

英国在20世纪60年代后期,创建了物流管理中心(CPDM),70年代后期,正式成立了物流协会。除举办年度巡回讲座,提供物流学术交流机会,提高物流管理的专业化程度外,还发行了定期业务通信刊物《物流管理研究》和月刊《运输管理》,对物流管理的发展作出了很大贡献。

(2) 物流结构形式多样

物流与经济密切相关,在自由经济体制下,商业活动完全取决于市场,在激烈的市场竞争中,企业为了自身的生存和发展,会寻求一切最有利的流通渠道和经营形式。各国情况也都有差异。

①美国的物流结构形式

美国在物流活动中占主导地位的物流企业有如下结构形式:

a. 以仓储企业为中心的物流配送系统。仓储是衔接生产与流通、流通与消费的枢纽环节，是物流配送系统的必备基地。对于生产企业来说，自建仓库需要大量投资，还要配备专业储运人员，因此愿意让利于储运商，自己集中精力提高产品本身的竞争力而创造利润。这就促进了以仓储企业为中心的物流配送企业的发展，同时也是现代化专业分工日益细化的管理要求。

　　b. 仓储和经营一体化的物流企业。这类物流企业既是配送中心，又是销售中心，集仓储和经营一体化。即既承担各类工业物资的储存、运输，又担负商品的采购和销售。其优势在于通过众多的零售网点，及时跟踪市场信息，以优质廉价做好储运与销售服务。其经营方式通常是：仓库把经营目录印发至分布于全国的零售点，零售点根据用户订货和销售预测向仓库订货，仓库组织大批量订货，小批量配送给零售点销售。

　　c. 生产企业自设销售网点。一些大型企业，不仅拥有庞大的生产系统，而且拥有遍布全国乃至世界各地的销售系统。这种形式实际上是生产（企业）物流的延伸并与销售物流结合，使生产企业更了解市场需求而适销生产。

　　d. 物资批发销售企业。这类物流企业经营灵活，它的进货争取最低价格和最便捷的方式，而销售可以是零售商，还可以自己从事流通加工后销售，因此较一般的销售网点具有更多的品种和服务档次。

　　②日本物流的特点

　　日本物流的显著特点是物资流通高度社会化，表现在：

　　a. 生产与流通分离。生产企业一般不负责流通，其原材料供应和产品销售由专门的流通部门来承担。由于物流商社联系产销，使订货集零为整，交货集中，解决了厂方大批量生产与小批量需求之间的矛盾，厂方向商社回收货款也有保证，而厂方可致力于提高产品质量和开发新产品。

　　b. 商流与物流分离。日本的物流，一般经历生产厂商→商社→批发商或特约店→用户四个环节，在长期的合作中，他们之间已形成一种相对稳定、合理的利益分配关系，保证了商流和物流的分工协作。

　　c. 流通加工比重大，社会化程度高。各大商社一般都有自己的流通加工工厂或独立的、面向社会的流通加工工厂，使各经济单位在适度竞争中极大地节约流通时间和流通费用，以最低的比较成本取得最大的比较效益。

　　(3) 建成高效强大的物流基础设施

　　物流业发展到一定阶段，必然要建设物流基础设施，诸如高速铁路、高速公路、现代化的港口码头、新型的车辆、物流信息设施等。而其中运输通道是投资最大的基础设施。运输通道主要有铁路、公路、航空、水运及管道五种。

　　(4) 现代化的物流技术和物流管理

　　国外物流管理普遍运用计算机网络：除了在装卸机械、仓库货架存取做到机械化、自动化以外，大都做到了运输系统现代化、仓储系统现代化、包装标准化现代化、分拣系统现代化及报表处理现代化，因此保证了物流的高效率、高质量和高服务水平。

随着计算机网络的发展和普及,电子商务在现代物流业中已得到广泛应用,也使得物流运作和管理现代化得以实施,物流业的经营范围日趋全球化。

(5) 健全的物流管理体制和完备的物流法规

健全的物流管理体制和完善的物流法规保证了物流的有效管理。如日本主要有通产省、运输省主管物流工作,制定各项物流政策和法令。具体的物流业务由私人企业经营,如各物流子公司、流通中心、运输社等,这些企业一般都是自主经营、独立核算、自负盈亏。

美国政府推行的是"自由购销"政策。鼓励企业在市场中公开竞争,但这是以完善的法律规章制度体系为前提的。政府对市场的管理方式主要是利用有关法规。政府的税收种类繁多,经营企业必须通过计算机计算、储存每一项商品的价格和税金,照章纳税,而政府派员定期检查。在自由竞争的机制下,迫使企业必须按社会需要生产、组织货源及销售物资,以优质服务取胜,但必须遵守法律法规。

物流理论的完善促使物流技术和物流管理水平得以提高,收到良好的社会效益和经济效益。

2) 中国物流展望

(1) 中国物流业发展现状

①物流行业逐渐向上下游延伸

随着下游行业竞争日益激烈、社会分工不断细化,第三方物流公司开始参与到客户更多的业务环节,服务范围逐渐扩展,从合同物流向虚拟生产、物流金融等拓展,升级为第四方物流,即供应链物流。它是供需双方及第三方物流的领导力量,它不仅是物流的利益方,而是通过拥有的信息技术、整合能力以及其他资源提供一套完整的供应链解决方案,以此获取一定的利润。第四方物流的关键在于为顾客提供最佳的增值服务,即迅速、高效、低成本和个性化服务等,第四方物流要比第三方物流利润更加丰厚,因为他们拥有专业化的咨询服务。尽管这一块服务规模尚小,但在整个竞争激烈的中国物流市场上将是一个快速增长的部分。

②总额逐渐增加、效率不断提高

近年来,虽然我国社会物流总额的增速减缓,但由于经济仍保持稳定增长也拉动着物流行业的刚性需求,全年社会物流总额呈现稳中趋缓的发展态势,但国际通常以全社会的物流总费用占 GDP 的比例来衡量整个经济体的物流效率,社会物流总费用占 GDP 的比例越低表示该经济体物流效率越高、物流发展水平越发达。近年来我国物流总费用占 GDP 的比例总体呈缓慢下降的趋势,从 2010 年 17.8% 逐渐下降至 2015 年 16.00%,表现出我国物流效率逐渐提高。据世界银行估计,通过发展物流服务业,提高运输效率,加快商品周转与减少资金占用及其利息支出,可以在相当程度上提高全社会的物流效率,降低物流成本。

③多样化、专业化的新型服务日趋活跃

目前,我国物流企业 70% 以上的服务活动仍然集中在运输、仓储等方面,但很多企业已开始探索和拓展新型服务内容,物流服务呈现多样化的趋势。配送、物流信息服务、流通加工、物流咨询与方案设计、包装、物流金融及物流地产等日趋活跃。同时我国物流产业中出现了物流服务专业化、细分化的趋势,带动了如危险品物流、液体化工物流、能源物流、汽车整车物流、冷链物流及快递等新兴物流服务行业的快速发展。以快递业为例,在电子商务及网络购物高速发展的带动下,我国快递业务量自 2011 年以来一直保持 50% 以上的高增长,2014 年的业务规模首次跃居世界第一,成为发展最为迅速的新兴物流行业和物流产业发展的新亮点,且高铁速递加入快递行业必将引起整个快递行业的联动反应,为促使行业转型升级起到积极作用,最终将惠及于更多的老百姓。

④物流基础设施建设投入加大,技术装备升级

根据世界银行发布的《2014 年全球物流绩效指数排名》,中国得分 3.53(5 分制,第 1 名德国得分 4.12),中国在 160 个国家地区中排名第 28,在中等收入国家中排名第 2,这充分肯定了我国交通基础设施建设和物流行业发展所取得的成绩。

近 20 年,我国在物流基础设施和装备方面发展的规模和速度大大超过了前 30 年,综合运输体系的建设有了实质性的进展。交通运输基础设施总量规模迅速扩大,质量和技术装备水平大幅提高,整体结构明显改善,尤其电气化铁路、高速公路、远洋船队等从无到有,快速发展,并跃居世界前列,截至 2015 年,全国铁路营业里程达到 12.1 万公里,比 2014 年末增长 8.2%。全国公路里程达到 457.73 万公里,比 2014 年末增加了 11.34 万公里。全国内河通航里程达到 12.70 万公里,港口万吨级及以上泊位 2 221 个,定期航班机场达到 204 个,2015 年末全国铁路机车拥有量 2.1 万台,公路营运汽车 1 473.12 万辆。

同时随着国内众多集货运服务、生产服务、商贸服务和综合服务为一体的综合物流园区相继建立,和功能集聚、资源整合、供需对接、集约化运作的物流平台不断涌现,使得我国仓储、配送设施现代化水平不断提高。

在信息通信方面,目前我国已拥有电信网络干线光缆超过 30 万公里,并已基本形成以光缆为主体,以数字微波和卫星通信为辅助手段的大容量数字干线传输网络,包括分组交换数据网(ChinaPAC)、数字数据网(ChinaDDN)、公用计算机互联网(ChinaNet)、公用中继网,这四大骨干网络的总容量已达 62 万个端口,覆盖范围包括全国地市和 90% 的县级市及大部分乡镇,并连通世界主要国际信息渠道,使管理和控制的技术得以应用。

⑤物流产业发展得到国家和各级政府的高度重视

国家陆续提出了跨区域的长江经济带、京津冀协同发展、丝绸之路经济带和海上丝绸之路等一系列区域经济规划,给国内物流行业发展带来很多机会,2015 年,中国与"一带一路"相关国家双边贸易总额达 9 955 亿美元,占全国贸易总额的 25.1%。

多个政府部门已发布多个文件,有综合性的指导意见,也有专项性的园区规划、信息互联、绩效考核、税收改革等,凸显政府决心。尤其是国务院印发的《物流业发展中长期规划(2014—2020 年)》,是对早前政策的梳理和升级,涵盖范围从现状目标到保障实

施,明确提出了4个目标、3个重点、7项任务、12项工程、9项保障措施。预计未来将有更多、更细的利好政策出台,行业发展环境持续改善。

(2) 中国物流业发展面临的主要问题

①观念陈旧,面临较大的制度约束

受传统计划经济体制的影响,我国相当多企业仍然保留着"大而全"、"小而全"的经营组织方式,从原材料采购到产品销售过程中的一系列物流活动主要依靠企业内部组织的自我服务完成。与此同时,多数企业内部各种物流设施的保有率都比较高,并成为企业经营资产中的一个重要组成部分。这种以自我服务为主的物流活动模式,成为当前制约中国物流产业快速发展的一个重要瓶颈。更为重要的是,我国物流产业发展还面临准入审批多、多头监管、重复执法、标准体系不合理、资源优化配置与整合机制不健全、税收政策与创新引导机制不完善等问题的困扰,物流体制机制的改革创新尚未得到全面推进,是物流创新活力无法充分释放的主要原因。具体表现在:

a. 条块分割的管理模式对物流产业发展的影响和制约。

b. 政企不分现象依然存在,不利于物流产业规范有序发展。

c. 在多头管理、分段管理的体制下,受部门、地方利益牵制,现行政策法规数量虽多,但相互之间有矛盾且难以协调一致。

②专业化物流服务的方式还很有限,物流企业的经营管理水平有待提高

尽管中国已出现了一些专业化物流企业,但物流服务水平和效率还比较低,主要表现在:

a. 服务方式和手段比较原始和单一。目前多数从事物流服务的企业只能简单地提供运输(送货)和仓储服务,而在流通加工、物流信息服务、库存管理、物流成本控制等物流增值服务方面,尤其在物流方案设计及全程物流服务等更高层次的物流服务方面还没有全面展开。

b. 物流企业组织规模较小,缺乏必要的竞争实力。目前从事物流服务的企业,包括传统的运输和储运等流通企业和新型的专业化物流企业,规模和实力都还比较小,网络化的经营组织尚未形成。

c. 物流企业经营管理水平较低,物流服务质量有待进一步提高。多数从事物流服务的企业缺乏必要的服务规范和内部管理规程,经营管理粗放,很难提供规范化的物流服务,服务质量较低。

③缺乏现代物流人才

我国在物流教育方面较落后,为物流产业提供金融、人才、研发服务的专业化企业或机构比较弱小,而第四方物流发展要求物流人才不仅具备物流的基础知识和丰富的实战经验,还要具备IT、人力资源管理、技术集成等全方位的知识和能力,中国缺少这类高素质的物流人才。

④低水平的物流基础设施和装备条件,严重影响着物流效率的提高

虽然我国的物流基础设施和装备条件已有较大的发展和改善,但与我国经济以及

物流产业的发展要求相比,与发达国家相比仍然有较大的差距。在相当程度上影响着我国物流效率的提高。

(3) 中国物流业发展问题的解决对策

① 加快体制机制改革创新

加快推进物流创新发展,必须着力破解当前影响和制约我国物流创新的体制机制约束,让市场发挥优化配置物流资源要素的决定性作用,释放物流企业的创新活力。这也意味着我国物流领域需要加快推进体制机制方面的一系列改革创新。作为一项涉及多个部门和领域的十分艰巨的改革任务,需要加强领导,注重顶层设计,积极研究相关领域和关键环节的改革方案并加快实施和推进,为物流创新发展创造更为完善的制度环境。

② 改进传统物流管理方式,加强合作

我国物流业正在进入物流企业的资产整合和重组阶段。加快大型物流企业发展,重点促进物流企业上市、并购、重组及联合,逐步形成一大批具有现代治理结构、核心竞争能力的大型物流服务企业;促进中小物流企业专业化、集群化发展。以物流园区、交通枢纽、制造业集群为依托,着力培育多样化、专业化的中小物流企业,促进集群集聚发展。鼓励创新创业,引导中小企业联盟协作,进一步释放中小企业的创新活力。应大力借鉴和吸收国外先进物流企业的管理经验,同国际优秀物流企业建立战略合作关系,组成专业化物流企业。

③ 以物流技术创新为突破口,加快形成信息化、现代化的全新发展格局

利用先进的 RFID、EDI、GPS、GIS、APP 等信息技术把当前蓬勃发展的现代物流产业进行信息化改造。在继续提升物流企业信息化水平的基础上,更加注重推动物流企业运用信息技术开展管理创新、服务创新和电子商务创新,引导和鼓励物流企业面向供应链上下游各环节,开展流程再造、功能重组、一体化运营等更大范围的管理创新和服务手段创新。全面提升物流装备现代化水平。进一步推动运输、仓储、装卸、搬运、包装、场站等物流作业层面的技术进步,促进物流装备和设施的标准化、自动化和智能化,为物流高效运行提供技术支撑。引导和支持节能降耗等方面的技术创新。围绕节能降耗加快技术创新,加快推广适用性高、技术效能显著的各种解决方案、设施设备和管理工具,加快推动我国物流产业的绿色发展。

④ 充分结合中国实际,培养全方位的物流人才

人才是企业的灵魂,第四方物流企业特别需要大量的物流人才。当前的物流人才远远不能满足第四方物流发展的需要,因此我们要通过高等院校和专业物流咨询机构,在实践中培养、锻炼人才,培养一支适应现代物流产业发展的企业家队伍和物流经营骨干队伍。要大量吸收在信息技术、人力资源管理、网络技术等方面的人才,激励这些人才把自己具备的知识和物流知识融合在一起,促进第四方物流的发展。大力引进和培育掌握现代知识的物流复合型人才,形成一支适应现代物流产业发展高素质人才队伍,以促进和保障未来第四方物流在中国的发展,提升中国物流产业整体水平。

(4) 中国物流业的发展前景

①物流产业的发展将成为21世纪中国经济发展的一个重要的产业部门和新的经济增长点

进入21世纪后,随着中国经济的快速发展和经济体制改革的不断深化,中国物流产业将出现加速发展的趋势,成为国民经济中的一个重要组成部分和新的经济增长点。

从物流的细分市场来看,发展迅速的领域主要集中在:①以三资企业、私营企业等非国有经济为服务对象,"第三方物流"将继续呈现快速发展势头;②一些优势国有企业在优化内部物流管理的基础上逐步产生和发展的物流服务需求;③以消费者为对象的物流服务,如商品快运服务、配送服务等也有快速发展,这一方面是我国城乡居民生活水平和生活质量不断提高的一种必然反映,同时也是市场竞争和商业流通方式不断创新的内在要求。

从专业物流企业的发展来看,一是更多的外资物流企业进入中国。这些外资物流企业在一定时期内仍将以服务外资企业,特别是跨国公司在中国的生产、销售和采购等方面物流活动为主。这给国内物流企业带来了巨大的挑战和竞争压力,但同时也为国内物流企业提供了学习、借鉴其先进物流管理技术、经营经验的可能,对促进中国物流产业的整体发育是十分有益的。二是民营企业、多元化股权结构的新兴物流企业发展迅速,这类企业经营观念、机制、管理方式能够适应市场快速发展的要求,在合理使用和组织各种物流资源方面优势明显,企业规模和市场份额扩展都十分迅速,是中国未来产业发展进程中最为活跃的部分。三是国有经济中的部分传统运输、仓储、批发企业,在其原有业务领域的基础上,通过向物流服务领域延伸,成为物流产业中强有力的竞争者,从中也会有一些企业脱颖而出,逐渐成为专业化物流服务企业。

②物流成本不断降低,效率不断提高

2015年8月13日,国家发改委发布《关于加快实施现代物流重大工程的通知》(以下简称"通知"),通知指出到2020年,全社会物流总费用与国内生产总值的比率在目前16.6%的基础上再下降1个百分点,物流业对国民经济的保障和支撑作用将进一步增强,我国物流服务企业未来仍有较大发展空间。

③促进国民经济各产业部门的健康发展

a. 物流产业发展在促进制造业降低产品成本,提高经济效益的同时,调整传统的"大而全、小而全"的经营组织形式,有助于制造业企业提高核心竞争能力。

b. 物流产业的发展能够促进新型商业企业和业态形式的发展。随着流通体制改革的深入,传统的批发企业和储运企业,已经不能适应目前市场发展的要求,都在寻求新的市场发展空间。

c. 物流产业能够促进运输服务方式的创新和传统运输企业的发展。主要表现在:物流服务需要为客户提供最合适的运输线路,最大限度地节约运输时间和成本,必将促进新型运输服务方式的发展,包括多种运输方式的集成,特别是多式联运的快速发展;物流服务中心为满足市场需求,必将改变运输企业以运力为中心的经营观念,而促进运输企业经营方式的改变；物流产业作为服务部门，其服务水平必须与现代经济的生产、贸易以及消费发展水平相适应，这就要求运输企业大力引入现代化管理手段和技术手段，通过提高管理水平和技术水平，获得新的发展空间。

d. 物流产业发展还会带动和促进许多相关领域的发展，如物流设备制造行业、以互联网技术为基础的电子商务的发展等。

④由于大数据的应用，智慧物流是一个发展方向

大数据作为国家战略，"十三五"期间将受到政策重点扶持，此前国务院办公厅印发运用大数据加强对市场主体服务和监管的若干意见，要求在政府层面推动大数据应用。在物流行业等需求的推动下，大数据产业迎来年均逾100%的增长率，市场规模将达百亿级别，基于物联网大数据的智慧物流将是现代物流的发展方向。对于"大数据"技术的充分应用，物流路线、选址及仓储等，都有望得到进一步优化，从而达到即时服务目标。

⑤中国物流产业发展对提高我国的国际竞争能力有极其重要的影响

发达的物流产业和基础设施有助于改善投资环境，吸引更多的外国企业和国际资本进入中国市场。目前许多跨国公司和国际先进企业在选择新的区域市场和生产基地上，都非常注重当地的物流设施和物流服务水平。另外，也是最为重要的方面是，中国经济融入经济全球化的进程加快，无论是在国际市场还是在国内市场，我国企业都面临着巨大的、全方位的国际竞争压力。加快中国物流产业的发展已经不仅仅是强化物流领域的竞争能力问题，更重要的是，为所有的中国企业和整个国民经济创造出一个高效的物流环境，提供高水平的物流服务，从整体上提高中国企业和中国经济的国际竞争能力，这对促进中国经济发展有十分重要的现实意义。

2.2　物流信息化及其发展

2.2.1　物流信息化概述

信息化就是围绕提高企业的经济效益和竞争力，充分利用电子信息技术，不断扩大信息技术在企业经营中的应用和服务，提高信息资源的共享程度。它的根本目的是在改造传统产业、发展高新技术产业过程中，不断提高企业的开发创新能力、企业经营管理能力和竞争力。

物流管理很大程度上是对信息的处理，管理组织中存在的大量岗位只是发挥着信息的收集、挑选、重组和转发的"中转站"作用。如果这些工作由正规信息系统来承担，反而会更快、更准、更全。物流管理人员和决策人员如何利用现代信息技术，充分发挥现代物流管理理论的作用，是企业所面临的一个重要问题。

物流信息化不仅包括物资采购、销售、存储、运输等物流活动的信息管理和信息传送，还包括了对物流过程中的各种决策活动如采购计划、销售计划、供应商的选择、顾客分析等提供决策支持，并充分利用计算机的强大功能，汇总和分析物流数据，进而作出

更好的进销存决策,能够充分利用企业资源,增加对企业的内部挖掘和外部利用,将会大大降低生产成本,提高生产效率,增强企业竞争优势。

物流信息化的任务就是要根据企业当前物流过程和可预见的发展,对信息采集、处理、存储和流通的要求,选购和构筑由信息设备、通信网络、数据库和支持软件等组成的环境,充分利用企业物流系统内部、外部的物流数据资源,促进物流信息的数字化、网络化、市场化,改进现存的物流管理,选取、分析和发现新的机会,作出更好的物流决策。

2.2.2 物流信息化的特征

对物流信息化的特征,不同的学者有不同的概括。主要表现在弹性化、网络化、虚拟化、柔性化、智能化等方面的特征。

归纳起来,物流信息化具备以下 6 个方面的特征。

1) 信息数字化。信息化物流系统中的信息不再是以文件、账本、单据的形式堆积成山,事实上众多的信息只需输入计算机便可以得到有序安全的管理。但是计算机只能识别二进制数码,因此信息都需要数字化。

2) 服务柔性化。为了能够适应多变的市场,并拥有较强的竞争实力,管理学界提出了"柔性化生产"(flexibility)的思想。在实践中也出现了 CNC,CAD/CAM,FMS,MRP 等生产方式。对于物流企业,通过及时获取市场信息,合理组织生产,即按订单生产,提供个性化服务,使得生产过程有序,生产节奏平稳,同时能够保证高效率、低成本的优势。

3) 组织弹性化。与企业生产系统一样,信息化的组织也不再是在大与小之间进行选择,而是灵活地适应生存环境,根据市场需求,实时调整企业组织规模而且管理重心下移,减少环节,降低成本,建立扁平化、网络化的组织机构,加强组织的横向联系。各种信息系统在思想上都要求信息的及时反馈,这只有对组织结构进行相应调整才能实现。因此,弹性化是信息化物流的组织特征。

4) 管理一体化。管理一体化是指在内部网络和信息系统的基础建设上,从科学、及时决策和最优控制的高度把信息作为战略资源加以外发和利用,并根据战略的需要把诸多现代科学管理方法和手段有机地集成,实现企业内的人、资金、物资、信息要素的综合优化管理。

5) 经营虚拟化。伴随信息化的发展出现了一种新的企业组织形式——"虚拟企业",这是一种在 Internet 上与其他企业能力共享的一种全新的企业组织。其形式可能只是某一台电脑,甚至只是一个网址,但其组织却是动态的组合或分解。通过国际、国内的各种计算机网络,就可以获取订单、组织生产、办理财务业务等,仅仅是按动一下键盘就可完成一笔交易。但是信息化物流的虚拟化经营要以信息处理、传输的速度及安全性为基础。

6) 管理人本化。信息社会中企业内部和外部的信息网络的建立,大大降低了企业获取有形资源的信息成本,资金和其他资源相对丰裕,不再是"稀缺"的了。与此同时,信息人成为十分"稀缺"的资源。相应地其管理的重点也由物的管理转向网的管理,其本质是对信息人的管理,特别是要注重信息人力资源的开发,要真正做到人尽其才。

2.2.3　物流信息化技术的新发展

物流信息技术被视为提高生产率和竞争能力的主要源泉,与其他资源不同,信息技术正在不断地提高速度和能力,同时又在降低成本。有许多信息技术已经显示其在物流方面的广泛应用。这些技术分为几个方面:计算机及网络技术、物流信息识别与采集技术、物流信息传输与跟踪技术、物流信息储存与分析技术、物流信息的相关辅助技术。下面将简要介绍这些技术的概念和分类,具体将在后面章节中加以介绍。

1) 计算机及网络技术

计算机及网络技术的发展才使得物流信息化成为可能,计算机及网络技术主要包括:计算机软件系统、计算机硬件系统和计算机网络技术。

(1) 计算机软件系统

计算机软件系统包括系统软件和应用软件两大类。系统软件是指控制和协调计算机及其外部设备,支持应用软件的开发和运行的软件。应用软件是用户为解决各种实际问题而编制的计算机应用程序及其有关资料。

(2) 计算机硬件系统

硬件是指组成计算机的各种物理设备,也就是摸得着的那些实际物理设备。它包括计算机的主机和外部设备。具体由五大功能部件组成,即:运算器、控制器、存储器、输入设备和输出设备。

(3) 计算机网络技术

计算机网络是指互连起来的能独立自主的计算机集合。它是把分布在不同地点且具有独立功能的多个计算机,通过通信设备实现有线和无线连接,在功能完善的网络软件运行下,以实现网络中资源共享为目标的系统。

2) 物流信息识别与采集技术

在物流信息系统中,常用的识别与采集技术包括条形码技术、射频识别技术、IC卡技术、扫描技术和光学字符识别技术等,下面做一个简单的介绍。

(1) 条形码技术

条形码是由美国的 N. T. Woodland 在 1949 年首先提出来的。近年来,随着计算机应用的不断普及,条形码的应用得到了很大的发展。条形码可以标出商品的生产国、制造厂家、商品名称、生产日期、图书分类号、邮件起止地点、类别、日期等信息,因而在商品流通、图书管理、邮电管理、银行系统等许多领域都得到了广泛的应用。

(2) 射频识别技术

射频识别技术(Radio Frequency IDentification,简称 RFID)的基本原理是电磁理论,利用无线电波对记录媒体进行读写,射频识别的距离可达几十厘米至几米,且根据读写的方式,可以输入数千字节的信息。射频系统的优点是不局限于视线,识别距离比光学系统更远,射频识别卡可具有读写能力,可携带大量数据,难以伪造,且有智能。

RFID 适用于物料跟踪、运载工具和货架识别等要求非接触数据采集和交换的场合,由于 RFID 标签具有可读写能力,对于需要频繁改变数据内容的场合尤为适用。

(3) IC 卡技术

IC 卡(Integrated Circuit Card,集成电路卡)是将一个微电子芯片嵌入符合 ISO 7816 标准的卡基中,做成卡片形式的信息工具。

由于 IC 卡具有存储量大,安全保密性好,可以处理数据,使用寿命长等优点。IC 卡已是当今国际电子信息产业的热点产品之一,在金融领域的应用最为广泛,影响十分深远。随着交通智能化、运输现代化地迅速发展,IC 卡技术在现代物流业也得到日益广泛应用。

(4) 扫描技术

自动识别技术的另一个关键组件是扫描处理,这是条形码系统的"眼睛"。扫描仪从视觉上收集条形码数据,并把它们转换成可用的信息。

(5) 光学字符识别技术

光学字符识别技术的三个重要应用领域,即办公自动化中的文本输入、邮件自动处理与自动获取文本,这些领域包括:零售价格识读,订单数据输入、单证、支票和文件识读,微电路及小件产品上状态特征识读等,目前亦有探索在手迹分析及签名等方面的应用。光学字符识别技术的重要应用工具为扫描笔。

3) 物流信息传输与跟踪技术

从物流信息系统的功能划分来看,运输管理信息系统主要包括订单处理、运输过程信息化两个组成部分,为了提高物流活动的效率,实现物流产业的现代化建设,这里将从订单处理方面和运输在途跟踪方面简单介绍最常用的物流信息传输与跟踪技术:电子数据交换技术(EDI)、地理信息系统技术(GIS)、全球卫星定位与跟踪系统(GPS)和移动通信定位系统。

(1) 电子数据交换技术(EDI)

EDI(Electronic Data Interchange)即电子数据交换。UN/EDIFACT(United Nations/Electronic Data Interchange for Administration,Commerce and Transport)定义 EDI 为:"计算机到计算机的标准格式的商业数据传输"。我国国家标准有关 EDI 的定义为:"指商业贸易合作伙伴之间,将按标准化、协议规范化和格式化的经济信息通过电子数据网络,在单位的计算机系统之间进行自动交换和处理"。

(2) 地理信息系统技术(GIS)

地理信息系统(Geographic Information System,GIS)是由计算机系统、地理数据和用户组成的,通过对地理数据的集成、存储检索、操作和分析,生成并输入各种地理信息,从而为土地利用、资源管理、环境监测、交通运输、经济建设、城市规划以及政府各部门行政管理提供新的知识,为工程设计和规划、管理决策服务。

(3) 全球导航卫星系统(GNSS 系统)

GNSS 的全称是全球导航卫星系统(Global Navigation Satellite System),它是泛指所有的卫星导航系统,包括全球的、区域的和增强的,以及相关的增强系统,还涵盖在建和以后要建设的其他卫星导航系统。

美国全球定位系统(GPS)是指利用导航卫星进行测时和测距,能够计算出地球上任何地方的用户所处的方位的一种卫星导航系统。中国北斗卫星导航系统是中国自行研制的全球卫星导航系统。是继美国全球定位系统(GPS)、俄罗斯格洛纳斯卫星导航系统(GLONASS)之后第三个成熟的卫星导航系统。北斗卫星导航系统可在全球范围内全天候、全天时为各类用户提供高精度、高可靠定位、导航、授时服务。

(4) 移动通信定位系统

移动定位业务又称为位置业务,是由移动通信网提供的一种增值业务,通过一组定位技术获得移动基站的位置信息(如经纬度坐标数据),提供给移动用户本人或他人以及通信系统,实现各种与位置相关的业务。

4) 物流信息存储与分析技术

信息储存与分析技术是物流信息化技术中重要的一部分,它们贯穿现代物流的全过程,常用的物流信息储存与分析技术主要包括数据库、数据仓库与数据挖掘等。

(1) 数据库技术

数据库是依照某种数据模型组织起来并存放在二级存储器中的数据集合。数据库的基本结构分三个层次,反映了观察数据库的三种不同角度。分别是:物理数据层、概念数据层和逻辑数据层。

(2) 数据仓库

数据仓库是一个面向主题的、集成的、随时间不断变化的数据集合,用于支持企业或组织的决策分析处理的各个过程。数据仓库不是静态的概念,只有把信息及时交给需要这些信息的使用者,供有关部门做出改善其业务经营的决策,信息才能发挥作用,信息才有意义。而把信息加以整理归纳和重组,并及时提供给相应的管理决策人员,是数据仓库的根本任务。

(3) 数据挖掘

数据挖掘就是从大量数据中获取有效的、新颖的、潜在有用的、最终可理解的模式的非平凡过程。数据挖掘是从大量数据中寻找其规律的技术,主要有数据准备、规律寻找、规律表示和规律评价四个步骤。随着云时代的来临,大数据(big data)也吸引了越来越多的关注。它的特色在于对海量数据进行分布式数据挖掘。但它必须依托云计算的分布式处理、分布式数据库和云存储、虚拟化技术。

5) 物流信息的相关辅助技术

物流信息的相关辅助技术包括销售点系统技术、电子订货技术、呼叫中心、数字分拣技术、人工智能和专家系统、移动终端营销(APP)技术、物联网技术、电子商务技术等相关辅助技术。

(1) 销售点系统技术(也称为POS系统技术)

POS系统称为"销售终端"或销售点实时处理系统。POS系统一般分为两类:一类是商业应用的POS系统,如商店前台结账系统,它是由电子收款机和计算机联机构成的商店前台网络系统。另一类是指销售点电子转账服务作业系统,如银行应用的POS

机或 POS 系统。

(2) 电子订货技术

电子自动订货系统(EOS)是零售业将各种订货信息,使用计算机并通过网络系统(VAN 或互联网)传递给批发商或供应商,完成从订货、接单、处理、供货、结算等全过程在计算机上进行处理的系统。EOS 按应用范围可分各企业内的 EOS(如连锁店经营中各个连锁分店与总部之间建立的 EOS 系统),零售商与批发商之间的 EOS 系统以及零售商、批发商和生产商之间的 EOS 系统。

(3) 呼叫中心

呼叫中心是通过电话系统连接到某个信息数据库,并由计算机语音自动应答设备或人工坐席将用户需要检索的信息直接播放给用户。呼叫中心可以有很多的类型和功能。从电话类型来分有呼入电话中心和呼出电话中心。

(4) 数字分拣技术

数字分拣系统将打印拣货单的过程省略,而在货架上加装一组 LED 显示器及线路,客户的订单资料直接由电脑传输到货架上的显示器,拣货人员根据显示器上的数字进行拣货,拣货完成后在确认键上按一下即可。常用的数字分拣系统是电子标签辅助拣货技术,又可分为播种式和摘取式两种分拣方式。

(5) 人工智能和专家系统

人工智能是一门综合性的边缘科学,它借助计算机建造智能系统,他的最终目的是构造智能机器。专家系统属于人工智能的一个发展分支,专家系统就是一种在特定领域内具有专家水平解决问题能力的程序系统。它能够有效地运用专家多年积累的有效经验和专门知识,通过模拟专家的思维过程,解决需要专家才能解决的问题。

(6) 移动终端营销(APP)技术

移动应用服务,就是针对手机这种移动连接到互联网的业务或者无线网卡业务而开发的应用程序服务,简单地说就是手机或无线工具的应用服务。APP 的开发与推广成为了移动互联网行业的一个巨大的市场。与趋于成熟的美国市场相对比,目前我国开发市场正处于高速生长阶段,涌现出一批优秀的、致力 APP 开发的互联网在线传播解决方案提供商,致力于为企业提供一站式的移动互联网应用解决方案。

(7) 物联网技术

物联网技术是通过射频识别(RFID)、红外感应器、全球定位系统、激光扫描器等信息传感设备,按约定的协议,将任何物品与互联网相连接,进行信息交换和通讯,以实现智能化识别、定位、追踪、监控和管理的一种网络技术。"物联网技术"的核心和基础仍然是"互联网技术",是在互联网技术基础上的延伸和扩展的一种网络技术,其用户端延伸和扩展到了任何物品和物品之间,采用适当的信息安全保障机制,提供安全可控乃至个性化的实时在线监测、定位追溯、报警联动、调度指挥、预案管理、远程控制、安全防范、远程维保、在线升级、统计报表、决策支持、领导桌面等管理和服务功能,实现对"万物"的"高效、节能、安全、环保"的"管、控、营"一体化。

(8) 电子商务技术

电子商务是指对整个贸易活动实现电子化,即电子商务是商业和贸易伙伴之间运用现代通信和信息共享技术以达到商贸活动的目的。电子商务采用网上交易、网上支付、网上交流等新兴的电子交易方式来改变传统的商贸交易方式,进行高效率、低成本、高收益、全球化的新型商贸活动。

2.3 物流信息化建设意义

2.3.1 我国物流信息化建设

1) 我国物流信息化建设现状

进入21世纪以来,我国经济和物流业发展较为迅速,物流信息化建设也取得了一些成绩,大中型企业信息化意识普遍提高。随着社会信息化程度的不断加深,物流企业信息化建设已经受到普遍关注,并且企业的信息化意识也在不断提高,重视并加大了对物流信息化的建设。据调查显示,在大中型企业中,建立了信息管理系统和企业网站的比例较高。大约74%的企业已经建立了信息管理系统,大约77%的企业已有自己专业的网站。已建管理信息系统的企业,系统是内部局域网的和广域网的各占一半左右。

但是,我国物流信息化仍处在初级发展阶段。根据调查,公司网站的主要功能多是用于企业宣传(40%),其次是信息服务(36%),用于内部通讯的占30%,作为电子商务平台的比例相对较少,大约占21%;另一方面从物流成本占GDP(国内生产总值)的比例来看,欧美、日本等发达国家比例在10%左右,而我国已接近20%,物流成本的差距反映我国物流信息化落后于发展成熟的发达国家。

一方面,市场的需求不规范,在物流概念的炒作下,"大而全"一步到位的全套信息化建设思想流行,但对信息化阶段实施目标的可操作性和过程的可控制性等工程问题在需求方面缺少准确客观的把握。另一方面,IT企业之间的竞争很不规范,信息化项目中常常是关系运作大过需求运作,众多IT企业在电子商务网站淘金梦破灭之后,蜂拥而上地搞物流行业信息化建设,造成一个初级阶段的规模化市场过度分割。

软件企业缺少规范化的生存土壤,从而制约了软件企业在市场运作中专注行业软件发展,树立企业品牌效应的战略实施。中国的物流软件市场和中国的物流市场一样,处于初级发展阶段。缺乏成熟的市场需求就难以形成市场规模,也就无法培育出具有强势的软件企业。如今的物流软件业犹如身处战国时期,缺少具备强大实力和规模的龙头企业,少数公司拥有一定的知名度,但效益却也未必能尽如人意,IT企业的处境不可谓不尴尬。尽管一些企业已经进行了程度不同的信息化建设,但由于系统建设往往受全套解决方案的指导思想的制约,最终的信息系统较为封闭,形成了一个个"信息孤岛",这样的信息系统对于将信息共享视为关键的物流业来说,互联互通困难,造成信息流不畅。

具体来说，我国物流信息化建设中存在的问题主要表现为：

（1）物流信息化标准混乱

物流行业发展至今，国家相关部门虽然也出台了一些相关的政策法规，但是缺乏一定的物流信息化管理标准和行业规范，从而导致物流行业在不同层面存在标准不一的现象。由于受到当前市场经济体制的影响，很多政策法规未能真正实施，使得物流活动的信息时效性和专业性都达不到相应的统一标准。

（2）信息化技术不够先进，中小物流企业的信息化程度低

信息化知识在不断地发展，一些先进的技术用在物流企业中，能够很大程度地发挥其优势，当前我国很多企业在对物流进行管理的时候，还没有真正将信息技术应用到物流的信息化过程中，依旧处于一种人工化或者半人工化的状态。

而且大多数系统的成本较高，而中小企业的起点很低，市场上缺少适合中小企业起步的信息系统。目前，GPS（全球卫星定位系统）、GIS（地理信息系统）技术服务在大型企业的应用比例不足三成，在大型物流企业的应用不到二成，在中小企业基本是空白。基础技术服务应用比例过少，整个行业的整合就相对困难。根据中国仓储协会调查，绝大多数中小物流企业中，其信息系统的业务功能和系统功能还有待完善，缺乏必要的订单管理、货物跟踪、仓库管理和运输管理等物流服务系统，物流信息资源的整合能力尚未形成。但是，当前我国很多企业在对物流进行管理的时候，还没有真正将信息技术应用到物流的信息化过程中，依旧处于一种人工化或者半人工化的状态。

（3）缺乏专业的物流信息人才和拥有自主知识产权的物流信息系统

由于我国物流业起步晚，具有理论知识、技术操作以及创新能力等的综合型物流人才仍然十分匮乏，也是制约我国物流信息化发展的又一重要因素。另外，当前很多物流企业所聘用的人才受教育程度比较低，缺乏专业的理论知识，综合素质不高，难以推动信息化的发展进程；而学校培养的人才虽有理论知识但缺乏信息技术的处理能力、运营能力和创新能力，不能满足信息化的现实发展需求。因此国内的研发能力无法和国际同行竞争，物流信息系统的标准较为混乱，不成体系，难以互联互通，难以实现信息共享。

（4）开发商难以盈利，缺乏战略眼光

物流软件是管理软件，需求的个性化和生产的批量化是难以统一的，因此造成开发成本极高。对开发商来讲，不能批量生产，成本就高居不下。我国的物流信息化发展还需要一个培养人才、培养需求、培养管理技术的过程，但多数系统开发商缺乏战略眼光，未提出我国物流信息化长期发展的战略目标。

（5）物流信息平台建设滞后，信息资源缺乏有效整合

物流信息平台是物流领域的神经网络，是支撑物流发展的关键基础平台。一方面物流信息平台建设运营主体均发展不完善。物流信息平台建设运营主体主要有两种：一种是以政府为主的模式，一种是以企业为主的模式。另一方面物流信息平台的盈利能力不强。由于物流信息平台缺乏良好的商业运营模式，缺乏完善的市场调查和雄厚

的资金支持,导致盈利能力不足。

2) 促进我国物流信息化建设的措施

(1) 进一步健全物流信息化标准规范

物流信息化发展需要有一定的标准和规范作为支撑。因此,可以从以下几方面完善信息化标准:一是研究和制定标准化的物流业政策法规。改进对物流相关领域的管理方式,对不适应物流业发展的各类规定和政策进行清理、修改和完善,规范物流企业扶持标准;二是通过建立一体化的物流信息系统,做到持续、简便并准确地移动数据,及时自动地更新数据,提高物流作业过程的透明性和时效性;三是企业应加大资金投入,建立具有广泛兼容性的数据库并选择良好的数据交换工具,充分利用最新的互联网技术平台,使物流信息化再上一个新台阶。

(2) 开发引入先进的物流信息技术和设备

信息技术的提高主要依赖于信息应用软件和物流设备的开发和利用,国家应当重视并支持信息化应用软件以及技术设备的研发和使用。首先,国家应鼓励企业信息技术的推广和应用,并在科研项目中增加对信息技术优化物流管理和运行方式的研究,增加研究经费,以便开发新型便捷高效的信息化物流作业技术和设备。其次,我们要借鉴国外先进的经验与技术,不断提高我国的研究能力,进一步完善物流信息化标准,开发具有自主知识产权且先进的物流信息技术。

(3) 重视物流公共信息平台建设

物流信息公共平台是物流业实现信息化的必经之路。国家在信息公共平台建成之后,要对其进行持久的关注,加大资金投入,充分了解市场动向,完善公共平台的质量,提高其公益价值。企业应认识到开发信息平台对企业盈利的重要性,对公共平台的系统进行合理优化,加大资源整合力度,通过不断实践,提高平台的服务质量。

(4) 培养高素质的专业性物流人才

一方面鼓励和允许院校按照市场需求开办和设置物流专业及课程,为现代物流培养高级管理人才和专业人才,以满足对物流人才多样化的需求;另一方面要加强现有在职人员的培训,通过全方面、多层次的培训尽快使他们掌握物流基本知识和运作技术,成为专业人才。同时,也要积极引进国内外优秀的物流管理人才,让他们先进的物流理念和运作方式及管理规范融入到物流信息化的建设中。

(5) 加强对物流业的宏观调控,并制定长远发展规划

国家应加强对物流业的宏观协调和功能整合,协调各部门之间的关系,使各个部门发挥高效的作用。政府部门也应当制定物流信息化建设的长远发展规划。首先,制定有关物流信息化发展的规划方针,在整体上推动社会的信息技术的发展,进而为物流业的快速发展营造良好的市场环境;其次,尽快出台物流信息化建设的行业建设发展规划及工作安排,通过采取相应措施加快物流业的信息化建设步伐;最后,借鉴国外物流信息化规划的经验,制定物流信息化发展规划,确立物流信息化建设目标和实施方案,指导物流信息化建设有条不紊地开展。

2.3.2 物流信息化建设的意义

1) 物流信息化建设为中国物流行业改革和重组提供了手段。

物流信息化是现代物流发展的关键,是物流系统的灵魂,更是主要的发展趋势。也就是说,物流行业最需要信息化、网络化支持。物流信息化是对整个社会物流系统进行的变革,正是利用信息技术的手段将原来割裂的供应链中各个物流环节整合在一起,突出地表现出了现代物流的整合和一体化特征。通过信息技术与传统物流功能的融合,形成新的物流核心竞争能力,丰富物流内涵。

2) 物流信息化建设是我国信息化带动工业化发展的基本国策的具体落实。

在新的世纪,我国确定了实现以信息化带动工业化,以工业化促进信息化的方针,这一时代背景下,为了推动我国电子商务的发展,必须大力提高我国物流信息化水平,以适应"一带一路"大战略的全新要求,推动"一带一路"战略的顺利实施。

3) 新一代信息技术加速发展为物流创新提供新动力。

当前,以物联网、云计算、移动互联网+、大数据等为核心的新一代信息技术正在加速发展,其在物流领域的日益普及和广泛应用,将全面提升物流供应链的信息化水平和一体化发展水平,促进更大范围和更深层次的物流技术创新,在推动新型服务、商业模式、产业组织、功能平台、物流设施加快涌现的同时,将深刻改变物流资源配置的方式,促进物流产业加快转型升级,促进物流成本进入新一轮下降通道,为物流产业实现创新驱动发展提供强大动力。

4) 物流信息化建设有利于促进企业物流活动快速转型,进军世界。

物流信息化是物流企业和社会物流系统核心竞争能力的重要组成部分,是电子商务的必然要求。物流信息化建设可以减少企业的服务时间,增强企业的反应能力,有效地降低成本,增强信息的透明性,减少由于信息不对称性造成的管理人员背德行为,有利于形成新的利润源泉,是带动经济增长的热点,是企业进一步发展的动力所在。这可以促进中国国内物流企业联合,做强做大,为与世界一流企业竞争打下坚实的基础。

虽然目前业内仍存在着这样那样的问题,但是我们坚信在国家政府的正确引导、企业的不懈追求和技术人员的专业支持下,我国物流信息化建设一定能够在不久的将来跻身世界先进水平。

复习思考题

1. 何为现代物流?现代物流的主要特征是什么?
2. 现代物流主要由哪些子系统构成,它们分别都有哪些功能?
3. 何为物流信息化?物流信息化的任务是什么,它对现代物流有什么作用?
4. 都有哪些新的物流信息化的技术,它们都有什么特点?

3 物流信息系统

学习目标

- 了解管理信息系统的定义、概念、类型、功能和结构
- 掌握物流信息系统的概念
- 了解物流信息和物流系统的关系以及物流信息系统的作用
- 理解物流信息系统的内容和结构
- 了解物流信息系统的模式

3.1 管理信息系统概述

管理信息系统不只是计算机的应用,计算机只是其工具。管理信息系统也不是"计算机辅助企业管理",管理信息系统是企业的神经系统,是一个人—机系统,是每个企业不能没有的系统。

3.1.1 管理信息系统的定义和概念

1)管理信息系统的定义

管理信息系统的概念起源很早,可以追溯到 20 世纪 30 年代,当时柏纳德就写书强调了决策在组织管理中的作用,管理信息系统的第一个定义始于 1970 年由瓦尔特·肯尼万(Walter T. Kennevan)给出:"以书面或口头的形式,在合适的时间向经理、职员以及外界人员提供过去的、现在的、预测未来的有关企业内部及其环境的信息,以帮助他们进行决策。"这个定义很明显是出自管理的,它强调了用信息支持决策,而没有强调要运用计算机的手段。1985 年管理信息系统创始人明苏达大学卡尔森管理学院的著名教授高登·戴维斯(Gordon B. Davis)给出了一个较完整的定义:"它是一个利用计算机硬件和软件,手工作业,分析,计划,控制和决策模型,以及数据库的用户—机器系统。它能够提供信息、支持企业或组织的运行、管理和决策功能。"这个定义说明了管理信息

系统的目标、功能和组成。在以后的近十几年的时间内,许多的专家学者站在不同的角度给出了若干的定义。管理信息系统一词出现在我国是在20世纪70年代末,《中国企业管理百科全书》上的定义为:"管理信息系统是一个由人、计算机等组成的能进行信息的收集、传递、储存、加工、维护和使用的系统。管理信息系统能实测企业的各种运行情况;利用过去的数据预测未来;从企业全局出发辅助企业进行决策;利用信息控制企业的行为;帮助企业实现其规划目标。"

现综合给出定义如下:管理信息系统是一个以人为主导、利用计算机硬件、软件、网络通信设备以及其他办公设备,进行信息的收集、传输、加工、储存、更新和维护,以企业战略竞优、提高效益和效率为目的,支持企业高层决策、中层控制、基层运作的集成化的人机系统。

从以上概念可以归纳管理信息系统具有以下几个基本含义:

(1) 管理信息系统是融合人的现代思维与管理能力和计算机强大的处理、存储能力为一体的协调有效的人—机系统。

(2) 管理信息系统的处理对象是企业生产经营活动的全过程,如生产、销售、财务、采购等,同时通过反馈给各级管理者提供有用的信息。

(3) 管理信息系统运用了数据库技术,通过集中统一规划的中央数据库的运用,使得系统中的数据实现了一致性和共享性。

2) 管理信息系统的概念

由管理信息系统的定义中我们已得出了一些管理信息系统的概念,下面我们以图的形式给出总体概念图,见图3-1。

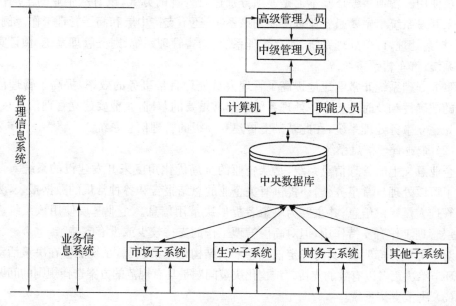

图3-1 管理信息系统概念模型

由这个图我们可以看出,管理信息系统是一个人—机系统,机器包含计算机硬件及软件(软件包括业务信息系统、知识工作系统、决策和经理支持系统),各种办公机械及通信设备;人员包括高层决策人员,中层职能人员和基层业务人员,由这些人和机器组成一个和谐的配合默契的人—机系统。所以,有人说管理信息系统是一个技术系统,有人说管理信息系统是一个社会系统,根据我们上面所说的道理,我们说管理信息系统主要是个社会系统,然后是个社会和技术综合的系统。系统设计者应当很好的分析把什么工作交给计算机做比较合适,什么工作交给人做比较合适,人和机器如何联系,从而充分发挥人和机器各自的特长。为了设计好人机系统,系统设计者不仅要懂得计算机,而且要懂得分析人。

3.1.2 管理信息系统的类型

从层次上,管理信息系统分为3类:事务处理系统、企业管理信息系统和决策支持系统。这种分类方法基本对应着管理信息系统发展的三个阶段。目前对管理信息系统的分类还没有完全一致的意见,按发展阶段的划分也反映了管理信息系统功能从初级到高级的变化,对于企业建设管理信息系统有实际指导意义。

(1) 事务处理系统

事务处理系统(Transaction Processing System,TPS)又称为狭义的管理信息系统,处理企业的日常事务。

事务处理系统的特点是:事务信息是高度结构化的信息,而且信息量大,问题明确,处理方法规范,提供的信息一般是规范的报表。这种系统主要是由企业的各种事务操作人员使用。各项事务还基本上是逐项分别进行处理的方式,没有从企业的全局优化角度来开发系统。主要是企业基层使用该系统,还不支持中层和高层管理工作。例如,文书、档案处理,订单处理系统、库存管理系统、销售管理系统、财务管理系统、预订宾馆客房系统、汽车售票系统等。

事务处理系统非常明显地提高了管理人员处理日常事务的效率,提高了管理信息处理的准确性和及时性。事务处理系统是非常重要的基础,企业要建立管理信息系统,必须先建立事务处理系统,在此基础上再建立高级的管理信息系统。

(2) 企业管理信息系统

企业意义上的管理信息系统,是从企业的全局优化角度来开发建设的系统。该系统除了可以处理日常事务外,还提供有关企业的总结报告和各种常规的数据报表,为有关的管理人员提供信息,并主要为决策者提供决策用信息。企业基层使用该系统。它对中层管理工作有支持作用,但对高层管理工作的支持较少或没有支持。

对于那些目标明确、具有确定信息需求的结构化决策问题,系统能够在决策活动的各个环节给决策者以有效的支持。结构化决策问题是具有规范的方案选择规则的问题。

(3) 决策支持系统

企业中遇到的一些决策问题,其目标含糊、信息不全,无固定的规则和程序来探索与选择方案,不按常规选择方案,这种决策称为非结构化决策。

决策支持系统包括企业管理信息系统和决策支持功能,除了处理日常事务外,还为有关的管理人员提供信息,主要为决策者提供决策用信息,对中层管理工作有支持作用,对高层管理工作决策有辅助支持作用。

具有决策支持系统的管理信息系统特点是:包含高度结构化和非结构化信息,事务包含规范和不规范的问题。

例如,在企业的库存管理系统中,不但要记录各种入库单、出库单,而且还要分析库存商品的数量和成本,为降低企业的经营成本提供支持。这时,系统面对的数据既包括各种结构化的数据,又包括各种事先不能完全定义的半结构化数据和无法准确描述的非结构化数据。库存管理信息系统的目标不是简单地录入各种入库单、出库单、盘点等信息,而是通过对企业库存信息的规范化管理,立时监测和分析库存的数量,为领导制定正确决策提供完整信息。

一般意义上,以上三种都称为管理信息系统,平常提到的管理信息系统指第二种企业管理信息系统,如果具有决策支持功能,就称为决策支持系统。

在任何组织中都可以建立管理信息系统,我们在书中所说的管理信息系统主要是面向企业的。企业是直接创造财富的组织,企业中使用管理信息系统意义重大,面向企业的管理信息系统是功能最复杂的一类管理信息系统,系统一般具备生产监控、事务处理、预测和决策支持的功能。因此,我们把面向企业的管理信息系统作为研究管理信息系统的典型。

从应用领域进行分类,管理信息系统包括:国际范围的信息系统、国家级信息系统、省级信息系统、市级信息系统和行业级信息系统。

3.1.3 管理信息系统的结构

管理信息系统结构是指系统内部各组成要素之间的相互关系和相互作用方式,即各要素之间在时间和空间上排列和组合的各种形式。根据对构成要素的不同理解,可以从管理信息系统的功能结构、硬件结构和软件结构来研究它的结构。前面我们从管理信息系统的功能结构角度看它的结构,下面我们从管理信息系统的复合结构——功能结构、硬件结构和软件结构来看它的结构。

管理信息系统为实现组织的目标,对整个组织的信息资源进行综合管理,合理配置各种要素并有效利用。完整的管理信息系统包括九大部分,如图3-2所示。

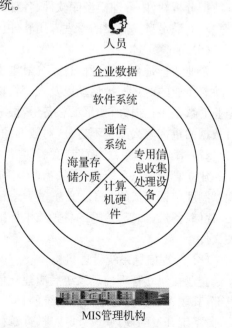

图3-2 管理信息系统结构

(1) 计算机硬件系统

管理信息系统包括许多计算机,每台计算机包括主机(中央处理器和内存储器),显示器,外存储器(如磁盘系统、数据磁带系统、光盘系统)、输入设备、输出设备等,还有计算机网络设备等。

(2) 海量存储介质

数据及其存储介质是系统主要组成部分。有的存储介质已包含在计算机硬件系统的外存储设备中。海量存储介质有各种形式,一般有光盘、数据磁带、录音带、录像磁带、缩微胶片以及各种纸质文件。

(3) 通信系统

管理信息系统一般是多用户系统,要有通信系统解决数据传输问题,通信系统是用于信息发送、接收、转换和传输的设施。通信方式有无线、有线、光纤、卫星数据通信。通信系统包括计算机网络与数据通信的软件、电话、电报、传真、电视等设备。

(4) 专用信息收集、处理设备

指适合具体管理信息系统的信息收集、处理设备,如各种电子和机械的管理信息采集装置,摄影、录音等记录装置。

(5) 计算机软件系统

包括系统软件和应用软件两大部分。系统软件有必选的计算机操作系统,可选的各种计算机语言编译或解释软件,数据库管理软件等;应用软件可分为通用应用软件和专用软件两类。通用应用软件一般为工具包,可能包括办公软件、图形图像处理、数学规划、微分方程求解、代数方程求解、统计分析和通用优化软件等;管理专用软件包括管理数据分析软件、管理模型库软件、各种专用处理软件等。企业建立管理信息系统的核心是建立满足自己需要的管理专用软件包。

(6) 企业数据

企业数据是企业管理信息系统最重要的组成部分(除工作人员外),这些数据直接反映着企业的产、供、销活动以及人、财、物等状况,其他部分一旦损失,都可以修复,但企业的数据一旦损失,如果没有备份,根本不可能恢复,或恢复的成本及其高昂。因此,对数据的重视怎么高也不过分,对数据的管理工作最重要的是备份。

(7) 管理信息系统规章制度

建立管理信息系统后,需要有相应的规章制度来保障管理信息系统的正常运行。规章制度包括人员的分工、权力、责任、工作规范、工作流程等文件,有关信息采集、编码、存储、备份、加工、传输的各种技术标准和工作规范,各种设备的操作、维护规定等有关文件。

(8) 管理信息系统管理机构

企业在建立管理信息系统后应建立信息系统的管理机构,一般称为信息中心或信息部,其职责是负责管理信息系统的日常运行的记录、监管、维护、数据的备份、人员的培训,系统开发的规划、设计、改进、计算机和网络的维修等。

(9) 工作人员

使用、操作、维护管理信息系统的各类人员,包括计算机和非计算机设备的操作维护人员、程序设计员、数据库管理员、系统分析员、管理信息系统的管理人员及人工收集、加工、传输信息的有关人员。

管理信息系统从产生到现在,已成功地开发了许多应用系统,广泛地应用于各类企业。有的管理信息系统具有一定的通用性,可以用于同类的企业,也用于其他类型企业。通用型管理信息系统水平高,价格也高。但管理信息系统的实施不仅仅是技术问题,更多的是管理问题。即使是生产同样产品的企业,其内部管理事务的流程、方法、制度、习惯也不相同,采用通用型管理信息系统,要求企业的管理标准化,进行内部的改革。许多企业为自己开发定制管理信息系统,定制的管理信息系统的适用性好,但风险高、成本高。

3.1.4 管理信息系统的功能

我们从多角度研究管理信息系统的功能,可以充分认识管理信息系统的作用。一般从企业管理层次划分功能角度、从企业组织管理职能角度和从信息系统角度来划分管理信息系统的功能。

1) 从企业管理层次划分功能

企业管理层次分为高层管理、中层管理、基层管理,呈现金字塔结构,管理信息系统的功能也如图 3-3 所示,具有层次结构,从低到高分为:作业控制功能、管理控制功能、战略规划功能。

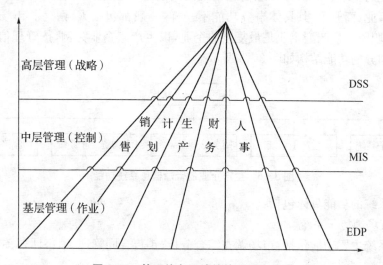

图 3-3 管理信息系统的管理层次功能

管理信息系统的基本功能是作业控制功能 EDP,它能处理事务信息,完成事务处理的信息工作。这也是前面所说的事务处理系统。

管理信息系统的中层管理控制功能 MIS，可以辅助中层管理者简单决策，信息一般来自所属各部门，并跨越各部门。

高级功能是战略规划功能 DSS，制定战略规划要大量地依靠来自企业外部的非结构化信息，辅助企业高层领导作战略规划、进行预测和决策。设计具有战略规划功能的管理信息系统是非常困难的，因为信息和决策模式都非结构化，真正实用的具有战略规划功能的管理信息系统目前很少。

2) 从企业组织管理职能划分功能

在现实使用中，我们更多的是从企业组织的职能划分管理信息系统的功能。在前面的章节中，了解了企业管理职能为计划、组织、领导和控制四大基本职能，管理信息系统对这四项基本职能具有支持作用，如图 3-4 所示。

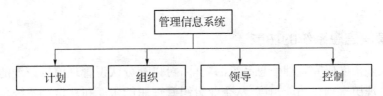

图 3-4　从企业管理职能划分管理信息系统的功能

管理信息系统也可以按企业管理组织机构的功能来建立。需要强调的是，并不能完全按照现有的管理职能来建设管理信息系统，而是往往要适应现代管理要求，对企业的组织职能重新设计，按新的管理职能设计管理信息系统的功能。

从管理的基本职能划分管理信息系统的功能过于粗略，不同类型的企业，如服务业、工业、事业、商业等，其具体事务功能不一样，一般都包括人、财、物、市场、生产、物流、后勤等职能。生产型企业是最复杂的企业，以生产型企业为例，按管理信息系统的详细职能划分的功能结构如图 3-5 所示。

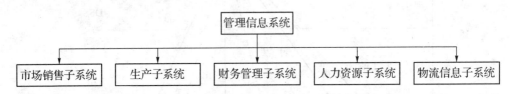

图 3-5　生产企业的管理信息系统功能

各子系统的功能具体包括：

(1) 市场销售子系统

该子系统主要功能包括：市场调查综合分析、销售合同管理、销售计划、销售管理和综合信息查询。

(2) 生产子系统

该子系统主要功能包括：编制生产计划、生产核算、库存控制、质量控制和综合查询。

(3) 财务管理子系统

该子系统主要功能包括：编制财务计划、资金管理、成本管理、材料核算处理、工资核算处理、固定资产核算、销售核算处理、应收应付账款、财务统计、编制财务报表和综合查询。

(4) 人力资源子系统

该子系统主要功能包括：编制劳动工资计划、人事管理、人员调配管理、劳动定额管理和综合查询。

(5) 物流子系统

物流子系统将在下节具体介绍。

3) 从信息系统角度划分功能

管理信息系统是一种特殊的信息系统，具有信息系统的一般特性。作为一种信息系统，管理信息系统功能包括信息（数据）收集、存储、加工、传输，最终输出管理信息。管理信息系统的处理功能如图3-6所示。

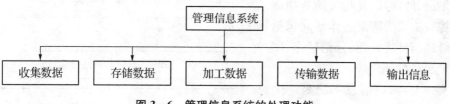

图3-6 管理信息系统的处理功能

3.2 物流信息系统基本概念

物流信息系统是根据物流管理运作的需要，在管理信息系统（MIS）基础上形成的物流系统信息资源管理、协调系统，是管理信息系统在物流领域的应用。它来源于物流系统，反过来作用物流系统，使物流系统高效率化、高效益化运作。

3.2.1 物流信息系统的概念

物流信息系统是企业管理信息系统的一个重要的子系统，是通过对与企业物流相关的信息进行加工处理来实现对物流的有效控制和管理的，并为物流管理人员及其他企业管理人员提供战略及运作决策支持的人—机系统。物流信息系统是提高物流运作效率，降低物流总成本的重要基础设施。

物流信息系统管理两类活动流中的信息：调控活动流和物流运作活动流。

调控活动流程是整个物流信息系统构架的支柱。战略、能力、物流、生产、采购等计划指导企业资源在从原材料采购到产成品送货过程中的分配与调度。上述计划在物流中的具体实施便构成企业主要的增值活动，而正是这些增值的活动为企业带来利润。

尽管调控活动中的各项计划工作是相对独立的，计划周期也各不相同，但如果各项计划出现不一致、失调或扭曲,则会造成运作的低效率和库存的过量或短缺。例如,对战略计划缺乏充分的理解与贯彻会导致生产和物流库存的不协调;同样,如果不充分估计到生产、采购和物流能力限制,也会导致系统的应变力差和低效率。各项计划工作不协调的另一个典型后果是过高的安全库存量设置。物流信息系统的一个重要作用就是帮助实现各项计划的一致性。

物流运作活动中的信息流主要包括顾客订单和企业采购订单的接收与发送、处理,以及相关的货物运输调控。主要的物流运作活动包括订单管理与订货处理、分销运作、库存管理、货物运输、采购等。

实际上,物流信息系统是一个4层结构的信息系统,如图3-7所示。

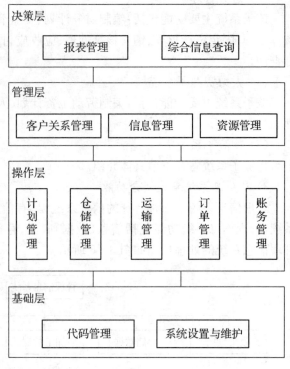

图3-7 物流信息系统的层次结构

第一层是基础层,主要设计系统的代码管理及参数的设置和维护等。实体代码化是信息系统的基础,代码设计与管理是信息系统的一个重要组成部分,设计出一个好的代码方案对于系统的开发和使用都极为有利。它可以使许多计算机处理(如某些统计、校对、查询等)变得十分有利,也使事务处理工作变得简单。同样的,系统设置的参数化使得系统变得灵活且易于维护。

第二层是操作层,用于指导物流作业,记录、更新物流各作业环节的作业信息。

第三层是管理层,用于制定作业计划,平衡、控制、协调客户需求与资源能力,以及各作业环节的均衡平稳。

最高层是决策层,根据企业运转的各种综合信息或报告,收集环境信息,制定企业的中长期作业计划及战略目标,并根据自低向上的信息反馈,不断调整修正各项目标计划。

3.2.2 物流信息与物流信息系统的关系

1) 物流信息对物流系统的作用

物流信息系统必须结合以下6条原理来满足管理信息的需要,并充分支持企业制订计划和运作:

(1) 可得性

物流信息系统必须具有容易而始终如一的可得性,所需的信息包括订货和存货状况。一方面企业应能获得有关物流活动的重要信息,另一个方面是存储所需的信息,例如订货信息的处理。无论是管理者的、消费者的,还是产品订货位置方面的信息。物流作业分散化的性质,要求信息具有存储能力,并且能从国内的任何地方得到更新。这样,信息的可得性就能减少作业上和制订计划上的不确定性。

(2) 准确性

物流信息必须精确地反映当前状况和定期活动,以衡量顾客订货和存货水平。精确性可以解释为物流信息系统的报告与实物计数或实际状况相比所达到的程度。例如,平稳的物流作业要求实际的存货与物流信息系统报告的存货相吻合的精确性最好在99%以上。当实际存货水平和系统之间存在较低的一致性时,就有必要采取缓冲存货或安全存货的方式来适应这种不确定性。正如信息可得性那样,增加信息的精确性,也就减少了不确定性,并减少了存货需要量。

(3) 及时性

信息系统及时性指系统状态(如存货水平)及管理控制的及时性(如每天或每周的功能记录)。及时的管理控制是在还有时间采取正确的行动或使损失减少到最低程度的时候提供信息。概括地说,及时的信息减少了不确定性并识别了种种问题,于是减少了存货需要量,增加了决策的精确性。

另一个有关及时性的例子涉及产品从"在制品"进入"制成品"状态时存货量的更新。尽管实际存在连续的产品流,但是,信息系统的存货状况也许是按每小时、按每工班,或按每天进行更新的。显然,适时更新或立即更新更具及时性,但是,它们也会增加记账工作量。编制条形码、扫描和EDI有助于及时而有效地记录。

(4) 灵活性

物流信息系统必须具有灵活性,以满足系统用户和顾客两方面的需求。信息系统必须具有能力提供能迎合特定顾客需要的数据。例如,有些顾客也许想将订货发货票跨越地理或部门界限进行汇总发票。一个灵活的物流信息系统必须有能力适应这两方面的要求。从内部来讲,信息系统要更有能力,在满足未来企业需要的同时不削弱在金融投资及规划的时间上的能力。

(5) 以异常情况为基础

物流信息系统必须以异常情况为基础,突出问题和机会。物流作业通常与大量的顾客、产品、供应商和服务公司竞争。例如,必须定期检查每一个产品与选址组合的存货状况,以便于制定补充订货计划。另一个重复性活动是对非常突出补充订货状况的检查。在这两种情况中,典型的检查需要检查大量的产品或补充订货。通常,这种检查过程需要注意两个问题。第一个问题涉及是否应该对产品或补充订货采取任何行动。如果第一个问题的答案是肯定的,那么,第二个问题就涉及应该采取哪一种行动。许多物流信息系统要求手工完成检查,尽管这类检查正愈来愈趋向自动化。仍然使用手工处理的依据是有许多决策在结构上是松散的,并且是需要经过用户的参与作出判断的。具有目前工艺水平的物流信息系统结合了决策规则去识别这些要求管理部门注意作出决策的"异常"情况。表3-1是以异常情况为基础的存货管理报告。该样本报告详细推荐了多个品目,该列表鉴别了存货水平、行动时间、建议日期及未来的行动方式。这类异常情况信息报告可以使计划人员利用时间来提炼建议,而不是浪费时间去识别那些需要作出决策的产品。

表3-1 以异常情况为基础的存货管理报告

产品	时间	水平	行动	订货	日期
A	立即	—	—	不公开PO	—
B	立即	没有现货	发货	实盘PO100	过期
C	有限期内	没有现货	发货	计划MO100	6/29—7/1到期
D	立即	使用安全存货	发货	实盘MO200	过期
E	有限期内	—	—	系统订货200	6月8号
F	超出有限期内	没有现货	发货	实盘PO100	6/29—7/5到期
G	有限期内	没有现货	取消	计划PO150	10月1日
H	有限期内	没有现货	推迟	实盘MO100	10/1—12/1到期

PO:采购订货(Purchase Order,PO)　MO:制造订货(Manufacturing Order,MO)

(6) 适当形式化

物流报告和显示屏应该具有适当的形式,这意味着它们要用正确的结构和顺序包含正确的信息。例如,物流信息系统往往包含一个配送中心存货状态显示屏,每一个显示屏列出一个产品和配送中心。这种形式要求一个物流顾客服务代表在试图给存货定位以满足某个特定顾客的订货时,检查每一个配送中心存货状况。如果有5个配送中心,就需要检查和比较这5个计算机显示屏。适当的形式会提供单独一个显示屏,包括所有这5个配送中心的存货状况。这种组合显示屏使顾客代表更容易识别产品最佳来源。

又一个适当形式的例子是,显示屏或报告占有并有效地向决策者提供所有相关的信息。显示将过去信息和未来信息结合起来中包括了现有库存、最低库存、需求预测,以及在一个配送中心单独一个品目的计划入库数。这种结合了库存流量和存货水平的图形界面显示,当计划的现有库存有可能下跃到最低库存水平时,有助于计划人员把注意力集中在按每周制定存货计划和订货计划上。

2) 物流系统对物流信息的要求

物流信息是随企业的物流活动而同时发生的,是实现物流功能必不可少的条件。物流系统对信息的质量要求很高,主要表现在以下三个方面。

(1) 信息充足

有效的物流系统需要充足的信息,提供的信息是否充足、是否能满足物流管理的需要至关重要。企业物流经理应了解信息系统,并懂得如何管理信息系统。而主管信息系统的管理者如果懂得商业管理、物流管理的需要,就能更好地开展工作,提供更有价值的信息。因此,这两方面的管理者应该扩大知识面,了解对方的工作情况,对对方的需要和能力水平作出迅速的反应。

(2) 信息准确

信息必须准确,只有准确的信息才能为物流系统提供服务。许多企业的可用信息非常少,并且模棱两可,导致物流决策不当,其原因主要是这些企业仍在使用过时的成本会计方法、管理控制系统,在当今竞争激烈的市场上,这些方法不能满足物流经理的竞争需要。例如,许多物流经理投入大量的资金和设备来提高仓库、运输、库存控制的效率,大大降低这个领域的人力成本。物流经理进行决策的时候,并不考虑沉没成本,只要边际贡献大于零,方案就是可行的。但按照成本会计,成本中却包含了沉没成本,这样会计所提供的信息就不能很好地满足物流经理的决策需要。

(3) 通信顺畅

管理需要及时准确的信息,就要求企业通信顺畅。通信的方式必须使人容易接收,否则就会产生误解,导致决策失误。人们常常有"选择性接收"的倾向,即事先进行预测,然后按照预测来理解接收的信息。信息的发出者应该清楚地知道接受者需要什么样的信息、最适合哪种通信方式及信息用途。

3.2.3 物流管理与物流信息系统的关系

信息是进行物流管理策划和控制的基础。现在,及时准确的信息对于物流的作用比历史上任何时候都重要。首先,市场份额的竞争就是顾客的竞争。要使顾客满意和愉快,必须以最好、有效的行为为顾客提供服务。在物流业中,向顾客提供及时准确的订单状态、产品可得性、交货计划和发票成为使顾客全面满意的重要组成部分。其次,信息能降低库存和人员需求,是提高竞争水平的重要因素。最后,信息在物流管理的资源分配和组织计划中发挥着重要作用。

1) 物流管理对信息的需求

在供应链物流过程中,信息流在从供应商到最终用户的不同成员之间交换、共享和流动,将采购、制造、产品分销和售后服务连接为一个整体。在物流过程中,各个战略经营单位之间均有信息交流,不过有的是直接的,有的是间接的而已。

物流管理对信息提出了更高的要求。按照重组物流一体化的观点,物流信息可以分为战略信息、经营信息和技术信息等3个层次。其中,战略信息是为物流系统计划服务的,经营信息是提供给经理进行营业分析用,技术信息提供给物流控制用。市场营销支持、制造预测和财务会计等部门共同为实现物流管理目标服务。

要实现物流管理的目标必须有市场营销、制造预测和财务会计等信息的支持,这些信息来源于物流的主要流程,如顾客服务、库存控制管理、仓库保管等。上述信息是由最基本的物流活动产生的。值得强调指出的是,由战略信息、经营信息和技术信息依次向下的信息流,与由基层的操作活动信息、控制信息、分析信息和计划信息所构成的向上的信息流构成一个信息反馈回路,从而保证整个物流系统实现对物流管理目标的定位。

2) 物流信息系统对物流管理的作用

以典型的零售业物流管理系统为例,零售商需要应用整套信息系统以取得竞争优势,物流信息系统对物流管理的作用可归纳为以下三方面。

(1) 缩短物流渠道

这意味着寻找减少周转时间和存货的办法。存货包括中间存货和最终存货两类,可以出现在供应链中的不同节点上。中间存货是指零部件、在产品、产成品的存货,当供应链出现问题引起需求波动时用作缓冲。这些存货增加了总供应链的长度,而零库存的原则要求顾客与供应商间的紧密配合,以减少对存货的依赖。

(2) 增加渠道的透明度

渠道的透明度是指知道什么时候、什么地方、多少数量的货物以及在供应渠道中可以达到目的地。传统上,这些信息是不清楚的,最多只是明白属于自己企业范围的部分信息,供给渠道中的瓶颈与过多的存货不易被发现。不良的渠道透明度会导致不良的供应链控制。为达到完美的供应链控制,掌握渠道的实时信息是必需的。

为达到这个目标,可以利用 EDI,使供应链上下游企业轻松获得有关信息,以便更好的协调供应链。渠道的透明度只有能反映现实时,才能说是好的。因此,依靠应用信息技术的实时信息系统,如 POS、条形码和 VAN 通信网络,建立 EDI 的快速反应机制。渠道的透明度对于全球物流系统显得尤其重要。

(3) 实现物流系统管理

当今,物流已被看成对主业具有很大影响的重要因素。这种转变是由于经济全球化趋势导致供应链的延长,企业不得不把物流系统整合起来管理,以连接市场的供需双方,系统中某一部分的决策会影响整个系统的运作。为满足系统管理物流目标,EDI 再次使得用于协调物流管理系统的信息自由与准确的流动。物流供应链是由许多不同的组织构成,每个组织为获得自身利益,不惜以增加供应链的长度为代价,EDI 把这些组织联系成为合作者,并使渠道透明,因此,增加了协调渠道和取得最佳流动的能力。只有这样,物流管理系统才能被看成是一个系统。

3.3 物流信息系统的结构、功能和作用

物流信息系统是由人员、设备和程序组成的,为物流管理者执行计划、实施、控制等职能提供相关信息的交互系统。物流信息系统的信息来源于物流的环境,典型的综合物流信息系统有决策支持系统、运输、库存、配送信息系统。

3.3.1 物流信息系统的结构

物流信息系统的结构是指物流信息系统各个组成部分的构成及相互关系。

1）概念结构

物流信息系统的概念结构由四个部件构成，即信息源、信息处理器、信息用户、信息管理者，如图3-8所示。信息源是信息产生的源头，信息处理器对信息进行加工、存储、传输，信息用户是信息的使用者，信息管理者负责对信息系统开发、设计、实现、运行、维护和管理。

图3-8 物流管理信息系统的概念结构

2）层次结构

物流信息系统从层次结构上看可分为三个层次，即业务操作层、管理控制层、决策支持层。业务操作层是物流信息系统的最基层，管理控制层使用人员是物流企业的中层管理人员，决策支持层是物流信息系统的最上层，这个层次的使用人员是物流企业的高层管理人员。

3）功能结构

物流信息系统从功能结构上看，主要有客户关系管理、订单管理、运输管理、仓储管理、装卸搬运管理、配送管理、包装管理、流通加工管理、货物跟踪管理、物流统计分析、决策支持等功能。

4）物理结构

物流信息系统从物理结构上看，主要有计算机硬件、软件和网络，而软件又有操作系统软件、数据库系统软件、物流管理应用软件等。

3.3.2 物流信息系统的功能

物流系统的各个阶段和各个层次之间通过信息流紧密的联系起来，物流管理信息系统就是要对这些物流信息进行采集、存储、传递、处理、显示和分析，见图3-9所示。

图3-9 物流管理信息系统的基本功能

数据采集和录入就是把分布在各个物流部门的相关数据收集起来，转换成物流管理信息系统所需的形式。

信息的存储是指采用某种物流介质来保存信息的方法。数据进入物流管理信息系统之后，经过整理和加工，成为支持物流系统运行的物流信息，这些信息需要暂时或者永久保存，以供使用。

信息的处理是物流管理信息系统核心目标，是将输入的数据加工转换成有用的物流信息。信息处理，可以是简单的排序、分类、查询、统计，也可以是复杂的预测、模拟等。

信息的输出和显示是提供一个直观、清晰的界面，其目的是为了让各级物流管理人员能够容易解读这些物流信息。

由于数据的采集、信息的处理、信息的使用不可能在同一个地方进行，所以要通过数据和信息的传递将上述过程联系起来。

3.3.3 物流信息系统的作用

企业决策者在物流信息系统的建设中，首先要明确的一个概念，即信息是什么。既不是买软件，也不是买硬件，这只是为达到目的所实施的手段和工具，企业实施信息化的最终目的应该还是应用。因为企业的经营永远离不开一个永恒的主题，即最大限度地追求利润。世界无论变得如何数字化，终究是以物质形式存在的，不可能变成只有0和1组成的世界。一个企业信息化的建设也离不开企业的经营之本，信息系统只是为经营服务的手段。只有根据先进的理念，选用正确的技术，使技术应用在有效产品的开发上才可以称为是一个成功的企业物流信息系统。

具体到物流信息系统本身，它是由多个子系统组成的，它们通过物资实体的运动联系在一起，一个子系统的输出是另一个子系统的输入。合理组织物流活动，就是使各个环节相互协调，根据总目标的需求，适时、适量地调度系统内的基本资源。物流系统中的相互衔接是通过信息予以沟通的，而且基本资源的调度也是通过信息的查询来实现的。例如：物流系统和各个物流环节的优化所采取的方法、措施，以及选用合适的设备、设计合理的路线、决定最佳库存量等，都要切合系统实际，即依靠能够准确反映物流活动的信息。所以，物流信息系统对提高企业物流系统的效率，以至于提高企业的经济效益均起着重要的作用。

（1）基本作用

①收集物流信息

物流信息的收集是信息系统运行的起点，也是重要的一步。收集信息的质量（即真实性、可靠性、准确性、及时性）决定着信息时效价值的大小，是信息系统运行的基础。信息收集过程要求遵循一定的原则。首先，要有针对性。重点围绕物流活动进行，针对不同信息需求及不同经营管理层次、不同目的的要求。其次，要有系统性和连续性。系统的、连续的信息是对一定时期经济活动变化概况的客观描述，它对预测未来经济发展具有很高的使用和研究价值。再次，要求信息收集过程的管理工作具有计划性，使信息收集过程成为有组织、有目的的活动。

②物流信息处理

收集到的物流信息大都是零散的、相互孤立的、形式各异的信息，对于这些不规范信息，要存储和检索，必须经过一定的整理加工程序。采用科学方法对收集到的信息进行筛选、分类、比较、计算、存储，使之条理化、有序化、系统化、规范化，才能成为能综合反映某一现象特征的真实、可靠、适用而有较高使用价值的信息。

③物流信息传递

物流信息传递是指从信息源出发,经过一定的媒介和信息通道输送给接收者的过程。信息传递最基本的要求是迅速、准确和经济。信息传递方式有如下几种:从信息传递方向看,有单向信息传递方式和双向信息传递方式;从信息传递层次看,有直接传递方式和间接传递方式;从信息传递时空来看,有时间传递方式和空间传递方式;从信息传递媒介看,有人工传递和非人工的其他媒体传递方式。

④物流信息应用

物流信息的应用是指对经过收集、加工处理后的信息的使用,以实现信息使用价值和价值的过程。信息的使用价值是指信息这一商品所具有的知识性、增值性、效用性等特征决定其能满足人类某种特定的需要,给人类带来一定的效益。信息的价值是指信息在收集、处理、传递、存储等过程中,需要一定的知识、特殊的工具和方式,要耗费一定的社会劳动,是人类一种创造性劳动的结晶。这种凝结在信息最终产品中的一般人类劳动即为信息的价值。

(2) 物流信息系统在企业中的作用

基于因特网和现代信息技术的物流信息系统,与其他信息系统一样,能够显著提高企业物流的运营效率和管理水平,越来越多的企业愿意采纳这项集管理和信息技术为一体的信息系统。一个典型的物流信息系统对企业的现实作用体现在如下几个方面。

①物流信息系统是物流企业及企业物流的神经中枢。如果没有先进的信息系统来支持,物流企业的功能就不能体现。物流企业作为面向社会服务,为企业提供功能健全的物流服务,面对众多的企业和零售商甚至是客户,如此庞杂的服务,只有在一个完善的信息系统基础上才可能实现。

②通过物流信息系统,企业可以及时地了解产品市场销售信息和产品的销售渠道,有利于企业开拓市场和搜集信息。

③通过物流信息系统,企业可以及时掌握商品的库存流通情况,进而达到企业产销平衡。

④物流信息系统的建立,可以有效地节约企业的运营成本。可以通过规模化的、少品种、业务统一管理节约企业的物流运作成本,也可以通过信息系统完成企业的一系列的活动,如报关、订单处理、库存管理、采购管理、需求计划、销售预测等。

⑤物流信息系统的建立使得物流的服务功能大大拓展。一个完善的物流信息系统使得企业能够把物流过程与企业内部管理系统有机地结合起来,如与 ERP 系统结合,可以使企业管理更加有效。

⑥加快供应链的物流响应速度。通过建立物流信息系统,达到供应链全局库存、订单和运输状态的共享和可见性,以降低供应链中的需求订单信息畸变现象。

3.4 物流信息系统的模式

推动物流发展和物流地位改变的环境要素主要是:消费者行为的变化;多品种、小批量生产的转变和零售形式的多样化;零库存经营的倾向;信息技术的革新;新物流需求的产生等。为适应这些变化,流通环节各经济主体都在调整自身的物流活动,构筑新的流通系统。当然,不同的主体形式所面对的物流不同,处理的方式与方法也不同。因此,没有也不可能存在统一的物流信息系统的模式,这里简要介绍几种物流信息系统的模式,本书第14章将会具体阐述。

3.4.1 公共物流信息平台

1) 概述

公共物流信息平台(Public Logistic Information Platform PLIP)是为了支持物流服务价值链中各组织间的协调和协作的公共需求,而建立的从IT基础结构到通用的IT应用服务的一系列硬件、软件、网络、数据和应用的集合。

它是一个为物流企业、物流需求企业和政府及其他相关部门提供物流信息服务的公共商业性平台,本质是为物流活动提供信息化手段的支持和保障;为企业提供单个无法完成的基础资料收集,并进行加工处理;为政府相关部门公共信息的流动提供支撑环境。

2) 公共物流信息平台的功能

公共物流信息平台在通过对公共物流数据的采集、处理和公共信息交换为企业物流信息系统完成各类功能提供支撑的同时,还起到为政府相关职能部门信息沟通的枢纽作用,从而为政府的宏观规划与决策提供信息支持。它的功能如下:

基本功能:系指数据交换功能,信息发布功能,会员服务功能,在线交易功能。

扩展功能:货物跟踪功能,仓储配送功能,决策支持功能,金融服务功能,容灾备份功能、综合服务功能、推进供应链可视化管理功能。

3) 建设公共物流信息平台的意义

(1) 有助于推动政府功能的转型。由管理向服务与管理并存的方向转型,使政府能够为企业的经济活动和社会公众提供更多更有价值的服务。

(2) 有助于交通管理的业务升级换代,业务重点由单纯的运输管理向集约化的物流管理方向转型。现代化的物流管理必然是以交通运输管理为核心,与银行、保险公司、仓储系统、贸易公司等紧密结合,从而为社会提供集金融服务、保险服务、仓储管理、采购为一体的集约化物流服务,通过这样转型,交通运输系统才能为社会提供更多的服务。

(3) 有助于推动区域成为经济与物流中心。物流水平,特别是物流信息水平的低下,制约了我国国际采购的发展。高水平、集约化的物流系统对于推动出口、引进外资和企业的国际化具有十分重大的意义。

3.4.2 电商企业物流信息系统

1) 电子商务简介

电子商务(Electronic Commerce)是基于信息网络技术,实现网购、在线支付等电子交易活动,提供综合服务的一种商业运营模式。电子商务将传统商务电子化、信息化、网络化,随着各种技术的进步和观念的更新,电商企业也正在同步快速发展。因为这是一个涉及物流、资金流、商流和工作流的复杂集合，所以建设电商企业物流信息系统来整合信息，优化调配就十分必要。

2) 电商企业物流信息系统建设意义

电商企业的经营管理活动离不开信息的支持，其中物流信息更是电商企业物流活动部分的中枢。物流信息化表现为信息存储的数字化，信息搜集的数据库化，信息处理的电子化，信息传递的标准化和实时化等等。

企业合理的决策需要依靠能够准确反映各项情况的数据和信息。电商企业运用其物流信息系统合理组织物流活动，可使整个企业系统的各个环节相互协调，根据总目标的需求，适时适量地调度系统内的基本资源。电商企业通过建立物流信息系统，可以及时掌握商品、资金的流动情况和工作的进展情况，通过采取相应措施，进而达到有效控制企业运营成本和提高运营效率的目的。电商企业还可以通过信息系统完成一系列工作，如库存管理、采购管理、需求计划、销售预测、业务扩展、大数据分析等。所以物流信息系统对提升电商企业运营效率乃至经济效益都起着重要的作用。

3.4.3　生产制造企业物流信息系统

1) 生产制造企业物流信息系统建设的意义

制造业的物流整合与改造将是推动物流业发展的重要力量。制造业是国民经济的核心产业，制造业物流外包是第三方物流发展的重要推动力，制造业物流管理水平的提升反映了一个国家、一个地区的物流发展水平，也反映了一个国家、一个地区的经济发展水平。物流是继降低消耗、提高生产效率之后的第三次管理革命，也是所谓的"第三利润源泉"。随着全球化竞争的形成，不仅技术优势、品牌是制造企业的核心竞争能力，"整合物流资源，改造物流流程"也已成为制造企业进一步降低成本、提升服务的重要手段和核心竞争能力。21世纪，我国作为"世界制造工厂"对物流资源的整合与改造已经迫在眉睫。其中，物流再造和物流信息化是企业物流资源整合的关键环节。优秀的业务流程和组织结构是企业得以高效运转的基础，先进实用的物流信息系统是企业物流作业得以高效运作的保证，现代物流信息系统是现代物流管理的神经中枢，是企业的核心竞争能力。

2) 生产制造企业物流信息系统的功能

制造企业物流管理信息系统是一个开放的系统，与外界有物流、信息流及资金流的交换。系统与上游供应商之间形成供应物流、信息流及资金流，与下游顾客（包括分销商、零售商、最终用户等）形成销售物流、信息流及资金流。具体说来，在横向上，将制造企业物流管理信息系统依据具体功能可以分解为如下模块：生产控制管理模块、财务管理模块、流通物流管理模块和人力资源管理模块。

3.4.4　服务企业物流信息系统

1) 服务企业物流信息系统建设的意义

有的服务产业包含有形产品（如超市销售的物品），有的服务产业不涉及有形产品

(如教育行业授课),我们这里所说的服务企业的物流主要是指第一种服务产业。服务企业物流有以下几点特征:只有采购及销售物流,无生产物流;服务水平要求较高;库存量相对较小且波动较大。服务企业物流的这些特征要求企业有比较完善的信息系统,才能保证企业的服务质量。

2)服务企业物流信息系统的功能

服务企业物流最重要的特征是无生产物流,而销售物流是核心。服务企业要时刻关注销售物流,采集、管理销售物流信息,时刻关注销售动态,所建立的服务型物流信息系统应以销售物流为基础,以使物流信息可以在企业中得到迅速流通。借助于已经普及的移动客户端(APP)技术,销售信息的采集更加便捷化、实时化,效率也得以大大提升。新兴的以O2O为代表的互联网平台,更是加速了服务业格局的变化,在这一过程中,服务业企业更要紧紧把握住物流信息,借新的技术来发展、壮大自身。

3.4.5 第三方物流企业物流信息系统

1)第三方物流企业物流信息系统建设意义

信息的准确、快速传递是第三方物流企业物流作业的关键要素,第三方物流的每一个环节,每一个相关人员都需要及时准确的信息支持,因此构建一个完善、高效率的物流信息系统对第三方物流企业具有重要意义,具体体现在如下几个方面:

(1)提升第三方物流企业服务水平,获得差异化竞争优势。目前我国第三方物流企业数量以每年16%~25%的速度发展,中国物流企业不仅要面对国内同行小、乱、杂的竞争环境,同时又要面对国外巨头大、精、专的竞争。通过构建物流信息系统可以利用快速准确的信息流指挥物流系统中的各种活动,整合物流资源,实现流程优化,提高物流服务水平,可以帮助第三方物流企业及时响应市场需求,为客户提供个性化服务,增强企业在市场中的竞争能力。

(2)优化作业方案,降低物流成本。在物流系统中,大量信息不仅随时间波动,而且还依赖于气象和经济条件,是不稳定的。因此,物流管理和决策作业与活动,需要实时地分析各种条件,并在最短时间内,给出最佳实施方案。物流信息系统可以通过应用现代科学技术和数学方法与手段,运用数学模型和数学工具,帮助第三方物流企业对物流活动进行决策、预测及控制,例如仓储方面科学控制库存数量,运输方面进行车辆配载、运输路线优化等,从而在很大程度上削减物流成本,提高企业效益。

(3)促进全行业物流的标准化。实际上,第三方物流行业的物流作业标准化与第三方物流企业构建物流信息系统是相辅相成的。一方面物流标准化为企业构建物流信息系统提供了目标与要求,另一方面各企业积极构建物流信息系统又反过来促使行业制定更加统一规范的物流标准,在这一过程中第三方物流行业内各企业可以进行数据交换与信息共享,促进物流行业整体发展。

2)第三方物流企业物流信息系统基本功能

根据实际需求,第三方物流信息系统有五个功能模块。五个功能模块即指:决策管理模块、作业管理模块、经营管理模块、维护管理模块和客户服务模块。其中决策管理模块包括决策分析、合同管理和计划管理系统;作业管理模块包括仓储管理、运输管理、配送管理和核算管理系统;经营管理模块包括绩效考核、客户管理和单据报表系统;维护管理模块包括系统管理和基础设置系统;此外还有客户服务模块。

3.4.6 第四方物流企业物流信息系统

1) 第四方物流信息平台建设意义

近年来,由于我国第三方物流企业各自为政,互相竞争,使得物流效率在全国范围内并不能得到很高的提升。尤其是随着电子商务的发展,社会对物流的效率提出了更高的要求,为了解决第三方物流的瓶颈问题,第四方物流在国内外开始兴起。

对于社会而言,第四方物流信息平台整合了各方优势资源,提高了社会资源的利用率,降低整个社会的物流费用,打破区域之间的独立性,加强全社会经济的共同发展。第四方物流信息系统能够更加优化组合和合理配置各种物流要素,更能提高物流活动效率、降低社会物流总成本。

2) 第四方物流企业信息平台的基本功能

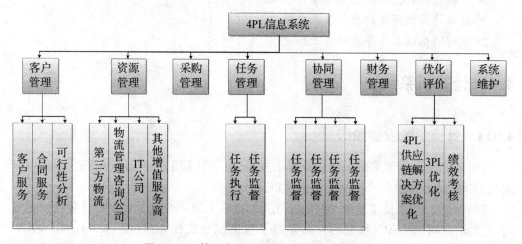

图 3-10 第四方物流信息系统功能主要模块

复习思考题

1. 管理信息系统与物流信息系统有何关系?
2. 什么叫物流信息系统,它有什么作用?
3. 如何理解物流信息系统对物流系统的作用?
4. 画出物流信息系统的层次结构图,简述各层的主要功能。
5. 物流信息系统有哪些主要类型(模式)?各有何特点?

4 计算机基础

学习目标

> 掌握计算机技术的基本原理和系统组成
> 理解计算机网络的功能及其应用
> 了解通信设备及介质的专业知识

4.1 计算机系统

4.1.1 计算机的发展阶段

1945 年,美国数学家冯·诺依曼博士发表《电子计算工具逻辑设计》论文,提出二进制表达方式和存储程序控制计算机构想。

1946 年 2 月 15 日在美国宾夕法尼亚大学世界上第一台电子数字式计算机研制成功,它的名称叫 ENIAC(埃尼阿克),是电子数值积分式计算机(Electronic Numerical Integrator and Computer)的缩写。它使用了 17 468 个真空电子管,耗电 174 千瓦,占地 170 平方米,重达 30 吨,每秒钟可进行 5 000 次加法运算。虽然它还比不上今天最普通的一台微型计算机,但在当时它已是运算速度的绝对冠军,并且其运算的精确度和准确度也是史无前例的。以圆周率(π)的计算为例,中国的古代科学家祖冲之利用算筹,耗费 15 年心血,才把圆周率计算到小数点后 7 位数。一千多年后,英国人香克斯以毕生精力计算圆周率,计算到小数点后 707 位。而使用 ENIAC 进行计算,仅用了 40 秒就达到了这个记

图 4-1 第一台计算机 ENIAC(1946)

录,还发现香克斯的计算中,第528位是错误的。

ENIAC奠定了电子计算机的发展基础,在计算机发展史上具有划时代的意义,它的问世标志着电子计算机时代的到来。ENIAC诞生后,数学家冯·诺依曼又提出了重大的改进理论,主要有两点:其一是电子计算机应该以二进制为运算基础,其二是电子计算机应采用"存储程序"方式工作,并且进一步明确指出了整个计算机的结构应由五个部分组成:运算器、控制器、存储器、输入装置和输出装置。冯·诺依曼的这些理论的提出,解决了计算机的运算自动化的问题和速度配合问题,对后来计算机的发展起到了决定性的作用。直至今天,绝大部分的计算机还是采用冯·诺依曼方式工作。

ENIAC诞生后短短的几十年间,计算机的发展突飞猛进。主要电子器件相继使用了真空电子管,晶体管,中、小规模集成电路和大规模、超大规模集成电路,从而引起计算机的几次更新换代。而每一次更新换代都使计算机的体积和耗电量大大减小,功能大大增强,应用领域进一步拓宽。特别是体积小、价格低、功能强的微型计算机的出现,使得计算机迅速普及,进入了办公室和家庭,在办公室自动化和多媒体应用方面发挥了很大的作用。目前,计算机的应用已扩展到社会的各个领域。计算机的整个发展过程分成以下几个阶段:

1. 第一代计算机(1946~1957年):主要元器件是电子管,机器耗电高,体积大,定点计算,使用语言为机器语言,汇编语言。

2. 第二代计算机(1958~1964年):用晶体管代替了电子管,变集中处理为分级处理,采用的是浮点运算、高级计算机语言。

3. 第三代计算机(1965~1970年):以中、小规模集成电路取代了晶体管,存储容量大,运算速度快,几十至几百万次/秒。

4. 第四代计算机(1971年至今):采用大规模集成电路和超大规模集成电路,同时向大型机和微型机两个方向发展。

5. 第五代计算机:智能计算机,演变趋势向巨型化,微型化,网络化,智能化,多媒体化发展。

4.1.2 计算机的类型

计算机的发展使计算机的分类问题变得复杂化,根据计算速度和存储能力可将其分为以下6类。

(1) 巨型机

巨型机是一种超大的电子计算机,而同时代中,运算速度达到最高级别的大容量巨型机又被称为超级计算机。2013年5月,国防科学技术大学研制出超级计算机系统"天河二号",以峰值计算速度每秒5.49亿亿次、持续计算速度每秒3.39亿亿次双精度浮点运算的优异性能超过此前稳居榜首的美国"泰坦"超级计算机,成为全球最快的超级计算机。"天河二号"的系统存储总容量相当于600亿册每册10万字的图书。假设每人每秒钟进行一次运算,"天河二号"运算一小时,相当于13亿人同时用计算器算上

1 000年。

巨型机可以广泛运用于生物医药、新材料、工程设计与仿真分析、天气预报、智慧城市、电子商务、云计算与大数据、数字媒体和动漫设计等多个领域,为经济社会转型升级提供重要支撑。

（2）小巨型机

功能同巨型机相近,价格相对便宜,发展十分迅速。美国 Convex 公司的 C 系列机为其代表产品。

（3）大型机

大中型企事业单位作为计算中心的主机使用,统一调度主机资源。代表产品有 IBM360,370,4300 等。

（4）小型机

可以满足部门性质的需求,供小型企事业单位使用,典型产品有 IBM-AS/400,DEC-VAX 系列,国产太级系列等。

（5）工作站

用于特殊的专业领域,例如图像处理和辅助设计等。典型产品有 HP-APOLLO,SUN 工作站等。

（6）微型机

个人或家庭使用,PC 机/个人计算机,价格低廉。

（7）平板电脑

平板电脑也叫便携式电脑,是一种小型、方便携带的个人电脑,以触摸屏作为基本的输入设备。它拥有的触摸屏(也称为数位板技术)允许用户通过触控笔或数字笔来进行作业而不是传统的键盘或鼠标。用户可以通过内建的手写识别、屏幕上的软键盘、语音识别或者一个真正的键盘(如果该机型配备的话)实现输入。

4.1.3　计算机的应用领域

（1）科学计算

科学计算是计算机最早的应用领域,如航空航天、气象、军事等,都离不开准确的计算。

（2）数据处理

计算机可对大量的数据进行分类、综合、排序、分析、整理、统计等加工处理,并可要求输出结果。如人事管理、卫星图片分析、金融管理、仓库管理、图书和资料检索等。

（3）实时控制

在工业、科学和军事方面,利用计算机能够按照预定的方案进行自动控制,完成一些人工无法亲自操作的工作,如汽车生产流水线等。

（4）计算机辅助工程

利用计算机辅助系统可以帮助我们快速地设计出各种模型、图案,例如飞机、船舶、建筑、集成电路等工程的设计和制造。当前计算机在辅助教学领域也得到了广泛的发展。

(5) 人工智能

利用计算机模拟人的智能去处理某些事情,完成某项工作。例如,医疗诊断专家系统可以模拟医生看病;人机对弈等。

4.1.4 计算机系统的技术指标

计算机系统的主要计算指标包括以下四项:

①字长:指计算机能够直接处理的二进制数据的位数,单位为位(Bit)。

②主频:指计算机主时钟在一秒钟内发出的脉冲数,在很大程度上决定了计算机的运算速度,单位是百万次/移,用 MIPS 表示。

③内存容量:是标志计算机处理信息能力强弱的一项技术指标,单位为字节(BYTE),8 Bit=1 BYTE、1 024 B=1 KB、1 024 KB=1 MB。

④外存容量:一般指软盘、硬盘、光盘。单位为 G,1 G=1 024 MB,1 TB=1 024 GB。

⑤存取周期是存储器进行一次完整的读/写操作所允许的最短时间间隔。存取周期越短,则存取速度越快。

4.1.5 计算机运算基础

在日常生活中,人们最熟悉的是十进制,然而,计算机都采用二进制数字系统表示计算机中的数据信息。对计算机中的数据信息进行处理的电子线路,其设计的理论基础是逻辑代数(布尔代数),它和普通代数一样,用字母表示向量,但逻辑变量的取值范围只有两个值"0"和"1",也是用二进制表示。因此了解计算机,就要学习二进制的有关知识。

(1) 进位计数制

进位计数制由三个基本要素:基数、数符和位权值组成。如十进制数,它的基数为10,数符为 0,1,2,3,4,5,6,7,8,9,位权值(以小数点为界,自右向左)个、十、百、千、万……或为 $10^0,10^1,10^2,10^3,\cdots10^n$。任意进位计数制都具有的共同特点:即按基数来进位和借位,按位权值展开并相加,便可求得该数相应的十进制数值,这是任意进制数转换成十进制数的基本方法。如十进制数是"逢十进一,借一当十":一个十进制数54327 按位权值展开后的值:

$$(54327)_{10} = 5 \times 10^4 + 4 \times 10^3 + 3 \times 10^2 + 2 \times 10^1 + 7 \times 10^0$$
$$= 50\ 000 + 4\ 000 + 300 + 20 + 7$$
$$= (54327)_{10}$$

(2) 二进制、八进制、十六进制

①二进制 它的基数为2,只有二个数符0和1,并且"逢二进一,借一当二",若按位权值展开并相加,便可得出该数相应的十进制数值,如:

$(1001)_2 = 1 \times 2^3 + 0 \times 2^2 + 0 \times 2^1 + 1 \times 2^0 = (9)_{10}$

②八进制数 它的基数为8,有八个数符"0,1,2,3,4,5,6,7",并且"逢八进一,借

一当八",若按位权值展开并相加,便可得出该数相应的十进制数值,如:

$(1001)_8 = 1 \times 8^3 + 0 \times 8^2 + 0 \times 8^1 + 1 \times 8^0 = (513)_{10}$

由于 $8 = 2^3$,因此每位八进制数可以用三位二进制数表示,反之亦然。

$(513)_8 = (101001011)_2$

$(110010011)_2 = (623)_8$

③十六进制 它的基数为16,它有16个数字符号0~9以及A,B,C,D,E,F,其字母表示为10,11,12,13,14,15。并且"逢十六进一,借一当十六",且按位权值展开并相加,便可得出该数相应的十进制数值。

$(43AF)_{16} = 4 \times 16^3 + 3 \times 16^2 + 10 \times 16^1 + 15 \times 16^0$

$= (17327)_{10}$

由于 $16 = 2^4$,因此每位十六进制数可以用四位二进制数表示,反之亦然。

$(A2D)_{16} = (101000101101)_2$

$(1001011010110011)_2 = (96B3)_{16}$

运用十六进制、八进制可以将冗长的、不便记忆的二进制数缩短,以便于程序员记忆使用。

④计算机采用二进制的优越性

二进制只有二个数字符号0和1,因此在现实世界中很容易找到有两种对立且稳定物理状态的物理器件来表达,如晶体管的导通和截止,磁性器件的剩磁状态。由于状态简单,器件容易设计,且性能稳定,运行可靠。试想要设计一个有十个稳定状态的物理器件是一件多么复杂的工作。

二进制运算法则简单,只有加法法则:0+0=0,0+1=1,1+1=10,求积法则 $0 \times 0 = 0, 0 \times 1 = 0, 1 \times 1 = 1$,甚至求积运算也可以转化为移位求和运算,从而大大简化运算电路。

由于逻辑变量和二进制一样只有"0"和"1"两个取值,采用二进制可使算术运算和逻辑运算共享一个运算器。

(3) 数值型数据的表示

在计算机中,位(Bit)是最小的数据单位,只能存放一个二进制的"0"或"1",字节(byte)是一组长度固定为8的二进制位的集合,一般一个字节可以存放一个字符。一个计算机字,是在计算机中作为一个整体被传送和运算的一串二进制数码,它所含有的二进制位数等于字长。目前的微型计算机绝大多数是32位字长,我们称为32位机,则可在运算器中进行32位并行运算,并在总线中进行32位并行传送。

在计算机中,储存数据的长度是统一的,不足的部分用"0"填充。例如:在微型计算机中,一个整数可能占2个或4个字节,一个非整数占4个或8个字节等等。即数据类型确定后,将使用同样的数据长度,而与数的实际长度(二进制的位数)无关。其次,由于数有正负之分,在计算机中,总是用数的最高位表示数的符号,并约定以"0"代表正数,以"1"代表负数。最后,为了节省存储空间,在计算机中表示数值型的数据时,小数点是隐含的,但其位置是固定的,或是可变的。前者为定点数,后者为浮点数。

例1 用定点整数表示$(213)_{10}$

已知$(213)_{10}=(11010101)_2$,故机内表示为:

例2 用浮点数表示$(10.101)_2$

已知$(10.101)_2=2^2\times0.10101$,故机内表示为:

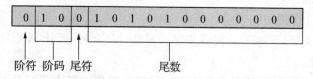

(4) 字符型数据的表示

人们使用计算机时,通常用十进制数及常用的字母、字符完成信息的输入和输出。但由于计算机只接收和处理二进制数,因此信息必须用二进制编码。所谓编码是用一串二进制编码代表一位十进制数字或一个字符。编码工作由计算机在输入、输出时自动进行。

①ASCII 码

在数据处理、通信系统和外部设备与主机进行信息交换时,用得最多的是 ASCII 码(American Standard Code for Information Interchange),即美国标准信息交换码,是国际通用的一种字母与符号的编码。它用 7 个二进制数据表示一个字符,共可以表示 128 种基本字符和功能符,具体内容有:

大写字母 A~Z;

小写字母 a~z;

数字 0~9;

可打印的符号,如<,=,?,! 等。

实现某个动作的控制符号,如 NUL,ESC,CR,LF,BEL 等,例如 BEL,其 ASCII 码为 0000011,是报警符,可以产生一个能听见的响铃声。

一般的计算机进行字符处理和信息交换时,在 7 个数据位的最左边添上一个奇偶校验位,用于检测电气干扰或设备故障引起的传送错误。例如字母 R 的 7 位码是 1010010,字母 S 是 1010011,若计算机采用偶校验,则它对应的 8 位码是:R 为 11010010,S 为 01010011,添加的原则是使偶校验系统中的全部字符码都具有偶数个 1,传送过程中若发现某字符的编码中的 1 的个数为奇数,则该码有错。

ASCII 码表常常用八进制、十六进制或十进制书写。例如数码 0~9,相应的 7 位

ASCII 码为 0110000～0111001,用八进制表示是 060Q～071Q,用十六进制表示是 30H～39H,用十进制表示是 048～057。

由于标准的 7 位 ASCII 码能表达的字符较少,不能满足信息处理的需要,近年来,在 ASCII 码的基础上又研制了一种扩充的罗马字符集。它要求用 8 个二进制数据位表示一个字符,一共可表示 256 种字符和功能符,称之为扩充的 ASCII 码。

② BCD 码

十进制数在键盘输入、打印和显示输出时,往往以 ASCII 码表示,但是数在机器内是以二进制形式进行计算的。为了便于转换,对十进制数有时还需进行 BCD 编码。

ASCII 码与 BCD 码之间的转换,以及 BCD 码与二进制数之间的转换,均由系统内部的专门程序完成。

(5) 汉字在计算机中的表示

英文为拼音文字,汉字为非拼音文字。显然,汉字编码远比 ASCII 表要复杂得多。

① 汉字交换码

1981 年,我国颁布了《信息交换用汉字编码字符集的基本集》(代号 GB2312—80)。它是汉字交换码的国家标准,所以又称"国际码"。该标准收入了 6 763 个常用汉字(其中一级汉字 3 755 个,二级汉字 3 008 个),以及英、俄、日文字母与其他符号 687 个,共有 7 000 多个符号。

国际码规定,每个字符由一个 2 字节代码串组成。每个字节的最高位恒为"0",其余 7 位用于组成各种不同的码值。两个字节的代码,共可表示 128×128＝16 384 汉字符。

② 汉字机内码

在计算机内,为了实现中、西文兼容,通常将汉字国标码的最高位置 1 来标识机内的某个码值是代表汉字。例如汉字"大"的国标码为 $(3003)_{16}$,两个字节的最高位均为"0"。把两个最高位全改成"1",变成 $(B083)_{16}$,就可得"大"字的机内码。

③ 汉字输入码

西文输入时,ASCII 码与机内码总是一致的,像输入什么字符,便按什么键。但汉字输入则不同。当采用不同汉字输入法,如用拼音输入或五笔输入,当用户向计算机输入汉字时,通过键盘管理程序的转换,存入计算机中的总是它的机内码,与所采用的输入法无关。

④ 汉字字形码

显示/打印文字时还要用汉字字形码,但汉字库占用的存储空间也愈大。例如一个 24×24 的汉字占用空间为 72 字节,一个 48×48 的汉字将占用 288 个字节。

综上可知,无论西文字符和中文字符,在机内一律用二进制编码来表示。汉字处理较纯西文处理需要更多的时间和空间,原因就在于此。

(6) 音频和视频信息在计算机中的表示

多媒体计算机不仅要处理数值信息和字符型信息,还要处理声音和图像,即音频信息和视频信息。

在一般声像设备中,声音和图像信息通常都表示为模拟信号。但计算机包括多媒体计算机的 CPU 却只能处理脉冲数字信号,即二进制数据。因此,无论音频信息或视频信息,在进入 CPU 以前都要先转换为二进制数据,才能交 CPU 加工处理;反之,从 CPU 输出的声音/图像信息,也要先从二进制数据转换为音频/视频模拟信号,然后交声像设备播放。在这些输入输出过程中,信息的转换都是由声像设备的接口板完成的,即音频接口板(声频卡)完成声频信息的转换,视频接口板(视频卡)完成视频信息的转换。当多媒体计算机运行时,上述转换对用户完全是透明的,不需要用户干预。所以对一般用户来说,只要知道有信号转换,却不必详细了解转换的过程。

声像设备正在向数字化方向发展,因此声像设备与计算机的连接更简单了。

4.2 计算机软件系统

计算机软件系统包括系统软件和应用软件两大类。

4.2.1 系统软件

系统软件是指控制和协调计算机及其外部设备,支持应用软件的开发和运行的软件。其主要的功能是进行调度、监控和维护系统等等。系统软件是用户和裸机的接口,主要包括:

(1) 操作系统软件,如 DOS、WinXP、Win10、WINDOWSNT、Linux、Netware、Vista 等。

(2) 各种语言的处理程序,如低级语言、高级语言、编译程序、解释程序。

(3) 各种服务性程序,如机器的调试、故障检查和诊断程序、杀毒程序等。

(4) 各种数据库管理系统,如 SQLSever、Oracle、Informix、FoxPro、Access、DB2、Sybase 等。

4.2.2 应用软件

应用软件是用户为解决各种实际问题而编制的计算机应用程序及其有关资料。应用软件主要有以下几种:

(1) 用于科学计算方面的数学计算软件包、统计软件包(如 Matlab、SPSS 等)。

(2) 文字处理软件包(如 WPS、WORD、Office)。

(3) 图像处理软件包(如 Photoshop、动画处理软件 3DMAX)。

(4) 各种财务管理软件、税务管理软件、工业控制软件、辅助教育等各种专用软件。

4.2.3 程序设计语言

计算机语言是人与计算机进行交流的一种工具,通过它可以编写程序,让计算机完成交给它的系列任务。

计算机语言分为机器语言、汇编语言、高级语言。

(一) 机器语言

机器语言是计算机唯一能够直接识别的语言,无论是操作符和操作数都是由0和1组成的,其优点是简单,执行效率高,缺点是读写起来很不方便,且通用性差,不同的计算机其机器语言也不一样。

(二) 汇编语言

汇编语言是机器语言的符号化,只是增加了可读性,但仍然是通用性不强,编程时要对相应机器有所了解,换句话说就是要有一定的计算机专业基础才能写出程序。不同类型、不同档次的计算机其汇编语言也是不一样的。

由于机器语言和汇编语言都是针对机器而言的,涉及底层的操作,有人把它称为低级语言。而直接面向应用的是高级语言,只要用户能够确定好算法,不需要对机器了解多少就能够写出程序,且高级语言都跟自然语言比较接近(几乎都是英语),一般所说的程序设计语言都是指的高级语言。

(三) 高级语言

高级语言很多,常见的有 BASIC、PASCAL、C、C++、FORTRAN、JAVA、PYTHON 语言等,其有三大优点:

①高级语言更接近自然语言,一般采用英语表达语句,便于理解、记忆和掌握。

②高级语言的语句与机器指令并不存在一一对应关系,一个高级语言语句通常对应多个机器指令,因而用高级语言编写的程序(称为高级语言源程序)短小精悍,不仅便于编写,而且易于查找错误和修改。

③高级语言基本上与具体计算机无关,即通用性强。程序员不必了解具体机器指令就能编制程序,而且所编程序稍加修改或不用修改就能在不同的机器上运行。

高级语言也是不能被计算机直接识别和执行的,必须先翻译成用机器指令表达的目标程序才能执行。翻译的方式有两种:一种是解释方式,二是翻译方式。

解释方式使用的翻译软件是解释程序,它把高级语言源程序一句句地翻译成机器指令,每译完一句就执行一句,当源程序翻译完后,目标程序也执行完毕。

编译方式使用的翻译软件是编译程序。它将高级语言源程序整个地翻译成用机器指令表示的目标程序,使目标程序和源程序在功能上完全等价,然后执行目标程序,得出运算结果。

解释方式和编译方式各有优缺点。解释方式的优点是灵活,占用的内存少,但比编译方式要占用更多的机器时间,并且执行过程也离不开翻译程序。编译方式的优点是执行速度快,但占用内存多,并且不灵活,若源程序有错误,必须将错误全部修正后再重新编译和从头执行,要求程序员有较高的程序设计水平。

(四) 第四代语言

第四代语言与先期的语言相比,更加非过程化并且易于对话。所谓第四代是相对于机器语言(第一代)、汇编语言(第二代)、高级语言(第三代)而言。目前计算机行业的某些专家已提到将使用人工智能技术实现用户需求的语言定为第五代语言。

大多数第四代语言让用户和程序员使用非过程化的语言说明他们的要求,而由计算机决定实现这个要求的指令序列。因此用户和程序员可以省却许多时间去开发实现某个需求的程序。第四代语言有助于简化程序设计的过程。4GL语言是一种十分接近英语和其他人类语言的自然语言。在人工智能方面的研究已开发出一种极易使用的对话式程序设计语言。对于一个简单的求解学生考试平均分的任务。若用4GL的Intellect语言实现,对用户来讲只要"一句话",而若用3GL的Basic,Cobol或Pascal实现,则需编程实现。

4GL语言的易于使用特性和技术实现的复杂性是矛盾的。例如:Intellect和Clout是一种自然查询语言,而SQL和Focus则要求简明的结构化语句。4GL语言易于使用的特性,往往是以失去灵活性和处理速度为代价的。

(五) 面向对象的语言

面向对象的程序设计语言最早起源于20世纪60年代的Smell talk。然而,在当前的软件开发中面向对象语言已成为主要考虑的使用对象。简单地说,大多数其他程序设计语言将数据元素从执行它们的过程或活动中分离,而面向对象的语言,却要把数据与过程(或活动)结合起来与对象相联系。因此一个对象把数据和在这些数据上执行的活动组织在一起。例如一个对象可以是关于一个雇员的数据以及所有对这些数据执行的操作,如酬金的计算。或者对象也可以是在视屏显示窗口以图形形式出现的数据,再加上在对象上可以执行的活动。

在过程化语言中,程序由对数据执行活动的过程组成。而在面向对象系统中,只要告诉对象它们自身要执行的活动。例如一个可视显示窗口不必用一系列的指令从屏幕中抽取。对于一个视窗对象只要接受到一个打开信息,该视窗就可以出现在屏幕上,其原因是视窗对象含有打开自身的程序代码。

像C和C++这样的面向对象的语言,就是一种易于使用,并且是一种很有效的、面向图形用户接口的程序设计语言。一旦为对象设计了程序,这些对象就可以直接使用程序。例如程序员可以通过装配一些标准的对象,如视窗、菜单条、按钮及像标等,为用户的新程序构建一个新的接口。因此,像这些可视程序设计所用的面向对象的语言受到用户欢迎,并正在不断提升。

4.3 计算机硬件系统

硬件是指组成计算机的各种物理设备,也就是摸得着的那些实际物理设备。它包括计算机的主机和外部设备。具体由五大功能部件组成,即:运算器、控制器、存储器、输入设备和输出设备。

4.3.1 中央处理器

中央处理器(Central Processing Unit,CPU)是计算机系统最主要的部件,它由两个主要部分组成:运算器和控制器。中央处理器通常为大规模集成电路制成的芯片,又称微处理器芯片。

(1) 运算器

运算器又称算术逻辑单元(Arithmetic Logic Unit 简称 ALU),主要由算术逻辑单元、累加器、状态寄存器和通用寄存器组成。它是计算机对数据进行加工处理的部件,包括算术运算(加、减、乘、除等)和逻辑运算(与、或、非、异或、比较等)。

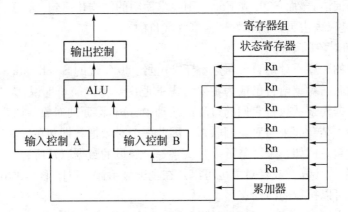

图 4-2 带寄存器组的运算器

(2) 控制器

控制器负责从存储器中取出指令,并对指令进行译码;根据指令的要求,按时间的先后顺序,负责向其他各部件发出控制信号,保证各部件协调一致地工作,一步一步地完成各种操作。控制器主要由指令寄存器、译码器、程序计数器、操作控制器等组成。

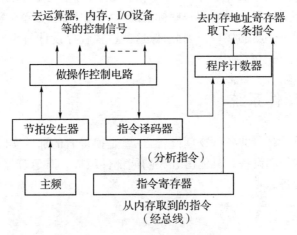

图 4-3 控制器的结构图

4.3.2 存储系统

存储器是计算机记忆或暂存数据的部件。计算机中的全部信息，包括原始的输入数据，经过初步加工的中间数据以及最后处理完成的有用信息都存放在存储器中。而且，指挥计算机运行的各种程序，即规定对输入数据如何进行加工处理的一系列指令也都存放在存储器中。存储器分为内存储器（内存）和外存储器（外存）两种。

（1）内存储器

微型计算机的内存储器是由半导体器件构成的。从使用功能上分，有随机存储器（Random Access Memory，简称 RAM），又称读写存储器；只读存储器（Read Only Memory，简称为 ROM）。

①随机存储器（Random Access Memory）

随机存储器（RAM）有以下特点：可以读出，也可以写入。读出时并不损坏原来存储的内容，只有写入时才修改原来所存储的内容。断电后，存储内容立即消失，即具有易失性。RAM 可分为动态（Dynamic RAM）和静态（Static RAM）两大类。DRAM 的特点是集成度高，主要用于大容量内存储器；SRAM 的特点是存取速度快，主要用于高速缓冲存储器。

图 4-4　随机存储器（RAM）

②只读存储器（Read Only Memory）

ROM 是只读存储器。顾名思义，它的特点是只能读出原有的内容，不能由用户再写入新内容。原来存储的内容是采用掩膜技术由厂家一次性写入的，并永久保存下来。它一般用来存放专用的固定的程序和数据，不会因断电而丢失。

图 4-5　只读存储器（ROM）

（2）外存储器

外存储器一般用于存放暂时不用的程序和数据。需要指出的是外存储器也属于输入输出设备，它只能与内存储器交换信息，不能被计算机系统的其他部件直接访问。外存储器主要有磁盘存储器、磁带存储器和光盘存储器。

磁盘是最常用的外存储器，通常它

图 4-6　容量为 128 G 的固态硬盘

分为软磁盘和硬磁盘两类。

4.3.3 输入/输出设备

(1) 输入设备

输入设备是给计算机输入信息的设备。它是重要的人机接口,负责将输入的信息(包括数据和指令)转换成计算机能识别的二进制代码,送入存储器保存。如键盘、鼠标、触摸屏、光驱、软驱、扫描仪、摄像头等。

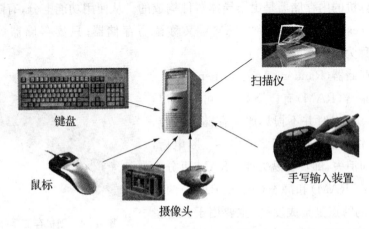

图4-7 输入设备

(2) 输出设备

输出设备是输出计算机处理结果的设备。在大多数情况下,它将这些结果转换成便于人们识别的形式,如显示器、扬声器、投影仪、打印机等。

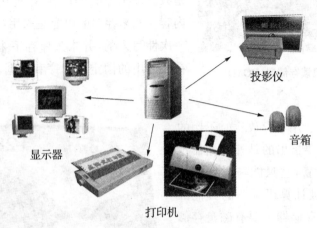

图4-8 输出设备

上述五大部分相互配合,协同工作。其简单工作原理为,首先由输入设备接受外界信息(程序和数据),控制器发出指令将数据送入(内)存储器,然后向内存储器发出取指令命令。在取指令命令下,程序指令逐条送入控制器。控制器对指令进行译码,并根据指令的操作要求,向存储器和运算器发出存数、取数命令和运算命令,经过运算器计算并把计算结果存在存储器内。最后在控制器发出的取数和输出命令的作用下,通过输出设备输出计算结果。

微型计算机硬件结构的最重要特点是总线(Bus)结构。它将信号线分成三大类,并归结为数据总线(Date Bus)、地址总线(Address Bus)和控制总线(Control Bus)。这样就很适合计算机部件的模块化生产,促进了微计算机的普及。微型计算机的总线化硬件结构图如图4-9所示。

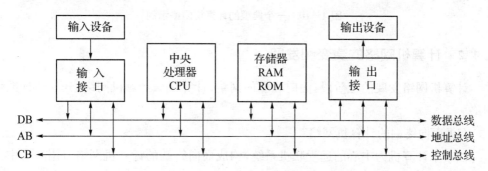

图4-9　微型计算机总线化硬件结构图

4.4　计算机网络技术

4.4.1　计算机网络的定义

计算机网络是指互连起来的能独立自主运行的计算机集合。它是把分布在不同地点且具有独立功能的多个计算机,通过通信设备和线路连接起来,在功能完善的网络软件运行下,以实现网络中资源共享为目标的系统。

计算机网络由资源子网、通信子网和网络节点组成,如图4-10所示。

资源子网:主机Host+终端Terminal;

通信子网:通信链路组成;

网络节点:分组交换设备PSE、分组装/卸设备PAD、集中器C、网络控制中心NCC、网间连接器G,统称为接口处理机IMP。

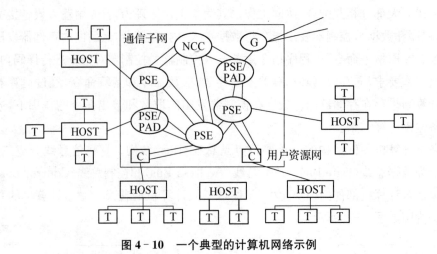

图 4-10 一个典型的计算机网络示例

4.4.2 计算机网络的演变和发展

计算机网络发展的三阶段:面向终端的网络,计算机—计算机网络,开放式标准化网络。

(1) 面向终端的计算机网络

以单个计算机为中心的远程联机系统,构成面向终端的计算机网络。用一台中央主机连接大量的地理上处于分散位置的终端。如 50 年代初美国的半自动地面防空系统,简称 SAGE 系统。

为减轻中心计算机的负载,在通信线路和计算机之间设置了一个前端处理机(FEP)或通信控制器(CCU)专门负责与终端之间的通信控制,使数据处理和通信控制分工。在终端机较集中的地区,采用了集中管理器(集中器或多路复用器)用低速线路把附近群集的终端连起来,通过 Modem 及高速线路与远程中心计算机的前端机相连。这样的远程联机系统既提高了线路的利用率,又节约了远程线路的投资。

(2) 计算机—计算机网络

60 年代中期,出现了多台计算机互连的系统,开创了"计算机—计算机"通信时代,并存多处理中心,实现资源共享。美国的阿帕网(ARPA),IBM 的存储区域网(SNA),DEC 的 DNA 网都是成功的典例。这个时期的网络产品是相对独立的,未有统一标准。

(3) 开放式标准化网络

由于相对独立的网络产品难以实现互连,国际标准化组织 ISO(International Standards Organization)于 1984 年颁布了一个称为"开放系统互连基本参考模型"的国际标准 ISO 7498,简称 OSI/RM,即著名的 OSI 七层模型。从此,网络产品有了统一标准,促进了企业的竞争,大大加速了计算机网络的发展。

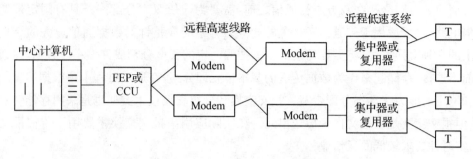

图 4-11 单计算机为中心的远程联机系统

4.4.3 计算机网络的功能与应用

(一) 计算机网络的功能

①硬件资源共享

计算机网络具备硬件资源共享的功能,在办公网络中常用主要有:数据库服务器的共享、打印机的共享等,通过局域网实现硬件资源的共享。另外,通过广域网,如 Internet 上也可以通过协议进行远程网络的设备共享。

②软件资源共享

软件资源共享指的是通过计算机网络实现多台计算机调用同一个软件,实现软件资源的共享。在现实生活中,常用的软件资源共享如 Internet 上的谷歌地图等。在教学应用中,多媒体教学软件也是通过多台计算机调用同一个教学软件来实现控制的。

③用户间信息交换

计算机网络的最基本的功能即用户间的信息交换和传递,通过网络实现数据、文字等信息的交换。现代网络的发展使得各种类型的数据得以传输,如语音信息、视频信息等。基于 TCP/IP 协议的运用,让全世界范围内实现了用户信息间的交换。

(二) 计算机网络的分类

①按网络的分布范围

计算机网络按所达的范围远近可分类为:广域网 WAN(Wide Area Network)、局域网 LAN(Local Area Network)、城域网 MAN(Metropolitan Area Network)。广域网即不同城市乃至不同国家间组成的大型远距离网络,局域网一般用于企业、学校、政府内部的网络,城域网是指在一个城市范围内所建立的计算机通信网络。

②按网络的交换方式

不同的计算机网络有着不同信息交换方式,主要有以下三种:电路交换、分组交换、报文交换。电路交换在双方进行通信之前,需要为通信双方分配一条具有固定带宽的通信电路,主要适用于传送话音相关的业务。分组交换是针对数据通信业务的特点而提出的一种交换方式,将需要传送的数据按照一定的长度分割成许多小段数据,在通信之前不连接,存储起来作为数据传送的基本单元即分组,在通信过程中再根据用户的要求和网络的能力来动态分配带宽。报文交换和分组交换技术类似也是采用存储转发机制,但报文交换是以报文作为传送单元。在实际应用中报文交换主要用于传输报文较短、实时性要求较低的通信业务。

③按网络的拓扑结构

按照计算机网络拓扑结构形状的特点可将网络分为:星形、环形、树形、网形、总线等类型。

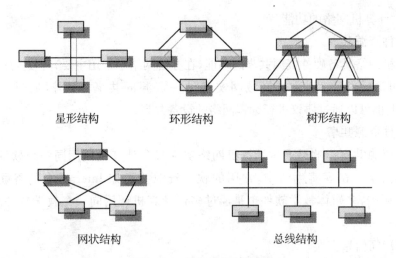

图 4-12 网络结构拓扑图

通常一个网络内往往包含多个拓扑结构的网络类型,图 4-13 为东南大学校园网的网络拓扑结构,其结构类型是以树型、总线型结构为主体构成的。

④按网络的传输媒体分类

传输媒介是计算机网络间沟通的桥梁,常见网络传输媒体包括双绞线、同轴电缆、光纤、无线等。不同的媒介往往应用于不同的网络中,如广域网的主干网中通常用光纤传输,而局域网中通常选用双绞线和同轴电缆。关于传输媒介的特性在网络设备和通信介质中有详细的介绍。

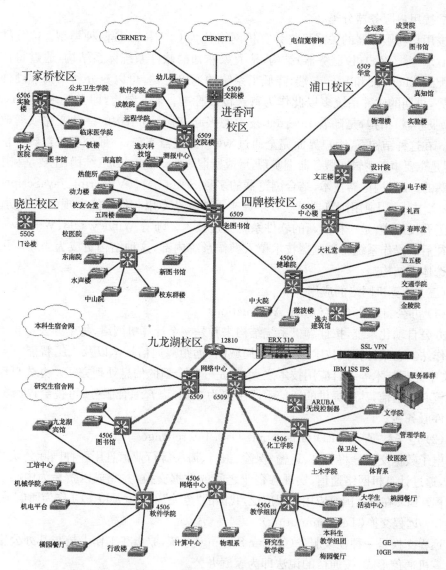

图 4-13 东南大学校园网拓扑结构图

⑤按网络的信道分类

根据不同的需求,网络信道有窄带、宽带两种,前者传输的数据较小,后者较大。但这种分类是相对的,就某种信道来讲,随着网络技术的发展,窄带和宽带也会产生变化。

⑥按网络的用途分类

计算机网络间既是相互独立的又是密切联系的,不同用途的网络既相互区别又有相似之处。当前,按照使用用途的不同,网络可分为教育网、科研网、企业网、政府网、公安网等。

⑦按用户服务器分类

按用户与服务器的关系可将计算机网络分为 C/S 和 B/S 两种类型。C/S 结构即 Client/Server(客户机/服务器)结构,是大家熟知的软件系统体系结构,通过将任务合理分配到 Client 端和 Server 端,降低了系统的通讯开销,可以充分利用两端硬件环境的优势,早期的软件系统多以此作为首选设计标准。B/S 结构,即 Browser/Server(浏览器/服务器)结构,是随着 Internet 技术的兴起,对 C/S 结构的一种变化或者改进的结构。在这种结构下,用户界面完全通过 www 浏览器实现,一部分事务逻辑在前端实现,但是主要事务逻辑在服务器端实现,形成所谓 3-tier 结构。B/S 结构,主要是利用了不断成熟的 www 浏览器技术,结合浏览器的多种 Script 语言(VBScript、JavaScript…)和 ActiveX 技术,用通用浏览器就实现了原来需要复杂专用软件才能实现的强大功能,并节约了开发成本,是一种全新的软件系统构造技术。随着 Windows 98、Windows 2000 及其往后的操作系统将浏览器技术植入操作系统内部,这种结构更成为当今应用软件的首选体系结构。

(三)计算机网络的应用

(1) 办公自动化 OA(Office Automation)

办公自动化系统,按计算机系统结构来看是一个计算机网络,每个办公室相当于一个工作站。它集计算机技术、数据库、局域网、远距离通信技术以及人工智能、声音、图像、文字处理技术等综合应用技术之大成,是一种全新的信息处理方式。办公自动化系统的核心是通信,其所提供的通信手段主要为数据/声音综合服务、可视会议服务和电子邮件服务。

(2) 电子数据交换 EDI(Electronic Data Interchange)

电子数据交换是将贸易、运输、保险、银行、海关等行业信息用一种国际公认的标准格式,通过计算机网络通信,实现各企业之间的数据交换,并完成以贸易为中心的业务全过程。EDI 在发达国家应用已很广泛,我国的"金关"工程就是以 EDI 作为通信平台的。

(3) 远程交换(Telecommuting)

远程交换是一种在线服务(Online Serving)系统,原指在工作人员与其办公室之间的计算机通信形式,按通俗的说法即为家庭办公。

一个公司内本部与子公司办公室之间也可通过远程交换系统,实现分布式办公系统。远程交换的作用也不仅仅是工作场地的转移,它大大加强了企业的活力与快速反应能力。近年来各大企业的本部,纷纷采用一种被称之为"虚拟办公室"(Virtual Office)的技术,创造出一种全新的商业环境与空间。远程交换技术的发展,对世界的整个经济运作规则产生了巨大的影响。

(4) 远程教育(Distance Education)

远程教育是一种利用在线服务系统,开展学历或非学历教育的全新的教学模式。远程教育几乎可以提供大学中所有的课程,学员们通过远程教育,同样可得到正规大学从学士到博士的所有学位。这种教育方式,对于已从事工作而仍想完成高学位的人士特别有吸引力。

远程教育的基础设施是电子大学网络 EUN（Electronic University Network）。EUN 的主要作用是向学员提供课程软件及主机系统的使用，支持学员完成在线课程，并负责行政管理、协作合同等。这里所指的软件除系统软件之外，包括 CAI 课件，即计算机辅助教学（Computer Aided Instruction）软件。CAI 课件一般采用对话和引导式的方式指导学生学习，发现学生错误还具有回溯功能，从本质上解决了学生学习中的困难。

（5）电子银行

电子银行也是一种在线服务系统，是一种由银行提供的基于计算机和计算机网络的新型金融服务系统。电子银行的功能包括：金融交易卡服务、自动存取款作业、销售点自动转账服务、电子汇款与清算等，其核心为金融交易卡服务。金融交易卡的诞生，标志了人类交换方式从物物交换、货币交换到信息交换的又一次飞跃。

围绕金融交易卡服务，产生了自动存取款服务，自动取款机及自动存取款机（ATM）也应运而生。自动取款机与自动存取款机大多采用联网方式工作，现已由原来的一行联网发展到多行联网，形成覆盖整个城市、地区，甚至全国的网络，全球性国际金融网络也正在建设之中。

电子汇款与清算系统可以提供客户转账、银行转账、外币兑换、托收、押汇信用证、行间证券交易、市场查证、借贷通知书、财务报表、资产负债表、资金调拨及清算处理等金融通信服务。由于大型零售商店等消费场所采用了终端收款机（POS），从而使商场内部的资金即时清算成为现实。销售点的电子资金转账是 POS 与银行计算机系统联网而成的。

当前电子银行服务又出现了智能卡（IC）。IC 卡内装有微处理器、存储器及输入输出接口，实际上是一台不带电源的微型电子计算机。由于采用 IC 卡，持卡人的安全性和方便性大大提高了。

（6）电子公告板系统 BBS（Bulletin Board System）

电子公告板是一种发布并交换信息的在线服务系统。BBS 可以使更多的用户通过电话线以简单的终端形式实现互联，从而得到廉价的丰富信息，并为其会员提供网上交谈、发布消息、讨论问题、传送文件、学习交流和游戏等的机会和空间。

（7）证券及期货交易

证券及期货交易是由于其获利巨大、风险巨大，且行情变化迅速，投资者对信息的依赖格外显得重要。金融业通过在线服务计算机网络提供证券市场分析、预测、金融管理、投资计划等需要大量计算工作的服务，提供在线股票经纪人服务和在线数据库服务（包括最新股价数据库、历史股价数据库、股指数据库以及有关新闻、文章、股评等）。

（8）广播分组交换

广播分组交换实际上是由一种无线广播与在线系统结合的特殊服务，该系统使用户在任何地点都可使用在线服务系统。广播分组交换可提供电子邮件、新闻、文件等传送服务,无线广播与在线系统通过调制解调器,再通过电话局可以结合在一起。移动式电话也属于广播系统。

(9) 校园网(Campus Network)

校园网是在大学校园区内用以完成大中型计算机资源及其他网内资源共享的通信网络。一些发达国家已将校园网确定为信息高速公路的主要分支。无论在国内还是国外,校园网的存在与否,是衡量该院校学术水平与管理水平的重要标志,也是提高学校教学、科研水平不可或缺的重要支撑环节。

共享资源是校园网最基本的应用,人们通过网络更有效地共享各种软、硬件及信息资源,为众多的科研人员提供一种崭新的合作环境。校园网可以提供不同型号计算机联网的公共计算环境、海量的用户文件存储空间、昂贵的打印输出设备、能方便获取的图文并茂的电子图书信息,以及为各级行政人员服务的行政信息管理系统和为一般用户服务的电子邮件系统。

(10) 信息高速公路

信息高速公路就是把信息的快速传输比喻为"高速公路"。所谓"信息高速公路",就是一个高速度、大容量、多媒体的信息传输网络。其速度之快,比目前网络的传输速度高1万倍;其容量之大,一条信道就能传输大约500个电视频道或50万路电话。此外,信息来源、内容和形式也是多种多样的。网络用户可以在任何时间、任何地点以声音、数据、图像或影像等多媒体方式相互传递信息。

信息高速公路(Information Highway)实质上是高速信息电子网络,它是一个能给用户随时提供大量信息,由通信网络、计算机、数据库以及日用电子产品组成的完备网络体系。开发和实施信息高速公路计划,不仅促进信息科学技术的发展,而且有助于改变人们的生活、工作和交往方式。

构成信息高速公路的核心,是以光缆作为信息传输的主干线,采用支线光纤和多媒体终端,用交互方式传输数据、电视、话音、图像等多种形式信息的千兆比特的高速数据网。

我国政府也十分重视信息化事业,为了促进国家经济信息化,提出个"金桥"工程——国家公用经济信息网工程、"金关"工程——外贸专用网工程、"金卡"工程——电子货币工程。这些工程是规模宏大的系统工程,其中的"金桥工程"是国民经济的基础设施,也是其他"金"字系列工程的基础。

"金桥"工程包含信息源、信息通道和信息处理三个组成部分,通过卫星网与地面光纤网开发,并利用国家及各部委、大中型企业的信息资源为经济建设服务。"金卡"工程是在金桥网上运行的重要业务系统之一,主要包括电子银行及信用卡等内容。"金卡"工程又称为无纸化贸易工程,其主要实现手段为EDI,它以网络通信和计算机管理系统为支撑,以标准化的电子数据交换替代了传统的纸面贸易文件和单证。其他的一些"金"字系列工程,如"金税"工程、"金智"工程、"金盾"工程等亦在筹划与运作之中。这些重大信息工程的全面实施,在国内外引起了强烈反响,开创了我国信息化建设事业的新纪元。

(11) 企业网络

集散系统和计算机集成制造系统是两种典型的企业网络系统。

集散系统实质上是一种分散型自动化系统,又称作以微处理机为基础的分散综合自动化系统。集散系统具有分散监控和集中综合管理两方面的特征,而更将"集"字放在首位,更注重于全系统信息的综合管理。80年代以来,集散系统逐渐取代常规仪表,成为工业自动化的主流。工业自动化不仅体现在工业现场,也体现在企业事务行政管理上。集散系统的发展及工业自动化的需求,导致了一个更庞大、更完善的计算机集成制造系统 CIMS(Computer Integrated Manufacturing System)的诞生。

集散系统一般分为三级:过程级、监控级和管理信息级。集散系统是将分散于现场的以微机为基础的过程监测单元、过程控制单元、图文操作站及主机(上位机)集成在一起的系统。它采用了局域网技术,将多个过程监控、操作站和上位机互连在一起,使通信功能增强,信息传输速度加快,吞吐量加大,为信息的综合管理提供了基础。因为CIMS 具有提高生产率、缩短生产周期等一系列极具吸引力的优点,所以已经成为未来工厂自动化的方向。

(12) 智能大厦

智能大厦(Intelligent Building)是近十年来新兴的高技术建筑形式,它集计算机技术、通信技术、人类工程学、楼宇控制、楼宇设施管理为一体,使大楼具有高度的适应性(柔性),以适应各种不同环境与不同客户的需要。智能大厦是以信息技术为主要支撑的,这也是其具有"智能"之名称的由来。有人认为具有三 A 的大厦,可视为智能大厦。所谓三 A 就是 Communication Automation(通信自动化)、Office Automation(办公自动化)和 Building Automation(楼宇自动化)。概括起来,可以认为智能大厦除有传统大厦功能之外,主要必须具备下列基本构成要素:高舒适的工程环境、高效率的管理信息系统和办公自动化系统、先进的计算机网络和远距离通信网络及楼宇自动化。

(四) 计算机网络协议

(1) 协议的定义

协议是网络中计算机或设备之间进行通信的一系列规则的集合,网络协议包括三大要素:语法、语义和规则。语法即用户数据与控制信息的结构或格式,语义即需要发出何种控制信息,以及完成的动作做出的响应,时序即对事件实现顺序的详细说明。

协议示例,以发送消息"HELLOSTUDENTS"为例:

| 0 | 14 | H | E | L | L | O | S | T | U | D | E | N | T | S |

常用协议有:IP、TCP、HTTP、POP3、SMTP。

(2) 分层结构的优点

计算机网络各层间相互独立,某一层的变化不会影响其他层。另外,分层促进了标准化的工作,使网络易于实现和维护。

(3) 分层结构的工作原理

①纵向通信

在分层结构中,低层服务为高层服务提供服务,高层服务使用低层服务所提供的服务。

②横向通信

分层结构中,对应的分层协同工作,以保证能够成功地完成通信。

(4) OSI 参考模型

表 4-1 网络结构层的 OSI 模型

具体 7 层	数据格式	功能与连接方式	典型设备
应用层 Application		网络服务与使用者应用程序间的一个接口	
表示层 Presentation		数据表示、数据安全、数据压缩	
会话层 Session		建立、管理和终止会话	
传输层 Transport	数据组织成数据段(Segment)	用一个寻址机制来标识一个特定的应用程序(端口号)	
网络层 Network	分割和重新组合数据包(Packet)	基于网络层地址(IP 地址)进行不同网络系统间的路径选择	路由器
数据链路层 DataLink	将比特信息封装成数据帧(Frame)	通过使用接收系统的硬件地址或物理地址来寻址	网卡、网桥、交换机
物理层 Physical	传输比特(Bit)流	建立、维护和取消物理连接	中继器和集线器

(5) TCP/IP 参考模型的各层

第1层:网络接口层(Network Interface)

对应 OSI 物理层和数据链路层并实现与它们相同的功能,其中包括 LAN 和 WAN 的技术细节。这一层也称为主机到网络层(Host-to-Network)。

第2层:互联网络层(Internet)

互联网络层的目的是运送数据包,将数据送到任何相连在网络上的目的地,而不在乎走的是哪个路径或网络。管理这层的特定协议称为互联网络协议(IP)。最佳的路径选定和数据包交换都发生在这层。

第3层:传输层(Transport)

传输层负责处理有关服务质量等事项,如可靠度、流量控制和错误校正。该层可以提供不同服务质量、不同可靠性保证的传输服务,并且协议发送端和目标端的传输速度差异。这一层也称为主机到主机层(Host-to-Host)。

第4层:应用层(Application)

应用层包括会话层和表示层的功能,用来建立应用层来处理高层协议、有关表达、编码和会话控制。TCP/IP将所有应用程序相关的内容都归为一层,并保证能够将下层的数据封装成数据包。

(6) 协议栈

①协议栈的定义

在网络中,为了完成通信,必须使用多层上的多种协议。这些协议按照层次顺序组合在一起,构成了协议栈(Protocol Stack),也称为协议族(Protocol Suite)。

常用的协议栈:TCP/IP、IPX/SPX、AppleTalk等。

②TCP/IP 协议栈

通常所说的协议并不是一个单独的协议,它往往是由多个协议组成的,并且随着时代的发展而发展的。下面是 TCP/IP 协议栈主要包括的协议:

OSI	协议	TCP/IP
5-7	NameServerHTTPSMTPFTPSNMP FileTransferNFS	4
4	TCPUDP	3
3	ARPRARPIPICMP	2
2	IEEE802.2(3, 4, 5, 6)FDDIATMX.25SLIPPPP	1

图 4-14 TCP/IP 的协议栈

4.4.4 网络设备和通信介质

网络连接设备包括网卡、调制解调器、线缆、集线器、交换机、网桥、路由器、网关等。

(一) 网卡

计算机与外界局域网的连接是通过主机箱内插入一块网络接口板(或者是在笔记本电脑中插入一块 PCMCIA 卡)。网络接口板又称为通信适配器或网络适配器

(Adapter)或网络接口卡 NIC(Network Interface Card),俗称"网卡"。

网卡是工作在数据链路层的网路组件,是局域网中连接计算机和传输介质的接口,不仅能实现与局域网传输介质之间的物理连接和电信号匹配,还涉及帧的发送与接收、帧的封装与拆封、介质访问控制、数据的编码与解码以及数据缓存的功能等。

网卡上面装有处理器和存储器(包括 RAM 合 ROM)。网卡和局域网之间的通信是通过电缆或双绞线以串行传输方式进行的。而网卡和计算机之间的通信则是通过计算机主板上的 I/O 总线以并行传输方式进行。因此,网卡的一个重要功能就是要进行串行/并行转换。由于网络上的数据率和计算机总线上的数据率并不相同,因此在网卡中必须装有对数据进行缓存的存储芯片。

在安装网卡时必须将管理网卡的设备驱动程序安装在计算机的操作系统中。这个驱动程序以后就会告诉网卡,应当从存储器的什么位置上将局域网传送过来的数据块存储下来。

网卡并不是独立的自治单元,因为网卡本身不带电源而是必须使用所插入的计算机的电源,并受该计算机的控制。因此网卡可看成为一个半自治的单元。当网卡收到一个有差错的帧时,它就将这个帧丢弃而不必通知它所插入的计算机。当网卡收到一个正确的帧时,它就使用中断来通知该计算机并交付给协议栈中的网络层。当计算机要发送一个 IP 数据报时,它就由协议栈向下交给网卡组装成帧后发送到局域网。

随着集成度的不断提高,网卡上的芯片的个数不断地减少,虽然现在各厂家生产的网卡种类繁多,但其功能大同小异。网卡的主要功能有以下三个:

①数据的封装与解封:发送时将上一层交下来的数据加上首部和尾部,成为以太网的帧。接收时将以太网的帧剥去首部和尾部,然后送交上一层;

②链路管理:主要是 CSMA/CD 协议的实现;

③编码与译码:即曼彻斯特编码与译码。

(二) 调制解调器

调制解调器是 Modulator/Demodulator(调制器/解调器)的缩写。它是在发送端通过调制将数字信号转换为模拟信号,而在接收端通过解调再将模拟信号转换为数字信号的一种装置。

计算机内的信息是由"0"和"1"组成数字信号,而在电话线上传递的却只能是模拟电信号。于是,当两台计算机要通过电话线进行数据传输时,就需要一个设备负责数模的转换。这个数模转换器就是 Modem。计算机在发送数据时,先由 Modem 把数字信号转换为相应的模拟信号,这个过程称为"调制"。经过调制的信号通过电话载波传送到另一台计算机之前,也要经由接收方的 Modem 负责把模拟信号还原为计算机能识别的数字信号,这个过程称为"解调"。正是通过这样一个"调制"与"解调"的数模转换过程,从而实现了两台计算机之间的远程通讯。

(三) 线缆

网络传输介质是网络中传输数据、连接各网络节点的实体,在局域网中常见的网络传输介质有双绞线、同轴电缆、光缆3种。其中,双绞线是经常使用的传输介质,它一般用于星形网络中,同轴电缆一般用于总线型网络,光缆一般用于主干网的连接。

(1) 双绞线

双绞线是将一对或一对以上的双绞线封装在一个绝缘外套中而形成的一种传输介质,是目前局域网最常用的一种布线材料。双绞线中的每一对都是由两根绝缘铜导线相互缠绕而成的,这是为了降低信号的干扰程度而采取的措施。双绞线一般用于星形网络的布线连接,两端安装有RJ-45头(接口),连接网卡与集线器,最大网线长度为100 m,如果要加大网络的范围,在两段双绞线之间可安装中继器,最多可安装4个中继器,如安装4个中继器连5个网段,最大传输范围可达500 m。

(2) 同轴电缆

同轴电缆是由一根空心的外圆柱导体(铜网)和一根位于中心轴线的内导线(电缆铜芯)组成,并且内导线和圆柱导体及圆柱导体和外界之间都是用绝缘材料隔开,它的特点是抗干扰能力好,传输数据稳定,价格也便宜,同样被广泛使用,如闭路电视线等。

现在计算机局域网中一般都使用细缆组网。细缆一般用于总线型网络布线连接。利用T型BNC接口连接器连接BNC接口网卡,同轴电缆的两端需安装50 Ω终端电阻器。细缆网络每段干线长度最大为185 m,每段干线最多可接入30个用户。如要拓宽网络范围,则需要使用中继器,如采用4个中继器连接5个网段,使网络最大距离达到925 m。细缆安装较容易,而且造价较低,但因受网络布线结构的限制,其日常维护不是很方便,一旦一个用户出故障,便会影响其他用户的正常工作。粗缆适用于较大局域网的网络干线,布线距离较长,可靠性较好。用户通常采用外部收发器与网络干线连接。粗缆局域网中每段长度可达500 m,采用4个中继器连接5个网段后最大可达2 500 m。用粗缆组网如果直接与网卡相连,网卡必须带有AUI接口(15针D型接口)。用粗缆组建的局域网虽然各项性能较高,具有较大的传输距离,但是网络安装、维护等方面比较困难,且造价较高。

(3) 光缆

光缆是由一组光导纤维组成的、用来传播光束的、细小而柔韧的传输介质。与其他传输介质相比较,光缆的电磁绝缘性能好,信号衰变小,频带较宽,传输距离较大。光缆主要是在要求传输距离较长,用于主干网的连接。光缆通信由光发送机产生光束,将电信号转变为光信号,再把光信号导入光纤,在光缆的另一端由光接收机接收光纤上传输来的光信号,并将它转变成电信号,经解码后再处理。光缆的传输距离远、传输速度快,是局域网中传输介质的首选。光缆的安装和连接需由专业技术人员完成。

现在有两种光缆:单模光缆和多模光缆。单模光缆的纤芯直径很小,在给定的工作波长上只能以单一模式传输,传输频带宽,传输容量大。多模光缆是在给定的工作波长上,能以多个模式同时传输的光纤,与单模光纤相比,多模光纤的传输性能较差。

(四) 中继器

中继器是网络物理层上面的连接设备。适用于完全相同的两类网络的互联,主要功能是通过对数据信号的重新发送或者转发,来扩大网络传输的距离。

中继器是连接网络线路的一种装置,常用于两个网络节点之间物理信号的双向转发工作。中继器是最简单的网络互联设备,主要完成物理层的功能,负责在两个节点的物理层上按位传递信息,完成信号的复制、调整和放大功能,以此来延长网络的长度。由于存在损耗,在线路上传输的信号功率会逐渐衰减,衰减到一定程度时将造成信号失真,因此会导致接收错误。中继器就是为解决这一问题而设计的。它完成物理线路的连接,对衰减的信号进行放大,保持与原数据相同。一般情况下,中继器的两端连接的是相同的媒体,但有的中继器也可以完成不同媒体的转接工作。从理论上讲中继器的使用是无限的,网络也因此可以无限延长。事实上这是不可能的,因为网络标准中都对信号的延迟范围作了具体的规定,中继器只能在此规定范围内进行有效的工作,否则会引起网络故障。

中继器可以连接两局域网的电缆,重新定时并再生电缆上的数字信号,然后发送出去,这些功能是OSI模型中第一层——物理层的典型功能。中继器的作用是增加局域网的覆盖区域,例如,以太网标准规定单段信号传输电缆的最大长度为500 m,但利用中继器连接4段电缆后,以太网中信号传输电缆最长可达2 000 m。有些品牌的中继器可以连接不同物理介质的电缆段,如细同轴电缆和光缆。中继器只将任何电缆段上的数据发送到另一段电缆上,并不管数据中是否有错误数据或不适于网段的数据。

(五)集线器

集线器的英文称为"Hub"。"Hub"是"中心"的意思,集线器的主要功能是对接收到的信号进行再生整形放大,以扩大网络的传输距离,同时把所有节点集中在以它为中心的节点上。它工作于OSI(开放系统互联参考模型)参考模型第一层,即"物理层"。集线器与网卡、网线等传输介质一样,属于局域网中的基础设备,采用CSMA/CD(一种检测协议)访问方式。

集线器属于纯硬件网络底层设备,基本上不具有类似于交换机的"智能记忆"能力和"学习"能力。它也不具备交换机所具有的MAC地址表,所以它发送数据时都是没有针对性的,而是采用广播方式发送。也就是说当它要向某节点发送数据时,不是直接把数据发送到目的节点,而是把数据包发送到与集线器相连的所有节点。

(六)交换机

交换(Switching)是按照通信两端传输信息的需要,用人工或设备自动完成的方法,把要传输的信息送到符合要求的相应路由上的技术统称。广义的交换机(Switch)就是一种在通信系统中完成信息交换功能的设备。

交换机拥有一条很高带宽的背部总线和内部交换矩阵。交换机的所有的端口都挂接在这条背部总线上,控制电路收到数据包以后,处理端口会查找内存中的地址对照表以确定目的MAC(网卡的硬件地址)的NIC(网卡)挂接在哪个端口上,通过内部交换矩阵迅速将数据包传送到目的端口,目的MAC若不存在才广播到所有的端口,接收端口回应后交换机会"学习"新的地址,并把它添加入内部MAC地址表中。

使用交换机也可以把网络"分段",通过对照 MAC 地址表,交换机只允许必要的网络流量通过交换机。通过交换机的过滤和转发,可以有效地隔离广播风暴,减少误包和错包的出现,避免共享冲突。

交换机在同一时刻可进行多个端口对之间的数据传输。每一端口都可视为独立的网段,连接在其上的网络设备独自享有全部的带宽,无须同其他设备竞争使用。当节点 A 向节点 D 发送数据时,节点 B 可同时向节点 C 发送数据,而且这两个传输都享有网络的全部带宽,都有着自己的虚拟连接。假使这里使用的是 10 Mbps 的以太网交换机,那么该交换机这时的总流通量就等于 2×10 Mbps=20 Mbps,而使用 10 Mbps 的共享式 HUB 时,一个 HUB 的总流通量也不会超出 10 Mbps。

总之,交换机是一种基于 MAC 地址识别,能完成封装转发数据包功能的网络设备。交换机可以"学习"MAC 地址,并把其存放在内部地址表中,通过在数据帧的始发者和目标接收者之间建立临时的交换路径,使数据帧直接由源地址到达目的地址。

(七)网桥

网桥(Bridge)像一个聪明的中继器。中继器从一个网络电缆里接收信号,放大它们,将其送入下一个电缆。它们毫无目的的这么做,对它们所转发消息的内容毫不在意。相比较而言,网桥对从网关上传下来的信息更敏锐一些。

网桥将两个相似的网络连接起来,并对网络数据的流通进行管理。它工作于数据链路层,不但能扩展网络的距离或范围,而且可提高网络的性能、可靠性和安全性。网络 1 和网络 2 通过网桥连接后,网桥接收网络 1 发送的数据包,检查数据包中的地址,如果地址属于网络 1,它就将其放弃,相反,如果是网络 2 的地址,它就继续发送给网络 2,这样可利用网桥隔离信息,将网络划分成多个网段,隔离出安全网段,防止其他网段内的用户非法访问。由于网络的分段,各网段相对独立,一个网段的故障不会影响到另一个网段的运行。

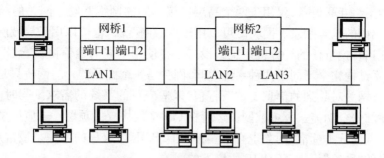

图 4-15 网桥的运行示意图

网桥可以是专门硬件设备,也可以由计算机加装的网桥软件来实现,这时计算机上会安装多个网络适配器(网卡)。

网桥的功能在延长网络跨度上类似于中继器,然而它能提供智能化连接服务,即根据帧的终点地址处于哪一网段来进行转发和滤除。网桥对站点所处网段的了解是靠

"自学习"实现的。

（八）路由器

路由器（Router）是互联网络的枢纽、"交通警察"。目前路由器已经广泛应用于各行各业，各种不同档次的产品已经成为实现各种骨干网内部连接、骨干网间互联和骨干网与互联网互联互通业务的主力军。

所谓路由就是指通过相互连接的网络把信息从源地点移动到目标地点的活动。一般来说，在路由过程中，信息至少会经过一个或多个中间节点。通常，人们会把路由和交换进行对比，这主要是因为在普通用户看来两者所实现的功能是完全一样的。其实，路由和交换之间的主要区别就是交换发生在 OSI 参考模型的第二层（数据链路层），而路由发生在第三层，即网络层。这一区别决定了路由和交换在移动信息的过程中需要使用不同的控制信息，所以两者实现各自功能的方式是不同的。

路由器是互联网的主要节点设备。路由器通过路由决定数据的转发。转发策略称为路由选择（Routing），这也是路由器名称的由来（Router，转发者）。作为不同网络之间互相连接的枢纽，路由器系统构成了基于 TCP/IP 的国际互联网络 Internet 的主体脉络，也可以说，路由器构成了 Internet 的骨架。它的处理速度是网络通信的主要瓶颈之一，它的可靠性则直接影响着网络互连的质量。因此，在园区网、地区网、乃至整个 Internet 研究领域中，路由器技术始终处于核心地位，其发展历程和方向，成为整个 Internet 研究的一个缩影。在当前我国网络基础建设和信息建设方兴未艾之际，探讨路由器在互连网络中的作用、地位及其发展方向，对于国内的网络技术研究、网络建设，以及明确网络市场上对于路由器和网络互连的各种似是而非的概念，都具有重要的意义。

（九）网关

网关（Gateway）又称网间连接器、协议转换器。网关在传输层上以实现网络互联，是最复杂的网络互联设备，仅用于两个高层协议不同的网络互联。网关的结构也和路由器类似，不同的是互联层。网关既可以用于广域网互联，也可以用于局域网互联。网关是一种充当转换重任的计算机系统或设备。在使用不同的通信协议、数据格式或语言，甚至体系结构完全不同的两种系统之间，网关是一个翻译器。与网桥只是简单地传达信息不同，网关对收到的信息要重新打包，以适应目的系统的需求。同时，网关也可以提供过滤和安全功能。大多数网关运行在 OSI-7 层协议的顶层——应用层。

按照不同的分类标准，网关也有很多种。TCP/IP 协议里的网关是最常用的，在这里我们所讲的"网关"均指 TCP/IP 协议下的网关。

那么网关到底是什么呢？网关实质上是一个网络通向其他网络的 IP 地址。比如有网络 A 和网络 B，网络 A 的 IP 地址范围为"192.168.1.1～192.168.1.254"，子网掩码为 255.255.255.0；网络 B 的 IP 地址范围为"192.168.2.1～192.168.2.254"，子网掩码为 255.255.254.0。在没有路由器的情况下，两个网络之间是不能进行 TCP/IP 通信的，即使是两个网络连接在同一台交换机（或集线器）上，TCP/IP 协议也会根据子网掩码(255.255.255.0)判定两个网络中的主机处在不同的网络里。而要实现这两个网络之间的通信,则必须通过网关。如果网络 A 中的主机发现数据包的目的主机不在本地网络中,就把数据包转发给它自己的网关,再由网关转发给网络 B 的网关,网络 B 的网关再转发给网络 B 的某个主机。网络 B 向网络 A 转发数据包的过程。

所以说,只有设置好网关的 IP 地址,TCP/IP 协议才能实现不同网络之间的相互通信。那么这个 IP 地址是哪台机器的 IP 地址呢？网关的 IP 地址是具有路由功能的设备的 IP 地址,具有路由功能的设备有路由器、启用了路由协议的服务器(实质上相当于一台路由器)、代理服务器(也相当于一台路由器)。

复习思考题

1. 简述计算机的几种主要类型,它们的主要应用领域是什么？
2. 微型计算机的组成及主要指标是什么？
3. 计算机硬软件系统的主要组成部分是什么？
4. 计算机的程序语言经历了哪些发展历程？
5. 计算机网络的功能主要有哪些？
6. 计算机网络技术的应用主要包括哪些？
7. 计算机网络有哪些分类方式,各自分类又包括哪些类型？
8. 什么是计算机网络协议？
9. 计算机网络通信设备有哪些,分别在哪些情况下应用？
10. 计算机网络通信介质分别在哪些网络中应用,各有什么特点？

5 物流信息系统的识别与采集技术

学习目标

> 了解物流信息系统识别与采集技术的种类
> 了解条形码技术与射频技术的内涵
> 掌握条形码技术与射频技术在物流领域的应用
> 了解 IC 卡等其他技术的主要内容及其在物流领域的应用

在物流信息系统中,常用的识别与采集技术包括条形码技术、射频识别技术、IC 卡技术、扫描技术、光学字符识别技术和声学识别技术等,这一章主要介绍了条形码技术与射频技术,简单介绍了 IC 卡技术等其他四种技术。

5.1 条形码技术

5.1.1 条形码技术概述

1) 条形码的发展历史

条形码技术最早可以追溯到 20 世纪 20 年代。在 Westinghouse 的实验室里,John Kermode 想到利用在信封上做条码标识来实现邮政单据的自动分拣。但直到 1949 年的专利文献中才第一次有了 Norm. T. Woodland 和 Bernard Silver 发明的全方位条形码符号的记载。条形码技术是随着计算机与信息技术的发展和应用而诞生的,它解决了计算机应用中数据采集的瓶颈,是一种集编码、印刷、识别、数据采集和处理于一身的技术。

条形码比较早期的应用是 20 世纪 60 和 70 年代左右,用于有轨电车和北美铁路系统上。近年来,随着计算机应用的不断普及,条形码的应用在各个国家都得到了很大的发展。条形码可以标出商品的生产国、制造厂家、商品名称、生产日期、图书分类号、邮件起止地点、类别、日期等信息,因而在生产线自动化、商品流通、图书管理、邮电管理、银行系统等许多领域都得到了广泛的应用。

2) 条形码的结构和原理

条形码是一组粗细不同,按照一定的编码规则安排间距的平行线条图形,用以表示一定的字符、数字和符号组成的信息。条形码在设计上有一些共同点,符号图形结构简单,每个条形码字符由一定的条符组成,占有一定的宽度和印制面积,常见的条形码是由反射率相差较大的黑条(简称条)和白条(简称空)组成的。每种编码方案均有自己的字符集,每种编码方案与对应的阅读装置的性能要求密切配合等。例如,常用的EAN13商品条码由左侧空白区、起始符、左侧数据符、中间分隔符、右侧数据符、校验符、终止符、右侧空白区及供人识别字符组成,见图5-1和图5-2。

图5-1 条形码字符结构

图5-2 条形码系统的工作原理

条形码技术的核心内容是利用光电扫描设备识读条形码符号,得到一组反射光信号,此信号经光电转换后变为一组与线条、空白相对应的电子讯号,经解码后还原为相应的文数字,再传入电脑。从而实现机器的自动识别,并快速准确地将信息录入计算机进行数据处理,以达到自动化管理的目的。

3) 条形码系统

条形码系统是由条形码符号设计、制作及扫描阅读组成的自动识别系统。它由光电扫描设备识读完成对条形码数据的自动采集和光电信号的自动转换。进一步而言,它利用光学系统读取条形码符号,由光电转换器将光信号转换为电信号,通过电路系统对电信号进行放大和整形,最后以二进制脉冲信号输出给译码器进行译码。

条形码自动识别系统一般由条形码自动识别设备、系统软件、应用软件等组成。条码自动识别设备:包括扫描器、译码器、计算机、打印设备以及显示器。条形码自动识别软件包括扫描器输出信号的测量、条形码码制、扫描方向的识别、逻辑值的判断,以及阅读器与计算机之间的数据通信等几部分。

条形码技术为人们提供了对物流中的物品进行标识和描述的方法,借助扫描等自动识别技术、POS 系统、EDI 等现代技术手段,企业可以随时了解有关产品在供应链中的位置,并及时做出反应。当今在欧美等发达国家兴起的 ECR、QR、自动连续补货(ACEP)等供应链管理策略,都离不开条形码技术的应用。因此,条形码是实现 POS 系统、EDI、电子商务和供应链管理的技术基础,是物流管理现代化、提高企业管理水平和竞争能力的重要技术手段。

条形码技术是实现自动化管理的有力武器,有利于进货、销售和仓储管理一体化;是实现 EDI、节约资源的基础;是及时沟通产、供、销的纽带和桥梁;是提高市场竞争力的工具;可以节约消费者的购物时间,扩大产品的销售额。

5.1.2 条形码的分类

条形码根据应用技术、信息存储量、应用领域等不同,可主要分为一维条形码及二维条形码两大类,将复合条形码和彩色条形码作为补充简单介绍。

1) 一维条形码

一维条码自问世以来,发展速度十分迅速,许多国家都围绕这项技术开展研究。它的使用,极大地提高了数据采集和信息处理的速度,提高了工作效率,并为管理的科学化和现代化做出了很大贡献。一维条形码种类很多,世界上有超过两百种的一维条码,常见的也有二十多种码制。

目前应用最为广泛的一维条形码有 EAN 码、UPC 码、39 码、UCC/EAN—128 码、ITF25 码和库德巴码等,见下图 5-3。

下面介绍这些常用的一维条形码。

(1) EAN 码(European Article Numbering)

EAN 码最开始是由欧洲各国为中心制定的一种统一商品代码,由国际物品编码协会在全球推广应用,后来成为全球通用的国际性统一商品代码。EAN 码符号有标准版(EAN—13,GB/T12904—91)和缩短版(EAN—8)两种,中国的通用商品条形码与其等效。EAN 码由前缀码、厂商识别码、商品项目代码和校验码组成。前缀码为前 3 位,是国际 EAN 组织标识各会员组织的代码,我国为 690、691 和 692;厂商代码是 EAN 编码组织在 EAN 分配的前缀码的基础上分配给厂商的代码;商品项目代码由厂商自行编码;校验码是最后 1 位,为了校验之前 12 位代码的正确性。EAN 码只能表示数字。

我们日常购买的商品包装上所印的条码一般就是 EAN 码。在编制商品项目代码时,厂商必须遵守商品编码的基本原则。一是唯一性,即对同一商品项目的商品必须编制相同的商品项目代码;保证商品项目与其标识代码一一对应,即一个商品项目只有一个代码,一个代码只标识一个商品项目。二是稳定性,商品代码一旦分配,只要商品的基本特征没有发生变化,就应保持不变;即使该商品停止生产,其商品代码至少在4年之内不能用于其他商品项目上。三是无含义性,指商品代码中的每一位数字不表示任何与商品有关的特定信息,最好使用无含义的流水号,以防编码容量的损失。

另外,图书和期刊作为特殊的商品也采用了EAN—13码表示ISBN和ISSN。前缀977被用于期刊号ISSN,图书号ISBN用978为前缀,我国被分配使用7开头的ISBN号,因此我国出版社出版的图书上的条码全部为9787开头。

(2) UPC码

UPC码是用来表示UCC—12商品标识代码的条码符号,由美国统一代码协会(UCC)制定,主要用于美国和加拿大地区,在美国进口的商品上可以看到。UPC码(Universal Product Code)是最早大规模应用的条码,其特性是一种长度固定、连续性的条码,目前主要在美国和加拿大使用,由于其应用范围广泛,故又被称万用条码。

UPC码仅可用来表示数字,故其字码集为数字0~9。UPC码共有A、B、C、D、E等五种版本,其中UPC—A代表通用商品,UPC—B代表医药卫生,UPC—C代表产业部门,UPC—D表示仓库批发,UPC—E表示商品短码。

(3) 39码

1974年Intermec公司的戴维·阿利尔(Davide·Allair)博士研制出39码,很快被美国国防部所采纳,作为军用条码码制,后来广泛用于工业领域。39码是第一个字母、数字式相结合的条形码,是一种可表示数字、字母等信息的条形码,目前主要用于工业、图书及票证的自动化管理,使用广泛。

39码的长度没有限制,可随着需求作弹性调整。但在规划长度的大小时,应考虑条码阅读机所能允许的范围,避免扫描时无法读取完整的资料。

图5-3 各种一维条码

(4) UCC/EAN—128 码

UCC/EAN—128 码是目前在用的最完整的、高密度的、可靠的、应用灵活的字母数字型一维码制之一。它允许表示可变长度的数据,并且能将若干个信息编码在一个条形码符号中。SSCC(Serial Shipping Container Code,即系列货运包装箱代码),可用于在供应链物流领域唯一标示物流单元,也是 UCC/EAN 物流标签中强制要求的信息。在物流系统中,SSCC 和相关的 UCC/EAN 应用标识符以及属性数据都可用 UCC/EAN—128 码制表示。人们可以根据需要采用条形码应用标识符的不同部分来表示需要的信息,图 5-3 中所示的 UCC/EAN—128 条形码标签表示了货运包装代码、运输方式、批号等信息。

(5) ITF25 码

交叉 ITF25 码(Interleaved Two of Five)是 1972 年美国 Intermec 公司发明的一种条、空均表示信息的连续型、非定长、具有自校验功能的双向条码。它的字符集为数字字符 0~9。初期广泛应用于仓储及重工业领域,后 EAN 规范中将其作为用于储运单元的标准条码。

(6) 库德巴码

库德巴码(Codabar)是主要用于医疗卫生、图书情报、物资等领域数字和字母信息的自动识别。其出现于 1972 年,是一种长度可变的连续型自校验数字式码制。其字符集为数字 0~9,A,B,C,D 4 个大写英文字母以及 6 个特殊字符(—、:、/、.、+、$),共 20 个字符。其中 A,B,C,D 只用作起始符和终止符。常用于仓库、血库和航空快递包裹中。

(7) 物流条形码

物流条形码是用在商品装卸、仓储、运输和配送过程中的识别符号,通常印在包装外箱上,用来识别商品种类及数量;亦可用于仓储批发业销售现场的扫描结账。

国际上通用的物流条形码码制只有 ITF—14 条码、UCC/EAN—128 条码及 EAN—13 条码三种。单个大件商品,如电视机等商品的包装箱直接采用 EAN—13 条码;储运包装箱常常采用 ITF—14 条码或 UCC/EAN—128 应用标识条码。这里所说的物流条形码暂且不考虑 EAN—13 码。表 5-1 简要对比了商品条形码和物流条形码的区别。

表 5-1 商品条形码与物流条形码的对比

	应用对象	数字构成	包装形状	应用领域
商品条形码	向消费者销售的商品	固定的 8 或 13 位数字	单个商品包装	POS 系统、订货管理等领域
物流条形码	物流过程中的商品	14 位或者其他可变长度	集合包装	装卸、分拣、运输、仓储等领域

2) 二维条形码

由于一维条形码受信息容量的限制,信息密度也较低,仅仅能对"物品"的标识,而不能对"物品"的描述,故一维条码的使用,不得不依赖数据库的存在;同时它在保密性和纠错性上存在不足,这些因素在一定程度上限制了条形码的应用范围。在没有数据库和不便联网的地方,一维条码的使用受到了较大的限制,有时甚至变得毫无意义。现代高新技术的发展,迫切要求用条码在有限的几何空间内表示更多的信息,从而满足千变万化的信息表示的需要。

二维条码技术是在一维条码无法满足实际应用需求的前提下产生的。1970 年 Iterface Mechanisms 公司开发出二维码。

二维条形码是用某种特定的几何图形按一定规律在平面(二维方向上)分布的黑白相间的图形记录数据符号信息的;在代码编制上巧妙地利用构成计算机内部逻辑基础的"0"、"1"比特流的概念,使用若干个与二进制相对应的几何形体来表示文字数值信息,通过图像输入设备或光电扫描设备自动识读以实现信息自动处理。二维条形码能够在横向和纵向两个方位同时表达信息,因此能在很小的面积内表达大量的信息。

二维条形码的特点主要有:

a) 信息容量大,编码范围广;

b) 可靠性高,保密防伪性好;

c) 易于制作,成本较低;

d) 抗损性强,且条码符号可根据载体面积和美工进行调整。

因为它具有上述特点,所以可以用它表示数据文件(包括汉字文件)、图像等。二维条码是大容量、高可靠性信息实现存储、携带并自动识读的理想的方法。

目前二维条形码主要有 PDF417 码、Code49 码、Code16K 码、Data Matix 码、MaxiCode 码等,主要分为堆积式(或层排式)和棋盘式(或矩阵式)两大类。

(1) 堆积式/层排式二维条码

堆积式/层排式二维条形码的编码原理是建立在一维条码基础之上,按需要堆积成二行或多行。它在编码设计、校验原理、识读方式等方面继承了一维条码的一些特点,识读设备和条码印刷与一维条码技术兼容。但由于行数的增加,需要对行进行判定,其译码算法与软件也不完全相同于一维条码。有代表性的行排式二维条码有 PDF417、Code16K、Code49 等。

下面重点介绍堆积式二维条形码中使用最为广泛的 PDF417 条码。

PDF417(Portable Data File)意为"便携数据文件",是目前应用最为广泛的堆叠式二维条码,由美国 SYMBOL 公司发明。组成条码的每一个条码字符由 4 个条和 4 个空,共 17 个模块构成,故称为 PDF417 条码,见图 5-4。

PDF417 条码既可表示数字、字母或二进制数据,也可表示汉字。一个 PDF417 条码最多可容纳 1 850 个字符或 1 108 个字节的二进制数据,如果只表示数字则可容纳 2 710 个数字。PDF417 的纠错能力分为 9 级,级别越高,纠正能力越强。由于这种纠错功能,使得污损的 PDF417 条码也可以正确读出。PDF417 条码最大的优势在于其庞大的数据容量和极强的纠错能力。当 PDF417 条码用于防伪时,并不是 PDF417 条码不能被复制,而是由于使用 PDF417 条码可以将大量的数据快速读入计算机,使得大规模的防伪检验成为可能。

我国目前已制定了 PDF417 码的国家标准。PDF417 条码需要有专门的 PDF417 解码功能的条码阅读器才能识别。

图 5-4　PDF417　　　　　图 5-5　DataMatrix

(2) 棋盘式/矩阵式二维条码

棋盘式/矩阵式二维条码是在一个矩形空间通过黑、白像素在矩阵中的不同分布进行编码。在矩阵相应元素位置上,用点(方点、圆点或其他形状)的出现表示二进制"1",点的不出现表示二进制的"0",点的排列组合确定了矩阵式二维条码所代表的意义。矩阵式二维条码是建立在计算机图像处理技术、组合编码原理等基础上的一种新型图形符号自动识读处理码制。具有代表性的矩阵式二维条码有 Data Matrix、Code One、Maxi Code、QR Code 等。

这里重点介绍矩阵式二维条码中的 DataMatrix 二维条码和 QR Code。

①DataMatrix 二维条码

DataMatrix 二维条码是一种矩阵式二维条码,其发展的构想是希望在较小的条码标签上存入更多的资料量。DataMatrix 二维条码的最小尺寸是目前所有条码中最小的,尤其特别适用于小零件的标识,以及直接印刷在实体上。

DataMatrix 二维条码又可分为 ECC000-140 与 ECC200 两种类型,ECC000-140 具有多种不同等级的错误纠正功能,而 ECC200 则透过 Reed-Solomon 演算法产生多项式计算出错误纠正码,其尺寸可以依需求印成不同大小,但采用的错误纠正码应与尺寸配合,由于其演算法较为容易,且尺寸较有弹性,故一般以 ECC200 较为普遍,以下介绍的 DataMatrix 二维条码均指 ECC200。

如图 5-5 所示,DataMatrix 二维条码的外观是一个由许多小方格所组成的正方形或长方形符号,其资讯的储存是以浅色与深色方格的排列组合,以二位元码方式来编码,故电脑可直接读取其资料内容,而不需要如传统一维条码的符号对应表。深色代表"1",浅色代表"0",再利用成串的浅色与深色方格来描述特殊的字元资讯,这些字串再列成一个完成的矩阵式码,形成 DataMatrix 二维条码,再以不同的印表机印在不同材质表面上。由于 DataMatrix 二维条码只需要读取资料的 20% 即可精确辨读,因此很适合应用在条码容易受损的场所,例如印在暴露高热、化学清洁剂、机械剥蚀等特殊环境的零件上。

DataMatrix 二维条码的尺寸可任意调整,最大可到 14 平方英寸,最小可到 0.000 2 平方英寸,这个尺寸也是目前一维与二维条码中最小的,因此特别适合印在电路板的零组件上。另一方面,大多数的条码的大小与编入的资料量有绝对的关系,但是 DataMatrix 二维条码的尺寸与其编入的资料量却是相互独立的,因此它的尺寸比较有弹性。此外,DataMatrix 二维条码最大储存量为 2 000 bytes,自动纠正错误的能力较低,只适用特别的 CCD 扫描器来解读。

②QR Code

QR Code 于 1994 年由日本 Denso-Wave 公司发明。QR 是英文 Quick Response 的缩写,即快速反应的意思,源自发明者希望内容快速被解码。从其命名可以看出,超高速识读特点是 QR Code 码区别于 PDF417 条码、Data Matrix 等其他二维码的主要特性。

由于在用 CCD 识读 QR Code 码时,整个 QR Code 码符号中信息的读取是通过 QR Code 码符号的位置探测图形,用硬件来实现,因此,信息识读过程所需时间很短,亦无需像其他条码般在扫描时需直线对准扫描器。用 CCD 二维条码识读设备,每秒可识读 30 个含有 100 个字符的 QR Code 符号;对于含有相同数据信息的 PDF417 条码符号,每秒仅能识读 3 个符号;对于 Data Martix 矩阵码,每秒仅能识读 2~3 个符号。QR Code 码的超高速识读特性使它能够广泛应用于工业自动化生产线管理等领域。

QR Code 还具有全方位 360°识读特点,这是 QR Code 码优于堆积式二维条码的另一主要特点,例如由于 PDF417 条码是将一维条码符号在堆积高度上的截短来实现的,因此,它很难实现全方位识读,其识读方位角仅为±10°。

由于 QR Code 用特定的数据压缩模式表示汉字,它仅用 13 Bit 就可表示一个汉字,而 PDF417、Data Martix 等二维码没有特定的汉字表示模式,因此仅用字节表示模式来表示汉字,在用字节模式表示汉字时,需用 16 Bit(二个字节)表示一个汉字,因此 QR Code 比其他的二维条码表示汉字的效率提高了 20%。

目前,QR Code 也常见于我们的日常生活中。如腾讯公司开发出来的配合微信使用的,就是含有特定格式,只能被微信软件正确解读的二维码。

我国对二维码技术的研究开始于 1993 年,在消化国外相关技术资料的基础上,制定了两个二维码的国家标准:二维码网格矩阵码(GB/T 27766—2011)和二维码紧密矩阵码(GB/T 27767—2011),从而促进了我国具有自主知识产权技术的二维码的研发。我国自主知识产权的二维条码为汉信码,对提高二维码的技术水平和拓宽二维码的应用领域有重要作用。

3) 复合条形码

复合码是由一维码和二维码叠加在一起而构成的一种新的码制。

其中一维码组成部分可以是 UCC/EAN—128 或 UPC/EAN 以及 Reduced Space

Symbology(RSS)。二维码组成部分可以是CC—A(一种专用于混合码的PDF417微码的变体)或者CC—C(标准PDF417)。

目前复合码的应用主要集中在标识散装商品(随机称重商品)、蔬菜水果、医疗保健品及非零售的小件物品以及商品的运输与物流管理。

4) 彩色条形码

彩色条码主要是结合带有视像镜头的手提电话或个人电脑,利用镜头来阅读杂志、报纸、电视机或电脑屏幕上的颜色条码,并传送到数据中心。数据中心会因应收到的颜色条码来提供网站资料或消费优惠。

彩色条码比二维条码优胜的地方,是它可以利用较低的分辨率来提供较高的数据容量,而不需增加它的维度。一方面,颜色条码无需要较高分辨率的镜头来解读,使沟通从单向变成双方面,二来较低的分辨率亦令使用条码的公司在条码上加上变化,以提高读者参与的兴趣。

新的彩色条码将使用4或8种颜色,在较少的空间中储存更多的资讯,并可能以小三角形取代传统的长方形。这是一个新的概念,目前还没有广泛的应用,但在一些软件中已经有这方面的尝试。彩色条码未来计划用于电影、电玩等商业性媒介上,以期提供更高的安全性,甚至电影宣传片联结或其他附加功能。

5.1.3 条形码的应用

1) 一维条形码的应用

目前,一维条形码技术已经比较成熟,在许多领域得到了广泛的应用,比较典型的有以下几种:

(1) 商业零售领域

在商业自动化系统中,商品条形码是关键,大多数在超市中出售的商品都使用了EAN条形码。

EAN条形码是国际通用符号体系,主要用于商品标识。前文介绍了EAN码的编制原则,我们知道一个商品项目只有一个代码,一个代码只标识一个商品项目。如某名牌纯牛奶的条形码为6907992100272,其中690代表我国EAN组织,7992代表该乳品公司,10027是纯牛奶的商品代码。这样的编码方式就保证了无论何时何地,编码6907992100272就唯一对应该种商品。

图5-6 EAN在商业零售领域的应用

在销售中通常采用EAN码与POS系统的结合。收款机作为终端机与计算机相连,借助识读设备录入条码,从数据库中查找出相应商品的名称、价格、数量等信息,并对顾客所购买的商品进行统计。这样,收银的速度和准确性得到大大提高,同时各种销售数据还可以作为商场和供应商进货、出货的参考数据。由于销售信息都被及时、准确地记录,商家就可以在经营过程中准确地掌握各种商品的流通信息,大大减少库存,最大限度地利用资金,从而提高商家的效益和竞争能力。

(2) 图书馆

图书馆中的图书也广泛应用条形码技术。在图书和借书证上都贴上了条形码,借书时只要扫描一下书的条形码和借书证上的条形码就可以把所有相关信息录入数据库中。而在还书时,也只需扫一下书的条形码,系统就会根据原先的记录把书的状态由借出改成归还,同时在借书者所借数目中删除相应的数目。这样,书的借与还都使用了条形码技术,与原来的一切人工操作相比,大大提高了工作效率。

图 5-7 条形码在图书行业的应用

(3) 质量跟踪管理

ISO 9001 质量保证体系强调质量管理的可追溯性,也就是说对于出现质量问题的产品,应当可以追溯它的生产时间、操作机床、操作人等信息。在过去,这类信息很难记录下来,即使有一些工厂采用加工单的形式进行记录,但随着时间的积累,加工单越来越多,有的生产厂家甚至要用几间房子来存放这些单据。从那么多单据中要想查找一张单据的困难不言而喻。如果采用条形码技术,在生产过程的主要环节中,对生产者及产品的数据通过扫描条形码进行记录,并利用计算机系统进行处理和存储。这样,当产品质量出现问题时,厂房就可以通过电脑系统很快查到该产品生产的相关数据,从而查到事故原因、改进工作质量。

(4) 快递单据

目前普通的快递单据上多采用一维条码表示快递单号,每一件快递商品的条码单号唯一,主要用于快递公司或者客户追踪快件的信息,查询快件流通信息,这样能保证快件信息的准确。不同的快递公司有不同的编码方式。例如圆通快递和顺丰快递的运单号码常用 Code128 码,而韵达快递和申通快递会采用 39 码编制运单号。

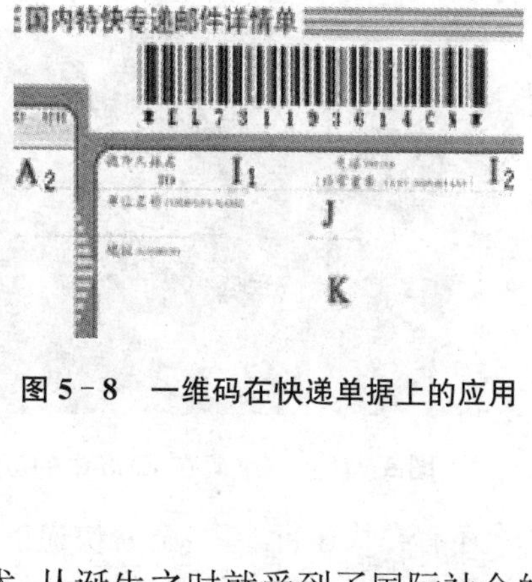

随着快递行业的发展和人们对于信息安全等方面的需求,未来快递的单据也可能出现二维条码或其他手段来储存信息。

图 5-8 一维码在快递单据上的应用

2) 二维条形码的应用

二维条形码作为一种新的信息存储和传递技术,从诞生之时就受到了国际社会的广泛关注。经过多年的发展,现其已应用在国防、公共安全、交通运输、医疗保健、工业、商业金融、海关及政府管理等多个领域。

(1) 身份识别

二维条形码依靠其庞大的信息携带量,能够把过去使用一维条形码时存储于后台数据库中的信息包含在条形码中,可以直接通过阅读条形码得到相应的信息,并且二维条形码可以把照片、指纹编制其中,可有效地解决证件的可机读和防伪问题,因此广泛应用于护照、身份证、行车证、军人证、健康证、保险卡等各类证件中。

美国亚利桑那州等十多个州的驾驶证、美国军人证、军人医疗证等在多年前就已采用了PDF417技术。将证件上的个人信息及照片编在二维条形码中,不但可以实现身份证的自动识读,而且可以有效防止伪冒证件事件发生。在身份证或驾驶证识别方面,菲律宾、埃及、巴林等许多国家已采用二维条形码,香港特区护照上也采用了二维条形码技术。我国大陆地区在火车票和门票等方面推行二维条形码识别技术。

图5-9 二维码在车票上的应用

(2) 现代运输业

一个典型的运输业务过程通常经历:供应商—货运代理,货运代理—货运公司,货运公司—客户等几个过程,在每个过程中都牵涉到发货单据的处理。发货单据含有大量的信息,包括:发货人信息、收货人信息、货物清单、运输方式等。单据处理的前提是数据的录入,人工键盘录入的方式存在着效率低、差错率高的问题,已不能适应现代运输业的要求,而一维条形码的数据存储信息量较小,不能满足需求。

二维条码在这方面提供了一个很好的解决方案,将单据的内容编成一个二维条码,打印在发货单据上,在运输业务的各个环节使用二维条码阅读器扫描条码,信息便录入到计算机管理系统中,既快速又准确。见图5-10。

图5-10 二维码在EMS中的应用

图5-11 二维码在快递柜中的使用

还有在快递行业中,随着快递柜的普及,快递配送时不需要居民随时等候取件,而是放置在小区内相应的快递柜中,快递员只要扫描快件上的条码并输入收件人的手机号码,系统会自动生成取件二维码发送给收件人。收件人可在规定期限内通在快递柜处验证扫码取件。这既节省人力和时间成本，又可减少丢件、错拿情况的发生。见图 5-11。

(3) 食品与药品安全应用

在三鹿奶粉事件和一些假药事件出现之后，食品与药品安全始成为广大群众关注的焦点问题，而二维条码技术在这方面提供了一个很好的解决方案。需要控制的食品和药品外包装必须印有二维条码，里面的信息包括商品名称、生产厂家和有效日期等要素，使得相关部门可以快速获取到条码中存储的信息，以加强监督食品与药品安全。

例如，山东省生猪必须佩戴二维码耳标，不佩戴二维码耳标的生猪不得进入流通领域。所用的二维码耳标，将把生猪出生、祖代猪信息、防疫情况等相关信息全部输入，成为生猪的"身份证"。一旦在流通环节发生问题，有关部门将可以根据该耳标直接追溯到该猪的养殖基地，以避免问题的再次出现。

图 5-12　二维码在食品安全中的应用

(4) 资产跟踪

跟踪管理贵重或稀缺的资产。例如为了跟踪某一贵重设备，将设备的编号、位置编号、制造厂商、长度、等级、尺寸、厚度以及其他信息编成一个 PDF417 条形码，制成标签后贴在设备上。当设备移走或安装时，操作员扫描二维条形码标签，数据库信息便可得到及时更新。

(5) 手机二维码

手机二维码是二维码技术在手机上的应用，也是现在人们生活中接触二维码最频繁的应用。手机二维码就是将手机需要访问、使用的信息编码到二维码中，利用手机的摄像头识读。手机二维码可以印刷在报纸、杂志、广告、图书、包装以及个人名片等多种载体上，用户通过手机摄像头扫描二维码，即可实现快速手机上网，交换信息，便捷浏览、下载图文、音乐、视频、获取优惠券、参与抽奖、了解企业产品信息等目的，而省去了在手机上输入 URL 的繁琐过程。同时，还可以方便地用手机识别和存储名片、自动输入短信，获取公共服务（如天气预报），实现电子地图查询定位、手机阅读等多种功能。

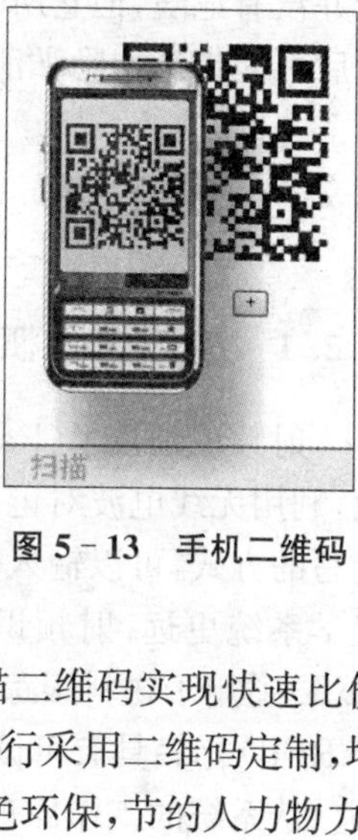

图 5-13　手机二维码

日常生活中有越来越多的活动涉及手机二维码，如打车软件、社交软件、查询软件等等。如"我查查"软件，就可以通过扫描二维码实现快速比价比质量等功能。还有越来越多的电子票务，电影票、景点门票，推行采用二维码定制，增设自动扫码取票系统，节省排队买票验票时间，还可以无纸化绿色环保，节约人力物力，使我们的生活更加高效和便捷。

手机二维码还在电子商务上有广泛应用，包括支付宝、微信、Apple Pay 等各类电子钱包的快捷支付，快捷转账以及"扫一扫"模式的快捷的网上购物、团购都广受欢迎，还可以使用二维码提货，享受优惠。可以说，手机二维码相当于一个"移动钱包"。

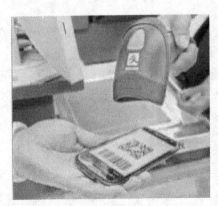

图 5-14　手机二维码在快捷支付上的应用

在医疗方面采用二维码，患者可以通过手机终端预约挂号，凭二维码在预约时间前往医院直接取号，减少了排队挂号、候诊时间。二维码服务不仅解决了挂号的问题，而且，它结合到看病、支付等环节后，可以实现看病、付款、取药一条龙服务，不再让患者重复排队，同时节约了医院的人力，提高效率。

另外，在海关报关单、长途货运单、税务报表、保险登记表上也都有使用二维条形码技术来解决数据输入及防止伪造、删改表格的例子。

虽然二维码技术带给我们诸多便利，但是它依然存在一定的安全隐患。二维码本身并没有危险，但它所包含的信息却可能存在病毒等。在获取信息的同时需要提防它背后可能带来的隐私泄露问题。

5.2　射频技术

5.2.1　射频技术概述

射频识别技术（Radio Frequency IDentification，简称 RFID）的基本原理是电磁理论，利用无线电波对记录媒体进行读写，射频识别的距离可达几十厘米至几米，且根据读写的方式，可以输入数千字节的信息。射频系统的优点是不局限于视线，识别距离比光学系统更远，射频识别卡可具有读写能力，可携带大量数据，难以伪造，且有智能。RFID 适用于物料跟踪、运载工具和货架识别等要求非接触数据采集和交换的场合，由于 RFID 标签具有可读写能力，对于需要频繁改变数据内容的场合尤为适用。

从系统的工作原理来看，RF 系统一般都由信号发射机、信号接收机、发射接收天线几部分组成。

信号发射机为了不同的应用目的，会以不同的形式存在，典型的形式是标签（TAG）。标签相当于条码技术中的条码符号，用来存储需要识别传输的信息。标签一一般是带有线圈、天线、存储器与控制系统的低电集成电路。在 RF 系统中,信号接收机一般叫做阅读器。阅读器基本的功能就是提供与标签进行数据传输的途径。

5.2.2 射频系统的分类

（一）射频卡的分类

根据射频卡内是否装有电池为其供电,可将其分为有源卡和无源卡两大类。有源是指卡内有电池提供电源,其作用距离较远,但寿命有限、体积较大、成本高,且不适合在恶劣环境下工作;无源卡内无电池,它利用波束供电技术将接收到的射频能量转化为直流电源为卡内电路供电,其作用距离相对有源卡短,但寿命长且对工作环境要求不高。

按载波频率分为低频射频卡、中频射频卡和高频射频卡。低频射频卡主要有 125 kHz 和 134.2 kHz 两种,中频射频卡频率主要为 13.56 MHz,高频射频卡主要为 433 MHz、915 MHz、2.45 GHz、5.8 GHz 等。低频系统主要用于短距离、低成本的应用中,如多数的门禁控制、校园卡、动物监管、货物跟踪等。中频系统用于门禁控制和需传送大量数据的应用系统;高频系统应用于需要较长的读写距离和高读写速度的场合,其天线波束方向较窄且价格较高,在火车监控、高速公路收费等系统中应用。

（二）RFID 系统的分类

根据 RFID 系统完成的功能不同,可把 RFID 系统分为四种类型:EAS 系统、便携式数据采集系统、网络系统、定位系统。

1) EAS 系统

商品电子防窃系统（Electronic Article Surveillance）,简称 EAS,是一种设置在需要控制物品出入的门口的 RFID 技术。这种技术应用的典型场合是商场、便利店等,当未被授权的人从这些地点非法取走物品时,EAS 系统会发出警告。在应用 EAS 技术时,首先在物品上贴 EAS 标签,当物品被正常购买或合法移出时,在结算处通过一定的装置使 EAS 标签失活,物品就可以取走;反之,物品是被盗窃或非法移出时,物品经过装有 EAS 系统的门口时,EAS 装置能自动检测活动标签并发出警告。EAS 技术的应用可以有效防止物品被盗,因此在商场中应用广泛,见图 5-15 和图 5-16。

图 5-15 EAS 射频铝合金防盗报警器商场应用

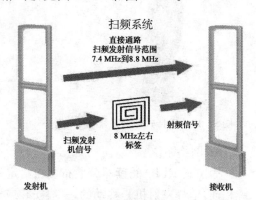

图 5-16 EAS 系统原理

EAS的工作原理是在监视区,发射器以一定的频率向接收器发射信号,当具有特殊特征的标签进入监视区时,会对发射器发出的信号产生干扰,干扰信号被接收器接收,经过微处理器的分析判断,就会控制警报器的鸣响。根据发射器所发出信号的不同以及标签对信号干扰原理的不同,EAS可分为无线电系统、电磁波系统、微波系统、分频系统、智慧型系统和声磁系统。

目前,应用最广泛的EAS系统为无线电系统(RF系统),由检测器、电子标签、解码器/开锁器三大部分组成。如图5-15所示,射频EAS系统的工作方式是:贴在产品上的标签(主要是一次性的微型电子线路和天线)对发射机天线(通常是位于商店出入口的一个探测台)发出的特定频率做出响应。随后,标签发出的响应被邻近的接收机天线(另一个探测台)拾取,此后,接收机将对标签响应信号进行处理,如果该信号符合特定的标准,就会触发警报。两个探测门或探测台之间的距离最大可达2 m左右。射频系统的工作频率范围通常是2~10 MHz(每秒数百万个周期);这种射频系统在许多国家/地区已经成为标准。大多数情况下,射频系统使用扫频技术以便处理不同的标签频率。

2) 便携式数据采集系统

便携式数据采集系统使用带有手持式数据采集器采集RFID标签上的数据,适用于不宜安装固定式RFID系统的应用环境。手持式阅读器(数据输入终端)可以在读取数据的同时,通过无线电波数据传输方式(RFDC)适时的向主计算机系统传输数据,也可以暂时将数据存储在阅读器中,再一批批的向主计算机系统传输数据,见图5-17与5-18。

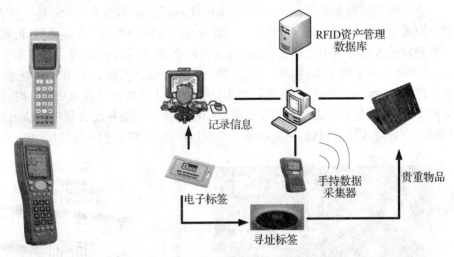

图5-17 手持式数据采集器　　图5-18 便携式数据采集系统应用案例

3) 网络系统

固定式RFID阅读器分散布置在给定的区域,并且阅读器直接与物流管理信息系统相连,信号发射机是移动的,一般安装或配置在移动的物体和人。当物体、人流经过阅读器时,阅读器会自动扫描标签上的信息并把数据信息输入数据管理系统存储、分析、处理,达到控制物流的目的,经常用于贵重物品的监控跟踪,如医院利用网络系统监控贵重设备或稀缺资源的位置与使用情况。

图 5-19　固定式 RFID 阅读器　　　　图 5-20　网络系统应用案例

RF 技术是一种无线计算机网络技术。利用 RF 技术,可以在配送中心内部构建无线计算机局域网。

无线局域网技术是一种柔性的数据交换系统,是对普通局域网的一种补充、延伸。它通过采用无线技术,无须在计算机之间建立连线就可以发送、接收数据,实现数据、资源的共享。它具有灵活移动性;安装简单、快速;运行成本低廉;可扩展性强的特点。

4) 定位系统

定位系统用于自动化加工系统中的定位以及对车辆、轮船等定位支持中。阅读器放置在移动的车辆、轮船上或者自动化流水线中移动的物料、半成品、成品上,信号发射机嵌入到操作环境的地表以下。信号发射机上存储有位置识别信息,阅读器一般通过无线的方式或者有线的方式连接到主信息管理系统。

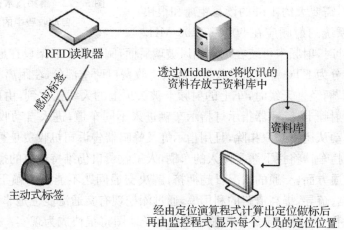

图 5-21　定位系统应用案例

5.2.3 射频识别技术应用

美国和北大西洋公约组织(NATO)在波斯尼亚的"联合作战行动"中,不但建成了战争中投入战场最复杂的通信网,还完善了识别跟踪物资的新型后勤系统。该系统途中运输部分的功能就是靠贴在集装箱和设备上的识别标签实现的。RF 接收转发装置通常安装在运输线的一些检查点、仓库、车站、码头、机场等关键点。接收装置收到 RF 标签信息后,连通接收地的位置信息,上传至通信卫星,再由通信卫星传送给运输调度中心,送入中心数据库中。

我国的 RFID 的应用也已经开始,一些高速公路的收费站口使用 RF 可以不停车收费。中国铁路系统使用 RFID 记录货车车厢编号的试点已运行了一些时间。一些物流公司也将 RFID 用于物流管理中。

下面举例说明射频识别技术的几个实际应用。

1) 高速公路不停车电子收费系统(ETC)与城区交通管理

高速公路自动不停车电子收费系统是 RFID 技术最成功的应用之一。目前中国的高速公路发展非常快,地区经济发展的先决条件就是有便利的交通条件,而高速公路收费却存在一些问题,一是交通堵塞,在收费站口,许多车辆停车排队,成为交通瓶颈问题;二是少数不法收费员贪污路费,使国家损失了相当一部分的财政收入。RFID 技术在高速公路自动收费上的应用能充分体现它的非接触识别的优势,杜绝上述问题发生。

对于高速公路 ETC 收费系统,由于车辆的大小形状不同,需要大约 4 m 的读写距离和很快的读写速度,系统的射频应在 900~2 500 MHz

图 5-22 射频技术在高速公路自动收费中的应用

之间,系统设计时,射频卡可装在汽车挡风玻璃后面,阅读器天线架设在道路上方,将多车道的收费口分为 ETC 专用自动收费口和人工收费口两个部分,在距离收费口约 50~100 m 处,当车辆经过天线时,车上的射频卡被头顶上的天线接收到,由此判别车辆是否带有有效的射频卡,读写器指示灯指示车辆进入不同车道,进入自动收费口的车辆,养路费款被自动从用户账户扣除,且用指示灯及蜂鸣器告诉司机收费是否完成,不用停车就可通过。拦车器将拦下恶意闯入的车辆,人工收费口仍维持现有的操作方式。

在城市交通方面,交通的状况日趋拥挤,解决交通问题不能只依赖于修路、加强交通的指挥、控制、疏导,提高道路的利用率,通过深挖现有交通潜能也是非常重要的。而基于 RFID 技术的实时交通督导和最佳路线电子地图将很快成为现实。用 RFID 技术实时跟踪车辆,通过交通控制中心的网络在各个阶段向司机报告交通状况,指挥车辆绕

5 物流信息系统的识别与采集技术

开堵塞路段,并用电子地图实时显示交通状况。能够使得交通流向均匀,大大提高道路利用率,还可用于车辆特权控制,在信号灯处给警车、应急车辆、公共汽车等行驶特权;自动查处违章车辆,记录违章状况。另外,公共汽车站台实时跟踪指示公共汽车到站时间及自动显示乘客信息,给乘客很大的方便。因此通过应用 RFID 技术能使交通的指挥自动化、法制化,有助于改善交通状况。

2) 人员识别与物资跟踪

将来的门禁保安系统均可应用射频卡,一卡可以多用,如工作证、出入证、停车卡等,目的都是识别人员的身份,实现安全管理、自动收费或上下班打卡,提高工作效率。只要人员佩戴了封装成 ID 大小的射频卡,进出口有一台读写器,人员出入时自动识别身份,非法闯入会有报警。在安全级别要求高的地方,可以结合其他的识别方式,将指纹、掌纹或颜面特征存入射频卡。

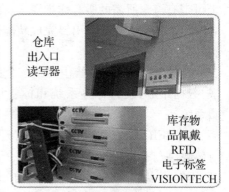

将射频卡贴在重要物资上,如计算机、传真机、文件、复印机或其他实验室用品,以自动跟踪管理这些有价值的财产,可以跟踪物品从某处离开,或是用报警的方式限制物品离开某地。结合

图 5-23 射频识别技术在物资跟踪中的应用

GPS 系统利用射频卡,还可以对货柜车、货仓等进行有效跟踪。

3) 生产线优化及自动化控制

在生产流水线上应用 RFID 技术可实现优化及自动控制和监视,提高生产率,改进生产方式,节约生产成本。

如,某知名耗材生产商在其德国工厂每年可生产两千万件产品,利用无线射频识别技术实现了高度追踪及生产流程优化。这个 RFID 系统由大约 70 个网关、250 个读写头和 1 000 个载码体组成,用于监控工件装载箱。为了达到这个目的,每个装载箱侧面靠下的位置都装有一个载码体,也就是所谓的标签。工件信息存储在这些标签中,这意味着生产商可以在任意时间追踪监控工件的生产流程——注塑、切割、位移,以及许多其他细节。

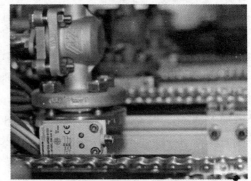

每完成一道工序,标签中存储的工件信息都被传送至数据库。由于处理中心的某些需要,部分数据会自始至终跟随整个生产流程。生产线情况有变或装载箱被替换时,数据将被重新写入载码体。这个 RFID 系

图 5-24 射频识别技术在生产线优化中的应用

117

统保证了生产过程的透明化,可以优化生产流程,降低生产成本。

如汽车装配流水线。德国宝马汽车公司在装配流水线上应用射频卡可以尽可能大量的生产用户定制的汽车。宝马汽车的生产是基于用户提出的要求式样而生产的,用户可以从上万种内部和外部选项中选定自己所需车的颜色、引擎型号还有轮胎式样等要求,如果没有一个高度组织的、复杂的控制系统是很难完成这样复杂的任务的。宝马公司就是在其装配流水线上配有 RFID 系统,他们使用可重复使用的射频卡,该射频卡上可带有汽车所需的所有详细要求,在每个工作点处都有读写器,这样可以保证汽车在各个流水线位置能毫不出错完成装配任务。

4) 仓储库存管理

仓储 RFID 管理系统由以下三个部分组成:数据中心、发行标签系统和标签信息采集系统。

将 RFID 系统用于仓库库存管理,可以有效解决与仓库和货物流动有关的信息管理,不但可以增加一天内处理货物的件数,还监视着这些货物的一切流动信息。一般而言,射频卡贴在货物要通过的仓库大门边上,读写器天线放在叉车上,每个货物都贴有射频标签,所有标签信息都被存储在仓库的中心计算机里,该货物的有关信息都能在计算机里查到。出入库登记检查信息、货物存放位置信息、其数量种类信息都非常清楚。当货物被装走运往别处时,由另一读写器识别并告知计算机中心它被放在哪个拖车上。整个保管过程都因为 RFID 技术而被监管。这样管理中心可以实时地了解到已经生产了多少产品和发送了多少产品,并可自动识别货物,实现信息导引的作用。在仓库中还包括分拣货物,将货物自动分类,对货架进行盘点和缺货巡补。

图 5-25 RFID 在仓储管理中的应用

5) 分拣搬运

铁路运输、航空运输、邮政通讯等许多行业都存在货物的分拣搬运问题,大批量的货物需要在很短的时间内准确无误地装到指定的车箱或航班。一个生产厂家如果生产上百个品种的产品,并需要将其分门别类,以送到不同的目的地,那么就必须扩大场地、增加人员,还常常会出现人工错误。解决这些问题的办法就是应用 RFID 技术,使包裹或产品自动分拣到不同的运输机上。只要将预先打印好的标签贴在发送的物品上,并在每个分拣点安装一台 RFID 读写器。读写器识别货物上的射频卡,由计算机确定该货物的存放位置,输送机沿线的转载装置根据计算机的指令把货物转载到指定的发运线上。

5 物流信息系统的识别与采集技术

图 5-26 应用 RFID 技术完成货物分拣

6) 智能停车场管理

采用 RFID 技术结合图像数字处理、自动控制实现停车场的智能化管理。RFID 智能停车场系统能有效、准确、智能的对进出停车场的系统车辆(装有电子车牌的车辆)和非系统车辆(未装有电子车牌的车辆)的数据信息识别、采集、记录并按需上传处理(见图 5-27),并在必要时可以通过相应的人工干预进行补充,以避免非正常事件(非系统车进出时)的影响,确保系统具有高效的车辆智能放行能力,同时 RFID 智能化停车场还可对场内的停车位现状进行智能化管理,以及对进出车辆的引导和收费。

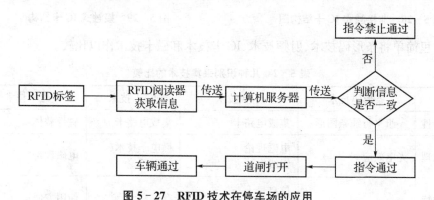

图 5-27 RFID 技术在停车场的应用

7) RFID 防伪

RFID 在商品防伪中用于防伪的原理是,根据数据加密算法原理,将产品代号、生产批号、有效日期和其他变量数据进行加密运算处理,可以生产数字化监管编码,为防伪与物流管理应用建立基础数据库。将数字化监管编码通过加密程序写入 RFID 芯片中,并把包含 ID 号的数字化监管编码通过广域网或局域网存入中心数据库。实现对药品、烟酒等商品的防伪监管。

5.3 其他识别与采集技术

5.3.1 IC卡技术

IC卡(Integrated Circuit Card,集成电路卡)是,是将一个微电子芯片嵌入符合ISO 7816标准的卡基中,做成卡片形式的信息工具,用芯片里的集成电路存储信息。IC卡是继磁卡之后出现的又一种信息载体。IC卡应用系统主要包括IC卡、IC卡感应设备、计算机和IC卡应用系统软件四个部分组成。

根据组织结构划分为一般存储卡、加密存储卡、CPU卡和超级智能卡。根据通讯接口把IC卡分成接触式IC卡、非接触式IC和双界面卡(同时具备接触式与非接触式通讯接口)。其中非接触式IC卡就是结合了射频技术的无源射频卡。

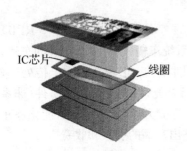

图5-28 非接触式IC卡结构图

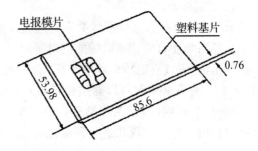

图5-29 接触式IC卡结构

这里简单将条形码技术、射频技术、IC卡技术和磁卡技术作以比较。

表5-2 几种识别采集技术的比较

	条形码技术	射频技术	IC卡技术	磁卡技术
标签特性	一组平行线条图形	集成电路卡	集成电路卡	磁性载体
基本原理	光电效应	电磁理论 无线电波	微电子技术 电磁理论	电磁理论
各自的特点及优点	结构简单成本较低	信息量大 射频不局限于视线 保密性好	存储量大 保密性好	使用方便 造价便宜
缺点	不能随时写入数据	成本较高	制造成本高 接触点暴露在外易受到损伤	保密性较差 储存容量较小 易受干扰消磁
应用	常用于商业零售领域、图书馆、发货单据信息等方面	常用于仓储管理、门禁与人员识别、高速公路收费等方面	常用于公共交通和金融领域	现在用于金融领域如银行卡等,将逐渐被其他方式取代

由于IC卡具有存储信息量大,安全保密性好,可以处理数据,使用寿命长等优点。IC卡已是当今国际电子信息产业的热点产品之一,在金融领域的应用最为广泛,影响十分深远。芯片银行卡不仅具有普通磁条银行卡所有的金融功能,还具备电子现金账户,支持脱机小额支付,可以使用非接触界面,实现即刷即走的快速支付和智能卡手机支付。

随着交通智能化、运输现代化地迅速发展,IC卡技术在现代物流业也得到日益广泛的应用。目前,IC卡技术在物流领域方面的应用主要包括:车辆管理、集装箱管理、货物管理、安全管理等,主要介绍以下两种。

1) 车辆管理

车辆管理主要是利用IC卡技术与车载RFID系统的结合来实现车辆智能管理。利用射频通过非接触IC卡自动识别车号、车型。可广泛地应用于货运车辆的跟踪管理、公路口岸车辆自动识别及车辆进出控制与管理等。将非接触式IC卡的射频识别技术与计算机、单片机技术结合起来,通过LCD汉字显示模块将相关信息直观地显示出来,解决了车辆管理中的一些难题,在提高了车辆管理的安全性的同时,也提高了车辆管理工作的效率,见图5-30。

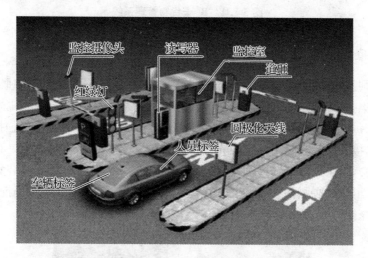

图5-30 IC卡车辆管理

非接触IC卡与射频技术的综合运用是实现高速公路联网和不停车收费(ETC)的重要技术手段,在停车场管理中也常常应用这两项技术(详见5.2.3章节)。

2) 货物管理

相关部门可以利用IC卡技术,存储相关业务数据,自动核对承运车辆及其货物清单,加强货物监管,加速货物流通;利用后台联网数据库系统和网络业务软件,控制转关货运车辆的行径路线和时间,监视整个货运过程,确保货物安全抵达,杜绝货物运输过程中的舞弊行为;通过IC卡业务管理系统,辅助监管承运货物,自动比对,提高系统运行效率,减少失误;依靠 IC 卡系统完善的安全加密技术,提高业务系统的安全性和保密性,见图 5-31。

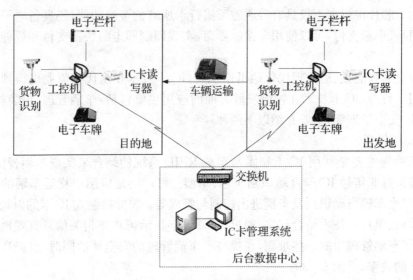

图 5-31　IC 卡货物管理系统

5.3.2　扫描技术

自动识别技术的另一个关键组件是扫描处理,这是条形码系统的"眼睛"。扫描仪从视觉上收集条形码数据,并把它们转换成可用的信息。有两种类型的扫描仪,即手提的和定位的,每一种类型都能使用接触和非接触技术,见图 5-32。手提扫描仪既可以是激光枪(非接触式的),也可以是激光棒(接触式)。定位扫描仪既可以是自动扫描仪(非接触式的),也可以是卡式阅读器(接触式)。接触技术需要用阅读装置实际接触条形码,这样可以减少扫描技术错误,但降低了灵活性。激光枪技术是当前最流行的,速度超过激光棒。

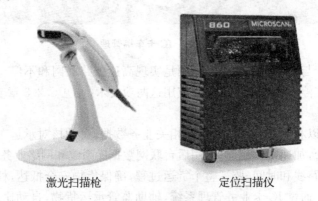

激光扫描枪　　　　　定位扫描仪

图 5-32　扫描仪

扫描技术在物流方面主要有两大应用。第一种应用是零售商店的销售点(Point of Sale,简称 POS)。除了在现金收存机上给顾客打印收据外,还为商店层次提供准确的存货控制。销售点可以精确的跟踪每一个库存单位(Stock Keeping Unit,简称 SKU)出售数,有助于补充订货,因为实际的单位销售数能够迅速的传输到供应商处。实际销售跟踪可以减少不确定性,并可去除缓冲存货。除了提供精确的再供给和营销调查数据外,销售点还能向所有的渠道内成员提供更及时的具有战略意义的数据。

扫描技术的第二种应用是针对物料搬运及跟踪的。通过扫描枪的使用,物料搬运人员能够跟踪产品的搬运、存储地点、装卸和入库,虽然这种信息能够用于手工跟踪,却要消耗大量的时间,并且容易出错。在物流应用中更广泛地使用扫描仪,将会提高生产率,减少差错。例如,根据有关报告,扫描技术使商店补充订货自动化,并提高了营销能力,减少了 8% 的总存货量。

5.3.3 光学字符识别技术

在物流领域应用比较广泛的光学字符识别技术(Opyical Character Recognition),简称 OCR,已有四五十年的历史,近几年又出现了图像字符识别(Magnetic Image Character Recognition,简称 MICR)和智能字符识别(Intelligent Charater Recognition,简称 ICR),实际上这三种识别技术的基本原理大致相同。

OCR 的三个重要应用领域,即办公自动化中的文本输入、邮件自动处理与自动获取文本,这些领域包括:零售价格识读,订单数据输入、单证、支票和文件识读,微电路及小件产品上状态特征识读等。另外,由于这种在识别手迹特征方面的进展,目前亦有探索在手迹分析及签名等方面的应用。

光学字符识别技术的重要应用工具为扫描笔,见图 5 - 33。扫描笔其实就是一个微型扫描仪,可以把文字扫描到电脑里,由于小巧便携,适合外出商务用户。扫描笔身前端有一个带滚轮的扫描端口,用户在纸上扫描,由滚轮来控制方向,不会出现偏行情况发生。

扫描笔就是把纸张上的文字扫描到电脑里,可以把报纸、杂志等文字非常方便的输入到 word 或者文本文档中,便于用户编辑,省去打字的麻烦。与目前市场上的扫描仪相比,扫描笔体积更小,可以随身携带,配合笔记本电脑使用是不错的组合,但是只能扫描文字,而扫描仪可以扫描图形,扫描笔最大的优点就是小巧方便。

图 5 - 33 扫描笔

近年来,随着 OCR 技术的日趋成熟,这一技术以其高速、准确、低成本的特点,广泛应用于文件资料的自动录入等诸多方面,在物流行业将会有很大的应用前景。

现代物流企业每天都会产生大量的票据凭证,长期以来,对票据的管理工作因管理手段落后已然成为限制物流公司工作速效率的一大难题。业务自动事后监督系统可以很好地解决这一问题。

票据自动事后监督系统是集物流企业票据原件录入、光盘存储、自动管理、智能检索、事后监督于一体的计算机辅助管理、账务监督系统,其主要的处理流程是:柜员在打印票据凭证的同时在票据空白处打印条形码,条形码包含交易码、账号、金额等记账信息,将票据集中整理,然后扫描录入,先放在后台进行条码识别,自动建立票据凭证索引,接着在后台进行 OCR 识别,直接从凭证影像中提取重要数据,生成待监督文件,为事后监督子系统提供监督数据,然后后台处理和事后监督子系统连接,共同完成自动的事后监督。

OCR 技术用于票据自动监督业务,能实现票据凭证的高效录入、账务的自动核对,实现物流企业内部工作流程的优化,能够解决物流公司的票据中心票据手工录入耗费大量人力物力的问题,并且切实提高工作效率和智能化水平,同时也降低了物流企业的运营成本。

5.3.4 声学识别技术

声学识别技术,即语音识别技术,也被称为自动语音识别 Automatic Speech Recognition(ASR),其目标是将人类语音中的词汇内容转换为计算机可读的输入,例如按键、二进制编码或者字符序列。

传统的仓储拣选技术,操作员要手握 RFID 手持终端在屏幕上查找任务信息,然后进行条码扫描。与 RF 扫描系统相比,语音拣选解放了双手和双眼。语音拣选技术是作业系统将任务指令转化为语音播报给操作员,并采用电子技术将操作员与系统的信息交流转化为实际操作的一种先进技术。语音拣选可以简单地分为三个步骤:首先操作员听到语音指示,指令给了作业人员一个巷道号和货位号,系统要求他说出货位校验号;第二步操作员会把这个货位校验号读给系统听,当得到确认后,系统会告诉他所需选取的商品和数量;第三步操作员从货位上拿下商品,然后进入下一个作业环节。完成一个拣选任务后操作员再继续获取下一个语音指示。因此拣选作业效率大为提高。

这是一项正在兴起的技术,国内外有越来越多的企业参与到这项技术的研发和使用中。语音识别技术能很好地降低错误率,节约一定人力和时间成本。

图 5-34 语音识别技术在拣货中的应用

复习思考题

1. 常用的物流信息的识别与采集技术有哪些？各自的特点是什么？
2. 条形码技术的内涵是什么，有哪些常用的条形码？
3. 在物流领域条形码技术有哪些应用，试举例说明。
4. 射频技术的内涵是什么？常用的射频技术的种类有哪些？
5. 在物流领域射频技术有哪些应用，试举例说明。
6. 举例说明 IC 卡技术在物流领域的应用现状。
7. 新兴的声学识别技术在物流领域有什么应用前景，可以解决物流方面的哪些问题。
8. 除书中介绍的物流信息的识别与采集技术外，是否还有在物流领域应用的其他信息识别与采集技术，有哪些？

6 物流信息传输与跟踪技术

学习目标

> 了解并掌握常用的物流信息传输与跟踪技术
> 了解并掌握电子数据交换技术的原理及应用
> 了解并掌握地理信息系统技术的原理及应用
> 了解并掌握全球卫星定位与跟踪技术的原理及应用
> 了解并掌握移动通信定位技术的原理及应用

运输管理信息系统作为物流信息系统中的重要的一个环节,它承载着物质流与非物质流在买卖双方或物流活动所涉及的多方主体中的流通,是物流活动主要的、外在的表现形式。随着计算机和网络技术的普及和发展,物流信息传输与跟踪技术得到广泛的应用。其中物流跟踪技术作为物流增值服务的一种实现方式,也是实现物流过程可视化的重要手段。

为了提高物流活动的效率,实现物流产业的现代化建设,本章将从订单处理方面和运输在途跟踪方面介绍最常用的物流信息传输与跟踪技术,分别是:电子数据交换技术(EDI)、地理信息系统技术(GIS)、全球四大卫星导航系统、移动通信定位系统。

6.1 电子数据交换

6.1.1 EDI 的基本概念

1) EDI 的定义

EDI(Electronic Data Interchange)即电子数据交换。UN/EDIFACT(United Nations/Electronic Data Interchange for Administration,Commerce and Transport)定义 EDI 为:"计算机到计算机的标准格式的商业数据传输"。我国国家标准有关 EDI 的

定义为:"指商业贸易合作伙伴之间,将按标准化、协议规范化和格式化的经济信息通过电子数据网络,在单位的计算机系统之间进行自动交换和处理"。可见,EDI 的实现需要以下条件:

（1）使用 EDI 的是交易的两方,是企业之间的文件传递,而非统一组织内的不同部门。

（2）交易双方传递的文件是特定的格式,采用的是报文标准。

（3）双方各有自己的计算机系统。

（4）双方的计算机系统能发送、接收并处理符合约定标准的交易电文的数据信息。

（5）双方计算机之间有网络通信系统,信息传输是通过该网络通信系统自动实现的。信息处理是由计算机自动生成的,无需人工干预,人为介入。

2) EDI 的特点

实际上,EDI 适用于任何需要对大量表单数据进行处理和交换的行业和组织机构,它的广泛应用是信息社会的重要标志。

EDI 一般具有如下特点:

（1）EDI 是企业（制造厂、供应商、运输公司等）、行政事务机构等单位之间传输商业文件数据。

（2）传输的文件数据遵循一定的语法规则与国际标准、具有固定格式、并有格式校验功能。

（3）是两个或多个计算机应用进程间的通信。

（4）通过数据通讯网络一般是增值网和专用网来传输,由收送双方的计算机系统直接传达,交换资料,尽量避免人工的介入操作。

（5）数据自动投递和传输处理,不需人工介入,由应用程序对它自动响应,实现事务处理和贸易的自动化。

（6）对于传输的文件具有自动跟踪、确认防篡改、防冒领和电子签名等一系列安全化措施。

3) EDI 的发展及现状

EDI 的起源可以追溯到第二次世界大战后期德国柏林战场的供给线。当时的美国运输部长 E. A. Guillbert 发现在后勤供应中有大量的纸面工作要做,他当时主张用电报通信,为了使过程简化,他就建议将其中的表格和处理过程标准化。

20 世纪 60～70 年代,西欧北美工业发达国家结束了使用廉价石油发展工业的阶段,开始从工业社会向信息化社会过渡。以微电子技术、通信技术、计算机技术为核心的高新技术迅速发展,信息技术逐渐在各个领域得到普及和应用。通信网络的发展,国际数据传输网及增值网的出现,为 EDI 的产生与发展奠定了技术基础。

20 世纪 70 年代,随着数字通信网的出现,加快了 EDI 技术的成熟和应用范围的扩大,出现了一些行业性数据传输标准并建立了行业性 EDI。20 世纪 80 年代,EDI 应用迅速发展,美国 ANSI X.12 委员会与欧洲一些国家联合研究国际标准。1986 年,欧洲和北美20多个国家代表开发了用于行政管理、商业及运输业的EDI国际标准（EDIFACT）。随着增值网的出现和行业性标准逐步发展成通用标准，加快了EDI的应用和跨行业EDI的发展。到20世纪90年代中期，美国有3万多家公司采用EDI；西欧有4万多家EDI企业用户，包括化工、电子、汽车、零售业和银行。

Internet EDI是在20世纪90年代随着因特网的广泛应用而开始出现的，它使EDI从专用网扩大到因特网，降低了实现成本，满足了中小企业对EDI的需求。近些年，由于基于Internet的EDI技术、标准的不断出台和完善，一些增值网上的EDI大用户开始考虑用Internet传输EDI文件，一些急于想用电子手段传输商业文件的中小企业，已纷纷大胆分享采用Internet Mail和Web-EDI等新型EDI带来的好处。

6.1.2 EDI的系统结构

1）EDI系统的基本结构

EDI是一个庞大的系统，EDI的构成要素主要有三：EDI数据标准、EDI软件和硬件、通信网络。

（1）EDI数据标准

这是整个EDI最关键的部分。由于EDI是以事先商定的报文格式进行数据传输和信息交换，因此制定统一的EDI标准至关重要。它是由各企业、各地区代表共同讨论、指定的EDI共同标准，可以使各组织之间不同的文件格式，通过共同的EDI数据标准，达到彼此之间文件交换的目的。

EDI系统中的标准有：

• 基础标准，包括EDIFACT基础标准和开放式EDI基础标准。

• 报文标准，包括海关报文标准、账户报文标准、退休金报文标准、卫生标准、社会保障、统计、通用运输、集装箱运输、危险品、转运以及各种商业报文标准等。

• 单证标准，包括贸易单证标准，如管理、贸易、运输、海关、银行、保险、检验等单证标准。

• 代码标准，包括管理、贸易、运输、海关、银行、保险、检验等各行业的代码标准。

• 通信标准，包括EDI的各种通信规程和网络协议。

除以上标准外，还有安全保密标准、管理标准、应用标准等，其中最重要的是报文标准。

（2）EDI软件和硬件

实现EDI需要配备相应的EDI软件和硬件。由于不同行业的企业是根据自己的业务特点来规定数据库的信息格式的，因此，当需要发送EDI文件时，从企业专有数据库中提取的信息，必须把它翻译成EDI的标准格式才能进行传输，此时需要借助相关的EDI软件来操作。EDI软件可以分为转换软件、翻译软件、通信软件三大类。

转换软件—将原有计算机系统的文件或数据库中的数据，转换成翻译软件能够理解的平面文件，或是将从翻译软件接收来的平面文件，转换成计算机系统中的文件。

翻译软件——将平面文件翻译成 EDI 标准格式,或将接收到 EDI 标准格式翻译成平面文件。

通信软件——将 EDI 标准格式的文件外层加上通信信封,再送到 EDI 系统交换中心的邮箱中,或由 EDI 系统交换中心内,将接收到的文件取回。

EDI 所需的硬件设备一般包括：计算机、调制解调器及通信线路等。

(3) 通信网络

通信网络是 EDI 实现的重要途径,最常用的是电话线路,如果传输时效及资料传输质量上有较高的要求,可以考虑租用专线。目前通信网络按传递途径不同可分为直接传送和增值网络两种方式。

直接传送：又称点对点连接,见图 6-1。这种方式的使用者把商业文件信息转化为预定的格式并把它们传输到公共电话网上,接收方在约定的时间进入电话网系统取回传递给他们的信息,之后将数据翻译回一般的商业格式。只有在贸易伙伴数量较少的情况下使用。

增值网络：采用第三方网络与贸易伙伴进行通信的方式,简称 VAN(Value Added Network)方式,见图 6-2。VAN 管理所有连接到 VAN 的商业伙伴,发送信息的公司把数据传到 VAN 的邮箱中,要得到信息的公司在他们方便的时候访问 VAN,取回信息。VAN 也提供数据安全保护、不同格式和标准的文件间转换,以及与其他网络连接等功能。因此,通过 VAN 传送 EDI 文件,可以大幅度降低互相传送资料的复杂度和困难度。适合多贸易伙伴、复杂的通信联系系统。

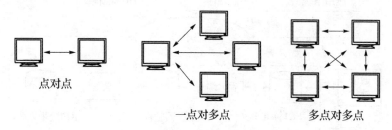

图 6-1　点对点通信网络模式

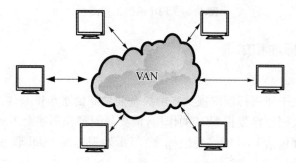

图 6-2　增值网络通信模式

2) EDI 系统工作流程（以订购单为例）

EDI 工作过程包括客户制作订购单、发出订购单、销售商接受订购单并发出确认单、最后由客户接收确认单。EDI 工作流程见图 6-3。

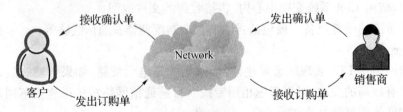

图 6-3　EDI 工作流程

客户在发送订购单时，根据 EDI 的系统结构，借助于相关的 EDI 软件把订购单上的信息翻译成 EDI 的标准格式才能进行传输，随后经通信软件处理发送 EDI 标准报文到网络中心等待销售商回应。销售商接受订购单过程为客户发送订购单的逆过程。如此，销售商再将确认单发送到网络中心，客户从网络中心接受确认单，从而应用 EDI 完成一次交易。剖析单元内部的 EDI 工作流程见图 6-4。

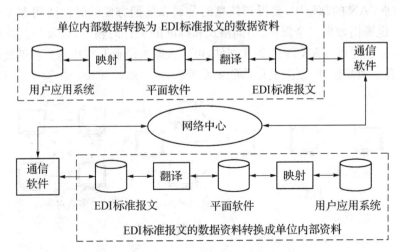

图 6-4　EDI 系统工作流程

6.1.3　EDI 的标准和单证

1) EDI 的标准

EDI 的关键在于使用标准的报文来解决企业之间由于单证与传递方式不同而引起的问题。为了最大限度地发挥 EDI 的作用，世界各国都在不遗余力地推进 EDI 标准国际化。EDI 的标准包括 EDI 网络通信标准、EDI 处理标准、EDI 联系标准和 EDI 语义语法标准等。

EDI 网络通信标准是要解决 EDI 通信网络应该建立在何种通信协议之上，以保证各类 EDI 用户系统的互联。

EDI 处理标准是研究不同领域、不同行业的各种 EDI 报文相互共有的"公共元素报文"的处理标准,它与数据库、MIS 等接口有关。

EDI 联系标准解决 EDI 用户所属的 MIS 或数据库与 EDI 系统之间的接口。

EDI 语义语法标准是要解决各种报文类型格式、数据源编码、字符集和语法规则以及报表生成应用程序设计语言等。EDI 语义语法标准是 EDI 技术的核心。

目前国际上存在两大标准体系:UN/EDIFACT 与 ANSI X.12。

(1) 联合国用于行政、商业和运输业的 EDI 标准 UN/EDIFACT(EDI for Adminstration,Commerce and Transport);

(2) 美国国家标准 ANST X.12。

其中 UN/EDIFACT 标准已经被大多数实现 EDI 的国家所认可,成为事实上的国际标准。美国已宣布 ANSI X.12 从 1995 年起不再发行新的版本。我国政府也已决定在我国 EDI 应用中推广使用 UN/EDIFACT 标准。UN/EDIFACT 标准的产生为电子报文取代传统的纸面单证奠定了基础,从而使得跨国界、跨行业的 EDI 应用成为可能。

物流业 EDI 标准主要包括运输业 EDI 标准与仓储业 EDI。目前中国已制定的物流业单证标准有:进出口许可证、原产地证书、装箱单、装运声明等。根据日本国内统一物流 EDI 标准(JTRN),物流 EDI 报文标准如表 6-1 所示。

表 6-1　EDI 报文标准

运输 EDI 标准报文	仓库 EDI 标准报文	
运输计划信息	出库委托信息	出库报告信息
运输委托信息	库存查对通知信息	查对报告信息
集货信息	预定入库信息	入库报告信息
运输状况信息	流通加工委托信息	流通加工报告信息
运输完了报告信息	库存报告信息	库存差异报告信息
受领信息	库存调整报告信息	库存调整报告认可信息
运价结算信息	仓库费用结算信息	库存费用结算明细信息
运价结算明细信息	仓库费用结算明细确认信息	库存费用支付明细信息
运价结算明细确认信息	仓库费用支付信息	运货地点分类信息
运费支付信息	商品种类信息	
运费支付明细信息		

2) EDI 的单证

EDI 单证是应用 EDI 处理传统纸质贸易单证的第一个环节,同时它也是人机(EDI 系统)结合的界面。对于一般的 EDI 系统操作员来说,实际上大量的工作是填制各种贸易电子单证。

开发电子单证的同时,还要统一商贸规则和规范单证,并通过规范单证来统一规范双边的贸易实务操作过程,其中包括:使用标准语言,一致认定的商贸术语、统一的单证文本以及文本数据交换格式等,并以此来达到既能使商贸业务能够顺利开展,又能使各方在理解和执行单证所明确的内容方面获得一致的目的。

下面以具体的例子来说明和比较纸质单证到 EDI 标准报文的转化。

表 6-2 是一张进出口公司的商业发票。发票显示了如下的信息。

发票签发方:宁波康大进出口公司;地址:中国宁波中山路 166 号。

电话:(0574)87161816;传真:(0574)87161816。

发票受票人:FOSTA S. R. O 公司;电话:001-909-8601201;传真:001-909-8602080。

运输细目:用轮船从上海运至 TEPLICE;运输期限:2003 年 12 月底之前。

发票号:2003G0274F

发票日期:2003 年 12 月 24 日

合同号:2003GS1472035CZ-F

付款方式:信用证付款,从提单日算起 30 天付清。

运输标志:

4579

FOSTA

HAMBURG/TEPLICE

1—25

货物描述:墙壁紧固件

分项 1:墙壁紧固件规格为 M3.5X25

数量:4 320 000 千件

单价:4.10 美元

金额:17 712.00 美元

分项 2:墙壁紧固件规格为 M3.5X35

数量:4 800 000 千件

单价:5.10 美元

金额:24 480.00 美元

分项 3:墙壁紧固件规格 M3.5X55

数量:960 000 千件

单价:8.029 美元

金额:7 707.84 美元

备注信息:

包装信息:一盒装 1 000 个墙壁紧固件(盒上不表明)。用箱子包装放于托盘上。

运输信息:从上海用轮船运至汉堡转至 TEPLICE。

表 6-2 的商业发票转化成 EDI 标准报文,如表 6-3 所示。

6 物流信息传输与跟踪技术

表6-2 宁波康大进出口公司商业发票

Issuer NINGBO KANGDA IMPORT&EXPORT CO. LTD. 166 ZHONGSHAN ROAN,NINGBO,GHINA TEL:(0574)87161816 FAX:(0574)87161826	宁波康大进出口公司商业发票 COMMERCIAL INVOICE
TO FOSTA S. R. O TEL:001-909-8601201 FAX:001-909-8602080	NO.　　　　　　　　　Data 2003GS0274F　　Dec. 24,2003 S/C NO.　　　　　　　L/C NO. 2003GS1472035CZ-F　NONE
Transport details FROM:SHANGHAI TO:TEPLTCE BY:VESSEL SAILING ABOUT REFORE THE END OF DEC. 2003	Terms of payment L/C 30 DAYS FROM B/L DATE

Marks and Nnmber and kind of packages;Quantity Unit Price Amount				
Numbers description of goods	CIF TEPLICE			
4579	DYRWALL SREWS	(MPCS)	(USD)	(USD)
FOSTA	(BLACKPHOSPHATE)			
HAMBURG/TEPLICE	M3.5X25	4 320 000	4 100	17 712.00
1—25	M3.5X35	4 800 000	5 100	24 480.00
	M3.5X45	960 000	8 029	7 707.00
	TOTAL:10 080 000MPCS	USD49 899 84		

PACKAGE:1000PCS. BOX(NO PRINT),INTO CARTONS,NO PALLETS
TOTAL:25 PALLETS,G. W. 18798KGS.
SHIPMENT FROM SHANGHAI TO HANMBURG BY VESSEL THEN WITH TRANSIT TO TEPLICE

表6-3 EDI标准报文

UNH+1002+:INVOIC:96B:UN:CSBTS'	报文头,报文参考号1002
BGM+380+2003GS0274F'	发票号为2003GSD274F
DTM+137:200312240930:203	报文发送时间2003.12.24.9点30分
DMT+137:20031224:102'	发票日期2003.12.24
DMT+F++:::DRYWALL SCREWS'	商品为墙壁紧固件

(续表 6-3)

FTX+TDT+1++SHIPMENT FROM SHANGHAI TO HAMBURG BY VESSEL THEN WITH TRANSIT TO TEPLICE'	用轮船从上海运至汉堡转至 TEPLICE
UNH+1002+:INVOIC:96B:UN:CSBTS'	报文头,报文参考号 1002
FTX+PAC+1++1000PCS. BOX(NO PRINT) INTO CARTONS,ON PALLETS	包装信息:一盒装 1 000 个(盒上不标)用箱子包装放于托盘上
DTM+270:BEFORE THE END OF DECEMBER, 2003'	运输期限是 2003 年 12 月底前
REF+CT:2003GS1472035CZ-F'	合同号
NAD+I++NINGBO KANGDA IMPORT&EXPORT CO. LTD. 166 ZHONGSHAN ROAD,NINGBO:CHINA'	卖方名称地址
CTA+AE'	合同联系人
COM+0574-87161816+TE'	电话
COM+0574-87161826+FX'	传真
NAN+IV+FOSTA S. R. O	买方名称
CTA+AE'	合同联系人
COM+001-909-909-8601201+TE'	电话
COM+001-909-909-8602080+FX'	传真
CUX+1:USC:4'	发票货币为美元
PAT+1++95:3:D:30'	自提单起 30 天到期的付款条件
PAT+1:::153:GB'	信用证付款
TDT+20++1+13	远洋运输船
LOC+5+:139:SHANGHAI	起运地是上海
LOC+8+:::TEPLICE	目的地是 TEPLICE
TOD+3+CIF'	价格条款是 CIF
LOC+1+:::TEPLICE'	价格条款地点是 TEPLICE
PAC+25++PF'	货物包装 25 个托盘
MEA+WT++KGM:18798'	货物总重量是 18 798 公斤
PCI+23+4579:FOSTA:HAMBURG/TEPLICE:1-25	运输标志

(续表 6-3)

GIN+AT+1−25'	运输包装组码 1−25
LIN+1'	第一种规格
IMD+F++:::M3.5X25'	型号
QTY+47:4,3200,000:MPCS'	数量
MOA+146:4.100	单价
MOA+203+17,712.00'	该项金额
LIN+2'	第二种规格
IMD+F++:::M3.5X35'	型号
OTY+47:4,800,000:MPCS'	数量
MOA+146:5.100	单价
UNH+1002+:INVOIC:96B:UN:CSBTS'	报文头,报文参考号 1002
MOA+203+24,480.00'	该项金额
LIN+3'	第三种规格
IMD+F++:::M3.5X55'	型号
QTY+47:960,000:MPCS'	数量
MOA+146:8.029	单价
MOA+203+7,707.84'	该项金额
UNS+S'	细目节与汇总节分隔符
CNT_2:3'	报文中分项数量为 3
CNT+8:10,080,000:MPCS'	货物散件总数 10 080 000 千件
CNT:7:18,798:KGM'	总毛重为 18 798 公斤
CNT+11:25:PF'	货物包装总件数 25 个托盘
MOA+39:49,899.84:USD'	总金额:4 989 984 美元
UNT:52:1002'	报文结束,共有 52 个段,参考号为 1002

6.1.4 Internet 下的 EDI 及应用案例

1) Internet 对 EDI 的影响

随着 Internet 的出现和广泛应用,其无地域限制、通信费用低、客户端无需 EDI 专用软件等特性,使基于 Internet EDI 的实现已成为可能。为此,美国欧洲等国家正致力于研究将基于 VAN 的 EDI 机理和方法迁移到基于 Internet 上来,实现基于 Internet 安全可靠的 B2B 电子贸易。利用 Internet 代替 VAN 使传统 EDI 中很多问题都可以迎刃而解了(见表6-4)。

表6-4 基于Internet的EDI与基于VAN的EDI比较表

	基于Internet的EDI	基于VAN的EDI
使用费用	费用廉价	每一个消息的传递都要收取费用
参与各方关系	动态的、短期的关系	参与方之间事先要做很多沟通工作
实施企业	大量的中小企业也能够从事电子商务活动	只有大企业能够实施

2) Internet和EDI的结合方式

EDI和Internet的结合方式有四种:Standard IC(Implementation Conventions 简称IC)、Web-EDI、Internet Mail、XML(eXtensible Markup Language,简称XML)/EDI。其中Web-EDI方式是目前最流行的方法。

(1) Standard IC

IC就是指那些在实现EDI的方案中被裁减了的标准信息版本。开发IC花费很高,因为它们需要复杂的分析。不同版本的IC之间的信息不能相互处理。在Internet上实现EDI时,只有使用了相同版本的IC后才能正确工作。标准IC是一种特殊的跨行业的国际标准,是针对特定应用的。这种标准不同于以前的行业标准和国家标准,但是也不同于以前制定的国际标准,它相对来说十分简单,没有过多的可选项,并且考虑了以前IC的需求。

(2) Web-EDI

Web-EDI使中小企业只需通过浏览器和Internet连接去执行EDI交换。Web是EDI的消息接口,通常情况下,一个较大的公司,针对每个EDI信息开发或购买相应的Web表单,形成自己的IC,然后把它们放在Web站点上,此时,表单就成为EDI系统的接口。其他较小的公司,登录到Web站点上,选择它们所感兴趣的表单,然后填写,将结果提交给Web服务器后,通过服务器端程序进行合法性检查,把它变成通常的EDI消息,此后消息处理就与传统的EDI消息处理一样了。这种解决方案对中小企业来说是可以负担的,只需一个浏览器和Internet连接就可完成,EDI软件和映射的费用则花在服务器端。Web-EDI方式对现有企业应用只需做很小改动,就可以方便快速地扩展成EDI系统应用。但另一方面,目前HTML标识语言过于简单,也给其应用带来了相对的限制。

(3) Internet Mail

Internet Mail最早把EDI带入Internet,用ISP代替了传统EDI依赖的VAN,解决了信道的价格问题。但是,E-mail在Internet上传送明文缺少保密性,也无法确保E-mail能够正确交付。此外,E-mail很容易伪造,并且发送者可以否认自己是E-mail的作者。

(4) XML/EDI

由于新的数据描述语言XML所采用的标准技术已被证明最适合Web开发,所以,XML 语言应用于 Internet EDI,则可以得到真正 Web 风格的 EDI—XML/EDI。XML 支持结构化的数据,可以更详细地定义某个数据对象的数据结构。XML/EDI 引进模板(Template)的概念解决了 EDI 的主要问题—映射。模板描述的不是消息的数据,而是消息的结构以及如何解释消息,能做到不用编程就实现消息的映射。在用户计算机上,软件代理用最佳方式解释模板和处理消息,如果用户应用程序实现了 XML/EDI,那么代理可以自动完成映射,并产生正确的消息,同时,代理可以为用户生成一个 Web 表单。与 Web-EDI 不同,XML/EDI 可以在客户端处理消息,自动完成映射,改善传统 EDI 连接成本过于昂贵的状况。

由于 XML 文档可以很方便地通过 HTTP 协议在 Internet 上进行传输,原有 EDI 系统的企业只需增加一个能够将 EDI 文档与相应的 XML 文档相互转换的转换模块和 XML 服务器就可以扩展在 Internet 上的 B2B 业务。

图 6-5 就描述了一个 Internet 中 XML/EDI 实施的电子商务模型。

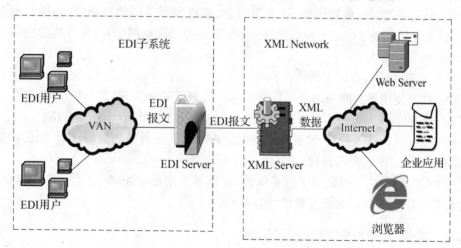

图 6-5　XML/EDI 框架

大型企业中有 EDI 基础,在系统中加入 XML/EDI 转换模块和 XML 服务器。XML 服务器与 Internet 相连,中间可设置防火墙已保证内部数据的安全。同时将经过加密的 XML 文档在 Internet 上传输,利用数字认证等技术保证接收到的 XML 文档是由贸易伙伴所发出。XML/EDI 转换模块的主要功能是在 EDI 和 XML 数据格式间进行转换。

6.2　地理信息系统技术

6.2.1　地理信息系统简介

地理信息系统(Geographic Information System,GIS)是基于地理学科的,结合信

息技术、计算机应用技术的新型技术,是多学科交叉的产物。它是由计算机系统、地理数据和用户组成的,通过对地理数据的集成、存储检索、操作和分析,生成并输入各种地理信息,从而为土地利用、资源管理、环境监测、交通运输、经济建设、城市规划以及政府各部门行政管理提供新的知识,为工程设计和规划、管理决策服务。

首先,GIS 是一种计算机系统,它具备一般计算机系统所具有的功能,如采集、管理、分析和表达数据等功能。其次,GIS 处理的数据都和地理信息有着直接或间接的关系。地理信息是有关地理实体的性质、特征、运动状态的表征和一切有用的知识,而地理数据则是各种地理特征和现象间关系的符号化表示,包括空间位置、非空间特征(又称属性特征)及时域特征三部分。空间位置数据描述地物或现象所在位置;非空间数据是属于一定地物或现象,描述其特征的定性或定量指标;时域特征是指地理数据采集或地理现象发生的时刻或时段。

按照 GIS 的应用领域,可以将其分为土地信息系统、资源管理信息系统、地学信息系统等;根据其使用的数据模型,可分为矢量、栅格和混合型信息系统;根据其服务对象,可分为专题信息系统和区域信息系统;按照是否含有空间信息,可分为非空间信息系统和空间信息系统。

地理信息系统具有以下特征:

(1) GIS 使用了空间与非空间数据并通过数据库管理系统(DBMS)将两者联系在一起共同管理、分析和应用,从而提供了认识地理现象的一种新的思维方法;

(2) GIS 强调空间分析,通过利用空间解析模式来分析空间数据,GIS 的成功依赖于空间分析模型的研究与设计;

(3) GIS 的成功不仅取决于技术体系,还依靠一定的组织体系(包括实施组织、系统管理员、技术操作员、系统开发设计者等)。

6.2.2 地理信息系统的组成和功能

1) 地理信息系统的组成

一个典型的 GIS 系统应该包括三个基本部分:计算机系统(硬件、软件)、地理数据系统、应用人员与组织机构。

(1) 计算机系统

计算机系统可分为硬件系统、软件系统。GIS 的硬件部分包括主机,保存数据和程序的存储设备,用于数据输入、显示和输出的外围设备等。其中大多数硬件是计算机技术的通用设备,在 GIS 中数字化仪、扫描仪等得到了广泛应用。

GIS 的软件系统由核心软件和应用软件组成。其中核心软件包括数据处理、管理、地图模拟和空间分析等部分,而特殊的应用软件包则紧紧地与核心模块相连,并面向一些特殊的应用问题,如网络分析、数字地形模型分析等。虽然 GIS 软件有些是通用的 DBMS,但大部分软件是专用的,仅限用于地理信息领域;有些软件是面向特定硬件的,但大多数软件独立于特定硬件,为开放系统。

(2) 地理数据系统

GIS 的地理数据分为空间数据和非空间数据。

空间数据(几何数据)由点、线、面组成,数据表达可采用栅格和矢量两种形式,表现了地理空间实体的位置、大小、形状、方向以及拓扑几何关系。

地理数据库系统由数据库和地理数据库管理系统组成。地理 DBMS 主要用于数据维护、操作和查询检索。地理数据库是 GIS 应用项目重要的资源与基础,它们的建立和维护是一项非常复杂的工作,涉及许多步骤,需要技术和经验,需要投入高强度的人力与开发资金,是 GIS 应用项目开展的瓶颈技术之一。

另外,从系统中数据处理看,地理信息处理系统是由数据输入子系统、数据存储与检索子系统、数据处理与分析子系统和输出子系统组成。数据输入子系统,负责数据的搜集、预处理和数据转换等。数据存储与检索子系统,负责组织和管理数据库中的数据,以便于数据查询、更新与编辑处理。数据处理与分析子系统,负责对系统中所存储的数据进行各种分析计算,如数据的集成与分析、参数估计、空间拓扑叠加、网络分析等。输出子系统,以表格、图形或地图的形式将数据库的内容或系统分析的结果以屏幕显示或硬件拷贝方式输出。

2) 地理信息系统的功能

GIS 的基本思想是将地球表层信息按其特征的不同进行分层,每个图层存储特征相同或相似的事物对象集,如河流、湖泊、道路、土地利用和建筑物等构成不同的图层,然后分层管理和存储,如图 6-6。这样每个图层都有一个唯一的数据库表与其对应。

按照 GIS 中数据流程,将 GIS 的功能分为以下五类十种:采集、检验与编辑;格式化、转换、概化;存储与组织;分析;显示。在分析功能中,把空间分析与模型分析功能称为 GIS 高级功能。

(1) 数据采集、检验与编辑。主要用于获取数据,保证 GIS 数据库中数据在内容与空间上的完整性(即所谓的无隙数据库,Seamless Database)、数据值逻辑一致无错等。目前 GIS 的输入正在越来越多地借助非地图形式,遥感就是其中的一种形式,遥感数据输入到 GIS 较为容易,但如果通过对遥感图像的解释来采集和编译地理信息则是一件较为困难的事情,因此,GIS 中开始大量融入图像处理技术;地理数据采集的另一项主要进展是 GPS 技术。GPS 可以准确、快速地定位在地球表面的任何地点,因而,除了作为原始地理信息的来源外,GPS 在飞行器跟踪、紧急事件处理、环境和资源监测、管理等方面有着很大的潜力。

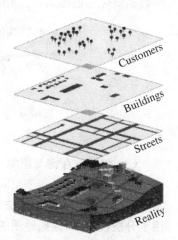

图 6-6 GIS 信息存储方式

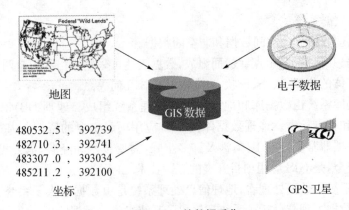

图 6-7　GIS 的数据采集

（2）数据格式化、转换、概化，通常称为数据操作。数据的格式化是指不同数据结构的数据间变换，是一种耗时、易错、需要大量计算量的工作，应尽可能避免。数据转换包括数据格式转化、数据比例尺的变换。在数据格式的转换方式上，矢量到栅格的转换要比其逆运算快速、简单。数据比例尺的变换涉及数据比例尺缩放、平移、旋转等方面，其中最为重要的是投影变换。数据概化包括数据平滑、特征集结等。目前 GIS 所提供的数据概化功能极弱，与地图综合的要求还有很大差距，需要进一步发展。

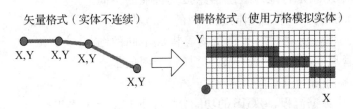

图 6-8　GIS 数据的转化

（3）数据的存储与组织。这是一个数据集成的过程，也是建立 GIS 数据库的关键步骤，涉及空间数据和非空间数据的组织。栅格模型、矢量模型或栅格/矢量混合模型是常用的空间数据组织方法。GIS 的数据存储有其独特之处，大多数的 GIS 系统中采用了分层技术，即根据地图的某些特征，把它分成若干层，整张地图是所有层叠加的结果，在与用户的交换过程中只处理涉及的层，而不是整幅地图，因而能够对用户的要求作出快速反应。地理数据存储是 GIS 中最低层和最基本的技术，它直接影响到其他高层功能的实现效率，从而影响整个 GIS 的性能。

（4）查询、检索、统计、计算功能。查询、统计、计算是 GIS 以及许多其他自动化地理数据处理系统应具备的最基本的分析功能。

（5）空间分析是 GIS 的核心功能。也是 GIS 与其他计算机系统的根本区别。模型分析意指在 GIS 支持下，分析和解决问题的方法体现，它是 GIS 应用深化的重要标志。GIS 的空间分析分为两大类：矢量数据空间分析和栅格数据空间分析。矢量数据空间分析通常包括：空间数据查询和属性分析，多边形的重新分类、边界消除与合并，点与线、点与多边形、线与多边形、多边形与多边形的叠加，缓冲区分析，网络分析，面运算，目标集统计分析。栅格数据空间分析功能通常包括：记录分析、叠加分析、滤波分析、扩展领域操作、区域操作、统计分析。

（6）显示。GIS 为用户提供了许多用于显示地理数据的工具，其表达形式既可以是计算机屏幕显示，也可以是诸如报告、表格、地图等硬拷贝图件。

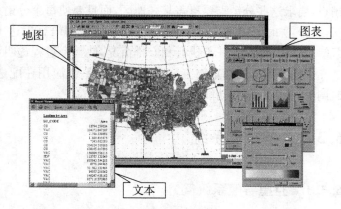

图 6-9　GIS 显示功能

6.2.3　GIS 在物流系统中的应用

目前 GIS 在物流方面的应用主要通过 GIS 在智能运输系统中的应用体现出来。GIS 强大的地理数据功能为实现物流数据分析提供了强有力的支持。一个完整集成 GIS 的智能运输系统一般可以实现如下功能：

（1）客户地址定位：地址定位就是系统由一个地理点的地址字符串确定其地理位置，包括自动定位和交互定位两种。

自动定位：由业务系统调用，通过业务系统传来的业务点的地址字符串确定其地理位置。

交互定位：指通过地理信息系统交互，在地图上漫游查找，直到确定地理位置（经纬度）为止。

（2）机构区域划分：用户给予综合评估模型和地理信息系统的查询、地图表现，实现对机构区域编辑。

（3）站点选址：由用户基于分站综合评估模型和 GIS 的查询、地图表现，实现对业务机构的站点选址。

（4）投递排序、路线编辑和优化：通过 GIS 的地图表现，实现对送货投递路线的合理编辑（如：创建、删除、修改）和客户投递顺序。在一个起点到多个终点的货物运输中决定使用多少辆车、每辆车的最优化路线等。

（5）节点间配送最优化功能：在由多个物流节点组成的网络中，寻求最有效的分配货物路径问题，如将货物从 N 个仓库运往到 M 个商店，每个商店都有固定的需求量，因此需要确定由哪个仓库提货送给哪个商店，所耗的运费最小。

（6）分配集合功能：可以根据各个要素的相似点把同一层上的所有或部分要素分为几个组，用以解决确定服务范围和销售市场范围等问题。如某一公司要设立 X 个分销点,要求这些分销点要覆盖某一地区,而且要使每个分销点的顾客数目大致相等。

(7) 实时监控:通过 GIS 将位置信号用地图语言表达出来,货主、物流企业可随时了解车辆运行情况、任务执行和安排情况,使整个过程透明可控。

例如我国白沙烟草物流公司就将 GIS 系统应用在配送过程中,实现线路优化、即时调度、业务分析等功能。

6.3 卫星导航系统

6.3.1 卫星导航系统简介

全球卫星导航系统 GNSS(Global Navigation Satellite System)也称为全球导航卫星系统,是泛指所有的卫星导航系统,包括全球的、区域的和增强的,是能在地球表面或近地空间为用户提供全天候的 3 维坐标和速度以及时间信息的空基无线电导航定位系统。

全球卫星导航系统主要由四大卫星定位系统组成,分别是:GPS 系统(美国)、北斗系统 BDS(中国)、格洛纳斯 GLONASS 系统(俄罗斯)和伽利略 GALILEO 卫星导航系统(欧盟)。

除了上述四大全球系统外,还包括区域系统和增强系统,其中区域系统有日本的 QZSS 和印度的 IRNSS,增强系统有美国的 WASS、日本的 MSAS、欧盟的 EGNOS、印度的 GAGAN 以及尼日利亚的 NIG-COMSAT-1 等。

本节内容主要介绍全球四大卫星定位系统。

最早出现的是美国的 GPS(Global Positioning System),现阶段技术最完善的也是 GPS 系统。随着近年来 BDS、GLONASS 系统在亚太地区的全面服务开启,尤其是 BDS 系统在民用领域发展越来越快。卫星导航系统已经在航空、航海、通信、人员跟踪、消费娱乐、测绘、授时、车辆监控管理和汽车导航与信息服务等方面广泛使用,而且总的发展趋势是为实时应用提供高精度服务。

这里将这四个卫星导航系统进行简单比较介绍,见表 6-5。

表 6-5 四大卫星定位系统比较

名称	GPS 卫星导航系统	GLONASS 导航系统	北斗导航系统	伽利略导航系统
示意图				

(续表 6-5)

名称	GPS 卫星导航系统	GLONASS 导航系统	北斗导航系统	伽利略导航系统
研制国家	美国	俄罗斯	中国	欧盟
历史渊源	20 世纪 70 年代,美国军方开发	最早开发于 20 世纪 70 年代中期的苏联时期,由俄罗斯继续	20 世纪 80 年代提出想法,1994 年启动北斗试验系统	20 世纪 90 年代提出,2002 年启动
卫星数量	24 颗工作卫星和 4 颗备用卫星	27 颗工作卫星和 3 颗备用卫星	计划 5 颗静止轨道卫星,30 颗非静止轨道卫星	计划 27 颗工作卫星和 3 颗备用卫星
覆盖范围	全球全天候	全球	第一代仅覆盖我国本土及周边国家;第二代将覆盖全球	全球
定位精度	军用<0.3 m 民用 10 m	单点定位精度水平方向为 16 m,垂直方向为 25 m	民用 20 m 左右	10 m 多,定位误差小
用户容量	GPS 是单向测距系统,用户设备只要接收导航卫星发出的导航电文即可进行测距定位,因此可容纳无限多用户。	无限多	第一代北斗导航系统是主动双向测距的询问—应答系统,用户数量有限,不能超过 100 万	无限多
用户范围	军民两用	军民两用	军民两用	主要民用
系统进展	1995 年第一代 GPS 系统已完成开发;现在正在研制第三代 GPS 系统	使用初期全功能工作卫星少,2011 年恢复	第一代已经建成,正在开发第二代并试运行	系统建设中,取得进展
优势	发展成熟,使用范围广泛	抗干扰能力强。	互动性和开放性	精准

6.3.2 GPS 系统

1) GPS 的系统构成

GPS 是主动式工作卫星:28 颗卫星(其中 4 颗备用)分布在 6 个椭圆轨道上组成卫星星座,轨道倾角 55 度,距地面高度大约 20 000 km,长半轴 26 600 km。GPS 由地面监控系统、空间 GPS 卫星网和 GPS 用户接收机三部分组成,如图 6-10。

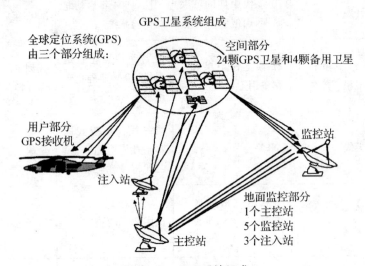

图 6-10 GPS 系统组成

(1) 地面监控系统

地面监控系统是由 5 个监测站、1 个主控站和 1 个注入站构成。该系统的功能是:对空间卫星进行监测、控制,并向每颗卫星注入更新的导航电文,以实施对 GPS 卫星的轨道控制及参数修正。

地面监控系统各站的主要任务是:

①监测站:用 GPS 接收系统测量每颗卫星的伪距和距离差,采集气象数据,并将观测数据传送给主控点。5 个监控站均为无人值守的数据采集中心。

②主控站:主控站接受各监测站的 GPS 卫星观测数据、卫星工作状态数据、各监测站和注入站自身的工作状态数据,根据上述各类数据,完成以下几项工作:

及时编算每颗卫星的导航电文并传送给注入站。

控制和协调监测站间、注入站间的工作,检

图 6-11 夏威夷卫星监测站

验注入卫星的导航点位是否正确以及卫星是否将导航电文发给了 GPS 用户系统。

诊断卫星工作状态，改变偏离轨道的卫星位置及姿态，调整备用卫星取代失效卫星。

图 6-12　位于美国科罗拉多州法尔孔空军基地的主控站

图 6-13　阿松森群岛（大西洋）、迪戈加西亚（印度洋）和卡瓦加兰（太平洋）

③注入站：接收主控站送达的各卫星导航电文并将之注入飞越其上空的每颗卫星。

(2) 空间 GPS 卫星网

GPS 卫星网是空间定位卫星网的五大星座中的一个星座，如表 6-5 所示。美国军方所拥有的 GPS 系统由 24 颗工作卫星和 4 颗在轨备用卫星组成 GPS 卫星星座，记作(21+3)GPS 星座。28 颗卫星均匀分布在 6 个轨道平面内，地面高度为 2 万余公里，轨道倾角为 55°（见图 6-14），各个轨道平面之间相距 60°，运行周期约为 12 小时，卫星向地面发射两个波段的载波信号，载波信号频率分别为 1 575.442 兆赫兹（L1 波段）和 1 227.6 兆赫兹（L2 波段），卫星上安装了精度很高的原子钟，以确保频率的稳定性，在载波上调制有表示卫星位置的广播星历，用于测距的 C/A 码和 P 码，以及其他系统信息，能在全球范围内，向任意多用户提供高精度的、全天候的、连续的、实时的三维测速、三维定位和授时。

图 6-14　空间 GPS 卫星网

(3) GPS 用户接收机

GPS 用户部分包括以 GPS 信号接收机为主体的用户设备部分以及相应的用户系统部分。GPS 信号接收原理为：接收机捕获按一定卫星高度截止角所选择的待测卫星的信号，并跟踪这些卫星的运行，机内软件对所接收到的 GPS 信号进行变换、放大和处理，以便测量出 GPS 信号从卫星到接收机天线的传播时间，译解出 GPS 卫星所发送的导航电文，实时地计算出测站的三维位量，甚至三维速度和时间，最终实现利用 GPS 进行导航和定位的目的。

GPS 卫星发送的导航定位信号是一种可供无数用户共享的信息资源,只要用户拥有 GPS 信号接收机——能够接收、跟踪、变换和测量 GPS 信号的接收设备,就可以在任何时候用 GPS 信号进行导航定位测量。目前世界上已有数十家工厂生产 GPS 接收机,产品也有几百种。我们可以按照不同的标准来对 GPS 接收机进行分类(参见表 6-6)。用户可以根据不同的使用目的,选择合适的 GPS 接收机。

表 6-6　GPS 接收机分类

分类标准	分类
接收机的用途	导航型接收机(车载型、航海型、航空型、星载型等),测地型接收机,授时型接收机等
接收机的载波频率	单频接收机,双频接收机等
接收机通道数	多通道接收机,序贯通道接收机,多路多用通道接收机等
接收机工作原理	码相关型接收机,平方型接收机,混合型接收机,干涉型接收机等

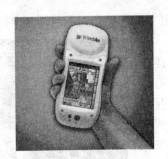

图 6-15　手持型和车载型 GPS 机

无论何种 GPS 接收机,它的结构一般都分为天线单元和接收单元两大部分。对于测地型接收机,这两个单元一般分成两个独立的部件,测量时将天线单元安置在测站上,接收单元置于测站附近的适当地方,用电缆线将两者连接成一个整机。如果天线单元和接收单元被制作成了一个整体,观测时则将其安置在测站点上即可。

GPS 接收机一般用蓄电池做电源。同时采用机内/机外两种直流电源。设置机内电池的目的在于更换外电池时不中断连续观测。在用机外电池的过程中,机内电池自动充电。关机后,机内电池为 RAM 存储器供电,以防止丢失数据。

2) GPS 的运作原理

(1) GPS 的定位原理

GPS 系统采用高轨测距体制,以观测站至 GPS 卫星之间的距离作为基本观测量。为了获得距离观测量,主要采用两种方法:一种是测量 GPS 卫星发射的测距码信号到达用户接收机的传播时间,即伪距测量;另一种是测量具有载波多普勒频率的 GPS 卫星载波信号与接收机产生的参考载波信号之间的相位差,即载波相位测量。

假设卫星在 11 000 英里高处测量我们的距离,首先以 11 000 英里为半径,以此卫星为圆心画一圆,而我们位置正处于球面上。再假设第二颗卫星距离我们 12 000 英里,而我们正处于这两颗球所交集的圆周上。现在再以第三颗卫星做精密定位,假设高度为 13 000 英里,我们即可进一步缩小范围到 2 点位置上,但其中一点为非我们所在的位置,极有可能在太空中的某一点,因此,我们舍弃这一点,选择另一点为位置参考点。

如果要获得更精确的定位,则必定要再测量第四颗卫星,从基本物理的概念来说,以讯号传输的时间乘以速度即是我们与卫星的距离,我们将此测得的距离称为虚拟距离。在 GPS 的测量上,我们测的是无线信号,速度几乎达到光速,时间却短得惊人,甚至只要 0.06 秒,时间的测量需要两个不同的时表,一个时表装置于卫星上以记录无线电信号传送的时间,另一个时表则装置在接收器上,用以记录天线电信号接收的时间,虽然卫星传送信号至接收器的时间极短,但时间上并不同步,假设卫星与接收器同时发出声音给我们,我们会听到两种不同的声音,这是因为卫星从 11 000 英里远的地方传来,会有延迟的时间,因此,我们可以延迟接收器的时间,以此延迟的时间乘以速度,就是接收器到卫星的距离,此即为 GPS 的基本定位原理。见图 6‑16。

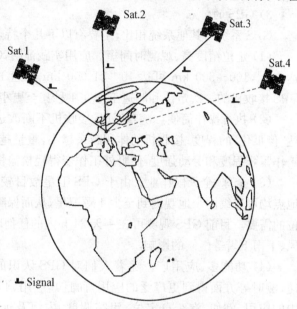

图 6‑16 GPS 定位原理

(2) GPS 的定位方式

GPS 定位有绝对定位与相对定位两种定位方式。

①绝对定位

绝对定位也叫单点定位,通常是指在协议地球坐标系中,直接确定观测站相对于坐标系原点(地球质心)绝对坐标的一种定位方法。"绝对"一词,主要是为了区别后面将要介绍的相对定位方法。绝对定位与相对定位,在观测方式、数据处理、定位精度以及应用范围等方面均有原则性区别。

利用 GPS 进行绝对定位的基本原理,是以 GPS 卫星和用户接收机天线之间的距离(或距离差)观测量为基础,并根据已知的卫星瞬时坐标,来确定用户接收机天线所对应的点位,即观测站的位置。

②相对定位

在两个或若干个测量站上,设置 GPS 接收机,同步跟踪观测相同的 GPS 卫星,测定它们之间的相对位置,称为相对定位。在相对定位中,至少其中一点或几个点的位置是已知的,称之为基准点。

由于相对定位使用基点同步观测 GPS 卫星的数据进行定位,因此可以有效地消除或减弱许多相同的或基本相同的误差,如卫星钟的误差、卫星星历误差、卫星信号在大气中的传播延迟误差和 SA(Selective Availability,简称 SA)的影响等,从而获得很高的相对定位精度。但相对定位要求各站接收机必须同步跟踪观测相同的卫星,因而其作业组织和实施较为复杂,且两点间的距离受到限制,一般在 1 000 km 以内。

相对定位是高精度定位的基本方法,广泛应用于高精度大地控制网、精密工程测量、地球动力学、地震检测网和导弹火箭等弹道测量方面。

3) GPS 的特点

GPS 系统与其他系统相比,主要有以下几个特点:

(1) 定位精度高、观测时间短。应用实践证明,GPS 相对定位精度在 50 km 以内可达 10^{-6},100～500 km 可达 10^{-7},1 000 km 可达 10^{-9}。随着 GPS 系统的不断完善,GPS 接收机的一次定位和测速工作在 1 秒甚至更小的时间内便可完成。

(2) 执行操作简便。随着 GPS 接收机不断改进,其自动化程度越来越高,有的已达"傻瓜化"的程度;接收机的体积越来越小,重量越来越轻,极大地减轻测量工作者的工作紧张程度和劳动强度,使野外工作变得轻松愉快。

(3) 全球、全天候作业。由于 GPS 卫星数目较多且分布合理,所以在地球上任何地点均可连续同步地观测到至少 4 颗卫星,从而保障了全球、全天候连续实时导航与定位的需要。目前 GPS 观测可在一天 24 h 内的任何时间点进行,不受阴天黑夜、起雾刮风、下雨下雪等气候的影响。

(4) 功能多、应用广。随着人们对 GPS 认识的加深,GPS 不仅在测量、导航、测速、测时等方面得到更广泛的应用,而且其应用领域也不断扩大,尤其是在物流领域中的应用,例如,汽车自定位、跟踪调度、内河及远洋船队最佳航程和安全航线的实时调度等。

6.3.3 其他卫星系统

1) 北斗卫星系统(BDS)

北斗卫星导航系统是中国自行研制的全球卫星定位与通信系统,是继美国 GPS 全球定位系统和俄国 GLONASS 之后第三个成熟的卫星导航系统。系统由空间端、地面端和用户端组成,可在全球范围内全天候、全天时为各类用户提供高精度、高可靠定位、导航、授时服务,并具有短报文通信能力,已经初步具备区域导航、定位和授时能力,定位精度优于 20 m,授时精度可达数十纳秒。它将导航定位、双向数据通信、精密授时结合在一起,因而有独特的优越性。

我国的"北斗一号"卫星导航系统是一种"双星快速定位系统"。突出特点是构成系统的空间卫星数目少、用户终端设备简单、一切复杂性均集中于地面中心处理站。它将主要服务于国家经济建设,提供监控救援、信息采集、精确授时和导航通讯等服务。还可广泛应用于船舶运输、公路交通、铁路运输、海上作业、渔业生产、水文测报、森林防火、环境监测等众多行业。中国北斗导航系统计划由 35 颗卫星组成,提供两种服务方式,即开放服务和授权服务。北斗卫星将逐步扩展为全球卫星导航系统。中国将陆续发射系列北斗导航卫星,逐步扩展为全球卫星导航系统。到 2020 年左右,北斗卫星导航系统将形成全球覆盖能力。

2003 年 5 月 25 日,我国成功地将第三颗"北斗一号"导航定位卫星送入太空。前两颗"北斗一号"卫星分别于 2000 年 10 月 31 日和 12 月 21 日发射升空,第三颗发射的是导航定位系统的备份星,它与前两颗"北斗一号"工作星组成了完整的卫星导航定位系统,确保全天候、全天时提供卫星导航信息。这标志着我国成为继美国全球卫星定位系统(GPS)和前苏联的全球导航卫星系统(GLONASS)后,在世界上第三个建立了完善的卫星导航系统的国家。2007 年 2 月 3 日零时 28 分,我国在西昌卫星发射中心用"长征三号甲"运载火箭,成功将北斗导航试验卫星送入太空。这是我国发射的第四颗北斗导航试验卫星,从而拉开了建设"北斗二号"卫星导航系统的序幕。

北斗卫星导航系统的建设与发展,以应用推广和产业发展为根本目标,建设过程中主要遵循以下原则:

1) 开放性:北斗卫星导航系统的建设、发展和应用将对全世界开放,为全球用户提供高质量的免费服务,积极与世界各国开展广泛而深入的交流与合作,促进各卫星导航系统间的兼容与互操作,推动卫星导航技术与产业的发展。

2) 自主性:中国将自主建设和运行北斗卫星导航系统,北斗卫星导航系统可独立为全球用户提供服务。

3) 兼容性:在全球卫星导航系统国际委员会和国际电联框架下,使北斗卫星导航系统与世界各卫星导航系统实现兼容与互操作,使所有用户都能享受到卫星导航发展的成就。

4) 渐进性:中国将积极稳妥地推进北斗卫星导航系统的建设与发展,不断完善服务质量,并实现各阶段的无缝衔接。

系统的主要功能是:

1) 快速定位:快速确定用户所在地的地理位置,向用户及主管部门提供导航信息。

2) 简短通讯:用户与用户、用户与中心控制系统间均可实现双向短数字报文通信。

3) 精密授时:中心控制系统定时播发授时信息,为定时用户提供时延修正值。

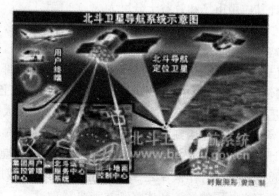

图 6-17 北斗卫星导航示意图

值得一提的是,日前我国首个北斗全球"厘米级"定位系统建设工作全面启动,该系统名为"夔龙系统",将进一步推动我国卫星定位技术的发展。

2) GLONASS 卫星导航系统

"格洛纳斯"(GLONASS)是前苏联从 80 年代初开始建设的与美国 GPS 系统相类似的卫星定位系统,覆盖范围包括全部地球表面和近地空间,也由卫星星座、地面监测控制站和用户设备三部分组成。虽然"格洛纳斯"系统的第一颗卫星早在 1982 年就已发射成功,但受苏联解体影响,整个系统发展缓慢。直到 1995 年,俄罗斯耗资 30 多亿美元,才完成了 GLONASS 导航卫星星座的组网工作。此卫星网络由俄罗斯国防部控制。

GLONASS 系统原理和方案都与 GPS 类似,其卫星分布在 3 个轨道平面上,这 3 个轨道平面两两相隔 120°,同平面内的卫星之间相隔 45°。每颗卫星都在 19 100 km 高、64.8°倾角的轨道上运行,轨道周期为 11 小时 15 分钟。地面控制部分全部都在俄罗斯领土境内。俄罗斯自称,多功能的 GLONASS 系统定位精度可达 1 m,速度误差仅为 15 厘米/秒。如果需要,该系统还可用来为精确打击武器制导。

俄罗斯对 GLONASS 系统采用了军民合用、不加密的开放政策。GLONASS 一开始就没有加 SA 干扰,所以其民用精度优于加 SA 的 GPS。俄罗斯正在着手 GLONASS 系统的现代化改进工作,新一代"GLONASS-M"型导航卫星已陆续投入发射,开始使用。

3) 伽利略(Galileo)卫星导航系统

欧盟发展"伽利略"卫星定位系统意在减少欧洲对美国军事和技术的依赖,打破美国对卫星导航市场的垄断。总投资达 35 亿欧元的伽利略计划是欧洲自主的、独立的民用全球卫星导航系统,提供高精度,高可靠性的定位服务,实现完全非军方控制、管理,可以进行覆盖全球的导航和定位功能。

多层次、多方位的导航定位服务特点,使得它的性能比 GPS 系统更为先进、高效和可靠。它保障了全球完整性的监控、航空和航海的安全以及服务的不间断,特别是提供了公开、生命安全、商业、官方控制和搜救服务,极大地满足了全球各类用户的需求。预计其应用市场和效益十分巨大。

同时,作为一个大型战略性国际合作项目,伽利略计划的实施进展关乎多方利益。到目前为止,欧盟已经与中国、以色列、美国、乌克兰、印度、摩洛哥和韩国分别签署了合作开发协议,并正在与阿根廷、巴西、墨西哥、挪威、智利、马来西亚、加拿大以及澳大利亚等国进行合作谈判。中国是最早与欧盟签订伽利略计划合作协议的非欧盟国家。可以说,作为欧盟日益重要的全球合作伙伴之一,中国参与伽利略计划是中欧双方共同的经济和战略利益需要。

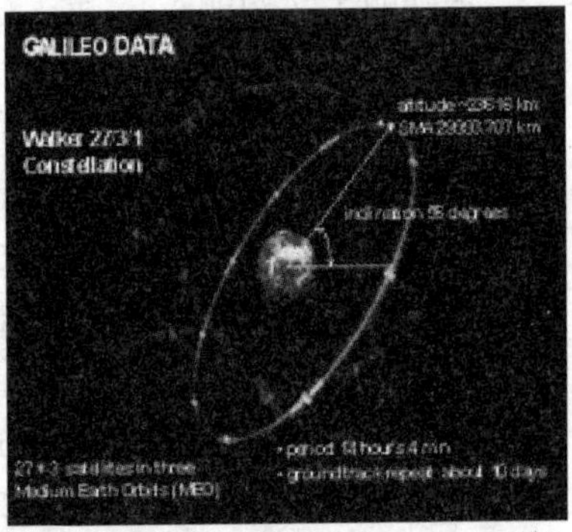

图 6-18 Galileo 系统

6.3.4 卫星定位系统在物流中的应用

现在 GPS 在物流领域使用最为广泛，这里以 GPS 为代表来介绍卫星定位系统在物流中的应用。

GPS 在物流中的应用目前主要集中在车辆管理上，即通过在车辆上装载的 GPS 信息接收终端，采集经纬度、GPS 时间与终端运行速度等信息，实现车辆的调度和管理。

GPS 信息接收终端一般具备以下几个功能：

（1）查询车辆分布

点击车辆分布，可以从电子地图上察看自己用户名上所有车辆的分布情况，了解到所有车辆在各区域分布的具体位置、行驶状况。通过对该功能的使用，可以查到在某个地域内哪些车辆可供使用，也可以了解公司所有在途运输货车的分布情况以及可供使用的车辆。

（2）查询车辆历史轨迹

通过对历史轨迹的查询，可以看出车辆在行驶过程中的状态、路线，从而规定行驶线路，防止中途随意停车。根据该车的行驶轨迹，公司与客户都可对货物在途的运输过程有相应的了解，并可将此作为考评依据。

（3）查询车辆当前位置

通过位置的及时查询可以看出车辆当前准确的位置所在、运行的方向和运行速度。一般这个功能只有在意外或特殊情况发生时才会用到，如有报警信息发生需进行救援、急于查看车辆的具体位置进行实时调度等。

（4）对车辆进行连续监控

可根据实际情况设置对车辆进行监控的时间段和位置点上发生的条件。如在车辆出发前预先对行驶时间和车辆监控条件进行设置，就可达到对车辆进行全程监控的目的，以便有据可查。

（5）区域看车

可根据车辆预计行驶的范围或路线在电子地图上定一个或多个报警区域，当车辆驶出和驶入该区域时终端就会向系统发出报警信息，报警信息会以手机中文短信的方式发送到指定的手机上，告诉手机的持有者都是何时、何地、何车、因何原因发生了报警。这项功能可用于车辆按指定路线行驶。设置车辆行驶路线和定点上报功能，既可用于公司也可开放给客户。

通过对 GPS 这些功能的应用，在物流中可及时进行调度和配载，降低车辆空驶率，可对承运货物的车辆进行全程跟踪以保证其安全性，也可实时掌握车货的所在位置，提前完成对应工作的安排，加强对司机的管理，彻底解决私拉乱运问题。

（6）卫星地图导航

车载 GPS 导航系统在确定始末两点后，导航系统便会依据电子地图自动根据当前的位置，为车主设计最佳路线。另外，它还有即时修正功能，车辆位置偏离最佳线路轨迹 200 m 以上,车载 GPS 导航系统会根据车辆所处的新位置,重新为用户设计一条回到主航线的路线,或是为用户设计一条从新位置到终点的最佳线路,同时它还具有测速等功能。

最后,需要说明的是,在以上讲述 GIS 和 GPS 技术时,我们把两者分成了两节,但实际上当两者应用于现代物流运输系统时,常常是结合在一起使用的,见图 6-19。比如应用最为广泛的车辆导航系统就是综合运用了 GPS 全球卫星定位系统、GIS 地理信息系统、GSM 全球移动通信系统组成的 3G 系统再加上计算机网络等技术。在系统中,GIS 和 GPS 各司其职,GIS 映射地理空间,GPS 定位"用户位置",两者相辅相成,缺一不可,实现车辆的导航、跟踪功能。随着通信技术和数据传输技术的发展,GSM 通信系统被 GPRS、W-CDMA、无线网络等技术取代,但其中 GPS 和 GIS 系统的功能大致不变。

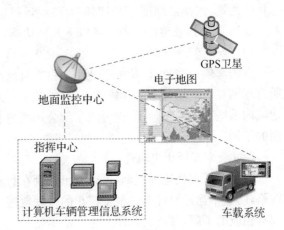

图 6-19 GIS/GPS 车辆跟踪、定位管理调度信息系统

6.4 移动通信定位系统

6.4.1 移动通信网络的概念与发展历程

1)移动通信网络的概念

通信双方有一方是移动用户或移动用户之间通过无线的方式进行通信。这种通信方式可以借助有线通信网,来实现与全世界任何地区的任何人进行通信。从某种程度上来说,移动通信是无线通信和有线通信的结合。

2)移动通信网络的发展历程

移动通信网络在短短数十年里已经经历了从第一代到第四代的快速发展。

第一代移动通信技术(1G)主要采用的是模拟技术和频分多址(FDMA)技术。由于受到传输带宽的限制,不能进行移动通信的长途漫游,只能是一种区域性的移动通信系统。第一代移动通信有多种制式,我国主要采用的是 TACS。第一代移动通信有很多不足之处,比如容量有限、制式太多、互不兼容、保密性差、通话质量不高、不能提供数据业务、不能提供自动漫游等。

在 90 年代初期,我国开始运行第二代移动通信技术(2G)。主要采用的是数字时分多址(TDMA)技术和码分多址(CDMA)技术。全球主要有 GSM 和 CDMA 两种体制。GSM技术标准是欧洲提出的，全球绝大多数国家使用这一标准。我国移动通信也主要是GSM体制。其主要业务是语音，其主要特性是提供数字化的话音业务及低速数据业务。第二代移动通信替代第一代移动通信系统完成模拟技术向数字技术的转变，话音质量、保密性能得到大的提高，并可进行省内、省际自动漫游。但由于第二代采用不同的制式，移动通信标准不统一，用户只能在同一制式覆盖的范围内进行漫游，因而无法进行全球漫游，由于第二代数字移动通信系统带宽有限，限制了数据业务的应用，也无法实现高速率的业务如移动的多媒体业务。

第三代数字通信技术，它与前两代数字通信的主要区别是在传输声音和数据的速度上的提升，它能够处理图像、音乐、视频流等多种媒体形式，提供包括网页浏览、电话会议、电子商务等多种信息服务。3G将有更宽的带宽，不仅能传输话音，还能传输数据。第三代移动通信技术(3G)目前全球有三大标准，分别是欧洲提出的WCDMA、美国提出的CDMA2000和我国提出的TD—SCDMA。

虽然第三代移动通信技术功能很多，但是仍无法完全满足多媒体的通信需求。第四代移动通信系统(4G)的提供便是希望能满足提供更大的频宽需求，满足第三代移动通信尚不能达到的在覆盖、质量、造价上支持的高速数据和高分辨率多媒体服务的需要。4G是集3G与WLAN于一体，并能够快速传输数据、高质量、音频、视频和图像等。4G能够以100Mbps以上的速度下载，比目前的家用宽带ADSL(4M)快25倍，并能够满足几乎所有用户对于无线服务的要求。此外，4G可以在DSL和有线电视调制解调器没有覆盖的地方部署，然后再扩展到整个地区。该技术包括TD-LTE和FDD-LTE两种制式。4G是现在我国移动业务正推广使用的技术，可以预见到它的发展前景十分广泛。

6.4.2 手机移动定位系统

手机移动定位业务又称为基站定位(Location Based Services，LBS)，是基于位置的，由移动通信网提供的一种增值业务，也是移动通信系统的特色业务。其通过一组定位技术获得移动台的位置信息(如经纬度坐标数据)，提供给移动用户本人或他人以及通信系统，实现各种与位置相关的业务。狭义地说，LBS业务是通过无线通信网络获取无线用户的位置信息，在地理信息系统平台的支持下提供相应服务的一种无线增值业务。广义地说，只要是基于位置的信息服务均属于位置服务，有些业务可能与用户本身的位置无关，例如固定地点的天气、固定起始终止点之间的公交路线等。但在移动通信网中，LBS业务应用最多的应是与终端持有者本身的位置紧密相关的那些业务，其中针对汽车的导航、跟踪等位置业务是今后一个非常具有发展潜力的市场。

3G移动定位业务是目前应用最多的手机定位服务，4G移动定位服务与3G移动定位服务原理基本相同，3G移动定位技术发展也比较成熟，所以这里以3G为例介绍移动定位业务。

1) 移动定位技术的类型

LBS 业务的类型多种多样,可以按照如下不同的分类方式划分。

(1) 按业务请求方式分为 PULL 类 LBS 业务(移动终端采用短消息、WAP 接入等方式请求 LBS);PUSH 类 LBS 业务(网络根据特定的条件,主动向移动终端推送信息)。

(2) 按是否与用户位置相关分为:与用户位置有关的 LBS 和与用户位置无关的 LBS,前者需要进行定位,后者无需定位。

(3) 按照面向的用户划分为大众用户和专业用户。

(4) 按照 GIS 系统中的定位服务功能划分为四类服务功能,有地图服务,包括栅格地图和矢量地图;路径搜索,包括最短路径查询、公交线路查询等;地理编码/逆地理编码和测算功能。

2) 基站定位的基本原理

基站定位的大致原理为:移动电话测量不同基站的下行导频信号,得到不同基站下行导频的 TOA(Time of Arrival,到达时刻)或 TDOA(Time Difference of Arrival,到达时间差),根据该测量结果并结合基站的坐标,一般采用三角公式估计算法,就能够计算出移动电话的位置。实际的位置估计算法需要考虑多基站(3 个或 3 个以上)定位的情况,因此算法要复杂很多。一般而言,移动台测量的基站数目越多,测量精度越高,定位性能改善越明显。

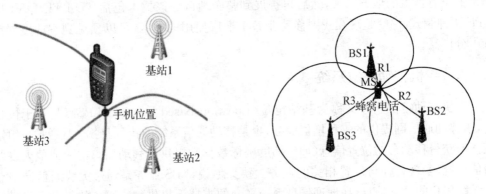

图 6-20 基站定位示意图

3) 定位技术

定位操作平台主要负责通过各种定位技术来获得终端的经纬度信息。目前,可供移动网络使用的定位技术多种多样,下面将以 CDMA2000 系统上实现的定位技术为例,介绍各种定位技术的实现方式。

(1) 基于网络的定位技术

在 CDMA 系统中,为了实现软切换,移动台在接收当前服务基站的信号的同时,需要不停地寻找来自其他基站的信号。假如发现来自其他基站的信号足够强,移动台需要确定来自不同基站信号的时间差,为合并两个信号做预备。移动台的这种能力为实现定位奠定了技术基础。定位操作平台可以通过 CDMA 网络获取到终端的这些信息(导频强度信息)进行定位。其他一些基于网络的技术能够提供更高的定位精度,例如测量移动台的环路时延、信号到达角度等,但这些技术都需要在基站上增加相应的测量设备,代价较高。

(2) 辅助 GPS 技术(A-GPS)

辅助 GPS 技术主要依靠 GPS 卫星完成定位操作。移动台需要接收至少 4 个 GPS 卫星的信号,根据这些信息完成定位计算,并将计算结果报告给网络。对一般的 GPS 定位技术来说,需要 GPS 接收机在全空域范围内搜索可以使用的 GPS 卫星。通常这种搜索需要很长的时间,所以不能满足快速移动定位的需要。在辅助 GPS 技术中,网络可以根据移动台当前所在的小区,确定所在小区上空的 GPS 卫星,将这些信息提供给移动台。移动台根据这些信息,缩小搜索范围、缩短搜索时间,更快地完成可用卫星的搜索过程。搜索完成之后,移动台需要通过和网络的交互,将用于计算移动台位置的信息传送给网络,由网络计算移动台的位置。

A-GPS 定位的优缺点是:①相比传统 GPS 接收机而言,它的灵敏度提高 20 dB 左右。利用网络提供的 GPS 捕获辅助信息,手机能够通过 Doppler 校正来实现更长时间的相关检测,并且检测集中在很小的搜索范围内,因此,即使卫星信号很弱,仍能准确地捕获。②与传统 GPS 接收机比较,A-GPS 的冷启动时间显著缩短。A-GPS 接收机在冷启动时,能够向网络请求导航电文等数据,因此不需要去解调导航电文,显著缩短首次定位时间,典型数值为 3~6 s。③A-GPS 手机不需要持续跟踪卫星,功耗相对低很多。④A-GPS 具有传统 GPS 接收的固有缺点,满足定位至少需要检测到 4 颗卫星,因此在室内或建筑密集的城区,将无法定位。⑤定位精度一般为 50~100 m。

(3) 混合定位技术

CDMA 系统中使用的混合定位技术主要使用了前面提到的两种基于移动台的技术。一般来说,GPS 技术能够提供很高的定位精度,但在很多情况下,移动台不能够捕捉足够多的 GPS 卫星。这时候,移动台可以利用基站的信号补充卫星的不足。这样在降低一定精度的条件下,提高可用性,实现室内定位。

(4) 基于移动台的 GPS 定位

对于一些需要快速连续定位的 LBS 业务来说(例如实时动态汽车导航),可能要求每隔几秒钟刷新终端位置信息。在这种情况下,A-GPS 方式就很难满足时间上的要求。因此,为了提高连续定位情况下的定位间隔时间,提出了基于移动台的 GPS 定位。与 A-GPS 不同的是,基于移动台定位方式下,位置的计算全部由终端自己完成,终端始终处于 GPS 跟踪状态,减少了与网络的交互时间。但是初次定位时间(TTFF)基本上与 A-GPS 方式下的相同,与 A-GPS 一样,需要从网络侧获取 GPS 卫星的信息。

4) 定位业务的平台结构

提供位置服务的全套定位系统,不仅需要可获取用户位置信息的定位技术,还需要包括实现位置信息传输、管理和处理的功能实体及与服务提供商的软硬件接口。完整的位置服务解决方案应建立在定位技术的基础上,是能开展定位业务的一整套软硬件系统。以 WCDMA 为例说明,其结构如图 6-21 所示。

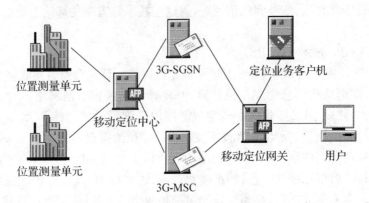

图 6-21　WCDMA 移动定位系统

主要功能模块包括:

(1) 位置获取和确定单元

WCDMA 和 TD-SCDMA 规范中称其为 SMLC(移动定位中心),CDMA2000 规范中称其为 PDE(定位实体),主要对定位资源进行管理和调度,是定位测量和定位计算的主要功能单元。SMLC/PDE 与多个定位单元(LMU)连接,获得定位参数并计算定位结果。

(2) 位置信息传输和接口单元

WCDMA 和 TD-SCDMA 规范中称其为 GMLC(移动定位网关),CDMA2000 规范中称其为 MPC(移动定位中心),它包含支持 LBS 所需的功能。通过标准的软硬件接口,将 SMLC/PDE 收到的定位数据传送到提供定位业务或有定位需求的实体进行处理。

(3) 位置测量单元(LMU)

它是逻辑定位实体,主要完成网络的下行同步校准和无线测量功能。LMU 负责无线测量,将测量结果通知无线网络控制器(RNC)。

(4) 基于位置信息的应用服务

即定位业务客户机(LBS clients),主要与 GMLC/MPC 连接,提供基于位置信息的各种服务。

(5) 业务承载平台

例如地理信息系统集成,定位结果通常以图形化方式显示,这部分功能由本地电子地图、相关地理信息及相应软件完成。

5) 卫星定位与手机基站定位的比较

(1) GPS 系统的定位精度可以达到 10~20 m,手机基站定位的精度为 500~

5 000 m,和基站密度有关。

(2) GPS模块的耗电量比较大,电池的容量极大限制了工作时间,而手机基站定位只要维持网络畅通,基站能采集数据即可,耗电很省。

(3) GPS系统的天线必须在室外并且能看到大面积天空,否则无法定位,而手机基站定位在室内也能定位,只要数据网络正常即可,应用领域更广。

(4) GPS系统容易受GPS天线被遮挡、安装位置不理想、周围有GPS信号干扰器等因素影响而失灵,而LBS系统的抗破坏能力大大增强。

因此大部分手机都采用GPS定位技术与基站定位技术的结合。

6.4.3 移动定位系统的应用

1) 基于位置的环境信息服务

根据目标移动终端的位置,提供目标移动终端周围的环境信息,包括:导航地图、交通状况、天气预报、餐厅、旅馆、商场、邮局、电信局、银行、医院、景点、加油站、停车场等移动用户需要获得的环境信息服务。

2) 智能交通、汽车导航与车辆监控/调度

在人口密集的城市中,交通阻塞问题日益严重。发展车辆导航与智能交通已迫在眉睫。而自动车辆定位系统(AVLS)则是智能交通的核心,它将提供动态交通流分配、定位导航、车辆监控/调度(用于出租车、公交车、长途车、特种用车等)、物流管理、事故应急、安全防范等功能。若在货车上安装移动定位终端、通过移动通信网络将目标车辆定位信息或告警信息传至调度中心,则调度中心可以知道每部货车的位置,卸货后可就近安排装货,以及车辆在紧急情况下可采取相应的应急措施。

3) 报警

3G移动用户在拨打110或按下手机的报警键后,110接警台在接警的同时,显示屏上的电子地图实时显示案发或救援地点和就近的110巡逻车位置。以便在出警时调用最近的110巡逻车前往案发或救援地点。

4) 位置敏感计费

位置敏感计费就是在不同的位置使用3G移动电话时,按不同的标准收费。根据现有的收费体制,当用户同时可以使用自己的移动终端和固定电话时,用户显然会首选固定电话。如果移动运营商能在一些特殊地点提供可以和固定电话相竞争的收费标准。例如,对在家或办公室的主呼叫用户可以适当降低话费,则可以与固定电话运营商展开竞争。

5) 个人定位服务

客户、父母、亲人、朋友可以使用定位业务找到对方,可以用来救援行动,也可以节省在物流环节中的时间和距离成本。

总体而言,移动通信定位技术涉及的领域很多,随着移动通信网络的更新换代,相应的定位技术也会发展,会在人们的日常生活中占据越来越重要的地位。

复习思考题

1. 简述电子交换技术的原理及其在物流业务中的应用。
2. 什么是地理信息系统,并简述该技术各方面的应用。
3. 列举出全球卫星导航系统的开发应用,并详细介绍该技术在物流活动中的应用。
4. 调查分析一个物流信息系统的信息传输和跟踪技术的应用。
5. 简述辅助 GPS 技术的原理及类型,与 GPS 有何异同。
6. 应用所学 GIS、GPS、4G 移动通信技术,设计一个车载跟踪系统。

7 物流信息储存与分析技术

学习目标

➤ 了解物流信息储存与分析技术的种类
➤ 了解数据库、数据仓库与数据挖掘技术的内涵
➤ 掌握关系型数据库的设计方法
➤ 了解数据库的分类、数据仓库的体系结构及数据挖掘的功能
➤ 理解数据库与数据仓库及数据仓库与数据挖掘之间的区别与联系
➤ 掌握数据库、数据仓库与数据挖掘技术在物流领域的应用

信息储存与分析对于物流信息管理和控制来说至关重要,它们贯穿现代物流的全过程,常用的物流信息储存与分析技术主要包括数据库、数据仓库与数据挖掘等。

7.1 数据库

7.1.1 数据库概述

数据库(DataBase)是依照某种数据模型组织起来并存放二级存储器中的数据集合。这种数据集合具有如下特点:尽可能不重复,以最优方式为某个特定组织的多种应用服务,其数据结构独立于使用它的应用程序,对数据的增、删、改和检索由统一软件进行管理和控制。

因此,数据库可以被视为能够进行自动查询和修改的数据集。数据库有很多种类型,从最简单的存储有各种数据的表格到能够进行海量数据存储的大型数据库系统都在各个方面得到了广泛的应用。

数据库的基本结构分三个层次,反映了观察数据库的三种不同角度。

1) 物理数据层。

数据库的最内层,是物理存贮设备上实际存储的数据的集合。这些数据是原始数据,是用户加工的对象,由内部模式描述的指令操作处理的位串、字符和字组成。

2) 概念数据层。

数据库的中间一层,是数据库的整体逻辑表示。指出了每个数据的逻辑定义及数据间的逻辑联系,是存贮记录的集合。它所涉及的是数据库所有对象的逻辑关系,而不是它们的物理情况,是数据库管理员概念下的数据库。

3) 逻辑数据层。

用户所看到和使用的数据库,表示了一个或一些特定用户使用的数据集合,即逻辑记录的集合。

数据库不同层次之间的联系是通过映射进行转换的。

7.1.2 数据库分类

数据库通常分为层次式数据库、网络式数据库和关系式数据库三种。而不同的数据库是按不同的数据结构来联系和组织的,即不同的数据结构对应不同的数据库。因此,首先介绍数据结构的内涵。

1) 数据结构

所谓数据结构是指数据的组织形式或数据之间的联系。如果用 D 表示数据,用 R 表示数据对象之间存在的关系集合,则将 DS=(D,R)称为数据结构。例如,设有一个电话号码簿,它记录了 n 个人的名字和相应的电话号码。为了方便地查找某人的电话号码,将人名和号码按字典顺序排列,并在名字的后面跟随着对应的电话号码。这样,若要查找某人的电话号码(假定其名字的第一个字母是 Y),那么只需查找以 Y 开头的那些名字就可以了。该例中,数据的集合 D 就是人名和电话号码,它们之间的联系 R 就是按字典顺序的排列,其相应的数据结构就是 DS=(D,R),即一个数组。

2) 数据结构及数据库的种类

数据结构又分为数据的逻辑结构和数据的物理结构。数据的逻辑结构是从逻辑的角度(即数据间的联系和组织方式)来观察数据,分析数据,与数据的存储位置无关。数据的物理结构是指数据在计算机中存放的结构,即数据的逻辑结构在计算机中的实现形式,所以物理结构也被称为存储结构。这里只研究数据的逻辑结构,并将反映和实现数据联系的方法称为数据模型。

目前,比较流行的数据模型有三种,即按图论理论建立的层次结构模型和网状结构模型以及按关系理论建立的关系结构模型,分别对应不同的数据库。

(1) 层次结构模型

层次结构模型实质上是一种有根结点的定向有序树(在数学中"树"被定义为一个无回路的连通图)。下图是一个高等学校的组织结构图。这个组织结构图像一棵树,校部就是树根(称为根结点),各系、专业、教师、学生等为枝点(称为结点),树根与枝点之间的联系称为边,树根与边之比为 1∶N,即树根只有一个,树枝有 N 个。

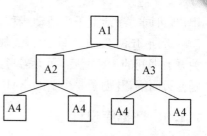

图 7-1　层次结构模型

按照层次模型建立的数据库系统称为层次模型数据库系统。IMS(Information Management System)是其典型代表。

(2) 网状结构模型

按照网状数据结构建立的数据库系统称为网状数据库系统,其典型代表是 DBTG(Data Base Task Group)。可用数学方法可将网状数据结构转化为层次数据结构。

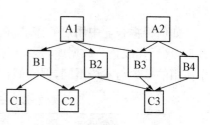

图 7-2　网络模型

(3) 关系结构模型

关系式数据结构把一些复杂的数据结构归结为简单的二元关系(即二维表格形式),其最重要的代表为 DB2。例如某单位的职工关系就是一个二元关系。由关系数据结构组成的数据库系统被称为关系数据库系统,在关系数据库中,对数据的操作几乎全部建立在一个或多

表 7-1　关系模型

学号	姓名	性别	成绩
010811	张明	男	80
010812	王丽	女	88
010813	鲁洋	男	78

个关系表格上,通过对这些关系表格的分类、合并、连接或选取等运算来实现数据的管理。一个关系称为一个数据库,若干个数据库可以构成一个数据库系统。数据库系统可以派生出各种不同类型的辅助文件和建立它的应用系统。

3) DB2 数据库

常用的数据库有 DB2、IMS、DBTG、Informix、Sybase、SQL Server、PostgreSQL、mySQL 等,下面主要介绍应用最为广泛、影响最大的 IBM 的 DB2 数据库。

IBM 公司研制的一种 DB2 关系型数据库系统,主要应用于大型应用系统,具有较好的可伸缩性,可支持从大型机到单用户环境,应用于 OS/2、Windows 等平台下。DB2 提供高层次的数据利用性、完整性、安全性、可恢复性,以及小规模到大规模应用程序的执行能力,具有与平台无关的基本功能和 SQL 命令;采用数据分级技术,能够使大型机数据很方便地下载到 LAN 数据库服务器,使得客户机/服务器用户和基于 LAN 的应用程序可以访问大型机数据,并使数据库本地化及远程连接透明化。

DB2 以拥有一个非常完备的查询优化器而著称,其外部连接改善了查询性能,并支持多任务并行查询,具有很好的网络支持能力,每个子系统可以连接十几万个分布式

用户,可同时激活上千个活动线程,对大型分布式应用系统尤为适用。

近期,IBM 发布了 DB2 9,其最大特点即是率先实现了可扩展标记语言(XML)和关系数据间的无缝交互,而无需考虑数据的格式、平台或位置,使 XML 数据的存储问题迎刃而解,开创了一个新的 XML 数据库时代。

7.1.3 数据库设计

数据库是信息系统的核心组成部分。数据库设计在信息系统的开发中占有重要的地位,数据库质量的好坏直接影响信息系统的运行效率及用户对数据库使用的满意度。

如何根据企业中用户的需求,在指定的数据库管理系统上,设计企业数据库的逻辑模型,最后建成企业数据库,是一个从现实时间向机械世界转换的过程。在不同的世界中使用的概念与术语不同,但它们在转换过程中一一对应的,对应关系见下表。

表 7-2 三个不同世界的术语对应关系

现实世界	信息世界(概念模型)	机械世界(数据模型)
组织(事物、联系)	实体、联系	数据库
事物类(总体)	实体集	文件
事物(对象、个体)	实体	记录
特征(性质)	属性	数据项

关系数据库是当今事物处理型信息系统中最常用也是最有效的一种数据库,物流信息处理常常用到,关系数据库管理系统占有优势地位,本节内容将围绕关系数据库展开。

数据库设计方法中经常用到的是新奥尔良(New Orleans)方法。它将数据库设计过程(步骤)分为四个阶段(分析用户需求)、概念设计(信息分析和定义)、逻辑设计(设计实现)和物理设计(物理数据库设计),见图 7-3。

图 7-3 数据库设计步骤

1) 用户需求分析

对现实世界要处理的对象进行详细调查,在了解现行系统的基础上,收集基础数据、事物的规则、约束条件和处理方法,然后对需求进行分析,并统计出哪些是输入数据、哪些是存储数据、哪些是需要处理的数据、哪些是输出数据并描述处理流程。

2) 概念模型设计

数据库概念模型设计的任务是产生和反映企业组织信息需求的数据库概念结构,即概念模型。概念模型不依赖计算机系统和具体的数据库管理系统 DBMS。概念模型的建模工具 E-R 图直观易懂,能比较准确地反映现实世界的信息联系,从概念上表示一个数据库的信息组织情况。

3) 逻辑设计

即将概念模型转换成 DBMS 所支持的等价的关系数据库模型,即把 E-R 图转换成一个个关系表,使之相互联系构成一个整体结构化的数据模型。可通过下列对应关系进行转换。

(1) E-R 图中每个实体都相应转换为一个关系表,该关系应包括对应实体的全部属性,并根据关系表达的语义确定出关键字。

(2) 对于 E-R 图中的联系,要根据联系方式的不同,采取不同手段以使有联系的实体之间实现某种联系。具体的方法是:

如果两实体之间是"1∶N"联系,就将"1"方的关键字纳入"N"方的实体对应关系中作为外键,同时把联系的属性也一并纳入"N"方的关系中。

如果两个实体是"N∶M"的联系,则需对联系单独建立一个关系,用来联系双方实体,该关系的属性中至少有一个要包括被它所联系的双方实体的关键字,如果联系有属性,也要归入这个关系中。

如果两个实体间是"1∶1"联系,转换时只要把与之有联系的实体的关键字加入并作为外键,就能实现彼此之间的 1∶1 联系。

4) 物理设计

即在具体的 DBMS 上实现逻辑设计。只要逻辑设计做得好,物理设计就只是熟悉所用的 DBMS 的过程。这一阶段的任务包括:确定所有数据文件的名称和所含字段名称、类型宽度以及确定各数据库文件需要建立的索引和建立索引的字段位置等。

7.1.4 数据库设计案例分析

仓库物资管理数据库的设计好坏直接影响着仓库物资管理信息系统的运行效果。一个好的数据库结构和文件设计可以使系统在已有的条件下,具有处理速度快、占用存储空间小、操作处理过程简单、系统开销和维护费用低等优点。

以某个仓库物资管理数据库开发为实例,介绍数据库的开发过程。

1) 需求分析

作为整个物流管理信息系统的一部分,数据库的需求分析基本上在系统分析的时候就完成了。在这里,只要针对库存管理需要的数据进行分析就可以。需求分析包括两个方面:需要处理的数据分析和对数据的操作分析。

库存管理中需要处理的数据有:入库记录、出库记录、库存记录和库位记录等数据。需要的操作有添加、更改、删除、查询和统计汇总五大功能。

数据结构分析如下：

表 7-3　入库记录数据结构

名称	入库单
简述	物资到库后入库的凭证
组成	入库单号＋发票号＋合同号＋运单号＋制单日期＋停车位号＋仓库号＋货区号＋货位号＋物资存储号＋供货单位号＋运输方式＋物资码＋品名＋规格＋型号＋质量技术标准＋计量单位＋数量＋设备信息号＋库场运输号＋卸货时间＋验收数量＋验收规模＋验收质量＋验收日期＋入库日期＋…… 备注（处理意见栏和物资推迟说明）

表 7-4　库存记录数据结构

名称	库存平面布置
编号	D3
简述	存储"物资在仓储中储存状态"的规范化信息
组成	物资储存号＋仓库号＋货区号＋货位号＋货位空间利用率＋货架寿命期限＋合同号＋入库单号＋入库日期＋物资号＋物资数量＋物资重量＋物资体积＋物资安全等级＋储存有效期＋供货单位号＋…… 备注
说明	合同号为零时说明该物资为其他无业务关系单位寄存 物资存储号在货位为空位时注明零 备注中说明物资在库的储存的要求
关键字	物资储存号

表 7-5　出库记录数据结构

名称	出库单
简述	物资出库的凭证
组成	领货单号＋运单号＋制单日期＋停车位号＋仓库号＋货区号＋货位号＋物资储存号＋领货单位号＋运输方式＋物资码＋品名＋规格＋型号＋质量技术标准＋计量单位＋数量＋设备信息号＋库场运输号＋卸货时间＋验收数量＋验收规模＋验收质量＋验收日期＋入库日期＋…… 备注（处理意见栏和物资推迟说明）

2) 概念设计

概念设计是指在数据分析的基础上，自底向上地建立整个数据库的概念结构，即先从用户的角度进行视图设计,再将视图集成,最后对集成后的结果进行优化便得到最终结果。E-R图是概念设计的有力工具。

(1) 本系统的实体类型有:供应商、物资、领用单位等,这些实体间的相互联系是:

供应商和物资之间存在联系"供应",为"多对多"的关系

物资和领用单位之间存在联系"出库",也是"多对多"的关系。

(2) 各实体和联系的属性为:

供应商:编码、名称、地址、电话、传真、联系人;

物资:物资类型、名称、规格、计划单价、单位库存数量、库存金额、存放位置、用途;

领用单位:单位编码、单位名称、电话、联系;

供应:物资名、商品代码、供应数量、供应时间、经手人等;

出库:物资名、代码、数量、时间、经手人等。

E-R图如图7-4所示:

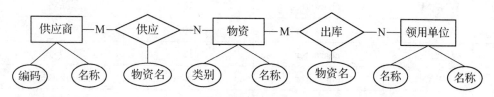

图7-4 物资库存管理 E-R 图

3) 逻辑设计

逻辑设计的任务是根据DBMS的特征把概念结构转换为相应的逻辑结构,概念设计所得到的E-R图是独立于DBMS的,这里的转换就是把表示概念结构的E-R图转换为层次模型或网状模型或关系模型的逻辑结果。

在本系统中,逻辑设计的具体操作就是将E-R模型对应转换为关系模型,即把E-R图中每个实体和联系都转换为一个关系表并对表进行规范化。

4) 物理设计

物理设计就是在具体的DBMS上实现逻辑设计的过程。根据以上几个步骤的设计,下面给出物理设计中的一些表结构。

表7-6 入库凭证

字段名	字段类型	字段宽度	说明
RUKH	numberic	20	入库单号
FAPH	numberic	20	发票号
HETH	numberic	20	合同号
YUNDH	numberic	20	运单号
ZHDAT	date	8	制单日期

表7-7 物资记录表

字段名	字段类型	字段宽度	说明
DANM	character	20	单位名
DNUM	numberic	20	单位编号
DADDR	character	20	地址
DTELE	numberic	20	电话
DDENP	character	8	联系人

表7-8 供货单位信息表

字段名	字段类型	字段宽度	说明
WNUM	numberic	16	物资码
WNAM	character	10	品名
WSIZE	character	10	规格
WTYPE	character	10	型号
WSTAN	character	8	质量技术标准
WUNIT	character	8	计量单位
WAMON	numberic	20	数量

7.1.5 数据库的应用

利用数据库可以实现数据共享、数据独立、数据集中控制、减少数据的冗余度,基于这些优点,数据库的应用范围比较广泛,在现代物流中应用已经比较成熟。

数据处理贯穿现代物流各个基本环节,一个成熟的、完善的数据库在物流系统中发挥重要的作用。为比较详尽地叙述数据库在现代物流中的作用,从物流的各个基本环节具体说明物流组织对数据库的需求。

1) 订单处理

物流中心的交易起始于客户的咨询、业务部门的报表,然后由订单的接收业务部门查询出货日的存货状况、装卸货能力、流通加工负荷、包装能力、配送负荷等来答复客户,而当无法依客户要求交货时,业务部加以协调。在这个过程中,传统的物流组织通过单纯的人工统计、调货、分配出货数量,导致效率低下,投资较大。

建立物流数据库,能存储来自不同企业的生产、销售和库存信息,并且提供灵活的数据采集手段,既可以自动传输和加载数据,也可以手工录入,保证数据的准确无误和及时处理,见图7-5。

2) 采购

交易订单接受之后由于供应货品的要求,物流中心要向供货厂商或制造厂商订购商品,采购作业的内容包含统计商品数量、查询供货厂商交易条件等,然后依据所制订的数量及供货厂商所提供的较经济订购批量,采购货品。

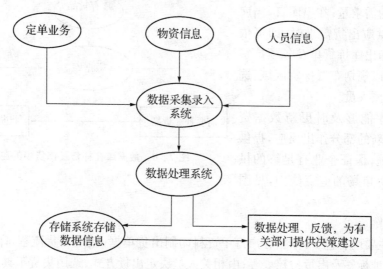

图 7-5　数据库在订单处理中应用

在这个环节上,数据库可以根据对象的单价、规格、营运成本等多方面数据资料,系统自动处理,为决策者提供最优方案,以达到最大利润化的目的,降低成本,见图 7-6。

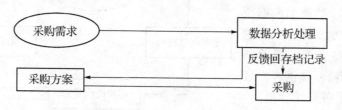

图 7-6　数据库在采购中的应用

3) 进货入库及库存管理

这个环节里,数据库能够解决四个任务:对入库货品进行登记备案,详细记录时间和货品数量、规格等信息;根据货品规格及具体仓库场地情况,提供存物摆放方案,以达到资源最大利用化;对在库货品进行定期或不定期管理复查,鉴于某些货品存放时间影响品质的问题,及时提示主管人员采取必要措施;对每个货品的出库时间或上架时间作预测,为后续环节做准备,见图 7-7。

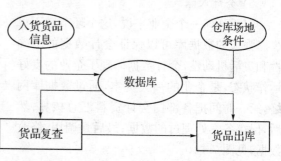

图 7-7　数据库在入库及库存管理中的应用

4) 补货及拣货

通过统计客户订单资料,预测货品真正的需求量;在出库日,当库存数足以供应出货需求时,即可依据需求打印出库拣货单及各项拣货指示,并可以规划布置拣货区域、选用工具、调派人员。

数据库能够及时更新数据资料,并对更新的部分作出反应,提供具体的措施,保证企业有足够的供货能力和对市场的应变能力,见图7-8。

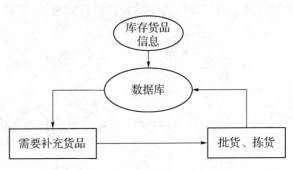

图 7-8 数据库在补货及拣货中的应用

5) 出货

出货主要内容包含:依据客户订单资料印制出货单据,制定出货流程,印制出货批次报表、地址标签及出货检核表等;由相关人员决定出货方式、选用集货工具、调派集货作业人员,并决定运送车辆的大小与数量。

在现代物流中,这一环节的大部分处理都可以利用功能强大的数据库。数据库根据所掌握的客户信息,调整出货时间和方式,准备合理的运输路线,整理货品资料,提供客户最详尽的产品、服务介绍。最后,数据库记录每次业务对象及其情况,为以后的再次合作打下基础,见图7-9。

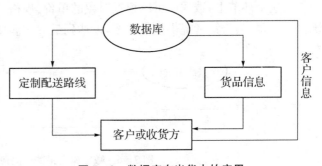

图 7-9 数据库在出货中的应用

6) 会计入账

对于任何一个企业来说,这个环节必不可少。强大的数据库可以保证会计数据的准确性和灵活机动性,会计数据体现了企业的良好运作状态,是企业的一大资本,通过数据库网络,第一时间把各部门会计资料汇总核算;然后,保存备案处理过的数据;最后是调用、修改数据,见图7-10。

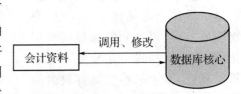

图 7-10 数据库在会计入账中的应用

7.2 数据仓库

7.2.1 数据仓库概述

数据仓库(Data Warehouse,简写为 DW)是一个面向主题的、集成的、随时间不断变化的数据集合,用于支持企业或组织的决策分析处理的各个过程。数据仓库系统是一个信息提供平台,从业务处理系统获得数据,并为用户提供各种手段从数据中获取信息和知识。

企业数据仓库的建设,是以现有企业业务系统和大量业务数据的积累为基础。数据仓库不是静态的概念,只有把信息及时交给需要这些信息的使用者,供有关部门做出改善其业务经营的决策,信息才能发挥作用,信息才有意义。而把信息加以整理归纳和重组,并及时提供给相应的管理决策人员,是数据仓库的根本任务。

建立数据仓库的步骤包括:收集和分析业务需求;建立数据模型和数据仓库的物理设计;定义数据源;选择数据仓库技术和平台;从操作型数据库中抽取、净化和转换数据到数据仓库;选择访问和报表工具;选择数据库连接软件;选择数据分析和数据展示软件;更新数据仓库。

7.2.2 数据仓库系统的体系结构

整个数据仓库系统是一个四层体系结构,具体由下图 7-11 表示。

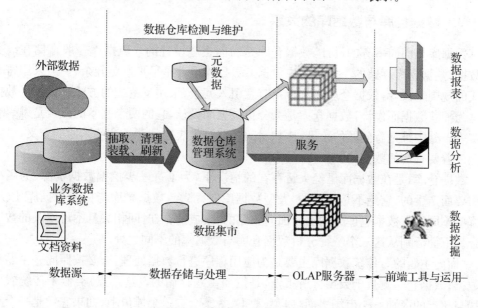

图 7-11 数据仓库系统体系结构

数据源：是数据仓库系统的基础，是整个系统的数据源泉。通常包括企业内部信息和外部信息。内部信息包括各种业务处理数据和各类文档数据；外部信息包括各类法律法规、市场信息和竞争对手的信息等等。

数据的存储与管理：是整个数据仓库系统的核心。元数据是描述数据仓库内数据的结构和建立方法的数据。数据仓库的真正关键是数据的存储和管理。数据仓库的组织管理方式决定了它有别于传统数据库，同时也决定了其对外部数据的表现形式。要决定采用什么产品和技术来建立数据仓库的核心，则需要从数据仓库的技术特点着手分析。针对现有各业务系统的数据，进行抽取、清理，并有效集成，按照主题进行组织。数据仓库按照数据的覆盖范围可以分为企业级数据仓库和部门级数据仓库（通常称为数据集市）。

OLAP（On-Line Analytical Processing，即联机分析处理）服务器：对需要分析的数据进行有效集成，按多维模型予以组织，以便进行多角度、多层次的分析，并发现趋势。其具体实现可以分为：关系联机分析处理（RelationalOLAP，简称 ROLAP）、多维联机分析处理（MultidimensionalOLAP，简称 MOLAP）和混合型联机分析处理（HybridOLAP，简称 HOLAP）。ROLAP 基本数据和聚合数据均存放在 RDBMS 之中；MOLAP 基本数据和聚合数据均存放于多维数据库中；而 HOLAP 是 ROLAP 与 MOLAP 的综合，基本数据存放于 RDBMS 之中，聚合数据存放于多维数据库中。

前端工具：主要包括各种报表工具、查询工具、数据分析工具、数据挖掘工具以数据挖掘及各种基于数据仓库或数据集市的应用开发工具。其中数据分析工具主要针对 OLAP 服务器，报表工具、数据挖掘工具主要针对数据仓库。

7.2.3 数据仓库与数据库的关系

数据库是面向事务的设计，数据仓库是面向主题设计的。数据库一般存储在线交易数据，数据仓库存储的一般是历史数据。数据库设计是尽量避免冗余，一般采用符合范式的规则来设计，数据仓库在设计是有意引入冗余，采用反范式的方式来设计。数据库是为捕获数据而设计，数据仓库是为分析数据而设计，它的两个基本的元素是维表和事实表。其中维是看问题的角度，比如时间，部门，维表放的就是这些东西的定义，事实表里放着要查询的数据，同时有维的 ID。

数据仓库，是在数据库已经大量存在的情况下，为了进一步挖掘数据资源、为了决策需要而产生的，它绝不是所谓的"大型数据库"。那么，数据仓库与传统数据库比较，有哪些不同呢？数据仓库的内涵是面向主题的、集成的、与时间相关且不可修改的数据集合。下面分别从这三个特征分析数据仓库与数据库的不同之处。

"面向主题的"：传统数据库主要是为应用程序进行数据处理，未必按照同一主题存储数据；数据仓库侧重于数据分析工作，是按照主题存储的。这一点，类似于传统农贸市场与超市的区别——市场里面，白菜、萝卜、香菜会在一个摊位上，如果它们是一个小贩卖的；而超市里，白菜、萝卜、香菜则各自一块。也就是说，市场里的菜（数据）是按照小贩(应用程序)归堆(存储)的,超市里面则是按照菜的类型(同主题)归堆的。

"与时间相关":数据库保存信息的时候,并不强调一定有时间信息。数据仓库则不同,出于决策的需要,数据仓库中的数据都要标明时间属性。决策中,时间属性很重要。同样都是累计购买过某种产品的顾客,一位是最近三个月购买,一位是最近一年从未买过,这对于决策者意义是不同的。

"不可修改":数据仓库中的数据并不是最新的,而是来源于其他数据源。数据仓库反映的是历史信息,并不是很多数据库处理的那种日常事务数据(有的数据库例如电信计费数据库甚至处理实时信息)。因此,数据仓库中的数据是极少或根本不修改的;当然,向数据仓库添加数据是允许的。

数据仓库的出现,并不是要取代数据库。目前,大部分数据仓库还是用关系数据库管理系统来管理的。因此,可以说数据库、数据仓库相辅相成、各有千秋。

7.2.4 数据仓库的应用

数据仓库的应用便捷了数据处理,优化了物流流程,为物流信息系统的建立提供了数据存储技术,提高了物流企业的效率,并为数据挖掘提供了信息基础。

1) 辅助生产物流决策

企业的生产物流是指以企业生产所需原材料入库为起点,以企业加工制造的成品入库为终点的整个产品生产所涉及的物流活动。生产物流是制造型企业所特有的物流管理环节,它是与企业生产流程紧密结合,不可分割且同步发生的。而现代生产物流系统主要由管理层、控制层和执行层组成。根据各个层次的不同分工,物流系统对管理层要求具有较高的智能性,能够从大量的数据中进行分析、挖掘、转换和整合,以有利于生产物流决策管理人员对自身的经营状况以及整个市场相关行业的发展态势进行深入的分析。

对于生产物流决策管理来说,生产物流决策管理系统的数据可能来自于各个部门:如仓库、销售、生产以及财务等,这些数据相互独立,是不利于决策者进行查询和分析的。而生产物流决策管理就是以管理科学、运筹学、控制论和行为科学为基础,通过利用数据仓库技术对数据进行整合、建模,为决策者提供决策所需的数据、信息和背景材料,帮助明确决策目标和进行问题的识别,提供多种决策的参考方案,并对其进行评价、选优,以利于各个职能管理部门作专题分析和辅助领导层进行决策。

2) 物流数据分析

利用物流数据仓库和多维联机分析处理,可以了解物流过去和现在的情况,为物流相关单位提供准确、直观、全面的流程信息,因为物流每天产生大量的业务数据,并且现代物流业务种类繁多、环节复杂,相关单位和企业单凭经验和直觉无法从自身数据库的数据中直接得出规律性或趋势性的信息,需要数据仓库为其决策提供比较准确的依据。

3) 辅助建立物流配送系统

物流配送系统的目的正是为了帮助物流配送企业随着市场需求变化,不断调整企业的运作方针,优化企业的业务流程,提高企业经营管理水平和企业竞争力。将数据仓库技术应用到物流配送系统中,可以有效提高物流配送系统的效率。

面向物流配送的数据仓库的信息可以包含时间维度、货物维度和车辆维度三种维度的配送立方体结构图,见图7-12。其中,车辆维度的类别可以包括全部车辆、车辆类型、单个车辆等;时间维度的类别可以包括全部时间、年、月、日、时、分等;货物维度的类别可以包括全部货物、货物分类、单个品种等。

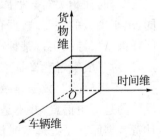

图7-12 配送立方体结构图

通过对该配送立方体进行切片/切块、旋转等操作来完成配送业务的分析。例如,对于车辆维和时间维组成的平面进行切片分析,可以查看某辆车的运行情况,对车辆维和货物维组成的平面进行切片分析,可以查看企业每次配货状况,分析不同车辆的载货能力。

7.3 数据挖掘

7.3.1 数据挖掘概述

数据挖掘(Data Mining),就是从大量数据中获取有效的、新颖的、潜在有用的、最终可理解的模式的非平凡过程。数据挖掘的广义观点是从存放在数据库、数据仓库或其他信息库中的大量数据中"挖掘"有趣知识的过程。

近年来,数据挖掘引起了信息产业界的极大关注,其主要原因是存在大量数据,可以广泛使用,并且迫切需要将这些数据转换成有用的信息和知识。获取的信息和知识可以广泛用于各种应用,包括商务管理,生产控制,市场分析,工程设计和科学探索等。

数据挖掘是从大量数据中寻找其规律的技术,主要有数据准备、规律寻找和规律表示、规律评价四个步骤,见图7-13。数据准备是从各种数据源中选取和集成用于数据挖掘的数据;规律寻找是用某种方法将数据中的规律找

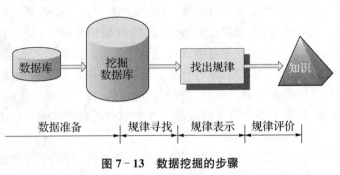

图7-13 数据挖掘的步骤

出来;规律表示是用尽可能符合用户习惯的方式(如,可视化)将找出的规律表示出来。在具体实施数据挖掘应用时,还要有一个步骤就是结果评价。这是因为数据算法寻找出来的是数据的规律,其中有些是人们感兴趣的有用的,还有一些可能是不感兴趣的没有用的。这就要对寻找出的规律进行评估。

完整的数据挖掘包含:理解业务与理解数据;获取相关技术与知识;整合与查询数

据;去除错误或不一致及不完整的数据;由数据选取样本先行试验;建立数据模型;实际数据挖掘的分析工作;测试与检验;找出假设并提出解释;持续应用于企业流程中。

由上述步骤可看出,数据挖掘牵涉了大量的准备工作与规划过程,事实上许多专家皆认为整套数据挖掘的进行有80%的时间精力是花费在数据前置作业阶段,其中包含数据的净化与格式转换甚至表格的联结。由此可知数据挖掘只是信息挖掘过程中的一个步骤而已,在进行此步骤前还有许多的工作要先完成。

7.3.2 数据挖掘的功能及方法

数据挖掘从功能上可以分为概念描述、关联知识挖掘、类知识挖掘、预测型知识挖掘、特异型知识挖掘五种类型,下面就各种类型的数据挖掘的应用及相关方法进行说明。

1) 概念描述

概念描述也称为数据总结,其目的是对数据进行浓缩,给出它的综合描述,或者将它与其他对象进行对比。概念描述本质上就是对某类对象的内涵特征进行概括,通过对数据的总结,可以实现对数据的总体把握。概念描述分为特征性描述和区别性描述,前者描述某类对象的共同特征,后者描述不同类对象的区别。

最简单的概念描述就是利用统计学中的传统方法,计算出数据库中各个数据项的总和、均值、方差等,或者利用联机分析处理技术实现数据的多维查询和计算。

2) 关联知识挖掘

关联知识反映一个事件和其他事件之间的依赖或关联。数据库中的数据关联是现实世界中事物联系的表现,但是数据库中数据间的关联大多是隐藏且复杂的,关联知识挖掘的目的就是找出依存在数据库中隐藏的关联知识。

关联可以分为因果关联、时序关联、数量关联等,关联知识挖掘常用的方法是基于关联规则挖掘的Apriori频繁项集算法。

3) 类知识挖掘

类知识刻画了一类事物,这类事物具有某种意义上的共同特征,并明显和不同类事物相区别,类知识挖掘主要包括分类和聚类两种方法。

分类的目的是构造一个分类器,该分类器能把数据库中的数据项映射到给定的类别中。构造分类器首先需要训练样本作为输入数据集。从机器学习的观点,分类技术是一种有指导的学习,即每个训练样本的数据对象已经有类标识,通过学习可以形成表达数据对象与类标识间相对应的知识。从这个意义上来讲,分类挖掘的目标就是根据训练样本数据集得到类知识并对源数据集进行类别划分,从而实现对未来数据的归类进行预测。分类的知识可以采用分类规则、概念树或分类网络等形式表现出来。

聚类分析是把训练样本数据集按照相似性聚合成若干个簇,目的是使得属于同一个簇的数据集样本之间的差别尽可能小,而不同簇上的样本间的差别尽可能大。利用聚类分析将源数据库中的数据聚合成一系列有意义的子集,从而实现对数据的分析,聚类分析的常用方法有机器学习、神经网络等方法。

聚类分析与分类的区别在于,聚类分析是在特定的类标识下探寻新样本数据属于哪个类,而分类技术则是通过对样本数据集的分析比较从而生成新的类标识。

4) 预测型知识挖掘

预测型知识是由历史和当前数据产生的并能预测未来数据趋势的知识。预测型知识通常包含时间属性,可以认作是以时间为关键属性的关联知识,因此有时也可以用前面的关联知识挖掘计算对以时间为关键属性的数据集进行挖掘。从预测的主要功能上看,预测型知识挖掘主要是对未来数据的趋势输出或概念来分类。

预测型知识挖掘的常用方法有回归分析和时间序列预测,回归分析预测法可以对历史样本数据建立变量之间的回归方程,并将回归方程作为预测模型,生成对未来数据的连续预测值;时间序列预测模型则可以处理有关时间的一些特性,例如时间的周期性、阶层性、季节性以及其他的一些特别因素(如过去与未来的关联性)。

5) 特异型知识挖掘

特异型知识是数据库或源数据集中所包含的特例数据或具有明显区别的知识描述。特异型知识通常包括离散点和异常序列,离散点是指不符合数据一般模型的数据,在数据挖掘中通常将其作为噪声来处理,异常序列是指一系列行为或事件对应的序列中明显不符合一般规律的数据列。对噪声点和异常序列的挖掘处理可以提高数据的质量,提高数据分析的准确性,同时结合实际也可以帮助发现系统中存在的问题并予以及时修正。

7.3.3 数据挖掘和数据仓库的关系

若将数据仓库比喻作矿坑,数据挖掘就是深入矿坑采矿的工作。毕竟数据挖掘不是一种无中生有的魔术,也不是点石成金的炼金术,若没有够丰富完整的数据,是很难期待数据挖掘能挖掘出什么有意义的信息。

要将庞大的数据转换成为有用的信息,必须先有效率地收集信息。随着科技的进步,功能完善的数据库系统就成了最好的收集数据的工具。数据仓库,简单地说,就是搜集来自其他系统的有用数据,存放在一整合的储存区内。所以其实就是一个经过处理整合,且容量特别大的关系型数据库,用以储存决策支持系统所需的数据,供决策支持或数据分析使用。从信息技术的角度来看,数据仓库的目标是在组织中,在正确的时间,将正确的数据交给正确的人。

数据仓库是数据库技术的一个新主题,利用计算机系统帮助操作、计算和思考,让作业方式改变,决策方式也跟着改变。

数据仓库本身是一个非常大的数据库,它储存着由组织作业数据库中整合而来的数据,特别是指 OLTP(On-Line Transactional Processing,即事务处理系统)所得来的数据。将这些整合过的数据置放于数据仓库中,而公司的决策者则利用这些数据作决策;但是,这个转换及整合数据的过程,是建立一个数据仓库最大的挑战。因为将作业中的数据转换成有用的策略性信息是整个数据仓库的重点。综上所述,数据仓库应该具有整合性数据、详细和汇总性的数据、历史数据、解释数据的数据。

从数据仓库挖掘出对决策有用的信息与知识,是建立数据仓库与使用数据挖掘的最大目的,两者的本质与过程是两回事。换句话说,数据仓库应先行建立完成,数据挖掘才能有效率的进行,因为数据仓库本身所含数据是干净(不会有错误的数据掺杂其中)、完备,且经过整合的。因此两者关系或许可解读为数据挖掘是从巨大数据仓库中找出有用信息的一种过程与技术。

数据挖掘和数据仓库的协同工作,一方面,可以迎合和简化数据挖掘过程中的重要步骤,提高数据挖掘的效率和能力,确保数据挖掘中数据来源的广泛性和完整性。另一方面,数据挖掘技术已经成为数据仓库应用中极为重要和相对独立的方面和工具。

7.3.4 数据挖掘的应用

现代物流系统是一个庞大复杂的系统,特别是全程物流,包括运输、仓储、配送、搬运、包装和再加工等环节,每个环节信息流量十分巨大,使企业很难对这些数据进行及时、准确的处理。为了帮助决策者快速、准确地做出决策,提高企业的运作效率,降低物流成本、增加收益,就需要一种新的数据分析技术来处理数据。数据挖掘技术能帮助企业在物流信息系统管理中,及时、准确地收集和分析各种信息,对客户的行为及市场趋势进行有效的分析,了解不同客户的爱好,从而为客户提供有针对性的产品和服务,提高各类客户对企业和产品的满意度。

1) 提高客户满意度

以第三方物流企业的客户关系管理为例,利用聚类分析,根据物流客户的个人特征以及物流业务消费数据,可以将客户群体进行细分。例如,可以得到这样的一个物流业务消费群体:生产企业对物流业务中运输需求占41%,对物流业务中仓储业务的需求占23%;商业企业对物流业务中运输需求占59%,对物流业务中仓储业务需求占77%。针对不同的客户群,可以实施不同的物流服务方式,从而提高客户的满意度。

2) 产品销售预测

产品在进入市场后,并不会永远保持最高销量。一般来讲,随着时间的推移,产品会遵守销量变化的模式,经历四个阶段,即导入期、增长期、成熟期和衰退期。在各个阶段,产品的生产要求和实物分拨策略是不同的。如在导入期,产品逐步得到市场的认可,销售量可能会快速的增长,这时需要提前的生产计划、生产作业安排以及适合的库存和运输策略。此时,物流企业应从提高客户服务水平的角度出发,依据类似商品以往市场需求变化情况,向客户提供市场预测服务,指导企业的生产,合理地控制库存和安排运输。数据挖掘可以作为市场预测的手段,通过聚类和预测工具,达到上述目的。

3) 合理安排商品储位

商品的合理储位对于仓容利用率、储存搬运分拣效率的提高具有重要的意义。对于商品量大、出货频率快的物流中心来讲,商品储位就意味着工作效率和效益,要真正解决好这个问题,数据挖掘是必不可少的。可以利用以往的商品流动数据,采取数据挖掘中的关联模式来分析解决这个问题。通过分析物流中心中商品历次出货的时间、数量、送货地点、需求者以及关联度等要素,确定商品的储存方式、储存位置和分拣手段,从而提高物流中心的储存、分拣和出货的效率。

4)优化配送路径

配送路径是个典型的非线性问题,它一直影响着物流企业配送效率的提高。数据挖掘中的遗传算法为配送路径的优化提供了新的工具,它可以把在局部优化时的最优路线继承下来,应用于整体,而其他剩余的部分则结合区域周围的剩余部分(即非遗传的部分)进行优化。如此下去,逐渐把其他的区域并入优化的范畴,最后扩展到整体,模型得出的信息即可用来决策输出,即根据每次配送顾客数量的不同、顾客位置的不同,以及相应订货量的不同,输出本次送货线路车辆调度的动态优化方案。

5)顾客价值分析

根据市场营销的原则,对待不同类型的顾客所提供的服务水平也应该是不同的。通过分析客户对物流服务的应用频率、持续性等指标来判别客户的忠诚度,通过对交易数据的详细分析来鉴别哪些是物流企业希望保持的客户,通过挖掘找到流失客户的共同特征,就可以在那些具有相似特征的客户还未流失之前进行针对性的弥补。

6)物流需求预测

物流企业规划和控制物流活动需要准确估计供应链中所处理的产品和服务的数量,这些估计主要采用预测和推算的方式。数据挖掘可以对物流活动中的产品和服务类型随时间变化的规律和趋势进行建模描述。时间趋势分析可以对现有商品在时间上的变化找出趋势,然后确定需要注意和开发商品的类型。空间趋势分析可以根据地理位置的变化找到趋势,然后确定以往重点发展的区域。这对于物流企业长远的发展也是至关重要的。

复习思考题

1. 常用的物流信息储存与分析技术有哪些?
2. 数据库的内涵是什么,有哪些常用的数据库?
3. 在物流领域数据库技术有哪些应用,试举例说明。
4. 数据仓库的内涵是什么?
5. 数据库与数据仓库之间的区别与联系是什么?
6. 举例说明数据仓库在物流领域的应用现状。
7. 数据挖掘技术的内涵及功能分别是什么。
8. 除书中所列应用,数据挖掘还可以解决物流方面的哪些问题?
9. 数据挖掘与数据仓库之间有什么区别与联系?
10. 除书中介绍的物流信息储存与分析技术外,是否还有在物流领域应用的其他信息储存与分析技术,有哪些?

8 物流信息的相关辅助技术

学习目标

> 了解并熟悉销售点系统技术的组成及特点
> 了解并熟悉电子订货技术的运行及特点
> 了解其他辅助技术的原理
> 了解各种技术在物流管理中的应用

8.1 销售点系统技术

8.1.1 POS 系统概述

POS(Point of Sale)系统称为"销售终端"或销售点实时处理系统。POS 之所以称为销售点实时处理系统,是因为它的主要任务是对商品交易提供服务和实时管理;具体内容包括:以不同的销售方式(零售、批发、折让、折扣、调价、减价等),不同的结算方式(现金、支票、信用卡等),不同的处理方式(条形码扫描、键盘数据录入、刷卡等)完成商品交易并产生所需要的收据;对商品销售信息进行统计和实时管理,如统计交易次数、时段销售金额、时段各类商品的销售量、自动更新库存量、提供可靠的存货信息;控制各类商品的库存量并管理商品的订货等。POS 系统最早应用于零售业,以后逐渐扩展至其他如金融、旅馆等服务行业,利用 POS 系统的范围也从企业内部扩展到整个供应链。

1) POS 系统的分类

一般地对销售点系统 POS 有两种说法:一种是商业应用的 POS 系统,如商店前台结账系统,它是由电子收款机和计算机联机构成的商店前台网络系统。该系统对商店零售柜台的所有交易信息进行加工整理、实时跟踪销售情况、分析数据、传递反馈、强化商品营销管理。

另一种是指销售点电子转账服务作业系统，如银行应用的 POS 机或 POS 系统。它是由银行设置在商业网点或特约商户的信用卡授权终端机和银行计算机系统通过公用数据交换网联机构成的电子转账服务系统。它的功能是提供持卡人在销售点购物或消费，通过电子转账系统直接扣账或信用记账的服务。

2) 商业用 POS 系统

商业用 POS 系统包括前台 POS 系统和后台 MIS 系统两大基本部分。

前台 POS 系统是指通过自动读取设备（如收银机），在销售商品时直接读取商品销售信息（如商品名、单价、销售数量、销售时间、销售店铺、购买顾客等），实现前台销售业务的自动化，对商品交易进行实时服务和管理，并通过通信网络和计算机系统传送至后台，通道通过后台计算机系统（MIS）的计算、分析与汇总等掌握商品销售的各项信息，为企业管理者分析经营成果、制定经营方针提供依据，以提高经营效率的系统。

后台 MIS（Management Information System）又称管理信息系统。它负责整个商场进、销、调、存系统的管理以及财务管理、库存管理、考勤管理等。它可根据商品进货信息对厂商进行管理，又可根据前台 POS 提供的销售数据，控制进货数量，合理周转资金，还可分析统计各种销售报表，快速准确地计算成本与毛利，也可对售货员、收款员业绩进行考核，是职工分配工资、奖金的客观依据。因此，商场现代化管理系统中前台 POS 与后台 MIS 是密切相关的，两者缺一不可。

8.1.2 POS 系统的组成及特点

POS 的系统结构主要依赖于计算机处理信息的体系结构。结合商业企业的特点，POS 的基本结构可分为：单个收款机、收款机与微机相连构成 POS，以及收款机、微机与网络构成 POS。目前大多采用第三种类型的 POS 结构，它包括硬件和软件两大部分。

1) POS 系统的硬件结构

如图 8-1 所示，POS 系统的硬件主要包括收款机、扫描器、显示器、打印机、网络、微机与硬件平台等。

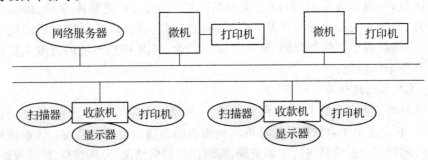

图 8-1 POS 系统的硬件结构

• 前台收款机(即 POS 机)。可采用具有顾客显示屏和票据打印机、条码扫描仪的 XPOS,PROPOS,PCBASE 机型。共享网上商品库存信息,保证了对商品库存的实时处理,便于后台随时查询销售情况,进行商品销售分析和管理。条码扫描仪可根据商品的特点选用手持式或台式以提高数据录入的速度和可靠性。

• 网络。目前,我国大多数商场一般内部信息的交换量很大,而对外的信息交换量则很小,因此,计算机网络系统应采用高速局域网为主、电信系统提供的广域网为辅的整体网络系统。考虑到系统的开放性及标准化的要求,选择 TCP/IP 协议较合适。操作系统选用开放式标准操作系统。

• 硬件平台。大型商业企业的商品进、存、调、销的管理复杂,账目数据量大,且须频繁地进行管理和检索,选择较先进的客户机/服务器结构,可大大提高工作效率,保证数据的安全性、实时性及准确性。

2) POS 系统的软件结构

POS 软件系统组成示意如图 8-2:

前台 POS 系统包括独立/联网运行、停电保持、暂停付款及恢复付款、收款员密码保护、选择删除功能,采用数字商品编码,每台收款机的商品种类不受限制,可使用零售、折扣、变价、退物、现金、支票、信用卡、会员卡、储值卡、积分卡、赠送等销售方式,多货币兑换率自动处理,可使用条形码、磁卡阅读器等辅助输入设备,自动计算钱柜中各币种的金额,可打印收款员报表(本班次)及收款员损益报表等。

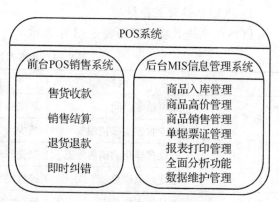

图 8-2 POS 系统的软件结构

后台 MIS 系统具有进、销、调、存管理功能,包括档案管理、进货调拨、应付款项、储值卡、会员卡管理、批发管理、库存、盘点管理以及零销商品分析、畅销分析、成本毛利、分类统计查询、综合分析、销售预测等。

3) POS 的运行步骤

以零售业为例,POS 的运行步骤包括以下五步:

第一步,店铺销售商品都贴有表示该商品信息的条形码(Barcode)或 OCR 标签(Optical Character Recognition)。

第二步,在顾客购买商品结账时,收银员使用扫描器自动读取商品条形码或 OCR 标签上的信息,通过店铺内的微型计算机确认商品的单价,计算顾客购买总金额等,同时返回收银机,打印出顾客购买清单和付款总金额。

第三步,各个店铺的销售时点信息通过 VAN 以在线联结方式即时传送给总部或物流中心。

第四步,在总部,物流中心和店铺利用销售时点信息来进行库存调整、配送管理、商品订货等作业。通过对销售时点信息进行加工分析来掌握消费者购买动向,找出畅销商品和滞销商品,以此为基础,进行商品品种配置、商品陈列、价格设置等方面的作业。

第五步,在零售商与供应链的上游企业(批发商、生产厂商、物流作业等)结成协作伙伴关系(也称为战略联盟)的条件下,零售商利用 VAN 以在线联结的方式把销售时点信息即时传送给上游企业,这样上游企业可以利用销售现场的最及时准确的销售信息制订经营计划、进行决策。例如,生产厂家利用销售时点信息进行销售预测,掌握消费者购买动向,找出畅销商品和滞销商品,把销售时点信息(POS 信息)和订货信息(EOS 信息)进行比较分析来把握零售商的库存水平,以此为基础制订生产计划和零售商库存连续补充计划 CRP(Continuous Replenishment Program)。

8.1.3 POS 系统的效益分析

1) POS 系统效益分析

POS 的系统效益可以用表 8-1 来表示。

表 8-1 POS 系统效益

效益	内容	说明
提高服务品质	缩短结账时间	解决高峰时刻顾客等候时间
	减少收银结账错误	减少因人为错误所引起的误会
	提供多样化的销售形态	接受非现金购物服务
	改变商家形象	提供顾客现代化购物环境
降低成本	人员效率提升	缩短时间,有效利用人力资源
	畅通物流	利用 POS 系统,提高商品效益
	精确行政财务管理	防范作业人员舞弊,使现金管理合理化
增加效益	提高销售量	利用 POS 系统的客户分析功能,调整适当商品结构,增加销售业绩
	最佳商品计划	精确统计分析单品销售量,掌握畅销、滞销商品
	提升采购效率	精确掌握单品库存,适时适量采购策略
	资金灵活调度	营业资料的收集迅速属实,数据可靠
	掌握营业目标	透过 POS 系统,达成营业目标
	有效运用陈列空间	使商品陈列位置合理化
	增加商场竞争能力	分析消费趋势,以调整销售策略及经营方针

2) POS 系统对作业流程面的影响

POS 系统简化了工作流程,提高了工作效率,如表 8-2 所示。

表 8-2　POS 系统对作业流程面的影响

	导入 POS 系统前	改进方式
前台收银作业	商品庞大且繁杂，无法掌握，人工录入账目，耗费时间且错误率高，容易发生弊端，收银员训练成本高，现金不易掌握	利用条形码分类管理，用扫描器输入，可降低收银作业错误，节省人工，且当人员流动时，训练新收银员容易，而智能型收款机与后台系统联机，可随时查询，掌握销售状况
库存管理	难以掌握现有库存量及金额，采购人员依直觉进货和主观进货，造成存货积压而没有觉察	可通过计算机对进货情况一目了然，并可设定安全库存以达成自动采购效应，同时对于盘点或耗损亦可纳入计算机记录，可追踪查询呆滞品
销售管理	凭直觉或经验，判断商品销售高峰时段及价格区域，以及畅销品和滞销品；变价、促销、特价有赖人工处理；不易达成顾客购买倾向	前台销售数据传至后台系统，产生各类报表，通过计算机交叉分析，能更精确掌握销售实况
上游商品情报	商品、供应商等各项信息由采购人员掌握，易产生弊端，供应商稽核不易	纳入后台管理，可随时查询送货时效、付款条件和供应商品等

实际上，商业 POS 系统的应用给企业带来了信息面、管理面和企业内部稽查面上的效益，如表 8-3 所示。

表 8-3　商业 POS 系统的综合效益评价

	效益指标	说明
信息面	购买动向分析	针对 POS 系统所收集数据进行分析，可以获悉消费者的购买动机、目标客户层、畅销品及滞销品等重要信息，以利于管理
	消费者层次分析	
	畅销、滞销品分析	
管理面	商品的配置	将 POS 所收集的各项数据作为商品陈列的参考，并可进行商品比率、结构调整，也可作为商品库存与订货的参考
	商品陈列的管理	
	特卖、促销、变价管理	
	盘点及进货管理	
内部稽核面	合理化作业	通过 POS 系统作业，推动商店作业合理化，建立制度并简化收银作业，防止员工舞弊，避免因人为疏忽而产生弊端
	防止舞弊	
	简化收银作业	
	减少人工输入	

8.1.4 POS 在物流管理中的应用

ECR(Efficient Consumer Response)即"快速客户反应",它是在商业、物流管理系统中,经销商和供应商为降低甚至消除系统中不必要的成本和费用,给客户带来更大效益,而利用信息传输系统或互联网进行密切合作的一种战略。

实施"快速客户反应"这一战略思想,需要我们将条码自动识别技术、POS 系统和 EDI 集成起来,在供应链(由生产线直至付款柜台)之间建立一个无纸的信息传输系统,以确保产品能不间断地由供应商流向最终客户,同时,信息流能够在开放的供应链中循环流动。

可见,实施 ECR 可以提高订货、配货的效率,满足客户对产品和信息的需求,即给客户提供最优质的产品和适时准确的信息。

通过 POS 系统可以实现对物流的跨地域进行跟踪,满足生产者和经销者对消费者消费倾向等市场信息的需求。从而更有效地将生产者、经销者和消费者紧密地联系起来。

POS 技术的应用可以提高库存管理效率与精度,为生产者和经销商降低管理成本,提高效益。

要实施 ECR 战略,目前只有中高档次的机型(即二类收款机)具备联网功能,由于 ECR 的硬件环境不具备开放性,而且软件数据量比较小,因此 ECR 一般采用专用网络形式,即通过收款机本身的 RS232/RS422/RS485 接口、多用户卡实现与收款机之间或与一台上位机(微机)的连接,完成收款机与收款机之间、收款机与上位机之间的数据传输。

8.2 电子订货技术(EOS)

8.2.1 电子订货系统概述

1) EOS 的定义及分类

电子自动订货系统(Electronic Ordering System,EOS)是零售业将各种订货信息,使用计算机并通过网络系统(VAN 或互联网)传递给批发商或供应商,完成从订货、接单、处理、供货、结算等全过程在计算机上进行处理的系统。EOS 按应用范围可分各企业内的 EOS(如连锁店经营中各个连锁分店与总部之间建立的 EOS 系统),零售商与批发商之间的 EOS 系统以及零售商、批发商和生产商之间的 EOS 系统。

2) 电子订货系统的组成与特点

EOS 系统并非是单个的零售店与单个的批发商组成的系统,而是许多零售店和许多批发商组成的大系统的整体运作方式。EOS 系统结构如图 8-3 所示。

从图中可看出,电子订货系统中的批发、零售商场、供货商、商业增值网络中心在商流中的角色和作用为:

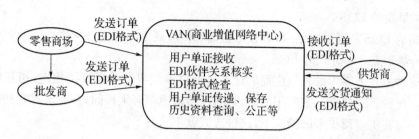

图 8-3　EOS 系统的结构

(1) 批发、零售商

采购人员根据 MIS 系统提供的功能,收集并汇总各机构要货的商品名称、要货数量,根据供货商的可供商品货源、供货价格、交货期限、供货商的信誉等资料,向指定的供货商下达采购指令。采购指令按照商业增值网络中心的标准格式进行填写,经商业增值网络中心提供的 EDI 格式转换系统而成为标准的 EDI 单证,经由通信界面将订货资料发送至商业增值网络中心,然后等待供货商发回的有关信息。

(2) 商业增值网络中心

商业增值网络中心(VAN)不参与交易双方的交易活动,只提供用户连接界面,每当接收到用户发来的 EDI 单证时,自动进行 EOS 交易伙伴关系的核查,只有互有伙伴关系的双方才能进行交易,否则视为无效交易;确定有效交易关系后还必须进行 EDI 单证格式检查,只有交易双方均认可的单证格式,才能进行单证传递;并对每一笔交易进行长期保存,供用户今后查询,或在交易双方发生贸易纠纷时,可以根据商业增值网络中心所储存的单证内容作为司法证据。

商业增值网络中心是共同的情报中心,它是透过通信网络让不同的机种的计算机或各种连线终端相通,促进情报的收发更加便利的一种共同情报中心。实际上在这个流通网络中,VAN 也发挥了巨大的功能。VAN 不单单是负责资料或情报的转换工作,也可与国内外其他地域的 VAN 相连并交换情报,从而扩大了客户资料交换的范围。

(3) 供货商

根据商业增值网络中心转来的 EDI 单证,经商业增值网络中心提供的通信界面和 EDI 格式转换系统而成为一张标准的商品订单,根据订单内容和供货商的 MIS 系统提供的相关信息,供货商可及时安排出货,并将出货信息透过 EDI 传递给相应的批发、零售商,从而完成一次基本的订货作业。

当然,交易双方交换的信息不仅仅是订单和交货通知,还包括订单更改、订单回复、变价通知、提单、对账通知、发票、退换货等许多信息。

3) EOS 的发展过程

最初把电子订货系统(EOS)引入商业的是连锁店,其目的是追求分店与总店的相互补货业务及管理运行上的合理化。随着通信技术的发展,EOS 大致经历了 4 个发展过程。

(1) 早期的 EOS

早期的 EOS 是通过电话/传真在零售商和供应商之间传递订货信息。

(2) 基于点对点方式的 EOS

在这种方式下零售商和供应商的计算机通过专线或电话线直接相连,相互传递订货信息。这种方式要求双方采用的通讯协议、传输速率必须相同,并要求对方开机才能建立连接。在供应商很多的情况下,这种方式就不适宜了。

(3) 基于增值网的 EOS

在这个阶段零售商和供应商之间通过增值网传递订货信息。增值网作为信息增值服务的提供者,用于转发、管理订货信息。增值网有两类,一是地区 VAN 网络。由许多中小零售商在各地设置区域性的 VAN 即成立区域性的 VAN 营运公司,为本地区的零售业服务,支持本地区 EOS 运行。二是专业 VAN 网络。在商品流通中,常常是按商品的性质划分专业,如食品、医药品、农副产品、生鲜食品、服装等,因此形成了各个不同的专业。各专业为了达到流通现代化的目标,分别建立了自己的网络体系,形成专业 VAN。

基于 VAN 的 EOS 一般都通过 EDI 方式传递订货信息。

(4) 基于 Internet/Intranet 的 EDI

随着 Internet/Intranet 在全球范围的普及,利用 Web 技术,通过 Internet 传递订货信息,加速信息传递和共享,是发展趋势。Internet 上亿万用户是巨大的潜在的供应商和零售商。

8.2.2 EOS 系统的流程与实施

1) EOS 系统的流程

EOS 系统的基本流程如图 8-4 所示。

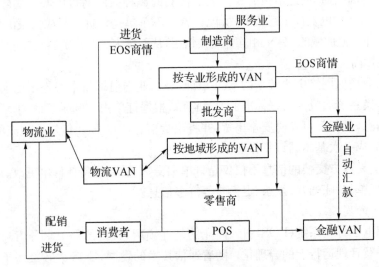

图 8-4 EOS 系统的基本流程

（1）在零售商的终端利用条形码阅读器获取准备采购的商品条形码，并在终端机上输入订货材料；利用电话线通过调制解调器传到批发商的计算机中。

（2）批发商开出提货传票，并根据传票，同时开出拣货单，实施拣货，然后依据送货传票进行商品发货。

（3）送货传票上的资料便成为零售商的应付账款资料及批发商的应收账款资料，并接到应收账款系统中去。

（4）零售商对送到的货物进行检验后，便可以陈列和销售了。

2）EOS 系统的作用

EOS 系统能及时、准确地交换订货信息，它在企业物流管理中的作用如下。

（1）对于传统的订货方式，如上门订货、邮寄订货、电话、传真订货等，EOS 系统可以缩短从接到订单到发出订货的时间，缩短订货商品的交货期，减少商品订单的出错率，节省人工费。

（2）有利于减少企业库存水平，提高企业的库存管理效率，同时也能防止商品特别是畅销商品缺货现象的出现。

（3）对于生产厂家和批发商来说，通过分析零售商的商品订货信息，能准确判断畅销商品和滞销商品，有利于企业调整商品生产和销售计划。

（4）有利于提高企业物流信息系统的效率，使各个业务信息子系统之间的数据交换更加便利和迅速，丰富企业的经营信息。

3）EOS 系统的实施条件

（1）订货业务作业的标准化，这是有效利用 EOS 系统的前提条件。

（2）商品代码的设计。在零售行业的单品管理方式中，每一个商品品种对应一个独立的商品代码，商品代码一般采用国家统一规定的标准。对于统一标准中没有规定的商品则采用本企业自己规定的商品代码。商品代码的设计是应用 EOS 系统的基础条件。

（3）订货商品目录账册的制作和更新。订货商品目录账册的设计和运用是 EOS 系统成功的重要保证。

（4）计算机以及订货信息输入和输出终端设备的添置和 EOS 系统设计是应用 EOS 系统的基础条件。

（5）需要制定 EOS 系统应用手册并协调部门间、企业间的经营活动。

8.2.3　EOS 的作业过程和发展趋势

1）EOS 的业务过程

EOS 的业务过程可分为销售订货业务过程和采购订货业务过程。

（1）销售订货业务

销售订货业务流程见图 8-5，我们可以将基本的批发、订货作业过程中的业务往来划分成以下几个步骤：

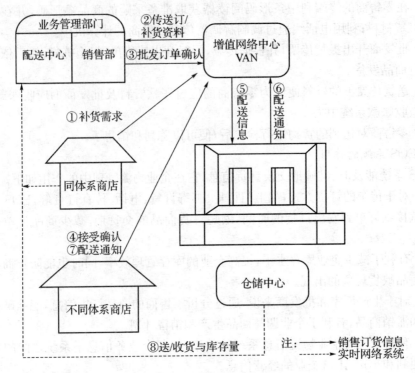

图 8-5 销售订货业务过程

①各批发、零售市场或社会网点根据自己的销售情况,确定所需货物的品种、数量,按照同体系市场,根据实际网络情况,补货需求通过增值网络中心或通过实时网络系统发送给总公司业务部门;不同体系商场或社会网点通过商业网络中心发出 EOS 订货需求。

②商业增值网络中心将收到的补货、订货需求资料发送至总公司业务管理部门。

③业务管理部门对收到的数据汇总处理后,通过商业增值网络中心向不同体系的商场或社会网点发送批发订单予以确认。

④不同体系的商场或社会网点从商业增值网络中心接收到批发订单确认信息。

⑤业务管理部门根据库存情况,通过商业增值网络或实时网络系统向仓储中心发出配送通知。

⑥仓储中心根据接收到的配送通知安排商品配送,并将配送通知通过商业增值网络传送到客户。

⑦不同体系的商场或社会网点从商业增值网络中心接收到仓储中心对批发订单的配送通知。

⑧各批发、零售商场、仓储中心根据实际网络情况,将每天进出货物的情况通过增值网络中心或实时网络系统报送总公司业务管理部门,让业务部门及时掌握商品库存数量,以合理库存数量;并根据商品流转情况,合理商品结构等。

(2) 采购订货业务

采购订货业务流程见图8-6,我们可以将向供货商采购作业过程中的业务往来划分成以下几个步骤：

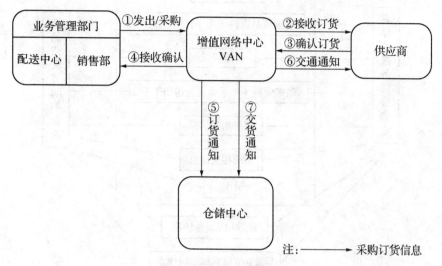

图8-6 采购订货业务流程图

①业务管理部门根据仓储中心商品库存情况,向指定的供货商发出商品采购订单。
②商业增值网络中心将总公司业务管理部门发出的采购单发送至指定的供货商处。
③指定的供货商在收到采购订货单后,根据订单的要求通过商业增值网络对采购订单加以确认。
④商业增值网络中心将供货商发来的采购订单确认发送至业务管理部门。
⑤业务管理部门根据供货商发来的采购订单确认,向仓储中心发送订货信息,以便仓储中心安排检验和仓储空间。
⑥供货商根据采购单的要求,安排发运货物,并在向总公司交运货物之前,通过商业增值网络中心向仓储中心发送交货通知。
⑦仓储中心根据供货商发来的交货通知安排商品检验并安排仓库、库位或根据配送要求备货。

2) EOS系统的发展趋势

当今商业化的迅速发展,使得EOS系统的重要性更加突出。同时,随着科学技术的不断发展和EOS系统的日益普及,EOS的标准化和网络化已经成了当今EOS的发展趋势。

在贸易流通中,常常是按商品的性质划分专业的,如食品、医药品、玩具、衣料等,因此就形成了不同的专业领域。要实施EOS系统,必须做一系列的标准化准备工作,各专业为了流通现代化的目标,分别制定了自己的标准,形成了专业的VAN。

由于EOS系统给贸易伙伴带来了巨大的经济效益和社会效益,专业化的网络和地区网络在逐步扩大和完善,交换的信息内容和服务项目都在不断增加,EOS 系统正趋于系统化、社会化、标准化、国际化,如图 8-7 所示。

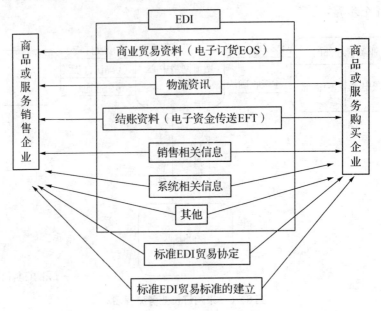

图 8-7 电子订货系统的发展趋势

8.3 网上支付技术

8.3.1 网上支付系统概述

1) 网上支付的定义及系统组成

网上支付(Net Payment/Internet Payment)是电子支付方式的一种,是指以金融电子化网络为基础,以商用电子化工具和各类交易卡为媒介,采用现代计算机技术和通信技术作为手段,以二进制数据形式,通过计算机网络,特别是 Internet 公共网络,以电子信息传递的形式来实现资金的流通和支付。一个完整的网上支付系统通常由客户、商家、客户开户行、商家开户行、支付网关、金融专用网络、CA 认证中心、网上支付工具及其遵循的支付通信协议九个要素组成。网上支付系统的基本结构如图 8-8 所示。

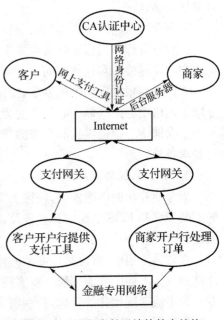

图 8-8 网上支付系统的基本结构

2) 网上支付的发展历程及现状

随着电子商务的迅猛发展,如何构建方便快捷、安全可靠的网上支付体系逐渐成为制约电子商务发展的瓶颈。作为电子商务的核心环节,网上支付的每一次演变都会为电子商务带来巨大变革,回顾网上支付的发展历程,可以大体分为如下五个阶段:

第一阶段:银行利用计算机处理银行间的业务,办理结算。

第二阶段:银行计算机与其他机构计算机之间的结算,如代发工资等。

第三阶段:利用网络终端向客户提供各项银行业务,如客户在ATM上完成取款、存款等操作。

第四阶段:利用银行销售点终端(POS)向客户提供自动扣款服务。

第五阶段:电子支付过程可以随时随地通过互联网直接转账结算完成。

近年来,网上支付呈普及化发展趋势,伴随线下支付场景的多元化,移动网上支付在一定程度上已经取代实物钱包,成为人们日常消费支付的常用方式。据中国互联网络信息中心(CNNIC)发布的《第37次中国互联网络发展状况统计报告》显示,截至2015年12月,我国使用网上支付的用户规模达到4.16亿,较2014年底增加1.12亿,增长率达到36.8%。与2014年12月相比,我国网民使用网上支付的比例从46.9%提升至60.5%。

3) 网上支付工具

作为网上支付系统中资金流动的重要载体,网上支付工具为了适应电子商务的快速发展,如今也出现了多种多样的类型。总体来讲,按照支付流程的不同,可以把网上支付工具分为"类支票电子货币"、"类现金电子货币"和"电子钱包"三类。各类网上支付工具的特点如表8-4所示。

表8-4 各类网上支付工具特点

支付工具类别	特点	举例
类支票电子货币	收、付款双方的转账需要银行或其他中介的支持,支付过程不匿名,通常适用于较大数额的网上交易	借记卡、(准)贷记卡、电子支票、支付宝等
类现金电子货币	在支付流程中不需要银行参与,银行只在发行与兑换时参与运作,支付过程匿名,结算速度较快,适用于微小数额的网上交易	现金卡(如公交卡)、虚拟货币(如Q币)等
电子钱包	综合型的网上支付工具,可含有电子现金、电子信用卡、在线货币等电子货币,集多种功能于一体	城市一卡通、VISA Cash软件等

8.3.2 网上支付模式

从消费者感知体验及支付工具使用角度出发,目前电子商务网上支付模式可分为电子支票网上支付、网上银行、网关型第三方支付平台网上支付、信用担保型第三方支付平台网上支付和移动支付五种类型。

1) 电子支票网上支付模式

电子支票网上支付模式是指在互联网上利用电子支票完成买卖双方之间的资金支付与结算,该模式下客户和商家必须到各自的开户行申请电子支票应用授权,获取数字证书及电子支票相关软件等。具体支付流程如图8-9所示。

图8-9所示流程的具体内容为:①客户在网上商店选定商品,选择使用电子支票支付,利用自己的

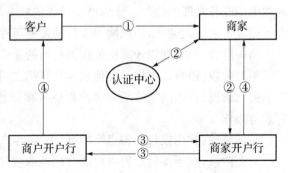

图8-9 电子支票网上支付流程图

私钥对电子支票进行数字签名后,发送电子支票到商家;②商家收到电子支票后,通过认证中心对客户的电子支票进行验证,验证通过后将电子支票发送到商家开户行索付;③商家开户行收到电子支票后,将其转发到资金清算系统,自动清算系统向客户开户行申请兑换电子支票,并且将兑换的资金发送到商家开户行;④商家开户行向商家发送到款通知,客户开户行向客户发付款通知。

2) 网上银行模式

网上银行模式是指银行通过自己的站点和主页,向客户提供开户、销户、查询、对账、转账、信贷、网上证券、投资理财、网上支付等金融业务的虚拟银行,客户通过它完成网上支付。此模式需要商家在银行中开设结算账户,客户在银行中开设支付卡,并在卡中存有一定数量的钱款,这种模式下商家直接通过支付网关连接银行,支付网关的主要作用是安全连接公共互联网和银行专网,完成通信、协议转换和数据加、解密功能,以保护银行内部网络。具体支付流程如图8-10所示。

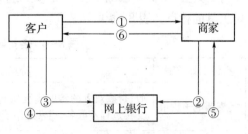

图8-10 网上银行网上支付流程图

图8-10所示流程的具体内容为:①客户连接互联网,检索商品,填写网络订单,加密后提交商家;②商家接受订单,向网上银行发送订单金额;③网上银行在验证商家身份后,给客户提供支付界面;④客户填入自己的支付卡号、密码,进行支付;⑤银行检验用户的支付卡有效后,把货款从客户账户转到商家账户,并向商家网站返回支付成功消息;⑥商家网站向客户发送支付成功消息并给客户发货。

3) 第三方支付平台网上支付模式

第三方支付平台网上支付模式是指平台提供商通过采用规范的连接器,在网上商家与商业银行之间建立结算连接关系,实现从消费者到金融机构、商家之间的在线货币

支付、现金流转、资金清算、查询统计等业务流程。第三方支付平台可以分为两类：一类是充当银行网关的支付平台；另一类则除了担任银行支付中介外，还担任交易双方的信用担保。

(1) 网关型第三方支付平台网上支付

网关型第三方支付平台的支付网关建立在第三方支付平台与银行之间，商家需要在第三方支付平台开立账户，各类商业银行共同利用第三方的服务系统，节省网关开发成本。第三方支付平台为网上交易提供一致的支付界面，统一的手续费用标准，处理交易中的所有资金并将其转到商家的开户银行。具体支付流程如图8-11所示。

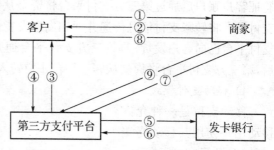

图8-11　网关型第三方支付平台网上支付流程图

图8-11所示流程的具体内容为：①客户填写网络订单，加密后提交商家；②商家网页提示客户通过链接进入第三方支付平台的网页继续交易；③第三方支付平台给客户提供支付界面；④客户在核对界面的支付信息后，填入自己的银行卡号、密码，进行支付；⑤第三方支付平台获取客户支付信息并向相关银行发送支付请求；⑥银行卡信息等经由金融体系内部网络进行处理，银行授权支付后资金由第三方保有；⑦第三方支付平台获得授权后向商家网站返回支付成功消息；⑧商家网站向客户发送支付成功消息后给客户发货；⑨定期清算，第三方将资金转入到商家账户。

(2) 信用担保型第三方支付平台网上支付

该模式也利用支付网关连接第三方支付平台与银行，但是客户和商家都需要在第三方支付平台上注册账户，客户可以通过将银行账户与支付平台账户绑定或邮政汇款、线下充值等方式给自己的支付平台账户充值，全部交易过程都在支付平台内部进行，不需要外部银行参与，从而简化交易流程并提高了资金流通的安全性。同时第三方支付平台还可以担任货物的信用中介，约束交易双方的行为，在一定程度上缓解彼此对双方信用的猜疑，增加网上购物的可信度。具体支付流程如图8-12所示。

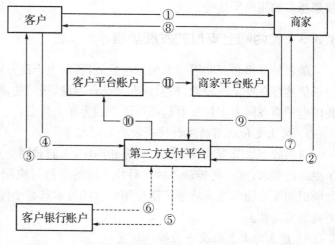

图8-12　信用担保型第三方支付平台网上支付流程图

图 8-12 所示流程的具体内容为：①客户连接网上选购商品，填写网络订单，加密后发送商家；②商家向第三方支付平台发送支付请求；③第三方支付平台向客户提供支付界面；④客户填写相关信息进行支付；⑤第三方支付平台获取客户支付信息并向相关银行发送支付请求（或客户平时通过第三方支付平台发送平台账户充值请求）；⑥银行验证客户账户后通过第三方支付平台将资金从银行账户转入客户平台账户；⑦第三方支付平台将转账支付信息传递并通知商家发货；⑧商家发货给客户；⑨商家通知第三方支付平台已向客户发货；⑩第三方支付平台通知客户查询物流信息；⑪客户确认收货后，第三方支付平台将货款从客户平台账户转入商家平台账户。

4）移动支付模式

移动支付是一种允许移动用户使用其移动终端（例如手机等）对所消费的商品或服务进行账务支付的支付方式。移动支付的业务模式一般有四种：手机代缴费、手机钱包、手机银行和手机信用平台，可以通过从手机上下载相关第三方支付平台 APP 以及开通手机银行服务等方式实现。移动支付具有不受时空限制、交易时间短、灵活多样等特点，已经被越来越多的用户所接受。

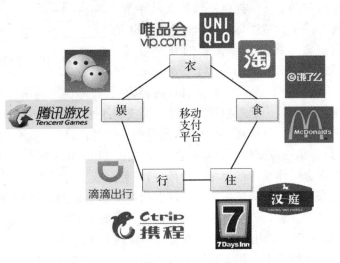

图 8-13 移动支付平台应用

8.3.3 国内网上支付的发展前景

随着计算机和互联网技术的迅速发展，我国电子商务网上支付也在不断走向成熟，但是仍然存在安全性较低、相关标准及认证混乱、法律法规滞后等问题，整体来讲，未来我国电子商务网上支付发展趋势可以总结为如下几点：

1）网上支付运用的高科技手段将日趋增多

与高效率快节奏的现代电子商务相匹配，人们对网上支付的便利性、安全性也提出了更高的要求，这必将推动各种高科技手段的研制与应用。例如指纹识别、声纹识别、虹膜识别等生物学技术将被广泛应用。这些技术具有个性化、唯一性的特点，因而具有更高的安全性。

2）建立网上支付统一的标准规范

由于不同网上支付模式下的支付标准不同，用户在进行跨平台转账时往往会面临手续费较高甚至不能转账的情况。目前,我国正在积极倡导各网上银行以及第三方支付平台的相互融合,构建统一的标准规范,未来期望建立起一个一体化的网上支付平台体系,为不同消费需求的用户提供便利。

3) 网上支付相关法律法规将不断完善

目前我国第三方支付平台发展迅速,但是相关的法律法规却依然不够完善,导致一些利用第三方支付平台进行诈骗和虚假交易等情况时有发生。未来我国需要继续加强网上支付相关立法,完善支付平台的准入制度,维护电子商务市场秩序的稳定,保障网上支付用户的权益。

4) 网上支付的全球化发展

在贸易全球化的背景下,网上支付未来也将逐渐突破国家地域的限制,实现与国外网上商家、网上支付平台等联网,拓展网上支付业务范围,为电子商务的全球化发展奠定基础。

8.4 手机应用软件技术(APP)

8.4.1 APP概述

1) APP的概念及特点

APP是英文Application的简称,是指手机中的应用程序(即手机客户端)。手机APP具有安装方便、使用灵活简单等特点,并且目前已发展出娱乐、社交、购物、支付等多种功能,极大地拓展了智能手机的应用范围。同时,随着移动互联网的发展,手机APP可以为越来越多的企业提供全新的宣传和营销平台,企业可以通过开发手机客户端软件,结合图片、文字、音频、视频、动画等方式生动展示品牌及产品信息,及时跟进客户需求,以较低的成本为客户提供精准的服务。

2) APP的发展历程

(1) APP雏形的形成

APP的出现最早可以追溯到手机糖块时代中NOKIA手机中的贪吃蛇游戏,由于这款游戏在手机出厂前就内置其中,因此在当时被看做是手机功能的一部分。随着移动设备进入功能性时代,APP的发展也进入了一个新的平台。JAVA等编程技术的发展和普及,出现了许多可供用户自由安装、卸载的应用程序,其中以游戏娱乐类为主,形成了最初的APP。

(2) 移动互联技术的出现——APP应用范围的扩大

随着移动互联网技术的出现与推广,有关互联网的手机APP开始产生,使得最初以提供娱乐为主的APP向咨询、社交、工具等方向发展,扩大了APP的应用范围。

(3) 智能手机的出现——APP步向成熟

相较于非智能手机,智能手机拥有自己的操作系统、独立的处理器以及更大的显示屏幕,这些都促进 APP 向开发标准化、操作流畅化和表现多元化发展,APP 作为一种虚拟产品被广大用户所接受。

3) APP 的开发流程

作为功能性的手机应用程序,APP 可以看作为一个小型的信息系统,如图 8-14 所示,一般的 APP 开发流程大体上可以划分为调研设计、开发测试、后期维护三个阶段。

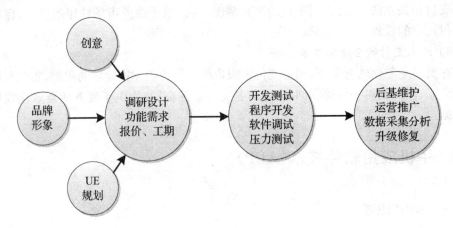

图 8-14　APP 开发流程

8.4.2　APP 在物流领域的应用

1) 物流 APP 分类

近年来,行业门户类应用正在从互联网向移动互联网延伸,物流行业也加快了移动业务的增长步伐,开始涌现出越来越多的物流类 APP 软件。根据功能及应用对象的不同,可以将物流 APP 分为物流企业级 APP、B2C 电商平台 APP、货运 APP 及物流查询 APP 四类。

(1) 物流企业级 APP

物流企业级 APP 主要包括三个领域的应用:一是为业务伙伴服务的企业级 B2B 移动电子商务,为企业之间的合作交易提供便利;二是将 ERP 的部分功能模块移植到手机应用上,以手机平台化的方式呈现,例如仓库管理、供应链管理等,企业人员通过移动 APP 的操作实现随时与 PC 端 ERP 系统的同步对接,提高企业运营管理的效率和灵活性;三是为大型会议提供移动服务平台,借助移动信息化手段为会议讨论与决策制定提供便利。

(2) B2C 电商平台 APP

B2C 电商平台 APP 主要为消费者提供商品查询、网上购物消费等服务,是 PC 端电商平台的扩展。随着我国移动消费比例的迅速上升,为适应不同的消费需求,B2C 电商平台 APP 呈现出多样化发展趋势,这其中主要包括以京东、淘宝等为例的综合类购物 APP、以美团、唯品会等为例的团购(特卖)类购物 APP、以小红书、网易考拉等为例的跨境电商 APP、以闲鱼、转转等为例的二手电商 APP、以全民夺宝、1元夺宝等为例的众筹类购物 APP。

(3) 货运 APP

货运 APP 是移动互联网进入物流业务的第一波产品,它主要定位于长途货运市场,为车主和货主提供一个公开透明的移动物流服务平台,消除中间环节,可以让车主和货主在平台上快速有效地找到货源和车源,解决找车难找货难的问题。

(4) 物流查询类 APP

物流查询类 APP 大多是物流信息网站在移动互联领域的延伸,其功能主要包括物流单号查询、物流价格查询、相关物流咨询查询等。

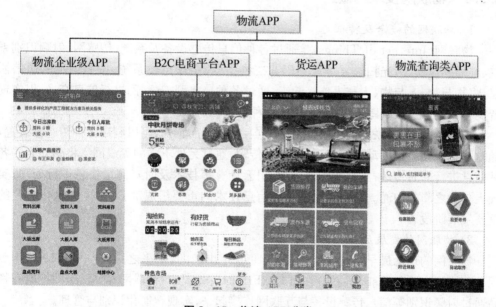

图 8-15 物流 APP 分类

2) APP 在物流行业应用意义

作为移动互联和信息化的重要表现之一,APP 在物流行业的应用具有深远意义,具体可以表现为如下几点:

(1) 节约资金:与线下经济模式相比,手机 APP 的开发无需花费高昂的技术和人力成本,帮助企业将更多资金投入到硬件设施的改进升级与组织管理中去。

(2) 提高企业运营效率:物流 APP 的开发使得移动办公成为可能,通过与企业现有平台的对接和数据共享,物流 APP 有助于协调企业一线操作人员的分工合作,提高企业运营效率,同时能够让企业高层决策人员及时了解企业各功能模块的运行情况,为其作出正确的决策提供支持。同时,物流 APP 搭建起用户与企业之间沟通的桥梁,可以帮助企业及时了解用户需要,为用户提供个性化的服务。

（3）扩大企业影响力：物流 APP 具有较强的市场渗透能力和传播能力，它可以作为企业的宣传工具，扩大企业的市场影响力。同时企业也可以通过 APP 发布相关推文，帮助用户更好地了解企业的主营业务与文化。

（4）增强用户体验：除了操作简单、灵活方便以外，目前我国物流 APP 正在向功能集成化、形式多样化发展，满足用户群体的不同需求，提供一站式的服务，相比于 PC 端软件，物流 APP 具有更好的用户体验。

8.5　物联网技术

8.5.1　物联网技术的概述

1）物联网的概念及特征

物联网（Internet of Things）是通过各种信息传感设备及系统（传感网、射频识别系统、红外感应器、激光扫描器等）、条码与二维条码、全球定位系统，按照约定的通信协议，将物与物、人与物、人与人连接起来，通过各种接入网、互联网进行信息交换，以实现智能化识别、定位、跟踪、监控和管理的一种网络。

由定义可知，物联网的主要特征有三点：一是全面感知，可以利用各种传感器装置，随时随地采集物体的动态信息；二是可靠传输，通过无处不在的无线网络将感知到的各种信息进行即时传送；三是智能处理，利用云计算等技术及时对海量信息进行处理，实现人与物之间的沟通。物联网是新一代信息技术的重要组成部分，也是信息化时代的重要发展阶段。

2）物联网的发展历程及现状

物联网的理念最早出现于比尔盖茨 1995 年出版的《未来之路》一书中，1999 年美国 Auto-ID 中心的 Ashton 教授在研究 RFID 时首先提出"物联网"的概念，即把所有物品通过射频识别等信息传感设备与互联网连接起来，实现智能化识别与管理。

随着信息化时代的到来，传感技术与通信技术得到了飞速发展，物联网的应用范围也得到了进一步的扩展，2005 年 11 月在突尼斯举行的信息社会世界峰会（WSIS）上，国际电信联盟（ITU）发布了《ITU 互联网报告 2005：物联网》，其中指出，无所不在的"物联网"通信时代即将来临，世界上所有物体都可以通过互联网主动进行交换，射频识别技术、传感器技术、智能嵌入技术等都会得到更加广泛的应用。

此后，美国、欧盟、日本、韩国等世界主要经济体纷纷提出基于本经济体的物联网发展规划，如美国的"智慧地球"、欧盟的"欧盟物联网行动计划"、日本的"U-Japan"等，都将物联网视为推动产业升级、经济复苏和确立全球竞争优势的"发动机"，作为第四次工业革命的重要战略竞争点，物联网的发展同样受到我国政府的高度重视，早在 2009 年，温家宝总理就提出了"感知中国"战略，将物联网技术列入国家战略性新兴产业规划，并在无锡建立了物联网产业发展中心。

8.5.2 物联网系统的基本组成

1) 硬件平台

物联网是以数据为中心的面向应用的网络,主要完成信息感知、数据处理、数据回传以及决策支持等功能,其硬件平台可由传感网、核心承载网和信息服务系统等几大部分组成。

其中,传感网包括感知节点(由各种传感器和信号采集装置组成,负责数据采集、控制)和末梢网络(负责汇聚节点、接入网关等);核心承载网为物联网业务的基础通信网络,它可以是公共通信网,也可以是企业专用网;信息服务系统主要由各种应用服务器(包括数据库服务器)等硬件设施组成,负责对采集到的数据进行融合、汇聚、转换、分析等,为用户提供决策支持。物联网硬件平台组成如图 8-16 所示。

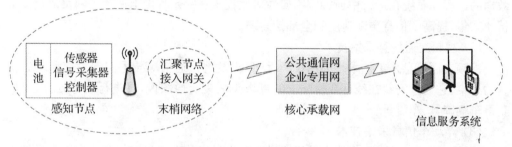

图 8-16 物联网硬件平台

2) 软件平台

物联网软件平台是物联网的神经系统,一般物联网的软件平台建立在分层的通信协议体系之上,包括数据感知系统软件、中间件系统软件、网络操作系统(包括嵌入式系统)以及物联网信息管理软件等。

其中,数据感知系统软件对应于感知节点的操作,主要完成物品代码的采集和处理;物联网中间件位于数据感知设施和后台应用管理软件之间,主要任务是对感知系统采集的数据进行过滤、汇聚、计算、解调、数据校对、任务管理、数据传送和数据存储等;网络操作系统为物品之间的互联搭建桥梁,使物品成为附有动态信息的"智能产品",促使物品的物流和信息流同步,实现高效的网络通信与数据共享;物联网信息管理软件主要对系统整体的控制与协调,同时也是数据信息输出的重要渠道。

8.5.3 物联网主要技术

物联网的主要技术包括物联网感知与识别技术、信息采集技术、物联网网络通信技术等。

1) 物联网感知与识别技术

物联网感知与识别技术主要解决人类世界及物理世界的数据获取问题。其中主要包含条码及二维码标签和识读器、RFID标签和读写器、产品电子标签EPC码、各种传感器、传感器网关等,这些技术在前面的章节中已有详细介绍,在此不作赘述。

2) 信息采集技术

信息采集技术是指利用计算机软件技术针对指定的目标数据源实时进行信息采集、抽取、挖掘、处理,将非结构化的信息从大量的网页中抽取出来保存到结构化的数据库中,从而为各种信息服务系统提供数据输入的整个过程。信息采集技术主要包括Web信息采集技术、视频交通信息采集技术、浮动车信息采集技术、传统信息采集技术等。

(1) Web信息采集技术

Web信息采集技术是通过分析网页的HTML代码获取网内的超级链接信息,使用广度优先搜索算法和增量存储算法实现自动地连续分析链接、抓取文件、处理和保存数据的过程。系统在运行中通过应用属性对比技术在一定程度上避免了网页的重复分析和采集,提高了信息更新速度和全部搜索率。

(2) 视频交通信息采集技术

视频交通信息采集技术是利用视频、计算机及现代通信等技术实现对交通动态信息的采集,它通过安装在线杆或桥隧上的摄像头采集交通图像,再进行图像处理,可以获得车辆牌号、车流量、车型、车速等数据。

(3) 浮动车信息采集技术

浮动车信息(FCD)采集技术是指通过获取少量安装有卫星定位车载设备及通信设备的浮动车信息分析路段整体交通流信息的一种技术手段。相比于固定点信息采集方式,浮动车信息采集技术具有实时性强、覆盖面广、成本低且效率高等特点。

(4) 传统信息采集技术

传统信息采集技术主要包括人工信息采集、光盘检索等方法,其操作方法通常比较简单,但是要耗费较大的人力成本,信息采集效率较低。

3) 物联网网络通信技术

网络通信技术(Network Communication Technology,NCT)是指通过计算机和网络通信设备对图像和文字等形式的资料进行采集、存储、处理和传输等,使信息资源得到充分共享。物联网网络通信技术主要包括无线传感器网络技术、Wi-Fi技术、蓝牙技术、ZigBee技术、移动通信技术、IPv6技术等。

(1) 无线传感器网络技术

无线传感器网络(Wireless Sensor Network,WSN)技术的基本功能是将一系列空间分散的传感器单元通过自组织的无线网络进行连接,从而将各自采集的数据通过无线网络进行传输汇总,以实现对空间分散范围内的物理或环境状况的协作监控,并根据这些信息进行相应的分析和处理。

WSN是结合了计算、通信和传感器三种技术的一门新兴技术,具有较大范围、低成本、高密度、灵活布设、实时采集、全天候工作的优势,且对物联网的其他产业具有显著的带动作用。

(2) Wi-Fi 技术

Wi-Fi(Wireless-Fidelity)技术又称为无线保真技术,它是一种允许电子设备连接到一个无线局域网(WLAN)的技术,通常使用 2.4G UHF 或 5G SHF ISM 射频频段。Wi-Fi 事实上是一个无线网络通信技术的品牌,由 Wi-Fi 联盟所持有,其目的是改善基于 IEEE 802.11 标准的无线网络产品之间的互通性。

(3) 蓝牙技术

蓝牙(Bluetooth)技术是一种支持设备短距离通信(一般在 10 m 之内)的无线电技术,利用蓝牙技术能够有效简化移动通信终端设备之间的通信,从而使数据传输变得更加迅速、高效。蓝牙技术采用分散式网络结构以及快跳频和短包技术,使用 2.4~2.485 GHz 的 ISM 波段的 UHF 无线电波。

(4) ZigBee 技术

ZigBee(紫蜂协议)技术是一种短距离、低功耗的无线通信技术,这一名称来源于蜜蜂的八字舞,蜜蜂(Bee)是靠飞翔和"嗡嗡"(Zig)地抖动翅膀的舞蹈向同伴传递花粉所在的方位信息,从而建立起群体内部的通信网络。该技术主要运用于距离短、功耗低且传输速率不高的各种电子设备之间典型的周期性数据、间歇性数据和低反应时间数据的双向传输,可以嵌入各种设备。

(5) 移动通信技术

移动通信技术历经 GSM(全球移动通信系统)、GPRS(通用分组无线服务技术)、UMTS(通用移动通信系统)等阶段的发展,目前已经进入以 TD-LTE 和 FDD-LTE 为标准的第四代移动通信时代(4G 时代),详细内容在第 6 章已有详细描述,在此不再赘述。

(6) IPv6 技术

IPv6 是 Internet Protocol version 6 的缩写,其中 Internet Protocol 译为"互联网协议",IPv6 的出现是因为随着互联网的迅速发展,IPv4 定义的有限地址空间已远不能满足用户需要,IPv4 采用 32 位地址长度,只有大约 43 亿个地址,而 IPv6 采用 128 位地址长度,几乎可以不受限制地提供地址。同时 IPv6 拥有更好的服务质量和安全性,能够为物联网提供高效的传输通道。

8.5.4 物联网技术在物流行业的应用

2015 年 3 月,国务院总理李克强在所作的政府工作报告中首次提出,要"制定'互联网+'行动计划","互联网+"战略的实施让"互联网+现代物流"模式的发展越来越清晰,作为互联网与实体物流网对接的纽带,物联网技术是"互联网+"战略的基础和关键所在。物联网在物流行业中的应用十分广泛,尤其是其中的 RFID 技术以及产品电子标签(EPC 码),几乎涉及了物流的每一步流程,从根本上改变了物品生产、运输、仓储、销售各环节物品流动监控和动态协调的管理水平。

1) 物联网技术与物流大数据

大数据、云计算与物联网技术相互融合,物流数据通过各种网络通信方式进入互联网,在互联网中集合、运算、分析、优化后传输分布到整个物流系统,实现对物流系统的管理、计划与控制,同时也可以为物流企业提供较为准确的风险预测。以快递配送为例,通过应用物流大数据引导和配置物流配送资源,可以有效缓解配送高峰期(如"双十一"、"双十二"等)的压力。

2) 物联网技术与物流电商发展

物联网技术在物流电商的各种模式中都具有广泛应用,例如物联网的追踪与定位技术、网络通信技术、智能终端自提货柜、手持终端感知产品等实现了线上与线下的有机统一,为电子商务的发展提供了有力支持。

3) 物联网技术与物流运输

近年来,基于物联网技术的货运互联网有了突飞猛进的发展,利用物联网技术实现车联网,可以实现运输透明化管理,实现货运资源优化整合与最佳配置,提升货物的装载率,降低货物返程空载率,实现标准化的货运管理,实现全面的联网追踪,同时,物联网技术实现了货运资源、车辆资源信息、卡车司机与市场消费信息的全方位融合,为货运行业实现货运领域物联网金融创新提供了重要基础。

4) 物联网技术与物流仓储

出入库产品信息的采集因为物联网技术的运用而嵌入相应的数据库,经过数据处理,实现对产品的拣选、分类堆码和管理。若仓储空间设置相应的货物进出自动扫描记录,可以防止货物的盗窃或因操作人员失误而导致的物品流失,从而提高库存的安全管理水平。

5) 物联网技术与销售管理

物联网系统具有快速的信息传递能力,能够及时获取缺货信息,并将其传递到卖场的仓库管理系统,经信息汇总后传递给上一级的分销商或制造商。及时准确的信息传递,有利于上游供应商合理安排生产计划,降低运营风险。同时在货物调配环节,RFID技术的支持大大提高了货物拣选、配送及分发的速度,还在此过程中实时监督货物的流向,保障其准时准点到达,实现了销售环节的畅通。

8.6 其他辅助技术

8.6.1 呼叫中心

1) 呼叫中心简述

呼叫中心(Call Center)是通过电话系统连接到某个信息数据库,并由计算机语音自动应答设备或人工坐席将用户需要检索的信息直接播放给用户。

呼叫中心实际上是用电话作为接入手段,快速、正确、亲切、友好地完成大规模信息分配和事件处理业务的客户服务中心。呼叫中心通过电话和服务代理向客户提供多种业务,其本身就是一种经营方式。"呼叫中心"就是一些公司企业为用户服务而设立的。

早在20世纪80年代,欧美等国的电信企业、航空公司、商业银行等为了密切与用户联系,应用计算机的支持,利用电话作为与用户交互联系的媒体,设立了"呼叫中心"(Call Center),也可叫做"电话中心",实际上就是为用户服务的"服务中心"。通过这一工具,企业可以同顾客进行直接的沟通,在把产品和服务的信息推广给顾客的同时,企业可以在第一时间得到顾客的反馈。因为有技术的支持,企业可以提供个人化的服务来增强顾客的忠诚度,这一切将使企业始终在市场上保持不败,同时也将每一个顾客的价值发掘到最大。

2) 呼叫中心的类型和功能

呼叫中心可以有很多的类型和功能。从电话类型来分有呼入电话中心和呼出电话中心。

(1) 呼入电话中心。呼入电话中心一般开展顾客咨询服务,从售前的信息咨询服务,取资料到售后的技术支持,从使用帮助,到账单查询,或者处理订单等。名称也有很多,"顾客信息中心"、"顾客服务中心"、"顾客联络中心"、"顾客咨询中心"等。

(2) 呼出电话中心。呼出电话中心一般用于电话营销,市场调查,银行的收取账款,会员活动,商务预约等。

3) 呼叫中心的构成

就技术角度而言,呼叫中心包括以下六个部分。

(1) 智能网络。目前,许多国家都开始用可提供多种增值业务的智能网络代替传统的仿真网络。由于使用的是七号信令系统和综合业务数字网(ISDN)接入设备,智能网络系统为呼叫中心增加了许多重要功能,如根据每天不同的时间段制定不同的路由策略,提供800免费呼叫服务和900共享收入服务,以及支持虚拟专用网等。

(2) 自动呼叫分配器(ACD)。主要负责根据一定的分配算法,将用户打入的电话合理地分配给后台的坐席处理人员。例如,可以采用平均分配算法或基于服务技能算法等。自动呼叫分配器是现代呼叫中心有别于一般的热线电话系统和自动应答系统的重要标志,其性能的优劣直接影响到呼叫中心的效率和顾客的满意度。

(3) 自动语音应答(IVR)。交互式语音应答实际上是一个"启动的业务代表",在用户接入到呼叫中心时,可以提供自动的语音导航服务。例如,在拨"114"业务时,由IVR系统自动摇出欢迎语和报出坐席人员的编号。交互式语音应答可以利用驻留在数据库中的信息筛选来话并选择传送路由。它也可与主计算机连接,使呼叫者得以直接访问主机数据库信息,有关的数据库应用包括账户查询、信息传播、话务员自动筛选及传送路由选择、订单输入和交易处理等。

(4) CTI服务器。提供交换机和计算机互通的联络接口,使得计算机可以根据交换机提供的主叫号码等信息,将用户的资料在电话接通的同时显示在坐席人员的计算机屏幕之前,实现了"Screen-Pop"的功能,可以为用户提供更好的服务。CTI服务器主要包括两大类型,它们分别基于电话系统和交换机系统。基于电话的CTI服务器只能控制该电话的来话和去话;而基于交换机的CTI服务器则可以全面控制电话、呼叫、分组、引导和中继线,因而更适用于集成的呼叫中心环境。

(5) 坐席人员(Agent)。在呼叫中心内,一般通过坐席人员为用户提供服务。与简单的自动语音应答(IVR)相比,可以提供更亲切和周到的服务。在电话营销活动中,坐席人员的服务水平,常常决定着营销活动的成败。

(6) 数据库系统。有关的用户数据和业务资料,都要存入一个统一的数据库系统中,因此该数据库的处理能力要求也很高。

4) 呼叫中心的作用

呼叫中心在扩大公司服务范围和提高服务质量上被越来越多的企业和客户所看好。呼叫中心对企业的作用表现在以下七个方面。

(1) 提高工作效率

呼叫中心能有效地减少通话时间,降低网络费用,提高员工、业务代表的业务量,在第一时间内就将来话转接到正确的分机上,通过呼叫中心发现问题并加以解决。同时,自动语音应答系统可以将企业员工从繁杂的工作中解放出来,去管理更复杂的、直接和客户打交道的业务,提高了工作效率和服务质量。

(2) 节约开支

呼叫中心统一完成语音与数据的传输,用户通过语音提示即可轻易地获取数据库中的数据,有效地减少每一个电话的时长,每一位坐席工作人员在有限的时间内可以处理更多个电话,大大提高电话处理的效率及电话系统的利用率。

(3) 提供一站式服务形象

通过呼叫中心将企业内分属各职能部门为客户提供的服务,集中在一个统一的对外联系"窗口",最终实现一个电话解决客户所有问题的目标。呼叫中心与以往服务方式不同的是:不再存在"踢皮球"的现象,不会把客户的电话转来转去,最后不了了之。呼叫中心对客户实行"一站式"服务,客户一个电话进来,就能完成他所需的服务,所有需电话转接的,转接确保有人服务;所有需经一段时间处理的服务,一旦服务已完成,必须及时回复客户,或者客户任何时候均可查询到自己的业务处理情况。

(4) 提高客户服务质量

自动语音设备可不间断地提供礼貌而热情的服务,即使在晚上,也可以利用自动语音设备提取您所需的信息。而且由于电话处理速度的提高,大大减少了用户在线等候的时间。在呼叫到来的同时,呼叫中心即可根据主叫号码或被叫号码提取出相关的信息传送到坐席的终端上。这样,坐席工作人员在接到电话的同时就得到了很多与这个客户相关的信息,简化了电话处理的程序。呼叫中心还可根据这些信息智能地处理呼叫,把它转移到相关专业人员的坐席上。这样客户就可以马上得到专业人员的帮助,从而使问题尽快解决。

(5) 选择合适的资源

根据员工的技能与工作地点,根据来话者的需要与重要性,根据不同的工作时间或日期来选择最好的同时也是最可能接通的业务代表。

(6) 留住客户

客户的一般发展阶梯阶段是:潜在客户→新客户→满意的客户→留住的客户→老客户。往往失去一个老客户,所受到的损失往往需要有 8~9 个新客户来弥补,而 20% 的重要客户可能为您带来 80% 的收益,所以留住客户比替换他们更为经济有效。呼叫中心集中公司的所有客户信息资料,并提供客户分析、业务分析等工具,帮助判断最有价值客户,并奖励老客户,找出客户的需要并满足他们的需要,从而提高客户服务水平,达到留住客户的目的。

(7) 带来新的商业机遇

理解每一个呼叫的真正价值,可提高效率,增加收益,提升客户价值;利用技术上的投资,可更好地了解您的客户,密切您与客户的联系,使您的产品和服务更有价值,尤其是从每一次呼叫中也许可以捕捉到新的商业机遇。

5) 第四代呼叫中心

目前,呼叫中心已发展成第四代,以在接入方式上集成因特网渠道为标志。它的设计主要在应用层面上。第四代呼叫中心的特点是:接入和呼出方式多样化,包括电话、VOIP 电话、计算机、传真机、手机短信息、WAP、寻呼机、电子邮件等;多种沟通方式格式互换,可实现文本到语音、语音到文本、E-mail 到语音、E-mail 到短信息、E-mail 到传真、传真到 E-mail、语音到 E-mail 等的自由转换;语音自动识别技术可自动识别语音,并实现文本与语言自动双向转换,最终实现人与系统的自动交流。

第四代呼叫中心主要包括以下四种:

(1) Internet 呼叫中心(Internet Call Center)。Internet 呼叫中心(ICC)为客户提供了一个从 Web 站点直接进入呼叫中心的途径。使得呼叫中心从传统形式上的"拨叫到交谈"扩展到现代形式上的"点击到交谈"。ICC 集合了 IP 电话、文本式对话(在窗口内用户可以输入文字与呼叫中心进行实时交流)、网页浏览自助服务、呼叫回复、E-mail 和传真等技术和服务,并使得客户服务水平的标准化、全球化成为可能。

(2) 多媒体呼叫中心(Multimedia Call Center)。多媒体呼叫中心(MCC)实际上是基于 CTI 技术的传统呼叫中心与 ICC 的相互结合。现在许多呼叫中心把各种媒体通信技术集成到了一起,允许坐席员同时可以处理语音呼叫、Web 请求、E-mail 和传真。

(3) 可视化多媒体呼叫中心 VMCC(Vedio Multimedia Call Center)。人类接受信息的 70% 来自视觉。随着技术的进步,人们对视频图像数据的传输需求越来越强烈。完美的呼叫中心是客户和业务代表可以通过视频信号的传递面对面地进行交流,可视化多媒体呼叫中心(VMCC)正是技术和需求相互结合的产物。这种投资相对较高的呼叫中心的服务对象是那些需要在得到服务的同时感受舒适和安全的重要客户。随着技术的进步和设备投资的降低,VMCC 将在今后占据呼叫中心市场的主导地位。

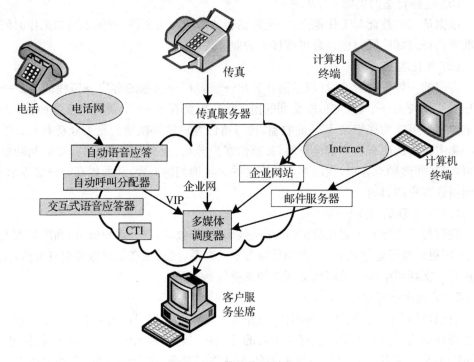

图 8-17 第四代呼叫中心

（4）虚拟呼叫中心（Virtual Call Center）。在现代呼叫中心中，先进的基于智能化、技能分组的路由技术使得运营者可以建立虚拟呼叫中心（VCC），它可以最大限度地节省投资以及充分利用人力资源。坐席员可以有效地工作在任意地点，例如，一个在特殊复杂产品方面的专家可以工作在远离呼叫中心的其他工作地点而仍然能服务于呼入呼叫中心的客户。实际上，"呼叫中心"正在演变成"虚拟客户服务中心"。

8.6.2 数字分拣技术

数字分拣系统（Digital Picking System，简称 DPS）区别与传统的拣货作业。一般传统拣货是交货人员根据货单逐一进行拣货，工人劳动强度大，容易造成错拣或漏拣现象。而数字分拣系统是把打印拣货单的过程省略，而在货架上加装一组 LED 显示器及线路，客户的订单资料直接由电脑传输到货架上的显示器，拣货人员根据显示器上的数字进行拣货，拣货完成后在确认键上按一下即可。采用这种方式可大大提高拣货效率，降低工人的劳动强度。常用的数字分拣系统是电子标签辅助拣货技术，又可分为播种式和摘取式两种分拣方式。

1) 播种式数字分拣技术

播种式数字分拣技术是利用电子标签实现播种式分货出库的系统。DPS 中的每一储位都设置电子标签。操作员先通过条码扫描把将要分拣货物的信息输入系统中，下订单客户的分货位置所在的电子标签就会亮灯,发出蜂鸣,同时显示出该位置所需分货的数量,分拣员可根据这些信息进行快速分拣作业。因为 DPS 系统是依据商品和部件的标识号来进行控制的,所以每个商品上的条形码是支持 DPS 系统的基本条件。

2) 摘取式数字分拣技术

摘取式数字分拣技术是在拣货操作区中的所有货架上,为每一种货物安装一个电子标签,并与系统的其他设备连接成网络。控制电脑可根据货物位置和订单清单数据,发出出货指示并使货架上的电子标签亮灯,操作员根据电子标签所显示的数量及时、准确、轻松地完成以"件"或"箱"为单位的商品拣货作业。

复习思考题

1. POS 系统的组成部分有哪些?POS 系统有哪些作用?
2. 简述 POS 系统的运行步骤。
3. 什么是电子订货系统,系统的组成和特点是什么?
4. 简述电子订货系统的构成和流程。
5. 网上支付模式有哪些?
6. 物流 APP 能分为哪些类型?
7. 简述物联网系统的基本组成。
8. 简述物联网技术在物流行业的应用。
9. 简述四代呼叫中心有哪些特点及类型。

9 物流信息系统的规划与开发方法

学习目标

- ➤ 了解物流信息系统规划的知识
- ➤ 掌握物流信息系统规划步骤和方法
- ➤ 了解物流信息系统开发的知识
- ➤ 掌握物流信息系统开发的步骤和方法

9.1 物流信息系统的规划

9.1.1 物流信息系统规划概述

1) 规划原因

物流信息系统规划是建立物流信息系统的第一步,是系统开发的基础准备和总体部署阶段。还未明确系统做什么的情况下,就开始急于进行功能和模块设计,是造成系统开发失败的主要原因之一。

企业物流信息系统是一个历时较长、投资较大的工程项目,因为它不是单项数据处理的简单组合,涉及传统管理思想的转变,现代化物流管理方法的应用,以及管理基础工作的整顿提高等许多方面,是一项协调性强、范围广、人机密切结合的系统工程。同时,物流系统具有涉及时空跨度大的特点,这就要求人们在规划阶段能提出与之相对应的高水平的技术和策略手段,以满足物流管理活动的需要。

总之,系统规划是系统分析的依据,是项目开发的依据,是筹集资源及分配资源的依据,是编制工作计划的依据,是评审系统的依据,是协调各部门工作的依据。

物流信息系统规划是信息系统概念的形成期,根据组织的目标与战略制定出组织中业务流程改革与创新和信息系统建设的长期发展方案是这一阶段的主要目标,决定信息系统在整个生命周期的发展规模、方向和发展进程。一般既包括1~2年的短期计

划,又包括3~5年的长期规划。短期计划部分为资金和作业工作的具体责任提供依据。一般包括以下内容:

(1) 对目前组织业务流程与现有信息系统的功能、应用环境和应用现状,当前经费情况,人员状况,满足现实要求的情况等多方面进行评价。

(2) 物流信息系统的目标、约束和结构。系统规划应该根据组织的战略目标、组织的内外约束条件以及组织的业务流程改革与创新需求,来确定系统的总目标和发展战略规划,以及系统的总体结构类型及子系统的构成。其中信息系统的总目标为信息系统的发展方向提供准则,而发展战略规划提出对完成工作的衡量标准。

(3) 发展规划阶段性安排,特别是关于本次规划第一个发展阶段有关项目的实施计划的安排原则的确定和相当具体的安排。主要包括应用项目的开发时间表、硬件设备的采购时间表、人力资源的需求计划、软件维护与转换工作时间表以及资金需求、人员培训时间安排等。

(4) 对影响计划的信息技术发展的预测。信息系统战略规划无疑将会受当前和未来信息技术发展的影响。因此,计算机及其各项技术的影响应得到必要的重视并在战略规划中有所反映。另外对数据库、信息网络、方法论的变化、软件的可用性、周围环境的变化以及它们对信息系统产生的影响也在所考虑的因素之中。

物流信息系统规划并不是一经制定就不再发生变化。事实上,各种因素的变化都可能随时影响整个规划的适应性。因此物流信息系统规划总要不断地作修改以适应变化的需要。

(1) 全局性。着重于解决有关系统发展的长远的、全局的和关键性的问题,因此它的非结构化程度较高,具有较强的不确定性,如系统发展战略的确定。

(2) 战略性。突出工作的战略性特征,工作的重点不在于解决项目开发中的具体业务问题,而是确定系统的战略目标、战略方案、总体结构方案和资源计划。其工作深度宜粗不宜细。

(3) 高层性。工作环境是组织管理环境。高层人员是工作的主体。

(4) 指导性。信息系统的规划以企业的战略规划为依据,其本身也必须对整个信息系统的开发有指导作用。

(5) 适应性。合理的规划应使企业环境与组织资源良好匹配,以及适应于企业本身的组织活动和管理过程,并且随着环境的发展而变化。

(6) 管理与技术相结合。目前尚无可以指导规划工作全过程的适用方法。因此规划人员的素质对规划成果水平的高低有很大影响。

2) 规划目标

物流信息系统规划的总目标主要是以最低的物流总成本实现系统对用户的服务承诺。规划目标包括以下几个:

(1) 实现人、管理、技术的协调发展,改善系统内部交流方式,充分发挥系统功能,以提高信息处理和信息共享能力,作好对各级,尤其是对高层的决策支持。

(2) 做好业务跟踪监控安排,使作业决策及时准确。
(3) 提高办公自动化水平,合理调度资源,以提高效率和降低成本。
(4) 规划成果对内外环境的变化应有较强的适应性。
(5) 讲求实效。要针对规划对象的现实问题,解决方案力求直接可行。

9.1.2 规划原则

物流信息系统是以物流思想体系为基础,依靠科学技术,特别是应用计算机和网络技术,在计划、管理以及作业环节等方面充分利用信息,快速反馈信息,为决策提供依据并辅助决策,提高物流效率和优化供应链的系统。所以在系统规划阶段要遵循以下原则:

1) 完整性原则

建立物流信息系统,并不是单项数据处理的简单组合,必须有系统规划,这是范围广、协调性强、人机密切结合的系统工程。因此,物流信息管理要保证系统开发的完整性,制定出相应的管理规范。

2) 可靠性原则

系统的可靠性实际上就是要求系统的准确性和确定性。一个可靠的物流信息系统要能在正常的情况下达到系统设计的预期精度要求,不管输入的数据多么复杂,只要是在系统设计要求的范围内,都能输出可靠的结果。

3) 经济性原则

企业是趋利性组织,追逐经济利益是它的最终目的,而且要以最小的投入获得最大的产出。一个经济实用的物流信息系统必须层次分明,完善的物流信息系统包括数据层、业务层、应用层和计划层。

4) 易用性原则

物流信息系统必须是友善和易于操作的,一方面可以使管理者便于使用,也可以提高工作效率。系统界面提供的物流信息要有正确的结构和顺序,避免复杂的操作。系统的运行维护费用必须保持在较低的水平以减少不必要的浪费。

9.1.3 规划步骤

进行系统规划一般应包括以下各步骤,见图9-1。

① 发现问题。确定系统规划的基本问题,包括规

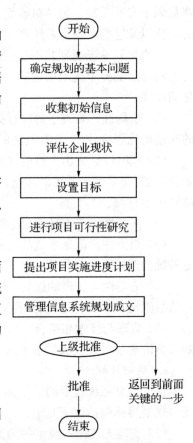

图9-1 系统规划的一般步骤

划的方法、规划的年限、规划的要求。

②采集信息。从企业内外各方面收集各种需要的信息。

③评估现状。对企业的现状进行评估，从而发现对整个规划有约束的因素。主要包括现存设备和质量、现存硬件和质量、现存软件和质量、信息部门人员、资金、人员经验、安全措施、内外部关系等。

④设置目标。这里的目标不仅包括信息系统的目标，还包括整个企业的目标，比如信息系统开发的服务对象、范围、质量等。

⑤可行性研究。估算成本，确定项目的优先权。

⑥制定实施计划。根据项目的优先权、人员情况和成本费用，编制项目的实施进度计划，列出开发进度表。

⑦管理信息系统规划成文。通过不断与用户交换意见，将信息系统规划书写成文。

9.1.4 规划方法

信息系统规划的方法主要有关键成功因素法(Critical Success Factors, CSF)、战略目标集合转移法(Strategy Set Transformation, SST)、企业系统规划方法(Business System Planning, BSP)、投资回收法(ROT)、企业信息分析与集成技术法(BIAIT)、产出/方法分析(E/M)、零线预算法、阶石法等等，其中常用的是前三种方法。

1) 关键成功因素法(CSF)

关键成功因素法(Critical Success Factors, CSF)的概念是 1970 年哈佛大学商学院的 William Zani 在论文《管理信息系统的蓝图》中首次提出的。他在建立管理信息系统模型中首次使用了关键成功变量，用以确定管理信息系统的成败因素。

20 世纪 80 年代麻省理工学院斯隆管理学院的 John F. Rockart 正式确立了关键成功因素法在管理信息系统战略规划中的地位。他把关键成功因素应用到管理信息系统的战略规划当中。

(1) 关键成功因素法的基本概念

关键成功因素法是一个帮助组织最高领导人确定重要信息需求的有效方法，主要思想是抓住主要矛盾。所谓关键成功因素是指组织中的某些区域部门，一旦这些部门的运行结果令人满意，组织就能够在竞争中获得成功。

关键成功因素经常要得到管理人员特别细致的关注。对每个关键成功因素的运行情况需要不断地进行度量，并向管理者汇报。这些关键成功因素必须做得很好，否则组织的努力将达不到预期的效果。

不同的行业和企业有各自不同的关键成功因素。所需要的信息之间起着一种引导和中间桥梁的作用。关键成功因素在组织的目标和完成任务通过对关键成功因素的识别，可以找出和弥补所需的关键信息。

关键成功因素法的访问调查由两到三次独立的会见组成：

①第一次会见。要记录组织最高管理领导人提出的目标，并讨论实现这些目标的

关键成功因素。然后经过讨论澄清这些关键成功因素与目标之间的内在联系,决定哪些因素需要合并,哪些因素要取消,哪些因素要重新阐明。

②在分析人员完成对第一次会见的结果之后,进行第二次见面。主要目的是对结果进行审查,并对某些因素细化。

③有时候还需要第三次见面,以便最终确定一套完整的关键成功因素法的报告。

(2) 关键成功因素法的步骤

关键成功因素就是要识别联系于系统目标的主要数据类及其关系。通常可以采用树枝因果图来识别和分析这些关键因素。例如,某企业有一个目标,即提供产品竞争力,可以用树枝因果图画出影响它的各种因素,以及影响这些因数的子因素。

以企业级数据库的分析与建立为例,运用关键成功因素法一般应该包含以下几个步骤,见图9-2。

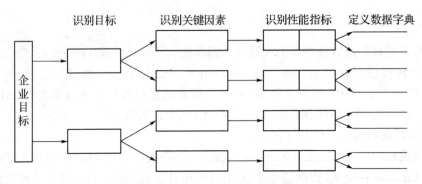

图 9-2 关键成功因素法的步骤

①了解企业目标。

②识别关键成功因素。

③识别性能的指标和标准。

④识别测量性能的数据或者定义数据字典。

关键成功因素法特别注重企业目标,通过目标分解和识别、关键成功因素识别、性能指标识别,一直到产生数据字典。这好像建立了一个数据库,一直细化到数据字典。

(3) 关键成功因素的来源

对于企业来说,关键成功因素有两大类:

①一类是与每个企业相关的关键成功因素。

②另一类是与特定行业相关的关键成功因素。

此外,不同企业背景对关键成功因素的评价是不同的。例如,对于一个习惯于高层人员决策的企业,主要由高层人员个人进行选择。而对于习惯于群体决策的企业可以用德尔斐法或其他方法把不同人设想的关键因素综合起来。

关键成功因素的来源主要有以下四个方面:

①行业地位和地理位置

行业中的每个企业都有自己的特殊性,这是由于历史和现行竞争策略所决定的。例如在有少数大公司所垄断的行业中,大公司的动作对其他小公司是至关重要,这样,对小公司来说,大公司的策略就是小公司一个关键成功因素。因此,同一行业中处于不同地位的企业就会有不同的竞争策略。

此外,同一行业中的企业,由于地理位置的不同,它们的关键成功因素也是不相同的。

②行业特殊结构

不同的行业都有各自不同的关键成功因素。处在该行业中的每一个企业都要认真地关注这些因素。

在盈利性组织中,以汽车行业为例,其关键成功因素包括产品设计有效的销售系统、成本控制、符合必要的能源标准等。以超级市场业为例,产品组合、存货员、推销工作、价格等则是其关键成功因素。这样,任何汽车企业和超级市场企业都不能忽略该行业的上述关键成功因素。

③内部组织变化

组织内部的变化也会导致暂时性的关键成功因素。某些活动区域在某个时期由于组织的经营处在平均水平以下而变得特别重要,尽管这些区域在组织正常运转时是不需要特别关注的。

一个极端的例子是,如果组织中的领导者因飞机失事而发生意外,那么重新建立领导班子立即成为一个关键成功因素。又例如,存货量的控制通常对最高领导来说一般不是关键成功因素,但是,当存货量过高或者过低时,就会成为关键成功因素。

④外部环境变化

随着外部环境的变化,例如世界经济形式的变化、人口的变化、国民生产总值的变化等,许多企业的关键成功因素都会发生变化。

以 20 世纪 70 年代的石油危机为例,在此之前,企业通常不会把能源供应作为关键成功因素,但是在人们禁运之后,能源供应不足已经对企业的正常运行产生了致命影响,企业领导不得不对能源供应问题加以特别关注。因此,随着环境的变化,能源供应问题即成为企业的一个关键成功因素。

(4) 关键成功因素法的规划报告

关键成功因素法的报告内容应该包括:

①考察产生关键成功因素报告的信息来源和数据结构,建立数据类型。

②分析新系统和已有系统的关系,指出对现有系统的改进、新的应用和已有系统的整体接口,构造信息系统的总体结构。

③数据库设计。根据关键数据模型和已经有的数据结构,设计总体数据库结构,明确数据库的维护方式。

④确定信息系统开发的优先次序。对关键成功因素法分析中确定的系统开发内

容,可采取不同优先开发次序。

⑤对所确定优先开发的信息系统模块进行详细设计和开发。

⑥指定开发计划。

一般来说,在高层领导人中应用关键成功因素法的效果比较好,这是因为高层领导人通常考虑的都是一些事关企业重大问题的关键因素。相比之下,对中层领导来说一般不大适合,这是因为中层领导所面临的决策大多数是自由度较小的结构化的问题,因此,建议他们最好应用其他方法。

2) 战略目标集合转移法(SST)

战略目标集合转移法(Strategy Set Transformation,SST)是 William King 于1978年提出的。它是一种确定管理信息系统战略目标的方法,该方法把整个组织的战略目标看成一个"信息集合",该集合由组织的使命、目标、战略和其他影响战略的因素,如管理的复杂性、组织发展趋向、变革习惯以及重要的环境约束因素等组成。

应用战略目标集合转移法的两个基本步骤是:首先识别组织的战略集,然后将组织的战略集转化成信息系统战略集,见图9-3。

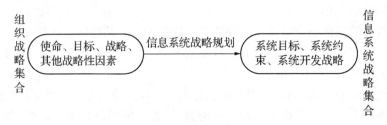

图9-3 战略目标集合转移法过程

(1) 识别组织的战略集

在识别组织的战略集时,先应考查一下该组织是否有写成文的长期战略规划。如果没有,就要去构造这种战略集合。识别组织的战略集是在该组织的长期战略计划的基础上进一步归纳描绘的,主要包括:描绘出组织各类人员结构,如卖主、经理、雇员、供货商、顾客、贷款人、政府代理人、地区社团及竞争者等;识别每类人员的目标,对于每类人员识别其使命和战略。

当组织战略初步识别后,应立即送交企业负责人,审阅和修改后才能进行下一步。

①描绘组织的关联集团

组织的要求、目标和战略同它的顾客相关,也同对信息系统有要求的集团相关。这些关联集团同信息系统有利害关系。例如,对一般组织而言,关联集团有组织领导者、管理者、被雇佣者、供应商、顾客和债权人等。

有一些关联集团,如地方政府、地方社团、竞争者,甚至一般观众,他们的观点和愿望可能是构成组织的要求和战略的基础。

②确定关联集团的目标

组织的使命、目标和战略就是去反映每一个关联集团的要求,因此要对每个关联集团要求的特性作定性描述,并对这些要求被满足程度的直接、间接度量给予必要的说明。

③定义关联集团的任务和战略

一旦每个关联集团要求的特性被确定以后,就要确定组织相对这些关联集团的任务和战略。在综合评价各个关联集团的要求的基础上提出相应的战略和任务。

④解释和验证组织的战略集

把这些创始的组织使命、目标和战略送交组织的企业最高管理者审查,并得到必要的信息反馈。

(2) 将组织的战略集转化成信息系统的战略集

将组织战略集转化成信息系统战略的过程应该是一一对应的,包括目标、约束以及设计原则等。转化过程的流程见图9-4。

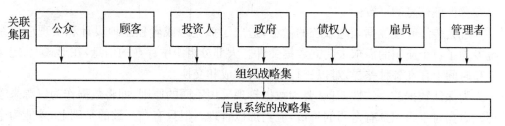

图9-4 转化过程流程

在图9-4中,目标是由不同群体引出的。例如,组织目标由投资人、债权人以及管理者引出,依次类推。这样就可以列出管理信息系统的目标、约束以及设计战略。

这种转换反映了元素之间的映射,但很难有一个非常结构化的模式,还不能形成算法,因为不同的企业,其战略的内容差别很大。

一旦确定了战略元素,就可以提出管理信息系统的结构,选出一个方案送企业负责人,经审查批准后就可以实施了。

3) 企业系统规划方法(BSP)

企业系统规划方法(Business System Planning,BSP)是美国IBM公司70年代初作为用于企业内部系统开发的一种规划方法。该方法要求所建立的管理信息系统能够支持企业目标,表达所有管理层次的要求,向企业提供一致性的信息,对组织机构的变动具有适应性。1975年,IBM正式出版了企业系统规划法指南的第一个版本。这实际上是一个告诉用户如何实现企业系统规划法的用户手册。其后10多年中,企业系统规划法得到不断的发展和完善,也吸取了其他规划法的原则和优点。1984年,推出了企业系统规划法的第四个版本。

(1) 企业系统规划法的基本概念和原则

企业系统规划法研究的前提是存在一些需求,如需要改善企业内部的计算机信息系统,需要为建设这一系统而建立的总体战略需要。企业系统规划法关注的是在一个较长时期内构造、综合和实施信息系统,是与组织内的信息系统的长期目标紧密相关。

企业系统规划法的重要概念和原则包括对组织目标的支持、保证信息的一致性、表达不同管理层次的要求、在总体结构下由子系统开始实施、对组织机构和管理体制的适应能力。

①对组织目标的支持

信息系统是一个组织的有机部分，并对组织的总体有效性起着关键作用，而且将占用相当大的资金和时间，所以它们必须支持组织的真正需求，并直接影响组织的目标。重要的是让组织的最高管理部门能够充分认识到这一点，只有他们直接和有力的参与，才能保证企业系统规划法的顺利进行。

企业系统规划法的设计始终要突出这一基本概念，以确保信息系统的总体结构直接反映组织目标和战略需求。

②保证信息的一致性

过去传统开发数据处理系统的做法，造成了孤立地或者独立地设计和实现应用系统。为了每个应用的需求去建立数据文件。大部分组织中存在的信息，在形式上、定义上和时间上存在各种差异，难以进行信息的集成和交换。

为保证数据的一致性，有必要为数据管理采用不同的原则，即将数据作为资源来管理。数据对于组织具有全团的价值，应当加以管理。但只有在一致的基础上，才能为全组织各个单位共享和使用。数据不应由某个局部单位来控制，而是有一个中央部门来协调。

管理部门要指定关于一致性的定义、技术实现、使用数据库和数据库安全性的策略和规章。

③表达不同管理层次的要求

任何组织的管理可以分为三个不同层次，各个层次对信息系统的要求也是不同的。信息系统强调对管理决策的支持，这一点不同于传统事务数据处理系统。组织决策有不同的目的，但是最多的是计划和控制，这里有三方面的含义：计划就是指定各种任务、目标和策略，这是每个层次都要做的。一个好的计划取决于优良的信息；控制决策是指导活动的进行，去达到计划所规定的目标，信息系统应该能够向决策者提供对于目前实际条件的度量；信息系统可以看做是一个完成计划、度量和控制的整体，在这里计划和控制是决策的关键和基础。

企业系统规划法从资源管理的角度去识别信息的需求，作为定义系统的主要手段。由于资源管理过程一般具有穿透组织的特点，即能够垂直穿透各种管理层面和水平穿透职能区域，因此可以建文一种框架，来分析资源管理和各种计划、控制层次上的功能和信息需求，然后在这一框架基础上建立信息系统的总体结构。

④在总体结构下由子系统开始实施

一方面，由于支持组织需求的总信息系统太大，不可能在一个项目中完成。另一方面自下而上的开发信息系统又存在许多缺点。因此，应该是自上而下地对信息系统进行规划，自下而上地对系统进行实现。

在实现子系统时,子系统直接支持组织的过程,而不是组织机构,这正是以系统的总体规划为前提的。

⑤对组织机构和管理体制的适应能力

在一个动态发展的组织中,信息系统应该适应管理部门的应变能力,例如人员和组织结构的变化。信息系统应当有能力在组织机构和管理体制不断发生变化的情况下,保持相对的稳定性。

为了实现这一目的,要有独立于组织机构的信息系统设计技术,企业系统规划法采用组织过程的概念,因而同任何组织体系和具体的管理职能无关,只要组织的产品和服务基本不变。

企业系统规划法利用资源和资源生命周期的概念识别过程,重点是那些管理资源所必需的过程。信息系统的设计,就是找出支持这些过程所必要的应用,了解这些过程在组织体系中是如何实现的,并以此发现和识别与这些信息过程相关人。按照这种方式,就能保证信息系统的结构与现存组织机构的相对独立性。

(2)企业系统规划法的步骤

企业系统规划法主要由四个步骤组成,分别是定义企业目标、企业过程、数据类及信息系统结构,见图9-5。

①定义企业目标。包括组织的使命、主要目标,以及每个职能部门和生产单位的目标。

②定义企业过程

这是企业系统规划法的核心。企业过程通常被定义为管理企业资源所需要的一组逻辑上相关的决策和活动的集合。

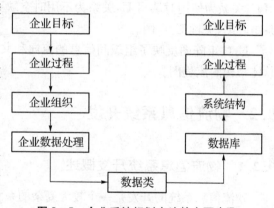

图9-5 企业系统规划方法的主要步骤

定义企业过程的基本布置,见图9-6。

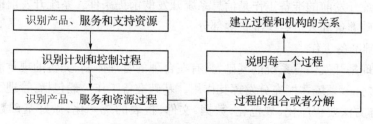

图9-6 定义企业过程的步骤

整个企业的管理活动由许多企业过程所组成,主要归纳为计划和控制、产品和服务以及支持资源这三个方面。识别企业过程实际也就是识别这三个方面的过程。每个系统开发成员均应全力以赴去识别它们,描述它们,对它们要有透彻的了解,只有这样企业系统规划法才能成功。

企业过程的识别方法有制表法、流程图法和通用模型法等。在企业过程的识别过程中,应该使用动宾结构对过程进行命名,这样有利于消除过程和组织单位之间可能出现的概念上的混淆。

③识别企业数据

识别企业数据的目的是要了解企业当前数据状况和数据要求,对能够激发企业管理活动所需要数据的进行识别。识别企业数据有两种方法:第一,企业实体法,根据对企业组织机构的输入/输出数据的调查,分解数据类型,绘制实体/数据类型。在水平方向列出实体,如顾客、产品、设备、材料、现金和人员等。在垂直方向列出数据类则,例如计划/模型、统计、汇总、库存和业务等。

④定义信息系统结构

定义企业信息结构,绘制数据类/过程图。根据信息的产生和使用来划分子系统,尽量地把信息产生的企业过程和使用的企业过程划分在一个子系统中,从而减少了子系统之间的信息交换。将数据类为列,数据过程(或者功能)为行,按照关系为生成时填写 C,关系为使用时填入 U,关系为不用时空缺不添的方法,就可以绘制数据类/过程关系矩阵图,又称 U/C 图。

U/C 矩阵图反映了组织间信息的流向和共享性,从而可以进一步得到信息系统的总体结构的流程图。

9.2 物流信息系统开发

9.2.1 物流信息系统开发概述

物流信息系统的开发是一个较为复杂的系统工程,它涉及计算机处理技术、系统理论、组织结构、管理功能、管理认识、认识规律及工程化方法等方面的问题。

1) 开发的准备工作

搞好系统开发前的准备工作是信息系统开发的前提条件。系统开发前的准备工作一般包括基础准备和人员组织准备两部分。

(1) 基础准备工作

科学管理是开发信息系统的基础,只有在合理的管理体制、完善的规章制度和科学的管理方法之下,系统才能充分发挥其作用。基础准备工作一般包括:管理工作要严格科学化,具体方法要程序化、规范化;数据、文件、报表的统一化;做好基础数据管理工作,严格计量程序、计量手段、检测手段和基础数据统计分析渠道。

(2) 人员组织准备

系统开发的人员组织准备包括:领导是否参与开发并一抓到底;建立一支由系统分析员、企业领导和管理岗位业务人员组成的研制开发队伍;明确各类人员(系统分析员、企业领导、业务管理人员、程序员、计算机软硬件维护人员、数据录入人员和系统操作员等)的职责。

2) 开发原则

为了保证信息系统工程建设的质量,建设一个高效、实用、符合业务及用户需求的物流信息系统,系统开发需遵循以下原则:

(1) 高质量原则

物流信息系统的质量具有两个方面的含义:一方面是待建信息系统的质量,即系统满足一定的性能要求、功能要求和使用习惯要求等;另一方面是指工程建设过程的质量,即工程建设过程是科学的、有效的。为了保证信息系统工程的质量,工程各方应该针对工程特性,建立一套有效的工程质量管理体系,并加以贯彻执行。信息系统的高质量原则体现在信息系统设计的先进性与实用性、制造的可靠性与稳定性等。

(2) 优化与创新的原则

信息系统的开发不能模拟旧的模式和处理过程,它必须根据实际情况和科学管理的要求加以优化与创新。

(3) 领导参加的原则

信息系统的开发是一项庞大的系统工程,它涉及组织日常管理工作各个方面,所以领导出面组织力量、协调各方面的关系是开发成功的首要条件。

(4) 充分利用信息资源的原则

即数据尽可能共享,减少系统的输入输出,对已有的数据、信息作进一步的分析处理,以便充分发挥深层次加工信息的作用。

(5) 安全性原则

在整个信息系统的设计和实现过程中,我们应该根据信息系统的使用特点、国家和地方的有关法律法规要求,对系统安全性进行重点考虑。针对数据安全性、网络安全性、系统使用安全性、系统管理安全性、系统物理环境的安全性和开发过程的安全性等各个方面,采取切实有效的技术措施和管理措施,保障信息系统的安全。

(6) 实用和实效的原则

即要求从制定系统开发方案到最终信息系统都必须是实用的、及时的和有效的。

(7) 发展变化的原则

即充分考虑到组织管理模式可能发生的变化,使系统具有一定的适应环境变化的能力。

(8) 规范化原则

即要求按照标准化、工程化的方法和技术来开发系统。

(9) 文档完整性原则

信息系统的文档是保障信息系统正常运行和维护的重要基础。文档管理不仅要求承建单位切实记录工程建设过程,保证工程建设文档的完整,而且要求业主单位和监理单位认真做好各自的文档管理,以便保证系统建设的各项相关活动的可追溯性。

3) 开发策略

(1) 总体规划,分步开发,递进完善

信息系统的建设是一个复杂的实施过程,必须通过总体规划,结合已有系统的改造,采用分步开发和实施、递进和完善的策略。优先发展企业迫切需要通过信息化来解决问题的模块或子系统,以及对企业发展极其重要的公共信息基础设施及子系统,为企业的信息化提供一个基础,然后逐步推进。

(2) 以企业需求为导向

企业的需求是进行信息系统建设最为重要的动力,因此信息系统必须满足企业的需求,解决企业的实际问题,才能获得企业的积极参与。

(3) 实验式的开发策略

当需求的不确定性很高,一时无法制定具体的开发计划时,则只能用反复试验的方法来做。后面的原型开发方法就是这种开发策略的典型代表,这种策略一般需要较高级的软件支撑环境,且在使用上对大型项目有一定的局限性。

(4) 直接式的开发策略

经调查分析后,即可确定用户需求和处理过程,且以后不会有大的变化,则系统的开发工作就可以按照某一种开发方法的工作流程(如结构化系统开发方法中的生命周期流程等),按部就班地走下去,直至最后完成开发任务。这种策略对开发者和用户需求很高,要求在系统开发之前就完全调查清楚实际问题的所有状况和需求。

9.2.2 物流信息系统开发的步骤

运用系统的理论和方法,可以将物流信息系统的开发分 10 个阶段来进行。见图 9-7。

1) 可行性分析阶段

在现代化管理中,经济效益的评价是决策的重要依据,企业的根本目的是取得最大的利润或者经济效益。在采取一项重大的改革和投资行动之前,首先关心的是它能取得多大的效益。信息系统的开发是一项耗资多、耗时长、风险性大的工程项目,因此,在进行大规模系统开发之前,要从有益性、可能性和必要性三个方面对未来系统的经济效益、社会效益进行初步分析。可行性研究的目的是为了避免盲目投资,减少不必要的损失。这一阶段的总结性成果是可行性报告。报告中所阐述的可行性分析内容要

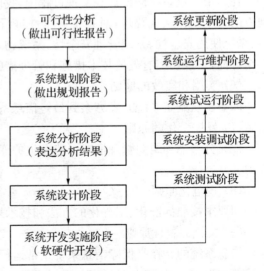

图 9-7 系统开发的主要步骤

经过充分论证之后方可进行下一阶段的工作。

2）系统规划阶段

在企业或组织中，来源于企业或组织内外的信息源很多，如何从大量的信息源中收集、整理、加工、使用这些信息，发挥信息的整体效益，以满足各类不同管理层次的需要，显然不是分散、局部考虑所能解决的问题，必须经过来自高层的、统一的、全局的规划。系统规划阶段的任务就是要站在全局的角度，对所开发的系统中的信息进行统一的、总体的考虑。另外信息系统的开发需要经过开发人员长时间的努力，需要相应的开发资金，因而在开发之前要确定开发顺序，合理安排人力、物力和财力，这些问题也必须通过系统规划来解决。具体地说，系统规划是在可行性分析论证之后，从总体的角度来规划系统应该由哪些部分组成，在这些组成部分中有哪些数据库（这里所规划出的数据库是被系统各个模块所公用的主题数据库），它们之间的信息交换关系是如何通过数据库来实现的，并根据信息与功能需求提出计算机系统硬件网络配置方案。同时根据管理需求确定这些模块的开发优先顺序，制定出开发计划，根据开发计划合理调配人员、物资和资金。这一阶段的总结性成果是系统规划报告，这个报告要在管理人员特别是高层管理人员、系统开发人员的共同参与下进行论证。

3）系统分析阶段

系统分析阶段的任务是按照总体规划的要求，逐一对系统规划中所确定的各组成部分进行详细的分析。其分析包含两个方面的内容，首先要分析各个组成部分内部的信息需求，除了要分析内部对主题数据库的需求外，还要分析为了完成用户（即管理人员）对该部分所要求的功能而必须建立的一些专用数据库。分析之后要定义出数据库的结构，建立数据字典。其次还要进行功能分析，即详细分析各部分如何对各类信息进行加工处理，以实现用户所提出的各类功能需求。在对系统的各个组成部分进行详尽的分析之后要利用适当的工具将分析结果表达出来，与用户进行充分地交流和验证，检验正确后可进入下一阶段的工作：

4）系统设计阶段

系统设计阶段的任务是根据系统分析的结果，结合计算机，设计各个组成部分在计算机系统上的结构，即采用一定的标准，考虑模块应该由哪些程序块组成，它们之间的联系如何。同时要进行系统的编码设计、输入输出设计、做出 IPO 表等。

5）系统开发实施阶段

系统开发实施阶段的任务有两个方面，一方面是系统硬件设备的购置与安装，另一方面是应用软件的程序设计。程序设计是根据系统设计阶段的成果，遵循一定的设计原则来进行的，其最终的阶段性成果是大量的程序清单（程序源代码）及系统使用说明书。

6）系统测试阶段

程序设计工作的完成并不标志系统开发的结束。一般在程序调试过程中使用的是一些试验数据，因此，在程序设计结束后必须选择一些实际管理信息加载到系统中进行测试。系统测试是从总体出发,测试系统应用软件的总体效益及系统各个组成部分的功能完成情况,测试系统的运行效率、系统的可靠性等。

7) 系统安装调试阶段

系统测试工作的结束表明信息系统的开发已初具规模,这时必须投入大量的人力从事系统安装、数据加载等系统运行前的一些新旧系统的转换工作。一旦转换结束便可对计算机硬件和软件系统进行系统的联合调试。

8) 系统试运行阶段

系统调试结束便可进入到系统运行阶段。但是,一般来说,在系统正式运行之前要进行一段时间的试运行。因为信息系统是整个企业或组织的协调系统,如果不经过一段时间的实际检验就将系统投入运行状态,一旦出现问题可能会导致整个系统的瘫痪,进而造成严重的经济损失。所以最好的方法是将新开发出的系统与原来旧系统并行运转一段时间来进一步对系统进行各个方面的测试。这种做法尽管可以降低系统的风险性,但是由于两套系统的同时运作使得投资加大,因此,可以根据实际运行情况适当缩短试运行的时间。

9) 系统运行维护阶段

当系统开发工作完成准备进入试运行阶段之前,除了要做好管理人员的培训工作外,还要制定一系列管理规则和制度,在这些规则和制度的约束下进行新系统的各项运行操作,如系统的备份、数据库的恢复、运行日志的建立、系统功能的修改与增加、数据库操作权限的更改等。在这一阶段着重要做好人员的各项管理和系统的维护工作,以保证系统处于可用状态。同时要定期对系统进行评审,经过评审后一旦认为这个信息系统已经不能满足现代管理的需求,就应该考虑进入下一个阶段。

10) 系统更新阶段

该阶段的主要任务就是要在上一阶段提出更新需求后,对信息系统进行充分的论证,提出信息系统的建设目标和功能需求,准备进入信息系统的一个崭新的开发周期,包括软件和硬件系统的更新与升级等。

9.2.3 物流信息系统开发的方法

在发展初期,开发方法呈现较为混乱的状态,20世纪70年代,生命周期法(Life Circle Approach,LCA)的出现大大地改善了系统开发过程。20世纪80年代,出现了原型法,80年代中后期,计算机辅助软件工程(Computer Aided Software Engineering,CASE)的开发方法得到很大的发展。面向对象(Object Oriented,OO)方法在80年代初用于计算机科学,并在80年代末开始用于企业系统。

1) 生命周期法

(1) 生命周期法的各个阶段

生命周期法理论认为,任何一个软件都有它的生存期,所谓软件的生存期是指从软件项目的提出经历研制、运行和维护直至退出的整个时期。本书把系统的生命周期分为了五部分:系统规划、系统分析、系统设计、系统实施、系统运行和维护。图9-8是对系统生命周期的详细描述。

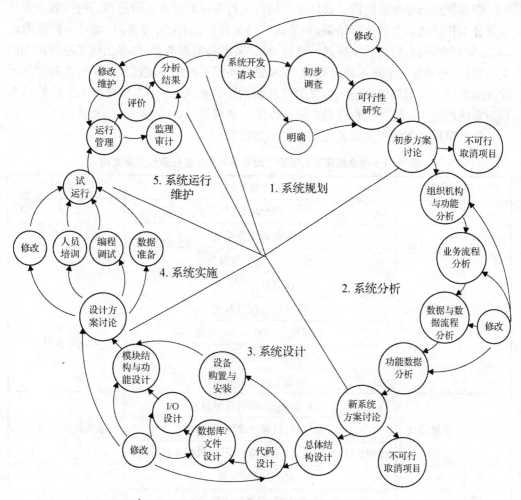

图9-8　系统开发生命周期

系统开发生命周期阶段的主要工作有以下几个方面:

①系统规划阶段。是根据用户的系统开发请求,进行初步调查,明确问题,确定系统目标和总体结构,确定分阶段实施进度,然后进行可行性研究。

②系统分析阶段。其任务是分析数据与数据流程;分析业务流程;分析功能与数据之间的关系;最后提出分析处理方式和新系统逻辑方案。

③系统设计阶段。其任务是总体结构设计;代码设计;数据存储文件设计;输入输出设计;模块结构与功能设计。与此同时,根据总体设计的要求购置与安装一些设备,进行试验,最终给出设计方案。

④系统实施阶段。其任务是同时进行编程(由程序员执行)和人员培训(由系统分

析设计人员培训业务人员和操作员),以及数据准备(由业务人员完成),然后投入试运行。

⑤系统运行相维护阶段。其任务是同时进行系统的日常运行管理、评价、监理审计三部分工作。然后分析运行结果,如果运行结果良好,则送管理部门,指导生产经营活动;如果存在问题,则要对系统进行修改、维护或者是局部调整,如果出现了不可调和的大问题(这种情况一般是系统运行若干年之后,系统运行的环境已发生了根本的变化时才可能出现),则用户将会进一步提出开发新系统的要求,这标志着老系统生命的结束和新系统的诞生。这一过程就是系统开发的生命周期。

各个阶段完成的主要任务和主要文档如表9-1。

表9-1 生命周期法的主要阶段及各阶段主要任务和主要文档

序号	阶段	基本任务	主要文件
1	系统规划	提出项目	项目申请书 可行性分析报告
		初步调查现行系统	
		编写可行性分析报告	
		制订开发计划	
2	系统分析	详细调查现行系统	系统分析报告
		分析用户环境、需求、流程	
		确定系统目标与功能	
		确定系统逻辑模型	
3	系统设计	建立新系统的物理模型	系统设计说明书
		总体设计(模块结构设计)	
		详细设计(代码设计、输入输出设计、数据库设计等)	
4	系统实施	程序设计与调试	源程序清单 调试测试说明书 用户操作手册
		系统硬、软件的配置	
		系统的试运行	
		人员及岗位培训	
		新旧系统转换	
5	系统运行和维护	建立规章制度	系统维护记录 系统评价报告
		系统硬、软件的维护	
		系统评价	

(2)生命周期法的特点

生命周期法的基本思想就是按照用户至上的原则,利用系统工程的思想和结构化工程的方法,对系统进行开发。先将整个信息系统开发过程划分出若干个相对独立的阶段,如系统规划、系统分析、系统设计、系统实施等。在前三个阶段坚持自顶向下地对系统进行结构化划分。在系统调查或理顺管理业务时,应从最顶层的管理业务入手,逐步深入至最基层。在进行系统分析,提出新系统方案和系统设计时,应从宏观整体考虑入手,先考虑系统整体的优化,然后再考虑局部的优化问题。在系统实施阶段,则应坚持自底向上地逐步实施。也就是说,组织人力从最基层的模块做起。

具体来说,生命周期方法有如下特点:

①建立用户至上的观点

生命周期法强调用户是整个系统开发的起源和最终归宿,用户的参与程度和满意程度是系统开发成败的关键。所以,在系统开发过程中要建立用户至上的观点,充分了解用户的需求和愿望,深入调查和分析管理业务,使用户得到完全满意(Total Customer Satisfaction)。

②严格划分工作阶段

将整个系统开发过程划分为若干个工作阶段,每个阶段都有其明确的任务和目标以及预期要达到的阶段成果,以利于计划和控制工程进度,有条不紊地协调各个方面的工作。这要求在实际开发过程中严格按照划分的工作阶段,一步步地展开工作,不可随意打乱或颠倒次序。

③自顶向下和自底向上相结合的方法

为了使系统的各个子系统相对独立,在进行系统分析和设计时要自顶向下地工作,即应站在整体的角度,将各项具体业务和组织放到整体中去考虑,首先确保全局正确性,然后逐层深入考虑和处理局部问题。而在系统具体实现阶段时则采用自底向上的方法逐步实现整个系统,即根据设计的要求首先实现一个个具体的功能模块,然后再几个模块进行联调,最后进行整个系统的联调。

④充分预料可能发生的变化

系统开发过程中可能会发生变化,例如周围环境、系统内部信息处理模式、用户需求等。这些变化都会直接影响到系统的开发工作。因此,生命周期法强调在系统开发过程中必须高度注意各种各样的变化,并且具备应付各种变化的适应能力。

⑤深入调查研究和分析

生命周期法强调在进行系统开发之前,应该深入业务单位进行实地调查研究,切实弄清实际业务处理过程及其规律,然后分析研究,制定出科学合理的新系统设计方案。

⑥工程文件的标准化和文献化

严格建立技术文档资料,为研制工作的交接和日后维护提供了原始资料,可以避免混乱,可以及时发现问题和总结经验。因此,生命周期法强调在开发过程的每一步都要按工程标准规范化进行,文档资料也要标准化,并要有一套完整的管理和查询制度。

(3) 生命周期法的优点

它的突出优点是强调系统开发过程的整体性和全局性,强调在整体优化的前提下来考虑具体的分析设计问题;另一个优点是结构严谨,强调一步一步地严格地进行系统分析和设计,每一步都及时地总结,以便及时发现问题和纠正问题,从而避免了开发过程的混乱状态。

(4) 生命周期法的缺点

它使用的工具比较落后,主要通过手工绘制各种各样的分析设计图表,致使系统开发周期过长,会带来了一系列的问题;开发过程复杂,用户与开发者之间的思想交流不直观,维护费用也高;这种方法要求系统开发者在调查中就充分地掌握用户需求、管理状况以及预见可能发生的变化,这不大符合人们循序渐进地认识事物的规律性,在实施中也有一定的困难。

2) 原型法

为弥补生命周期法的不足,人们提出了一种从开发思想、工具、手段都全新的系统开发方法——原型法,它扬弃了那种一步步周密细致地调查分析,然后逐步整理出文字档案,最后才能让用户看到结果的繁琐做法。原型法一开始就凭借着系统开发人员对用户要求的理解,在强有力的软件环境支持下,给出一个实实在在的原型系统,然后与用户反复协商修改,最终形成人际系统。

原型法既可以单独地作为一种开发方法加以应用,又可以作为生命周期法的辅助方法。它的基本思想是:在获得用户基本需求的基础上,投入少量人力和物力,尽快建立一个原始模型,使用户可及早运行和看到模型的概貌和使用效果,并提出改进方案,开发人员进一步修改完善,如此循环迭代,直到形成一个用户满意的模型为止。

(1) 原型法的各个阶段

原型方法的工作流程如图9-9所示。首先用户提出开发要求,开发人员识别和归纳用户要求,根据识别、归纳的结果,构造出一个原型系统,然后同用户一道评价这个原型。如果该原型根本不能满足要求,就回到第二步重新构造原型。如果该原型存在一些不满意,就修改原型,直到用户满意为止。

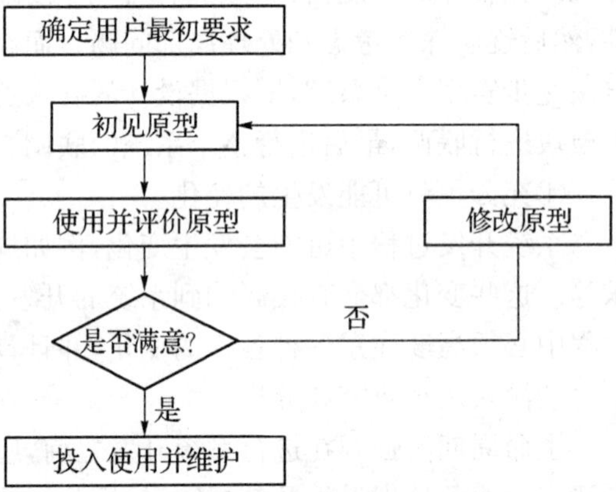

原型方法的工作流程包括4个基本阶段:

① 确定用户初始要求

开发人员对系统进行初步调查,弄清用户对系统的基本要求,例如对各种功能的要求、数据规范、表格格式等。

这些要求不像说明周期法那样,在开始就要详细定义,仅加以简单分析和说明即可。

图9-9 原型法的工作流程

②初建原型

根据对系统功能和要求的初步了解,开发人员设计并实现一个原型系统。该原型系统只需满足前面一阶段用户提出的基本要求即可。

③使用并评价原型

在得到一个实实在在的原型系统以后,就可以在使用中进一步提出更加具体的要求,在评价中进一步明确系统的功能和性能。

④修改原型

经过上述阶段以后,可以发现原型系统中存在的缺陷,可以有针对性地对原型系统进行修改,从而得到一个更加完善的原型。然后把改进的原型系统交给用户试用、评价、反馈意见,如此反复,直到用户满意为止。

各个阶段的主要任务如表9-2。

表9-2 原型法各个阶段的主要任务

序号	阶段	基本任务
1	确定用户初始要求	初步调查系统,弄清系统对用户的基本要求,如数据规范、表格格式等
2	初建原型	设计并实现一个原型系统
3	使用并评价原型	在使用中进一步提出更加具体的要求,在评价中进一步明确系统的功能
4	修改原型	修改原型系统的缺陷,完善原型,直到用户满意为止

(2)原型法的特点

原型法从原理到流程都非常简单,和传统生命周期法相比,在认识事物的方式和模拟仿真手段等方面有自己的特点。

①认识事物的方式

原型法最显著的特点是引入了迭代的概念,由于原型法的循环反复、螺旋式上升,基本上遵循了人们认识事物的规律,因而更容易被人们接受:第一,人们认识任何事物都不可能一次就完全了解,总有一个过程;第二,人们认识和学习的过程都是循序渐进的;第三,人们对于事物的描述和认识通常受环境的启发,并且不断完善的;第四,人们改进一些事物要比创造一些事物容易得多。

②模拟与仿真手段

将模拟与仿真的手段引入系统分析的初期阶段之后,在用户需求分析、系统功能描述以及系统实现方法等方面有较大的灵活性:第一,沟通了人们的思想,缩短了用户和系统分析人员之间的距离,解决了生命周期法中最难于解决的一环;第二,通过原型法可以启发人们对原来想不起来或不易准确描述的问题的描述,用户需求可以不十分明确,系统功能描述也可以不完整,界面的要求也可以逐步完善;第三,所有问题的讨论都是围绕某一个确定原型而进行的,彼此之间不存在误解和答非所问的可能性,为准确认识问题创造了条件;第四,能够及早地暴露出系统实现后存在的一些问题,促使人们在系统实现之前就加以解决。

③其他特点

第一,原型法自始至终强调用户的参与,特别是对模型的描述和对系统功能的检验有利于缩短用户与系统开发人员之间的差距,有利于及时反馈存在的问题。

第二,原型法强调开发工具的应用,在开发时间、效率、质量等方面都有较大提高,对外部环境和内部模式的适应能力也大大增强。

第三,原型法可以用来评价几种不同的设计方案。

第四,原型法可以用来建立系统的某个部分。

最后,原型法不排斥传统生命周期法中采用的大量行之有效的方法,是与传统方法互相补充的方法,将系统调查、系统分析和系统设计合而为一。

(3) 适用范围

尽管原型法从表面上绕开了系统分析过程中所面临的矛盾,仍然有其受限的适用范围和局限性,主要表现在:

①对于大量运算的、逻辑性较强的程序模块,原型方法很难构造出模型来供人评价。因为这类问题没有那么多的交互方式,而是问题也不是三言两语就可以说得清楚的。

②对于原基础管理不善、信息处理过程混乱的问题,使用有一定的困难。这是由于工作过程不清,构造原型有一定困难。此外,由于基础管理不好,没有科学合理的方法可依,系统开发容易走上原来手工模拟的老路。

③对于大型系统的开发,原型法往往无能为力。因为不经过系统分析来进行整体性划分,想直接用屏幕来模拟是非常困难的。

④由于没有经过系统分析,整个系统没有一个完整的概念,各个系统接口也不规范,文档资料难以统一,容易给维护工作带来困难。

(4) 原型法的优点

①改进了用户和系统设计者的信息交流方式。

由于有用户的直接参与,就能直接而又及时地发现问题,并进行修正,因而可以减少产品的设计性错误。大多数情况下,设计中的错误是对用户需求的一种不完善或不准确的翻译造成的,实质上也是一种信息交流通信上的问题。当用户和开发人员采用原型法后,改善了信息的沟通状况,设计错误必然大大减少。

②认识论上的突破。

开发过程是一个循环往复的反馈过程,它符合用户对计算机应用的认识逐步发展、螺旋式上升的规律。开始时,用户和设计者对系统功能要求的认识是不完整的、粗糙的。通过建立原型、演示原型、修改原型的循环过程,设计者以原型为媒介,及时取得来自用户的反馈信息,不断发现问题,反复修改、完善系统,确保用户的要求得到较好的满足。

③用户满意程度提高。

由于原型法向用户展示了一个活灵活现的原型系统供用户使用和修改,从而提高了用户的满意程度。当用户并不确定初始系统的需求时,采用现实系统模型做试验要比参加系统设计会议、回忆静态屏幕设计及查看文件资料更有意义。

④减少了用户培训时间,简化了管理。

由于用户在审查评价原型时就已经得到了训练,所以会大大减少培训时间。另外,原型法能够简化信息系统开发的管理工作的状态报告可以成为改正原型系统的方案,省略了许多繁琐的步骤。

⑤开发风险降低。

原型法减少了大量重复的文档编制时间,缩短了开发周期,从而减少了开发风险。另外,使用原型系统来测试开发思想及方案,只有通过原型使用户和开发人员意见一致时,才能继续开发最终系统,所以也会降低开发风险。

⑥开发成本降低。

由于开发时间短,培训少,用户满意度提高系统开发成本。

(5) 原型法的缺点

①如果基础管理不善、信息处理过程混乱,就会给构造原型带来一定困难;另一方面,如果基础管理不好,没有科学合理的方法可依,系统开发容易走上机械模拟手工系统的轨道。

②开发工具要求高。

原型法需要有现代化的开发工具支持,否则开发工作量太大,成本过高,就失去了采用原型法的意义。应该说开发工具水平的高低是原型法能否顺利实现的第一要素。

③解决复杂系统和大型系统问题很困难。

根据目前的支持工具状况,在分析阶段直接模拟用户业务领域的活动,从而演绎出需求模型是相当困难的,基本上都是在进入设计阶段之后才具有开发基础。这就意味着可实现的原型都是经过设计人员加工的,设计人员的误解总是影射到原型中,因此,在对大型系统或复杂系统的原型化过程中,反复次数多、周期长、成本高的问题很难解决。另外,对于大型系统,如果不经过系统分析来进行整体性划分,想直接用屏幕来一个一个的模拟是很困难的。

3) 计算机辅助软件工程

自从计算机开始在管理信息领域应用以来,系统开发过程,特别是系统分析、设计和开发过程,一直是制约信息系统发展的一个瓶颈。这个问题一直延续到 20 世纪 80 年代中后期,计算机图形处理技术和程序生成技术的出现才得以缓和。解决这一问题的工具就是集图形处理技术、程序生成技术、关系数据库技术和各类开发工具于一身的计算机辅助软件工程(CASE)方法。确切地说,计算机辅助软件工程(CASE)并不是一种信息系统开发方法,但这并不影响它在信息系统开发中的重要地位。它的重要性主要体现在对信息系统的开发方法和开发过程的支持作用上。

(1) 计算机辅助软件工程的基本思路

CASE 方法解决问题的基本思路是:在前面所介绍的任何一种系统开发方法中,如果从对象系统调查后,系统开发过程的每一步都可以在一定程度上形成对应关系的话,那么就完全可以借助于专门研制的软件工具来实现上述一个个系统的开发过程。CASE 系统开发过程中的关系包括:

①结构化方法中的业务流程分析、数据流程分析、功能模块设计、程序实现。

②业务功能一览表的数据分析、指标体系的数据和过程分析、数据分布和数据库设计、数据库系统等。

③OO 方法中的问题抽象——属性、结构和方法定义、对象分类、确定范式、程序实现等。

另外,由于在实际开发过程中,上述几个过程很可能只是在一定程度上对应,而不是绝对的一一对应,所以这种专门研制的软件工具暂时还不能一次性地映射出最终结果,还必须实现其中间过程,即对于不完全一致的地方由系统开发人员收工修改。

(2) CASE 方法与其他方法相比,一般来说有如下几方面的特点:

①解决了从客观世界对象到软件系统的直接映射问题,有力地支持软件和信息系统开发的全过程

②自动检测的方法大大地提高了软件和信息系统的质量

③使结构化方法更加实用

④使原型比方法和 OO 方法付诸实施

⑤加速了系统的开发过程

⑥简化了软件信息系统的管理和维护

⑦使开发者从繁杂的分析设计图表和程序编写工作中解放出来

⑧使软件的各部分能重复使用

⑨使软件开发的速度加快而且功能得以进一步完善

⑩产生出统一的标准化的系统文档

4) 面向对象的开发方法

面向对象方法是从 20 世纪 80 年代以来各种面向对象的程序设计方法,如 Smalltalk、C++等逐步发展而来的,最初用于程序设计,后来扩展到了系统开发的全过程,出现了面向对象分析和面向对象设计。

面向对象方法是一种认识问题和解决问题的思维方法,它把客观世界看成是由许多不同的对象所构成的。在面向对象的系统中,我们把系统中所有资源(如系统、数据、模块)都看成是对象,每一对象都有自己的运动规律和内部状态。不同对象间的相互联系和相互作用构成了完整的客观世界。我们把将要建立的系统所要解决的问题称为问题域。

(1) 面向对象方法的几个基本概念

①对象。

对象是现实世界中一类具有某些共同特性的事物的抽象。对象是构成系统的元素,是组成问题域的事物。小到一个数据,大到整个系统都是对象,它是一个封闭体。

②类。

类定义的是对象的类型,是对一组性质相同的对象的描述,或者说,类是对象的模板。模板可以想象为浇铸毛坯用的模具。模具是固定的,当钢水倒入并冷却,使出现一个具有该模具形状的毛坯。因此,在程序运行时,类被作为模板建立对象。例如,实数就是一类.它可进行算术运算和比较等处理,1.33 和 6.57 都是这个类的对象,都有进行算术运算和比较等处理能力。

③消息。

消息是为完成某些操作面向对象所发送的命令和命令说明。对象进行处理及相互之间的联系,都只能通过消息传递来实现,发送消息的对象叫发送者,接受消息的对象叫接受者,发送者可以同时向各个对象传送消息,接受者可同时接受多个对象发来的消息。对象之间也可同时双向传送消息。消息中只含发送者的要求,它通知要进行的处理,但发送者并不起控制作用。

(2) 面向对象方法的开发过程

面向对象方法开发的过程主要包括以下四个阶段:

①系统调查和需求分析

系统调查和需求分析就是对系统面临的具体管理问题以及用户对系统开发的需求进行调查研究,明确系统目标和功能。

②问题分析和求解

问题分析和求解是识别出对象及其行为、结构、属性、方法等。这个阶段通常被称为面向对象分析,简称 OOA。

③归纳

归纳是就第一阶段分析的结果作进一步的抽象、归类,以范式的形式将它们确定下来。这个阶段通常被称为面向对象设计,简称 OOD。

④程序实现

程序实现是用面向对象的程序设计语言取代第三阶段整理出的范式,使之成为应用程序软件,这个阶段通常被称为面向对象的编程,简称为 OOP。

(3) 面向对象分析方法的基本步骤

在用 OOA 具体地分析一个客观事物时,大致上遵循如下五个基本步骤:

①确定对象和类

对象是对数据及其处理方式的抽象,它反映了系统保存和处理现实世界中某些事物的信息的能力。类是多个对象的共同属性和方法集合的描述,它包括如何在一个类中建立一个新对象的描述。

②确定结构

结构是指问题域的复杂性和连接关系。类和类之间存在继承关系,类与对象之间存在抽象和实例化关系,整体和局部之间存在包含关系。

③确定主题

即确定事物的总体概貌和总体分析模型。

④确定属性

属性是对象的数据元素,可用来描述对象实例,给予指定。

⑤确定方法或者过程

方法是在收到消息后必须进行的一些处理动作,方法要在分析图中予以定义。并在对象的存储中给予指定。

对于某些对象和结构来说,增加、修改、删除和选择一个方法有时会是隐含的,即并不在分析图上给出,虽然它们都是要在对象的存储中给予定义。

(4) 面向对象方法的优点

面向对象方法描述的现实世界更符合人们认识事物的思维方法,因而用它开发的软件更易于理解、易于维护;面向对象的继承性大大提高了软件的可重用性;面向对象的封装性在很大程度上提高了系统的可维护性和扩展性。

(5) 面向对象方法的缺点

面向对象方法需要在一定的软件基础支持下才可以使用,它是一种自底向上开发系统的方法,对大型的信息系统开发会造成系统结构不合理、各部分关系失调等问题。

复习思考题

1. 简述物流信息系统规划的步骤和方法。
2. 简述物流信息系统开发的步骤和方法。
3. 简述一套物流信息系统的生命周期所要经历的阶段,各阶段的主要目标和任务。
4. 简述关键成功因素法、战略目标集合转移法、企业系统规划方法的中心思想。
5. 比较原型法和面向对象开发方法的优缺点。

10 物流信息系统的分析

学习目标

- 了解物流信息系统分析的知识
- 掌握物流信息系统需求分析
- 掌握物流信息系统组织结构与功能分析
- 掌握物流信息系统业务流程分析
- 掌握物流信息系统数据与数据流程分析
- 掌握物流信息系统功能/数据分析

物流信息系统的分析是在开发中起决定作用的环节,从某种程度上讲,系统分析的成功与失败,就是系统开发的成功与失败。系统分析阶段的任务主要是针对每一个子系统进行详细的分析,然后制定出每个子系统的逻辑结构。

10.1 系统分析概述

10.1.1 系统分析的任务

物流信息系统的分析是以物流部门的生产、运输、储存、供应等工作为分析对象,分析物流信息输入、处理、储存、输出的流程与加工过程,在总体规划指导下,对某个或若干个子系统进行深入地调查研究,确定新系统的逻辑功能。它必须有较强的针对性,对软件的工作环境与人机界面作明确的规定,以确定研究对象和系统作用范围。在进行必要、全面的调查研究和系统分析的基础上,对物流管理部门的管理模式和信息数据交换流程作必要的抽象,经过去粗取精、去伪存真的取舍,进一步回答系统"要做什么"和"能够做什么"的问题,并用书面材料把分析结论表达出来,从而上升为一般的通用物流信息系统模型。这一阶段的任务主要由系统分析员来完成。

在系统分析工作中,系统分析员主要依靠广大的最终用户,通过对他们的各项业务活动和管理活动的调查研究来实现其最终的工作目标。但是在这些用户中,由于个人的经历不同、知识不同,对客观事物的看法也不同,因此在工作中经常会遇到这样一些人,他们对自己的业务工作非常熟悉,但是要清楚地表达出来却比较困难。还有这样一些人,由于缺乏计算机知识和信息系统方面的知识,因而所提出的一些需求使得系统分析员难以理解。而作为系统分析员来说,他们是系统开发方面的专家,但不是某项具体管理方面的专家,他们缺乏专门领域的业务知识,所"理解"和"表达"出来的新的系统逻辑结构可能与用户需求不一致。这种系统分析员和用户之间缺乏共同语言,缺乏良好的通信手段,是系统分析工作的主要难点。

10.1.2 系统分析的特点

1) 用图示的方法,直观且容易理解

图形工具是系统分析员和用户、系统分析员和系统设计员之间的通信手段,因为,图形工具避免了用语言描述带来的理解上的偏差,保证了系统分析员能够正确理解现行系统,也使用户能够容易理解,并提出修改意见,而且系统设计员能够根据这些图形进行正确的系统设计。

2) 强调逻辑结构,而不是物理实现

确定新系统能够实现用户提出的一些要求是分析的主要任务,只要能够达到目标,无需考虑用哪种计算机、用何种技术等,这样系统分析员就不必考虑具体的实现细节,把精力用在功能的逻辑结构上。

3) 自顶向下的工作原则

这个原则符合人们的认识规律,因为它是由表及里、由内向外的分析,这样系统分析员能够很容易的理解现行系统并提出新系统的逻辑结构,用户也能够对此评审,提出修改意见。

4) 避免了重复工作

在编制文档资料时,系统分析员并不能保证绝对不出错,一旦发现错误,就要及时改正,不要把错误带到下一阶段的开发工作中去。

10.1.3 系统分析的步骤

系统分析的过程和步骤见图 10-1。系统分析从用户提出开发新系统的要求开始,首先进行初步调查和可行性分析以确定新系统开发的可能性,然后通过详细调查和分析以提出新系统的逻辑模型,最后提交系统分析报告。

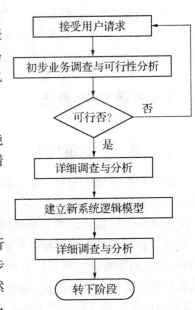

图 10-1 系统分析过程和步骤

10.2 系统需求分析

10.2.1 需求分析概述

1) 需求的定义

从开发者角度来讲,需求可以定义为系统的内部行为、特性或属性,是在开发过程中对系统的约束;从用户的角度来讲,需求是指系统外部能发现系统所具有的满足于用户的特点、功能及属性等。它包括:系统的功能要求,性能要求,可靠性要求,安全保密性要求,开发费用,开发周期以及可使用资源等方面的限制。图10-2是一个软件的需求规格说明。

2) 需求的类型

需求工程领域中常把软件需求分为三个层次,即业务需求、用户需求和功能需求(也包括非功能需求)。

(1) 用户需求(User Requirement)文档描述了用户使用产品必须要完成的任务,这在使用实例文档或方案脚本说明中予以说明。

(2) 业务需求(Business Requirement)反映了组织机构或客户对系统、产品高层次的目标要求,它们在项目视图与范围文档中予以说明。

(3) 功能需求(Function Requirement)定义了开发人员必须实现的软件功能,使得用户能完成他们的任务,从而满足了业务需求。这在软件功能说明书中予以说明。

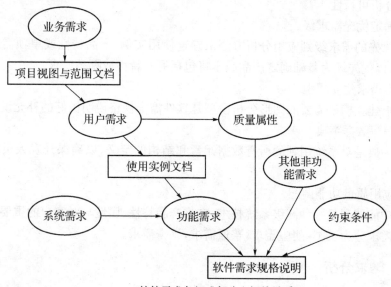

软件需求各组成部分之间的关系

图 10-2　软件需求规格说明

3）需求分析的任务

需求分析的基本任务是准确的回答"系统必须做什么?"这个问题。同时,需求并未包括设计细节、实现细节、项目计划信息或测试信息。需求与这些没有关系,它关注的是充分说明你究竟想开发什么。

具体来说,需求分析阶段的任务如下:

(1) 确定对系统的综合要求,包括系统功能要求、系统性能要求、运行要求以及将来可能提出的要求等。

(2) 确定对系统的数据要求。

(3) 修正开发计划。

(4) 导出系统的逻辑模型。

(5) 开发一个原型系统等。

4）需求分析的过程

由于软件开发项目和组织文化的不同,对于需求开发没有一个简单的、公式化的途径。一般来说,可以按照以下过程来进行系统的需求分析。

(1) 绘制关联图

绘制关联图是用于定义系统与系统外部实体间的界限和接口的简单模型,同时也明确了通过接口的信息流和物质流。

(2) 创建开发原型

创建用户接口原型,当开发人员或用户不能确定需求时,开发一个用户接口原型,这样使得许多概念和可能发生的事更为直观明了。

(3) 分析可行性

(4) 确定优先需求级

确定优先的需求级别应用分析方法来确定使用实例、产品特性或单项需求实现的优先级别,以优先级为基础确定产品版本将包括哪些特性或哪类需求。

(5) 为需求建立模型

为需求建立模型需要的图形分析模型是软件需求规格说明极好的补充说明。

(6) 编写数据字典

数据字典是对系统用到的所有数据元素和结构的定义,以确保开发人员使用统一的数据定义。

(7) 应用质量功能调配

质量功能调配是一种高级系统技术,它将产品特性、属性与对客户的重要性联系起来。它将需求分为三类:期望需求,普通需求,兴奋需求。

10.2.2 需求分析

为了新的物流信息系统能够更好地满足用户的需求,在进行系统需求分析之前,首先要进行系统综合业务的初步调查和详细调查。

1) 调查原则

因为系统调查是一项工作量大、涉及的业务和人、数据、信息都非常多的工作,所以要有明确的原则对之指导,否则大规模的系统调查是很难进行的。其基本原则可归结为以下几点:

(1) 先弄清存在的客观性,再分析有无改进的可能性

每一个管理部门和每一项管理工作都是根据具体情况而设定的,调查的目的就是要搞清楚这些管理工作的存在客观性和环境条件等等,然后再通过系统分析,看其是否在新的系统支持下有无优化的可能性。

(2) 自顶而下全面展开

采用系统化的观点自顶而下全面展开系统调查工作,首先从组织管理工作的最顶层开始进行调查,然后第二层,依此类推,直至理清组织的全部管理工作。

(3) 全面铺开与重点调查相结合

是开发整个组织的物流信息系统,还是只需开发组织内某一具体业务信息系统,这就需要全面铺开和重点调查相结合,即自顶向下全面展开,但每次都只侧重于局部相关的分支。

(4) 主动沟通、亲和友善的工作方式

创造出一种积极、主动、友善的工作环境和人际关系是调查工作顺利展开的基础。

(5) 工程化的工作方式

所谓工程化的工作方法就是将每一步工作都事先计划好,对人的工作方法和调查所使用的表格、图例都进行规范化处理,而且所有规范化调查结果都应整理后归档,以便于进一步工作时使用。

2) 初步调查

初步调查分析的目的是确定新信息系统开发的必要性和可行性,其结果以可行性分析报告的形式表达。

初步调查是可行性分析的前提和基础,其主要内容有:

①系统的基本情况。包括系统的外部约束环境、规模、历史、管理目标、主要业务以及当前面临的主要问题。

②系统的资源情况。包括系统的财经状况、技术力量以及为改善现行系统能够投入的人力和财力资源等。

③系统各类人员对系统的态度。包括领导和有关管理业务人员对现行系统的看法,对新系统开发的支持和关心程度。

④系统中信息处理的概况。包括现行系统的组织机构、基本工作方式、工作效率、可靠性、人员素质和技术手段等。

3) 可行性分析

完成初步调查以后,就可以进行系统的可行性分析。可行性分析的含义是指,在目前物流组织企业所处的内部状况和外部环境下,调查所提议的物流信息系统是否具备

必要的资源和条件。可行性分析的流程见图 10 - 3。

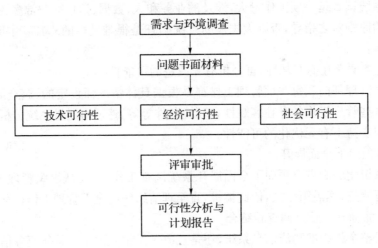

图 10 - 3　可行性分析的流程

可行性研究的内容通常需要从开发的必要性、技术可行性、经济可行性、组织与管理可行性这四个方面进行考虑。

(1) 开发的必要性

可行性并不等于可能性。例如,某物流企业具备扩大散货运输规模的生产能力,但是散货运输市场已经饱和,货源不足,因此,扩大运输规模是没有必要的。在这种情况下,虽然在运力上具备扩大生产的能力,但是因为货源无法保证,而使得这种做法不可行。物流信息系统的开发也要考虑这种必要性。如果物流企业的现行系统没有更换的必要性,或者物流业务人员对开发新系统的愿望并不迫切,那么新的物流信息系统的开发就不具备可行性。总之,需要根据物流企业现状、员工情况、先行系统功能和效率等,来研究开发物流信息系统的必要性。

(2) 技术可行性分析

它是指技术资源能否满足用户的需求软件、人力资源以及系统预定的开发技术等。

物流信息系统的技术可行性可以从硬件、软件、网络和物流企业的技术力量等几个方面来考察:

①硬件方面包括计算机系统中各种硬设备诸如硬盘、内存、输入输出设备等的性能和价格,计算机硬件的稳定性和可靠性等。

②软件方面包括操作系统平台、数据库系统、开发工具软件等。

③网络主要是指数据传输和通讯方面的相关网络硬件,例如网卡、HUB、路由器、布线以及网络软件,例如通讯协议、网络防火墙等。

④技术力量主要应考虑物流信息系统开发与维护人员的技术水平,这些人员包括系统分析人员、系统设计人员、程序员和软硬件维护人员。如果在物流信息系统开发和维护的各个阶段中,不能投入足够的技术人员,或者技术人员的技术水平不够理想,那

么就可以认为系统开发的技术力量是不可行的。

(3) 经济可行性

经济可行性主要是对开发项目的成本和效益做出评价,既新系统所带来的经济效益能否超过开发和维护新系统所需要的费用。这就需要从费用和收益这两个方面加以估计。

在费用估计时,特别要注意防止费用估计过低,否则会使可行性分析得出错误的结论,造成估计过低的原因通常有:

◇只注意了硬件费用而忽视了软件费用;

◇只注意了设备费用而忽视了人工费用;

◇只注意了开发费用而忽视了维护费用;

◇只注意一次性投资而忽视日常性开支等。

正确的费用估计通常包括设备费用、开发费用、运行费用、培训费用这四项。

①设备费用由硬件费用和软件费用组成,硬件费用主要包括计算机主机设备、外部输入输出设备、网络设备和机房设备等。软件费用主要包括操作系统软件、开发工具软件、数据库软件、文字处理软件、服务器软件、网络管理软件。

②开发费用主要指系统开发所需的人工劳务费及其他相关费用。

③运行费用包括系统运行所需的各种消耗费用,例如电力、纸张等,以及设备的维护费用。例如软硬件操作和维护人员的工资。

④培训费用则包括用户管理人员、操作人员、维护人员培训的费用。

收益的估计不像费用估计那样具体,因为应用系统的收益往往不易定量计算,尽管这些收益是确实存在的。因此,收益的估计需要从直接效益和间接效益这两个方面入手,并且采用合适的量化方法。

①直接效益是指系统支付使用后,在某一时期能产生的明显经济效益。例如,加强物流环节中仓储管理,从而减少场地的租用费用、优化物流过程而减少运输成本。

②间接效益往往能更加体现物流信息系统的收益价值,例如提高了工作效率从而提高了物流管理水平、为领导决策及时提供了相关信息从而对市场能够做出快速反应、通过广泛使用物流信息促进了物流业务的规范化和程序化、通过提高员工的素质而增强企业的凝聚力、通过提升企业形象而增加了企业的无形资产等。

③在对物流管理信息系统的收益进行量化时,应该综合考虑。例如单位运力利用率的提高、单位流动资金占用量的减少、提供了哪些新的物流信息、信息反馈的速度提高、信息的完备性和准确性的提高、具备哪些新的物流信息处理功能、所节省的人员、所减少的管理费用等。

④费用和效益间的对比可以通过回收周期来说明,即 $T=F/M$。其中,T 为投资回收期,F 为费用,M 为年利润增长额。T 越小则说明回收期越短,收益效果越明显,可以通过初步估算确定经济上的可行性。

(4) 组织与管理可行性

组织可行性主要考虑的范围包括：

◇物流企业领导是否支持开发新系统，决心有多大，这是非常关键的。

◇各级管理部门对开发新系统的态度，这既会影响领导的态度，也会关系普通业务人员的积极性。

◇其他各级人员对开发新系统的看法和需求侧重点。

◇现行系统能否提供完整、正确的基本信息。

新系统所带来业务方式和习惯的改变能否得到领导的认可、管理人员的接受和业务人员的支持。

管理的可行性应考虑以下三个方面的因素：

①管理信息系统是建立在科学管理工作这一基础之上的。只有在一套科学的管理方法、完善的管理体制、严格的规章制度、合理的管理程序和完备的原始数据基础之上，才能建立一个有效的物流管理信息系统。对于一些管理工作基础薄弱的物流企业，尽管有先进的物流信息处理技术手段，但是原始数据的来源、正确性及时性没有保证，同时也缺乏比较规范的业务系统，那么可以认为其管理性是不可行的。

②要考察物流企业业务流程的透明度及标准化程度，建立物流管理信息系统的目的就是要把物流过程数字化，物流的过程越概念化、越清晰、透明、标准，就越容易将物流的过程用计算机工具描述出来。在物流管理信息系统的建设和运行中所遇到的许多问题，如系统功能的重复设置、结构混乱等毛病，往往是由于物流企业流程不明、暗箱操作、标准化程度不高所造成的。国内外许多物流企业已认识到这一点，开始推行 ISO 9000 标准的认证，这将有利于物流管理信息系统的开发及推广。

③物流企业外部环境的变化对管理现代化具有深刻影响。需要考察新系统是否能够服务于物流企业的长期发展战略，是否适应日新月异的科学技术和管理方法，是否能对付动态变化的市场的竞争。

4) 可行性分析的方法

(1) 风险评估技术

风险评估技术可用来评估影响管理信息系统的各个工程项目。可以帮助人们较好地掌握所开发项目的全貌，该项目与其他项目的关系，确切掌握该项目的重要性。风险可分为三个方面：规模、结构和技术。

规模指项目开发的工作量、开支、时间跨度等指标。时间跨度越长，环境变化越大，风险越大。

结构化程度高的项目，设计的选择余地不大；结构化低的项目有相当的可塑性，选择余地大。

技术风险与一个单位的技术经验密切相关，因此未用过的新技术风险大。采用几种新的硬件设备，风险就大；如果还使用新的软件，风险就更大。用户的知识与经验，在风险评估中，也应予以考虑。

（2）投资决策方法

可行性分析是一种投资决策分析，投资决策是一种非常重要的决策，它涉及在一个较长的时期内投入一笔相当大的资金的合理性。它比其他的决策具有更大的风险，开发物流信息系统的可行性分析就具有这种特点。它又分为投资效益分析法和现金流量贴现法。

① 投资效益分析法

$$投资效益 = \frac{税后年利润}{原始投资总额}$$

例如：某物流信息系统建设项目投资总额为 260 万元，能使用 5 年，使用期间的税后利润总数估计为 120 万元，平均每年为 24 万元，则投资收益率为 9.2%。计算出投资收益率后，可以与一个可接受的会计收益标准相比，大于标准的收益可考虑接受。

投资效益分析法是按年平均利润计算的，它不考虑投资项目在各年之间的不均衡性。在实践中，投资初期收益较低，以后逐年增加。

② 现金流量贴现法

为了在投资决策中取得正确结论，需要考虑现在值和时间价值，把投资后将来发生的收益额，按现在系数转换成现值收益，然后再与现值投资支出相比。这种把将来值换算成现在值的方法叫贴现，而把这种分析方法称为现金流量贴现法。

5）可行性研究报告

可行性研究的最终成果是提交可行性研究报告，它是初步调查分析的结果，是系统建设的一个必备文件。其主要内容见表 10-1。

表 10-1 可行性分析报告的主要内容

第一部分 引言	1. 摘要。包括系统名称、目标和功能 2. 背景。包括系统开发的组织单位；系统的服务对象；本系统和其他系统或机构的关系和联系 3. 参考和引用的资料。本系统经核准的文件、合同或批文；本报告引用的文件、资料等 4. 专门术语的定义
第二部分 系统开发的背景、必要性和意义	1. 现行系统的调查。包括组织机构；业务流程；工作负荷；费用；人员；设备；现行系统中存在的主要问题及薄弱环节 2. 需求调查和分析
第三部分 新系统的几种方案介绍	1. 拟建系统的目标 2. 系统规模及初步方案、投资规模、组成和结构 3. 系统的实施方案 4. 投资方案、投资数量、来源及时间安排 5. 人员培训及补充方案 6. 其他可供选择的方案

(续表 10-1)

第四部分 可行性研究	1. 技术上的可行性。现有技术的估价以及国内外有关技术的发展等等 2. 经济上的可行性 3. 系统运行可行性分析
第五部分 几种方案比较分析	对所有的选择方案从技术、经济、管理三方面进行比较分析
第六部分 结论	可按某种方案立即进行,或等待某些条件成熟后再进行,或不可行必须停止

6) 详细调查

详细调查和需求分析有着密切的关系。详细调查的目的是真正弄清处理对象现阶段工作的详细情况,为后面的分析设计工作做准备,是制定合理方案和开发信息系统的基础。

(1) 详细调查的范围

详细调查的范围应该是围绕组织内部信息流所涉及领域的各个方面。大致从以下几个方面进行:

①企业机构、部门职能及其功能业务、业务范围

②系统界限和运行状态。现行系统的发展历史、经营效果、目前规模、业务范围以及与外界的联系等

③业务流程与工作形式,工艺流程和产品构成,各部门的主要业务流程。仓储、运输生产工艺和作业程序等

④现存问题和改进意见。要注意收集用户的各种需求,善于发现问题并找到问题的关键所在。

⑤企业可用资源和限制条件。除了人力资源,还要了解现行系统的物资、设备、资金和其他各项资源的情况以及现行系统在人员、资金、设备以及处理方式等各方面的限制条件和规定

(2) 详细调查的方法

调查的方法多种多样,经常使用的方法如下:

①发调查表。可用来调查系统普遍性的问题。由初步调查结果可得到组织的基本情况,分析后确定调查表的主要内容,提供给被调查对象。表10-2和表10-3是两个需求调查表,分别是调查记录表和业务数据调查表。

表10-2 调查记录表

调查记录表			
单位:图号:问卷号:	记录人:		日期:
被调查者:职务:	分管业务:		
调查记录:			

表10-3 业务数据调查表

业务数据调查表				
图号:业务过程名:		业务承担单位:		
填表人:填表日期:		对应的业务流程调查表号:		
数据项说明				
序号	数据名称	字长描述	取值范围	数据来源	备注
1 2 3 4 …					
后附报表说明					
序号	后附报表名	份数	传送部门	制表单位	用途	频率	其他
1 2 3 4 …							

②调查人员直接参加业务实践。开发人员亲自参加业务实践,不仅可以获得第一手资料,而且便于开发人员和业务人员的交流,使系统的开发工作接近用户,用户更了解新系统。

③查阅企业的有关资料。

④召开调查会。这是一种集中调查的方法,适合于了解宏观情况。

⑤由用户的管理人员向开发者介绍情况。

⑥个别访问。某些特殊问题或细节的调查,可对有关的业务人员做专题访问。仔细了解每一步骤、方法等细节。

10.3 组织结构与功能分析

组织结构与功能分析是系统分析中比较简单的环节,主要包括三部分内容:组织结构分析、业务过程与组织结构之间的联系分析、业务功能汇总表。

10.3.1 组织结构图

组织结构图是一张反映组织内部之间隶属关系的树状结构图。在绘制结构图时应注意,排除与系统无任何联系的部门,其他部门一定要反映全面、准确。如果组织结构过于复杂,也可以分层次画出。组织结构图结构见图 10-4,图 10-5 是某物流企业的组织结构图。

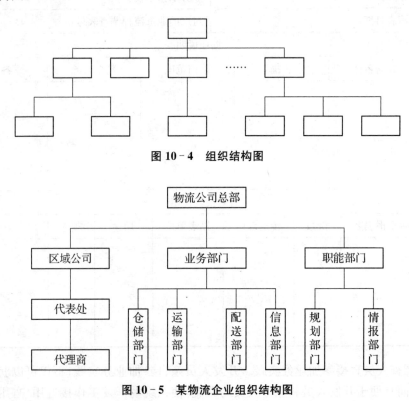

图 10-4 组织结构图

图 10-5 某物流企业组织结构图

10.3.2 组织/业务关系分析

组织结构图反映了一个组织内部的上下级关系。但是对于组织内部各部门之间的联系程度、主要业务和它们在业务过程中所承担的工作等却没有反映出来,这将对后续的系统分析工作带来困难。为了弥补这方面的不足,一般用组织/业务关系图来反映组织内部各部门在承担业务时的关系。如图 10-6 所示,横向表示各部门名称,纵向表示业务过程名称,中间部分填写组织在执行业务过程中的作用。

功能	序号	联系的程度 组织 业务	计划科	质量科	设计科	工艺科	机动科	总工室	研究所	生产科	供应科	人事科	总务科	教育科	销售科	仓库
功能与业务	1	计划	*					√		×	×				×	×
	2	销售		√											*	×
	3	供应	√							×	*					√
	4	人事										*	√			
	5	生产	√	×	×	×			*		*	×				
	6	设备更新					*	√	√	√	×					
	7	……														

图中:"*"表示该项业务是对应组织的主要业务(即主持工作的单位);
"×"表示该单位是参加协调该项业务的辅助单位;
"√"表示该单位是该项业务的相关单位(或称有关单位);
空格:表示该单位与对应业务无关。

图 10-6 组织/业务关系图

10.3.3 业务功能汇总表

随着生产的发展,生产规模的扩大和管理水平的提高,组织的某些业务的范围越来越大,功能越来越细,由原来单一的业务派生出许多新的业务。这些业务在组织内由不同的部门或不同的人员分管,工作性质也逐步发生了变化。当这种变化发展到一定程度时,就会引起组织本身的变化,裂变出一个新的组织部门,由它完成某一类特定的业务功能。如某企业的质量检验工作是由生产科、成品科和生产车间各自交叉分管的。由于产品激烈的市场竞争和管理的需要,产生了专业的质量检验科,负责企业生产各个环节的全部质量检验工作。如果我们以功能为准绳设计和考虑系统,那么系统的组织结构有一定的独立性,将会有较强的生命力。因此,在分析组织情况时,应画出业务功能汇总表,以便对依附于组织结构的各项业务功能有一个概貌性的了解,也可以对于各项交叉管理、交叉部分的深度以及各种不合理现象有一个总体了解,尽量在系统设计时避免这些问题。如果业务功能复杂,也可以分层次画出。图 10-7 是某企业销售系统业务功能汇总表。

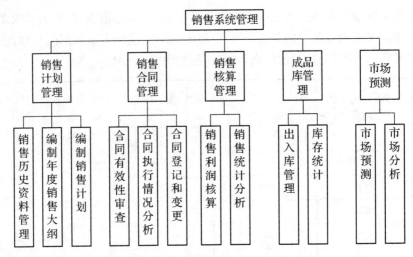

图 10-7 某企业销售系统业务功能汇总表

10.4 业务流程分析

10.4.1 业务流程分析

业务流程分析主要是分析原系统中存在的问题,是为了在新系统建设中予以克服或改进。可以帮助我们了解某项业务的具体处理过程,发现和处理系统调查工作中的错误和疏漏,修改和删除原系统的不合理部分,在新系统基础上优化业务处理流程。

业务流程分析过程包括以下内容:

(1) 原有流程的分析。分析原有的业务流程的各处理过程是否具有存在的价值,其中哪些过程可以删除或合并,哪些过程不尽合理,可以进行改进或优化。

(2) 业务流程的优化。原有业务流程中哪些过程存在冗余信息,可以按计算机信息处理的要求进行优化,以及这些优化可以带来的好处。

(3) 确定新的业务流程。画出新系统的业务流程框图。

(4) 新系统的人机界面。新的业务流程中人与机器的分工,即哪些工作可以由计算机自动完成,哪些必须有人的参与。

10.4.2 业务流程图

业务流程图(Transaction Flow Diagram,TFD)是一些简单的符号表示某个具体业务处理过程,基本上按照业务的实际处理步骤来绘制,但它的不足是对于一些专业性较强的业务处理细节缺乏足够的表现手段,比较适合于事务处理类型的业务过程。业务流程图可以帮助系统分析人员发现问题、分析不足、理顺和优化业务过程。

有关业务流程图的画法,目前尚不太统一。但若仔细分析,就会发现它们都是大同小异的,只是在一些具体的规定和所用的图形符号方面有所不同,而在准确明了地反映业务流程方面是非常一致的。

1) 基本符号

业务流程图的基本图形符号非常简单,只有6个。有关6个符号的内部解释则可直接用文字标于图内。这6个符号所代表的内容与信息系统最基本的处理功能一一对应,如图10-8所示。圆圈表示业务处理单位;方框表示业务处理内容;报表符号表示输出信息(报表、报告、文件、图形等);不封口的方框表示存储文件;卡片符号表示收集资料;矢量连线表是业务过程联系。

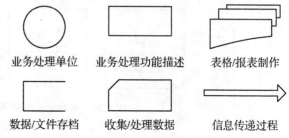

图10-8 业务流程图的基本符号

2) 绘制举例

业务流程图的绘制是根据系统调查表中所得到的资料和问卷调查的结果,按业务实际处理过程将它们绘制在同一张图上。例如,某个业务的流程可被表示为图10-9的形式。图10-10为某企业采购业务管理流程。图10-11为某企业采购计划编制流程。

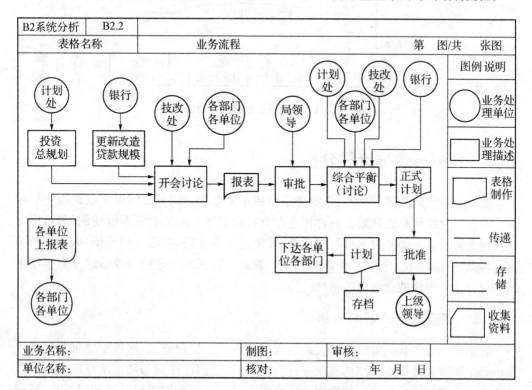

图10-9 某业务流程图举例

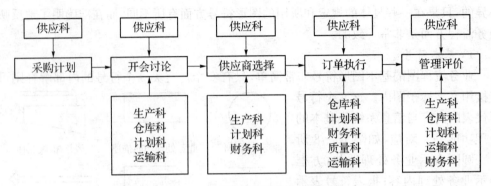

图 10-10　某企业采购业务管理流程

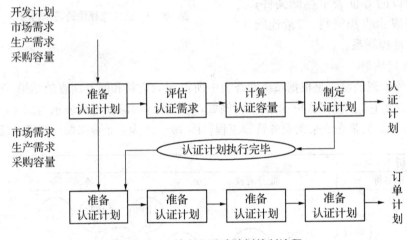

图 10-11　某企业采购计划编制流程

10.5　数据与数据流程分析

数据是信息的载体,是今后系统要处理的主要对象。因此必须对系统调查中所收集的数据以及统计和处理数据的过程进行分析和整理。如果有没弄清楚的问题,应立刻返回去弄清它。如果发现有数据不全,采集过程不合理,处理过程不畅,数据分析不深入等问题,应在本分析过程中研究解决。数据与数据流程分析是今后建立数据库系统和设计功能模块处理过程的基础。

10.5.1　调查数据的汇总分析

在系统调查中我们曾收集了大量的数据载体和数据调查表,这些原始资料基本上是由每个调查人员按组织结构或业务过程收集的,它们往往只是局部地反映了某项管理业务对数据的需求和现有的数据管理状况。对于这些数据资料必须加以汇总、整理和分析,使之协调一致,为以后在分布式数据库内各子系统的调用和共享数据资料奠定基础。

调查数据汇总分析的主要任务首先是将系统调查得到的数据分为如下三类:第一,本系统输入数据类(主要指报来的报表),即今后下级子系统或网络要传递的内容;第二,本系统产生的数据类(主要指系统运行所产生的各类报表),它们是今后本系统输出和网络传递的主要内容;第三,本系统内要存储的数据类(主要指各种台账、账单和记录文件),它们是今后本系统数据库要存储的主要内容。

然后再对每一类数据进行如下三项分析:第一,汇总并检查数据有无遗漏;第二,数据分析,即检查数据的匹配情况;第三,建立统一的数据字典。

1) 数据汇总

数据汇总是一项较为繁杂的工作。为使数据汇总能顺利进行,通常将它分为如下几步:

(1) 将系统调查中所收集到的数据资料,按业务过程进行分类编码,按处理过程的顺序排放在一起。

(2) 按业务过程自顶向下地对数据项进行整理。例如,对于成本管理业务,应从最终成本报表开始,检查报表中每一栏数据的来源,然后检查该数据来源的来源,一直查到最终原始统计数据(如生产统计、成本消耗统计、产品统计、销售统计、库存统计等)或原始财务数据(如单据、凭证等)。

(3) 将所有原始数据和最终输出数据分类整理出来。原始数据是以后确定关系数据库基本表的主要内容,而最终输出数据则是反应管理业务所需求的主要数据指标。这两类数据对于后续工作来说是非常重要的,所以将它们单独列出来。

(4) 确定数据的字长和精度。根据系统调查中用户对数据的满意程度以及今后预计该业务可能的发展规模统一确定数据的字长和精度。对字符型数据来说,只需确定它的最大字长和是否需要中文;对数字形数据来说,它包括:数据的正负号,小数点前后的位数,取值范围等。

2) 数据分析

数据汇总只是从某项业务的角度对数据进行了分类整理,还不能确定收集数据具体形式以及整理数据的完备程度、一致程度和无冗余的程度。因此需要对这些数据作进一步的分析。分析的方法可借用 BSP 方法中所提倡的 U/C 矩阵来进行。U/C 矩阵本质是一种聚类方法,它可以用于过程/数据,功能/数据等各种分析中。在这我们只借用它来进行数据分析。

(1) U/C 矩阵

U/C 矩阵是通过一个普通的二维表来分析汇总数据。通常将表的横坐标栏目定义为数据类变量(X_i),纵坐标栏目定义为业务过程类变量(Y_i),见图 10-12,将数据与业务过程之间的关系(即 X_i 与 Y_i 之间的关系)用使用(U,use)和建立(C,create)来表示,那么将上一步汇总的内容填于表内就构成了所谓的 U/C 矩阵。

（2）分析数据正确性

在建立了 U/C 矩阵之后就要对数据进行分析，基本原则就是"数据守恒原理"，即数据必定有一个产生的源，而且必定有一个或多个用途。针对图 10-12 可概括为如下几点：

①原则上每一列只能有一个 C。如果没有 C，则可能是数据收集时出错；如果有多个 C，则有两种可能性：其一是数据汇总有错，误将其他几处引用数据的地方认为是数据源；其二数据栏是一大类数据的总称，如果是这样应将其细划。

②每一列至少有一个 U。如果没有 U，则一定是调查数据或建立 U/C 矩阵时有误。

数据类\功能	客户	订货	产品	工艺流程	材料表	成本	零件规格	材料库存	成本库存	职工	销售区域	财务计划	计划	设备负荷	物资供应	任务单	列号 Y
经营计划		U				U						U	C				1
财务规划						U				U		C	C				2
资产规模												U					3
产品预测	C		U								U						4
产品设计开发	U		C	U	C		C					U					5
产品工艺			U		C		C	U									6
库存控制							C	C							U	U	7
调度			U	U			U							U	C		8
生产能力计划				U										C	U		9
材料需求			U	U			U									C	10
操作顺序				C										U	U	U	11
销售管理	C	U	U							U	U						12
市场分析	U	U	U									C					13
订货服务	U	C	U							U	U						14
发运																	15
财务会计	U	U	U							U		U					16
成本会计		U	U		U							U					17
用人计划										C							18
业绩考评										U							19
行号 X	1	2	3	4	5	6	7	8	9	10	11	12	13	14	15	16	

图 10-12　U/C 矩阵

③不能出现空行或空列。如果出现，则可能有以下两种情况：其一，数据项或业务过程的划分是多余的；其二，在调查或建立 U/C 矩阵过程中漏掉了它们之间的数据

联系。

(3) 数据项特征分析

①数据的类型以及精度和字长。这是建库和分析处理所必须要求确定的。

②数据量。即单位时间内(如天、月、年)的业务量、使用频率、存储和保留的时间周期等。这是在网上分布数据资源和确定设备存储容量的基础。

③合理取值范围。这是输入、校对和审核所必需的。

④所涉及的业务。即图 10-12 中每一行有 U 或 C 的列号(业务过程)。

10.5.2 数据流程分析

数据流程分析是把数据在组织(或原系统)内部的流动情况抽象地独立出来,舍去了具体组织机构、信息载体、处理工作、物资、材料等,单从数据流动过程来考查实际业务的数据处理模式。它主要包括对信息的流动、传递、处理、存储等的分析。数据流程分析的目的是要发现和解决数据流通中的问题,比如:数据流程不畅、前后数据不匹配、数据处理过程不合理等等。因为一个畅通的数据流程是今后新系统用以实现这个业务处理过程的基础。

数据流程分析的实现是通过分层数据流程图(Data Flow Diagram,简称 DFD)来实现的。具体的做法就是:按业务流程图理出的业务流程顺序,将相应调查过程中所掌握的数据处理过程,绘制成一套完整的数据流程图,一边整理绘图,一边核对相应的数据和报表、模型等。如果有问题,则定会在这个绘图和整理过程中暴露无遗。

1) 绘制数据流程图的原则

数据流程图是结构化系统分析的主要工具,不但可以表达数据在系统内部的逻辑流向,而且还可以表达系统的逻辑功能和数据的逻辑变换。数据流程图既能表达现行人工系统的数据流程和逻辑处理功能,也能表达计算机系统的数据流程和逻辑处理功能。一般设计数据流程图要遵循以下原则:

(1) 确定系统在正常运行时的输入输出(数据流)。

(2) 确定系统的外部实体,也就是确定系统与外部环境的分界线。

(3) 确定对系统的查询要求,对这些查询中应该包括要求立即得到回答的查询。

(4) 数据存储在系统中应起到邮政信箱的作用。

(5) 设计流程图时,先从左侧开始,标志外部实体,然后画出该外部实体产生的数据流和处理逻辑。

(6) 反复修改或者检查是否有所遗漏或不符。

(7) 根据第一张数据流程图,对其中每个处理逻辑,逐层向下扩展出详细的数据流程图。

(8) 尽量避免线条的交叉,必要的时候可以用重复的外部实体符号和重复的数据存储符号。

2) 数据流程图的基本符号

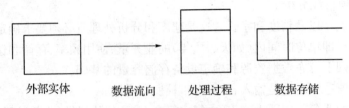

外部实体　　数据流向　　处理过程　　数据存储

图 10 - 13　数据流程图的基本符号

(1) 外部实体

外部实体指系统之外的人或单位。它们和本系统有信息传递关系。在绘制某一个子系统的数据流程图时,凡属本子系统之外的人或单位,也都列为外部实体。它表达了该系统数据的外部来源或去处。例如,顾客、部门、机场售票处、政策制定人等。它也可以是另外一个信息处理系统,向该系统提供数据或接收来自该系统向它发出的数据。用一个正方形,并在其上方和左方各加一条线表示外部实体。

在确定了系统的外部实体以后,实际上就确定了系统与外界的分界线,因此,要想确定合理的系统与外界的分界线,必须要先详细分析用户的要求,根据系统的目标确定系统的分界线。

(2) 数据流

数据流(Date Flow)表示流动的数据,可以是一项数据,也可以是一组数据,也可用来表示数据文件的存储操作。通常在数据流符号的上方标明数据流的名称。

数据流的符号最简单,一个水平箭头或垂直箭头,就指出了数据的流动方向,一律采用单箭头。数据流可以由某一个外部实体产生,也可以由某一个处理逻辑产生,也可以来自某一个数据存储。

(3) 处理过程

如果把数据流比喻成工厂里的零件传送带,那么每一道加工工序就相当于数据流程图中的处理逻辑。用一个长方形来表示,图形的下部填写处理的名称,上部填写该处理的标识符。它表达了对数据的逻辑处理功能,也就是对数据的变换功能。处理逻辑对数据的变换方式有两种:

①变换数据的结构,例如,将数据的格式重新排列;

②在原有的数据内容基础上产生新的数据内容,例如,计算总量或平均值。

(4) 数据存储(文件)

它是指通过数据文件、文件夹或账本等存储数据,用一个有开口的长方形来表示。图形右部填写该数据的存储名称,名称要起得适当,便于用户看懂。左部填写标识符,为了区别于其他数据存储。

数据存储指出了数据保存的地方。这里所说的"地方",并不是指数据保存的物理地点或物理存储介质,不是指文件箱,也不是指磁盘或磁带,而是对数据有存的逻辑描述。

3) 绘制举例

绘制数据流程图采用自顶向下逐层分解的方法,先将整个系统按总的处理功能画出顶层的流程图,然后逐层细分,画出下一层的数据流程图。

顶图只有一张,它说明了系统总的功能和输入输出的数据流。图 10-14 是订货处理的顶层数据流程图,表示销售部门接到用户的订货单后,根据库存情况向用户发货。

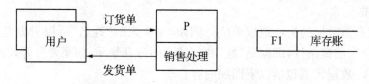

图 10-14 订货处理的顶层数据流程图

对顶层数据流图中的处理过程进行逐步分解,可得到不同层次的数据流程图。比如将上图中的"销售处理"分解为五个主要的处理逻辑,见图 10-15。

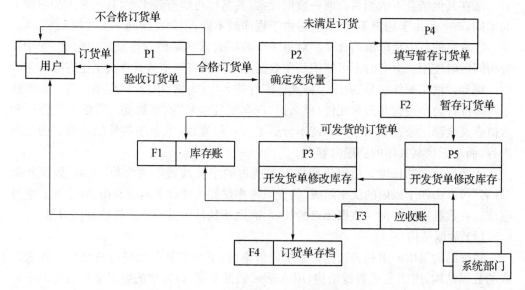

图 10-15 订货处理的数据流程图

4) 数据分析与数据字典

数据流程图反映系统业务和功能之间的关系,反映了外部实体、数据处理、数据存储和数据流动四方面的关系,通过数据流程图能系统、全面地了解业务、功能实现过程。但是数据流程图反映不出数据本身特性,反映不出数据结构的具体情况,另外数据流程图中描述的功能和数据是否匹配、是否存在问题、有无遗漏,也无法通过数据流程图本身来检查。数据分析就是要弥补数据流程图所呈现出的缺陷。它的工具就是数据字典。

数据字典在信息系统开发过程中具有重要的作用,表现在以下几个方面:

①为系统分析员提供深入了解数据处理、数据存储、数据流动情况等提供详细资料。

②从多方面对数据流程图进行进一步描述和完善、相互参照、对比,便于查找遗漏、

冲突、重复等错误。

③便于索引。

④便于对数据流程图进行逻辑结构检验、一致性检验。

数据字典的内容包括：数据元素、数据结构、数据流、处理逻辑、数据存储、外部实体等。

(1) 数据元素

数据元素是数据的最小组成单位。例如，一个人的"姓名"可以看做是一个数据元素，但是有一个前提条件，那就是"姓"和"名"不能分开来示，如果要分开，"姓名"就不是数据元素了。数据元素包括以下四项内容：

①数据元素的名称。例如，顾客名、订货单编号、当前库存量、订货量等，都是数据元素的名称。在整个系统中，数据元素的名称也必须唯一地标志出这些数据元素，以区别于其他的数据元素。

②在其他场合下的别名。同一数据元素，其名称可能有若干个，有些是因为习惯上的不同，有些是由于用户不同，有些是由于程序的不同，但都是指同一项数据元素。

③取值的范围和取值的含义。对每一个数据元素的取值的含义加以定义，便于在分析问题时使用。但有时不可能把某项数据元素的所有取值或其含义全记在数据字典中。例如，"汽车配件编号"表示一种其体配件的名称、规格、单价、供应单位等。如果这家汽车配件公司经营几万种配件，那么把"汽车配件编号"这项数据元素的取值范围和取值含义全都记录在数据字典中就不合适了。一般来说，数据字典只记录数据的逻辑内容，而不记录其具体的物理内容。

④数据元素的长度。指出该数据元素所占的字符或数字的个数，例如，数据元素"姓名"可以由四个以内的汉字组成（假设只考虑汉族人的姓名），或者由 20 个拼音字母组成。在数据字典中记录数据元素的长度，有助于估计所需要计算机的存储容量。

(2) 数据结构

数据结构是由一组相关数据元素组成的集合，下列订货单就是由三个数据元素组成的数据结构，用 T 表示数据结构，用 A 表示数据元素，订货单的数据结构见表 10-4。

表 10-4 订货单的数据结构

T1:用户订货单		
T2:订货单标识	T3:用户情况	T4:配件情况
A1:订货单编号 A2:日期	A3:用户代码 A4:用户名称 A5:用户地址 A6:用户姓名 A7:用户电话 A8:开户银行 A9:账号	A10:配件代码 A11:配件名称 A12:配件规格 A13:订货数量

（3）数据流

数据流用来分析数据流程图中的数据流动情况，它由一个或一组固定的数据元素组成。定义数据流时，不仅要说明数据流的名称、组成等，还要说明它的来源、去向和流量等。基本格式见图10－16。

（4）处理逻辑

处理逻辑的定义仅对数据流程图中低层的处理逻辑加以说明，内容包括：处理逻辑名称及编号，简述，输入的数据流，处理过程，输出的数据流，处理频率。

```
总编号：3-001    编号：001
名称：商品情况
数据流来源：商品供应商
数据流去向：P1、P1.2
包含的数据机构：
    商品编号
    品名
    规格
    …
流通量：
```

图 10－16　数据流基本格式

例如：

处理逻辑定义

处理逻辑名称：验收订货单

处理逻辑编号：P001—01

简述：确定用户所填写的订货单是否有效

输入数据流：来自客户的订货单

处理：检验订货单数据，查明是否符合供货范围

输出数据流：合格的订单去向"确定发货量"

处理频率：70次/天

（5）数据存储

数据存储是数据结构停留或保存的场所，在数据字典中，数据存储只描述数据的逻辑存储的结构，而不涉及它的物理组织。基本格式见图10－17。

（6）外部实体

外部实体的定义包括：外部实体的名称及编号，简述，输入数据流，输出数据流。

例如：

外部实体定义

外部实体名称：用户

外部实体编号：WS200401

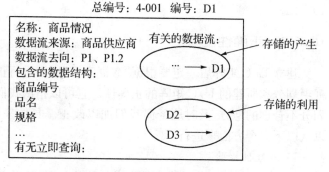

图 10－17　数据存储基本格式实例

简述:购置本单位配件的客户

输入数据流:发货单、收据

输出数据流:订单

综上所述,数据字典是关于数据的数据库。一旦数据字典建立起来,就是一本可供查阅的字典。编制和维护数据字典是一项十分繁重的任务,不但工作量大,而且单调乏味。在编写数据字典的基础上,总过综合分析,根据数据量和数据处理内容,可估算出现行系统的业务量。根据数据存储的情况,可以估算出整个系统的总数据量,并进一步分析系统的处理特点和存在问题。

10.6 功能/数据分析

功能/数据分析是在业务流程、数据流程及数据分析的基础上,为了整体地考虑新系统的功能子系统和数据资源的合理分布而进行的系统化的分析。功能/数据分析方法是 IBM 公司于70年代初的 BSP 中提出的一种系统化的聚类方法。功能/数据分析是通过 U/C 矩阵的建立和分析来实现的。

10.6.1 U/C 矩阵的建立

要建立一个 U/C 矩阵对于一个实际的组织来说并不是一件容易的事。从理论上说,可以分为以下步骤:

(1) 首先进行系统化,自顶向下地划分;

(2) 逐个确定其具体的功能(或功能类)和数据(或数据类);

(3) 填上功能/数据之间的关系,即完成了 U/C 矩阵的建立过程。具体可见图 10-12。

10.6.2 正确性检验

建立 U/C 矩阵后一定要根据"数据守恒"原则进行正确性检验,以确保系统功能数据项划分和所建的 U/C 矩阵的正确性。它可以指出我们前段工作的不足和疏漏,或是划分不合理的地方,及时地督促我们加以改正。具体来说,U/C 矩阵的正确性检验可以从以下三个方面来进行。

1) 一致性检验

一致性(Uniformity)检验是指对具体的数据项/类必须有且仅有一个产生者("C")如果有多个产生者的情况出现,则产生了不一致现象。其结果将会给后续开发工作带来混乱。

这种不一致现象的产生可能有以下原因:

① 多个产生者——错填了"C"元素或者是功能、数据的划分不独立、不一致,如图 10-12 中的第7列和第13列。故元素 $(Y=6, X=7)$ 和 $(Y=2, X=13)$ 的"C"应改为

"U"等。

②没有产生者——漏填了"C"元素或者是功能、数据的划分不当。

2）无冗余性检验

无冗余性（Non-Verbosity）检验是指 U/C 矩阵中不允许有空行和空列。如果有空行、空列发生，则可能出现如下问题：

①功能或数据项的划分是冗余的。如图 10-12 中就没有冗余的功能和数据；

②漏填了"C"或"U"元素。

3）完备性检验

完备性（Completeness）检验是指对具体的数据项/类必须有一个产生者（"C"）和至少一个使用者（"U"），功能则必须有产生或使用（"U"或"C"元素）发生。否则这个 U/C 矩阵的建立是不完备的。

这个检验可使我们及时发现表中的功能或数据项的划分是否合理，以及"U"或"C"元素有无填错或漏填的现象发生。如图 10-12 中的第 7 列数据无使用者，故元素（Y=6，X=7）的"C"改为"U"等。

10.6.3　U/C 矩阵的求解

U/C 矩阵求解过程就是对系统结构划分的优化过程。它是基于子系统划分应相互相对独立，且内部凝聚性高这一原则之上的一种聚类操作。其具体做法是使表中的"C"元素尽量地靠近 U/C 矩阵的对角线，然后再以"C"元素为标准，划分子系统。这样划分的子系统独立性和凝聚性都是较好的，因为它可以不受干扰独立运行。

U/C 矩阵的求解过程常通过表上作业法来完成。其具体操作方法是：调整表中的行变量或列变量，使得"C"元素尽量地朝对角线靠近（这里只能是尽量朝对角线靠近，但不可能全在对角线上），如图 10-18 所示。

10.6.4　系统功能划分

U/C 矩阵的求解的目的就是为了对系统进行逻辑功能划分和考虑今后数据资源的合理分布。一般来说 U/C 矩阵有以下几个功能：

①通过 U/C 矩阵的正确性检验及时发现前段分析和调查工作的疏漏和错误；

②通过 U/C 矩阵的正确性检验分析数据的正确性和完整性；

③通过对 U/C 矩阵的求解过程最终得到子系统的划分；

④通过对子系统之间的联系（"U"）可以确定子系统之间的共享数据。

这里所要用的主要是后两点。

1）系统逻辑功能划分

系统逻辑功能划分的方法是在求解后的 U/C 矩阵中划出一个个的方块，每一个小方块即为一个子系统，如图 10-19 所示。

数据类 功能	计划	财务计划	产品	零件规格	材料表	材料库存	成品库存	任务单	设备负荷	物资供应	工艺流程	客户	销售区域	订货	成本	职工
经营计划	C	U												U	U	
财务规划	U	C													U	U
资产规模		U														
产品预测			U									U	U			
产品设计开发	U		C	C	C							U				
产品工艺			U	U	U											
库存控制						C	C	U		U						
调度			U				U	C	U		U					
生产能力计划									C	U						
材料需求			U		U	U				C						
操作顺序								U	U		C					
销售管理		U	U					U				C	U	U		
市场分析			U									U	C	U		
订货服务			U					U				U	U	C		
发运			U					U						U		
财务会计	U	U	U					U				U				U
成本会计	U	U	U											U	C	
用人计划																C
业绩考评																U

图 10-18　表上移动作业过程

划分时应注意：

(1) 沿对角线一个接一个地画，既不能重叠，又不能漏掉任何一个数据和功能；

(2) 小方块的划分是任意的，但必须将所有的"C"元素都包含在小方块内。划分后的小方块即为今后新系统划分的基础。特别值得一提的是，对同一个调整出来的结果，小方块(子系统)的划分不是唯一的，如图 10-19 中实线和虚线所示。具体如何划分为好，要根据实际情况以及分析者个人的工作经验和习惯来定。

子系统划定之后，留在小方块(子系统)外还有若干个"U"元素，这就是今后子系统之间的数据联系，即共享的数据资源。我们将这些联系用箭头表示，如图 10-20 所示。

2) 数据资源分布

在对系统进行划分并确定了子系统以后，从图 10-19 可以看出所有数据的使用关系都被小方块分隔成了两类：一类在小方块以内；一类在小方块以外。在小方块以内所产生和使用的数据，则今后主要放在本系统的计算机设备上处理；而在小方块以外的数据联系(即图中小方块以外的"U")，则表示了各子系统之间的数据联系(如图 10-20

10 物流信息系统的分析

功能＼数据类		计划	财务计划	产品	零件规格	材料表	材料库存	成品库存	工作令	机器负荷	材料供应	工艺流程	客户	销售区域	订货	成本	职工
经营计划	经营计划	C	U												U	U	
	财务规划	U	C												U	U	
	资产规模		U														
技术准备	产品预测			U										U	U		
	产品设计开发	U		C	C	C											
	产品工艺			U	U	U											
生产制造	库存控制						C	C	U		U						
	调度				U				U	C	U	U					
	生产能力计划									C	U						
	材料需求				U	U	U				C						
	操作顺序							U	U	U	C						
销售	销售管理		U	U				U					C	U	U		
	市场分析		U	U									U	C	U		
	订货服务			U			U						U	U	C		
	发运			U				U					U				
财会	财务会计	U	U					U					U		U		U
	成本会计	U	U												U	C	
人事	人员计划																C
	人员招聘/考评																U

图 10－19　子系统划分

所示），这些数据资源今后应考虑放在网络服务器上供各子系统共享或通过网络来相互传递数据。

10.7　物流系统仿真技术

10.7.1　物流系统仿真技术概述

1）物流系统仿真的内容

物流系统仿真是根据收集到的数据资料，借助计算机仿真技术，对真实的或假想的物流系统及其存在的问题建模进行仿真，得到各种动态活动及其过程的瞬间仿效记录后，对仿真结果进行分析。主要目的是模拟物流系统的动态行为，研究物流系统性能，为物流系统的规划或者优化提供决策支持信息的方法。仿真主体是作为分析对象的现实物流系统。

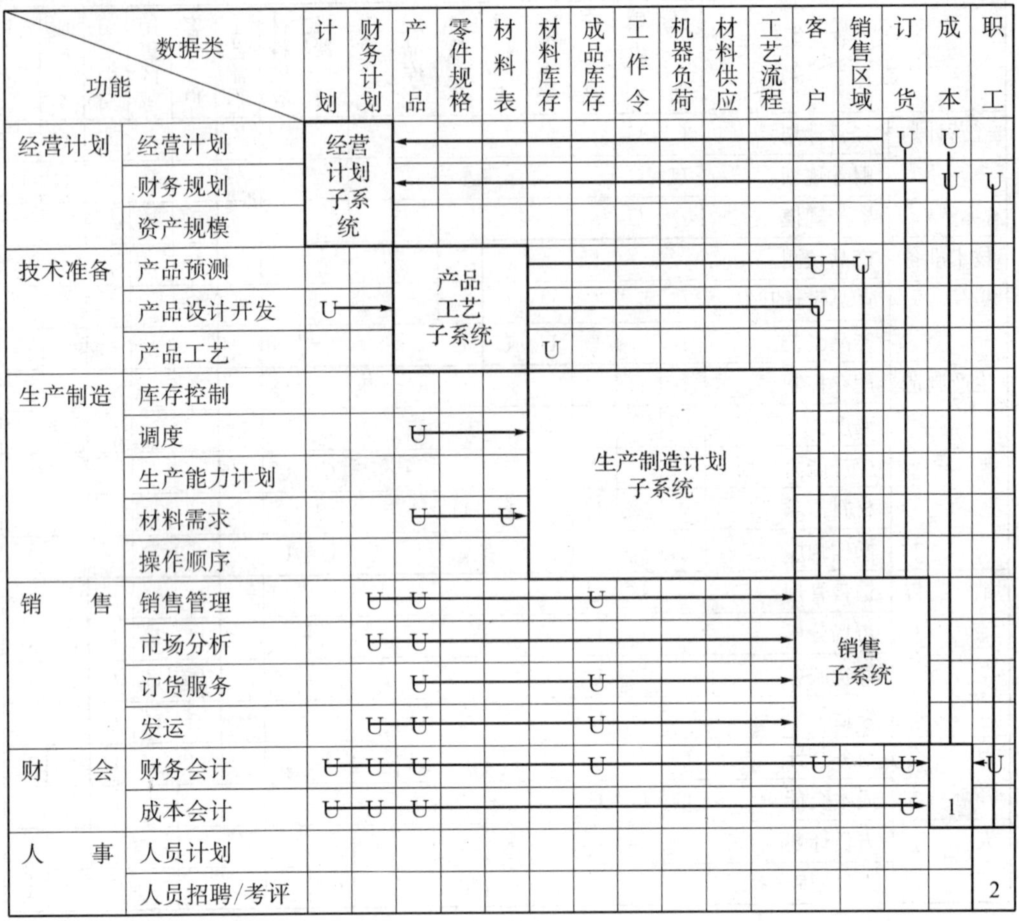

数据类\功能		计划	财务计划	产品	零件规格	材料表	材料库存	成品库存	工作令	机器负荷	材料供应	工艺流程	客户	销售区域	订货	成本	职工
经营计划	经营计划	经营计划子系统													U	U	U
	财务规划															U	U
	资产规模																
技术准备	产品预测			产品工艺子系统										U	U		
	产品设计开发	U→													U		
	产品工艺					U											
生产制造	库存控制						生产制造计划子系统										
	调度			U→													
	生产能力计划																
	材料需求			U→	U→												
	操作顺序																
销售	销售管理			U	U			U					销售子系统				
	市场分析			U													
	订货服务			U				U									
	发运			U				U									
财会	财务会计		U	U	U			U							U		U
	成本会计		U	U	U										U	1	
人事	人员计划																
	人员招聘/考评																2

注：1——财会子系统
　　2——人事档案子系统

图 10-20　数据联系

2) 在物流(信息)系统分析方面的作用

在物流信息系统中，运用系统仿真规划设计物流信息系统，将系统转化成模型，进行仿真试验，可在仿真模型或程序中作一些不同的设置，如可在仿真模型中设置可供选择的运输方式、供货厂商地点、仓库场所、工厂地址、顾客服务要求等因素来反映物流系统在不同参数之下的反应，辅助决策者对系统的优化和控制做出科学决策，并对物流管理以后可能的工作方向、取得的财务收益、经济效益及社会环境影响进行预测，从而提出物流系统仿真在物流管理中如何进行建设的咨询意见，提高物流系统的效率和服务水平，降低物流系统的运行成本。若是已经建构了物流信息系统，运用系统仿真则可以找出该系统中的瓶颈，估计物流成本，并对多个物流方案进行运行分析，进行相互对比分析，从中选择出最优决策方案，达到优化系统的目的。

3) 我国物流仿真现状及发展

物流仿真在我国已逐渐显出其重要作用，虽然近年来我国物流系统仿真方法在物流管理领域已经取得一些长足发展,但由于整体缺乏相关的经验,特别是在资金的给予,政策实施的不到位等因素,导致与国外物流仿真相比,差距仍然较大且比较落后,整体杂乱无序的局面。我国物流发展水平和研究应用能力还不尽如人意,物流企业或企业物流在面临物流工程项目投资新建或原有系统技术改造时,由于缺乏准确丰富的信息数据和必要的物流仿真系统决策支持,造成了企业物流项目建设投入的盲目性和资金流失。大多数企业对物流仿真技术的应用状况及其意义了解并不多,物流仿真软件在很多方面存在一些问题,如物流过程的复杂性,企业所处环境的不确定性,物流的标准化问题,企业物流中的某些具体业务还受到国家政策的影响等等,这些因素都会影响物流系统的真实仿真效果,有些环节和影响因素甚至无法实现仿真模拟,精通物流仿真软件的专业人员更是短缺。因此在我国,全面、可靠、成功的物流仿真过程还需要长时间的理论研究和实际应用结果验证。

但是不可否认,物流仿真的前景是光明的。物流系统仿真逐渐成为在物流管理中解决复杂问题的有效手段之一,在物流管理的时间和空间上将得到更广阔的研究和分析。集成化的物流规划设计仿真技术是目前物流仿真技术发展较快的一个方向,此项技术应用的范围非常广泛,大到物流园区的规划设计,小到企业生产物流的规划设计,都可以利用物流规划设计仿真技术对规划和设计方案进行比选和优化。近年来,集成化的物流规划设计仿真技术在美日等发达国家发展很快,并在应用中取得了很好的效果,但在我国,集成化物流规划设计仿真技术的研发目前还处在起步阶段。

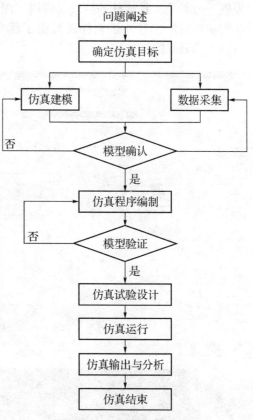

图 10-21 物流仿真流程图

10.7.2 物流系统仿真技术流程

一个完整的系统仿真过程分为三步:系统建模—仿真建模—仿真试验,系统、模型和仿真是系统仿真的三个基本要素,系统也就是研究的对象,模型则是该系统的抽象表现,仿真就是通过对模型进行试验获得一定的研究成果和目的。物流系统仿真具体步骤如下:

10.7.3 物流系统仿真软件

1) 软件介绍及类别

目前较为常见的仿真软件有:美国的 Flexsim、SIMAnimation、Arena、Supply

chain-guru、AutoMod、NetLogo 仿真软件；日本的 RaLC 系列仿真软件；俄罗斯的 AnyLogic 仿真软件；英国的 ShowFlow、Classwarehouse 和 Witness（SDX）仿真软件；法国的 Quest 仿真软件等。

其中 Arena、Supply chain guru、ESS 和 EXTEND 仿真软件为 2D，Flexsim、AutoMod、RaLC 和 WITNESS 仿真软件为 3D。Flexsim 和 RaLC 有很好的面向对象性，Supply chain guru 是专门的供应链仿真软件，Classwarehouse 是专门的仓库仿真软件。

2）Automod/Arena/Flexsim 具体应用

（1）Flexsim

Flexsim 是一款商业化离散时间系统仿真软件。采用面向对象技术、并具有三维显示功能。主要特点是方便，显示能力强大。提供了数据拟合、输入建模、图形化的模型构建、虚拟现实显示、运行模型仿真试验、优化结果、生成 3D 动画影像文件等功能，也提供了与其他工具软件的接口。应用于深层开发对象，对象参数可以表示几乎所有存在的实物对象。另外该软件还提供了优化模块 Optquest，增加了帮助迅速建模的 Microsoft Visio 的接口。

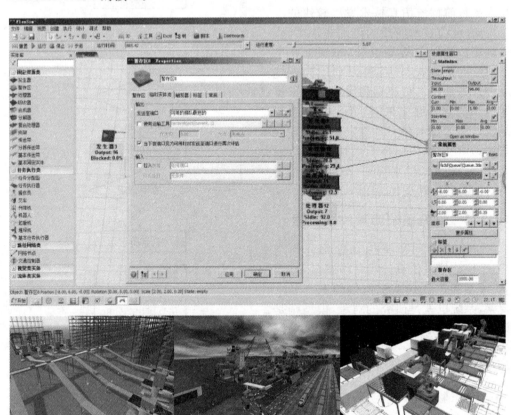

图 10-22　Flexsim 软件界面

10 物流信息系统的分析

（2）AutoMod

AutoMod 目前是国际上产品较成熟、应用较广泛的仿真软件之一，可以完成制造系统、物料处理、企业内部物流、港口、配送中心，以及控制系统等的仿真分析、评价和优化设计。AutoMod 软件通过建立实时模型从而对物料处理、物流和配送系统进行规划设计和方案优化。Automod 由 AutoMod、AutoStat 和 AutoView 三个模块组成。AutoMod 模块提供给用户一系列的物流系统模块来仿真现实世界中的物流自动化系统，主要包括输送机模块、自动化存取系统、基于路径的移动设备、起重机模块等。AutoStat 模块为仿真项目提供增强的统计分析工具，由用户定义测量和实验的标准，自动在 AutoMod 的模型上执行统计分析。AutoView 可以允许用户通过 AutoMod 模型定义场景和摄像机的移动，产生高质量的 AVI 格式的动画，用户可以缩放或者平移视图，或使摄像机跟踪一个物体的移动。AutoView 可以提供动态的场景描述和灵活的显示方式，是目前市面上比较成熟的三维物流仿真软件。

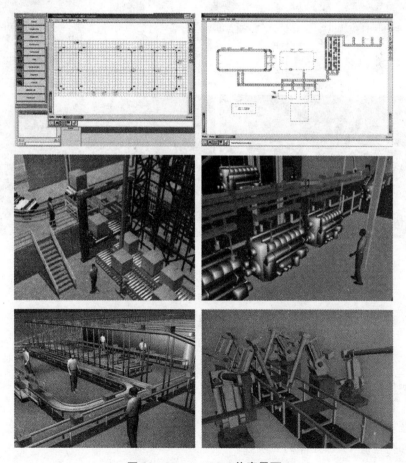

图 10-23　AutoMod 仿真界面

(3) Arena

Arena 软件是由美国 Rockwell 公司在早期的 SIMAN/CINEMA 仿真系统基础上,开发的具有代表性的一款支持离散事件系统仿真的仿真软件包。同时也是一个通用仿真工具,连续系统和混合系统也可以用它来构建。Arena 具有广泛的应用领域,其中代表性的包括制造业、物流及供应链、医疗、军事、日常生产作业、各类资源的配置、业务过程的规划、系统性能和计划结果的评价、风险预测等。通过使用层次化的建模体系以保证灵活地进行各个水平上的仿真建模。

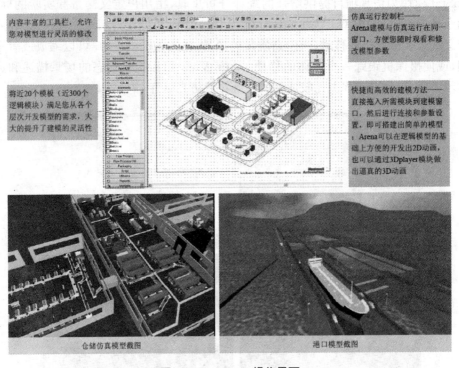

图 10-24　Arena 操作界面

复习思考题

1. 系统分析的主要任务是什么?
2. 如何绘制数据流程图?
3. 结合你身边的情况,试着画出一个业务流程图。
4. 数据字典包括哪些内容?
5. 如何检验 U/C 矩阵的正确性?
6. 物流信息系统需求的可行性分析从哪些方面展开?
7. 试描述物流系统仿真的流程。

11 物流信息系统的设计

学习目标

- 了解系统设计的目标与原则
- 了解系统设计的流程
- 掌握系统的代码设计,了解一维代码和二维代码的种类
- 掌握数据库设计
- 掌握系统的输入/输出设计
- 掌握模块功能与处理过程设计
- 了解系统设计报告主要包含的内容

11.1 物流信息系统设计概述

系统设计是开发物流信息系统的重要阶段,也是整个开发工作的核心。它将实现系统分析阶段所提出的逻辑模型并确定新系统的结构。

系统分析阶段是解决信息系统"干什么"的问题,而系统设计阶段则是解决信息系统"怎么干"的问题。系统设计的大致流程如图11-1所示。

11.1.1 物流信息系统设计的目标与主要内容

系统分析阶段最终给出了系统分析报告,建立了物流信息系统的逻辑模型;而系统设计阶段最终则是要给出系统实施方案,建立系统的物理模型。系统分析是从用户和现行系统入手,进行详细的调查和研究,把物理因素逐一抽去,从具体到抽象;而系统设计则是从管理信息系统的逻辑模型出发,以系统分析报告为依据,逐步地加入物理内容,从抽象又回到具体。

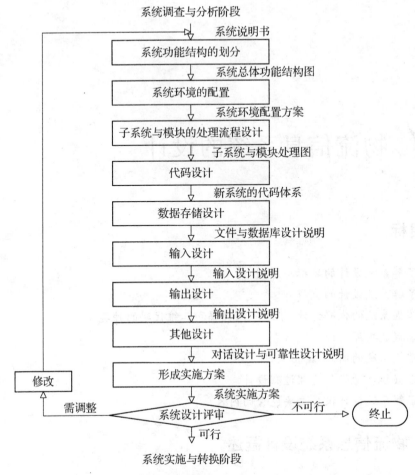

图 11-1　系统设计流程图

1）物流信息系统的设计目标

物流信息系统设计应紧密结合用户的客观实际与模式,运用结构化设计方法,从总体出发,自上而下,将具体的管理模式进一步优化、抽象成一般的带有普遍性的信息系统管理模式;应严格划分人机工作界面,合理划分子系统,每个子系统具有本身特定的功能要求和相对独立性;各子系统之间边界清晰,互相接口用关键字连接,能互相交换有用信息,实现信息共享。具体说来,应达到以下一些目标或要求。

（1）必须较好地满足用户工作的实际要求,这是衡量系统设计工作的首要标准。

（2）系统具有通用性、能适应不同用户,不同管理模式的需要与要求,做到只要输入用户单位名称、用户信息等,就可以通过系统生成,变成用户自己的物流信息系统。

（3）系统具有可扩展性,在系统分析与设计中应充分考虑管理模式的改变与整体管理信息系统的接口安排,做到功能上可扩展、数据量可扩展、系统本身可扩展。

（4）系统具有可维护性，系统结构设计应符合简单、合理、易懂、实用、高效的原则，数据采集要统一，设计规范要标准，系统文档应齐全。

（5）系统具有可移植性，应能在不同机型的微机上稳定运行，具有可靠性。应使用标准的程序设计语言，标准的操作系统，具有内部自动纠错功能。用户使用的计算机应具有足够大的内存容量和高速外存，运行可靠，维护方便，有硬软件方面的扩充余地。

2）系统设计阶段的主要工作

系统设计阶段的主要工作可总结如下。

（1）总体设计。系统总体设计是根据系统分析结果和组织的实际情况对新系统的总体结构形式和可利用的资源进行的大致设计，系统总体设计是宏观、总体上的设计和规划。总体设计阶段主要包括决定系统的模块结构，进行系统配置方案设计两方面内容。

（2）代码设计和设计规范的制定。

（3）系统物理配置方案设计。包括设备配置、通信网络的选择和设计及 DBMS 的选择。

（4）数据存储设计。包括数据库设计、数据库安全保密设计等。

（5）计算机处理过程设计。包括输入/输出设计、处理流程图设计及编写程序设计说明书等。

总体说来，可以把系统的设计分为总体设计阶段和详细设计阶段两个阶段。在总体设计中，根据系统分析的成果数据流程图进行代码设计、输入/输出设计、信息分类和数据库设计，最后是模块功能设计。详细设计是对上述总体设计的结果进行进一步细化，直至符合小组编程的要求。

在信息系统整个设计阶段，总体设计和详细设计并无十分明显的界限，常常是我中有你，你中有我，相互交错，相互补充，反复修改，反复进行。前者是后者的前提和先导，后者是前者的细化和说明，它们合在一起就构成了系统设计的整体。

11.1.2 物流信息系统设计的原则和方法

1）系统设计原则

根据物流管理的专业特点，物流信息系统的设计应该遵循以下一些原则和要求。

（1）了解和熟悉国家有关部委制定的关于物流工作的各种法令和规范，系统设计必须符合物流有关计算机应用与信息系统建设标准化规范的要求，物流信息的统计方法应符合国家统计局及上级部委规定的统一要求，重要报表应使用专用程序文件，采用统一固定的报表格式输出。

（2）系统设计应遵循系统思想，采用结构化分析与设计的思想与方法，尽量采用软件工程化的新技术、新方法；努力实现功能模块的高内聚、低耦合，最大限度地减少模块间的公用信息。

（3）在进行物流信息系统设计的同时，必须考虑与横向同级信息系统及纵向（上下级）信息系统的接口关系，实现不同子系统之间的数据共享，并在软、硬件配置上留有进一步发展的余地。

（4）信息处理在速度上必须满足管理工作的要求，并有较好的可恢复性、可自检性。统计总结时应充分保持统计数据的独立性。

（5）系统应采取一定的保密措施，保证数据及时、正确、安全、可靠，对输入信息建立完善的维护体系，同时必须留有物流账目财务稽核"迹"。

（6）要求系统有较好的实用性，确保用户能切实使用起来，并方便实用。例如，物流部门每天要处理的账单繁多，数据量大，输入/输出必须操作简便、易于掌握，尽可能采用代码输入，将汉字输入量减少到最低程度，做到快速、可靠。再如，物流部门月结账与分类账的设计应满足财务部门与物流部门的实际需要，账目的科目设置应与统一的财务标准一致，保证各种经济技术指标与统计数据都能从原始数据中取得。

2）结构化系统设计方法

物流信息系统设计多采用结构化设计方法。

（1）结构化系统设计的特点。在系统设计中，采用结构化设计主要是将一个复杂的系统，用分解的方法自顶向下予以简化，采用图形表达工具、一些基本的设计原则与方法和一组评价标准和质量优化技术。

（2）结构化设计的基本内容。系统设计中，结构化设计的内容主要包括：合理地进行模块分解和定义；有效地将模块组织成一个整体。

（3）结构化设计原理。系统设计中所涉及和使用的结构化原理主要有层次化、模块化原理，信息隐蔽原理和时空等价原理等。

层次化、模块化原理是指将系统根据实际结构关系分解成不同的层次，在不同的层次上再划分成多个相对独立的模块。

信息隐蔽原理是指在一定规模和条件的限制下，把功能相关度大的模块划分在一个模块内，减少信息交换量，同时便于模块功能的更新。

时空等价原理是指按时空关系划分子系统或模块。

11.2 物流信息系统的总体设计

系统的总体设计，是指在系统调查与分析的基础上，对整个系统在结构上进行划分，系统硬软件环境的配置和确定子系统与模块的处理流程。

1）系统功能结构的划分

总体设计中最核心的问题是系统总体功能结构的确定和子系统与模块的划分。采用结构化系统设计思想，对系统自顶向下划分为若干个子系统，而子系统又划分为模块,模块又划分为子模块,层层划分直到每一个模块能够作为计算机可执行单独程序为止。系统划分的结果最终反映为一张分层的树型结构图,见图11-2。

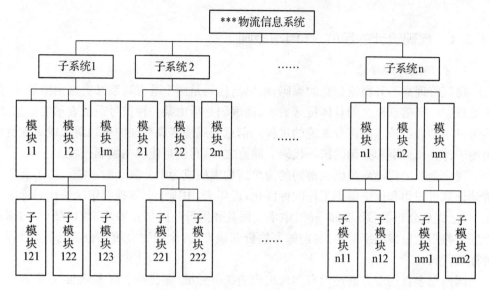

图11-2 系统总体功能结构示意图

图中第一层表示系统的最顶层功能,即系统本身;第二层表示组成系统的各个子系统;第三层表示组成子系统的模块;而第四层则表示组成模块的子模块。

2) 系统环境的配置

系统环境的配置是总体设计中必须考虑的第一件事。系统环境的配置包括机器设备的选择和软件配置方案的确定。通常主要从以下方面来进行。

(1) 确定系统设备配置的拓扑结构。主要根据系统调查与分析的结果,从系统的功能、规模、主要的处理方式、用户的需要和条件来考虑,充分运用计算机系统技术、通信技术和网络技术等,为系统配置的机器设备构筑一个总体的方案。

(2) 机器选型。首先考虑主机的结构,如CPU的型号、处理速度、内存大小、I/O通道与输出口、外存储器容量和性能价格指标等;其次考虑外设的型号及其性能指标,如显示器的分辨率、打印机的速度、绘图仪的幅面、分辨率等;再次要考虑软件配置,包括操作系统、网络管理软件、数据库系统、应用系统开发环境与工具等。

3) 确定系统的计算机处理速度

这项工作的主要任务是给组成系统的各个子系统和模块勾出大致的计算机处理流程,目的是让开发人员明确子系统或功能模块中流动、转换、存储和处理等情况,以便进一步明确模块物理设计及日后模块实现的任务和工作要点,从而把系统的总体设计思想落实到每一个系统和功能模块之中。

11.3 代码设计

11.3.1 代码设计的目的、作用与原则

1) 代码设计的目的

物流管理离不开物流信息的编码,编码与代码是两个既有联系又有区别的概念,代码是指有一定信息概念的具体符号表示,而编码是指由某一种符号系统表示的信息,转换为另一种表示信息的符号系统的过程。信息编码使客观存在的事物对象或属性变成为便于计算机识别和处理的统一代码。简言之,编码就是代码的编制过程。

现代企业的代码系统已由最初的简单结构发展成为十分复杂的系统。为了有效地推动计算机应用和促进编码工作的标准化,近年来,中国十分重视制定统一代码标准的工作,已先后公布了 GB 2260—80《中华人民共和国行政区划分码》、GB 1988—80《信息处理交换用七位编码字符集》和前国家物资部颁发的《全国物资统一分类与代码》等多种标准代码。

国内至今在很多方面还没有实现编码的统一标准,即使有了许多标准,在企业内部还是不可避免地会遇到要自己研究编码的问题,一般来讲,编码工作应尽可能从上而下地统筹进行,否则很容易出现矛盾,从而失去代码的优越性。但在一个企业中,可以有企业的标准代码,称作企业内码。内码在信息系统的建设中起着十分重要的作用,它是企业内部进行信息交换的标识。在编好内码的同时,又必须留有国家统一代码的数据项,以便在对外进行数据交换的过程中使用。

任何信息系统中,信息的表示方法都是系统的基础,任何信息都是通过一定的编码方式,以代码的形式输入并储存在计算机中的。一个信息系统如果有比较科学的、严谨的代码体系,可以使系统的质量得到很大的提高。

2) 代码的作用

代码是用来表征客观事物的一个或一组有序的符号,它应易于被计算机和人识别与处理,代码的作用主要包括如下几个方面。

(1) 鉴别

鉴别是代码最基本的特征。任何代码都必须具备这种基本特征。在一个信息分类编码标准中,一个代码只能唯一地表示一个分类对象,而一个分类对象只能有唯一的代码。

(2) 分类

如果对分类对象的属性分类,并分别赋予不同类别的代码,代码可以作为分类对象类别的标识。

(3) 排序与索引

如果按分类对象产生的时间、所占空间或其他方面的顺序关系进行分类,并赋予不

同的代码,代码可以作为排序和索引的标识。

(4) 专用含义

当客观上需要采用一些专用符号时,代码可提供一定的专门含义,如数学运算的程序、分类对象的技术参数及性能指标等。

3) 代码设计的原则

合理的代码结构式是决定信息处理系统有无生命力的重要因数之一。代码设计一般应该遵循以下一些基本原则。

(1) 选择最小值代码,这个原则对于人们经常使用的代码是非常重要的,随着信息量的迅速增长,代码长度日趋加长,信息处理的出错率必然随之增加,同时也增加了信息收集的工作量,加大了信息输入、存储、加工和输出设备的负荷。当然,缩减代码长度也必须适当、合理,还应当考虑留有适当的后备编码,以备将来扩充时使用。

(2) 设计的代码在逻辑上必须满足用户的需要,在结构上要与处理的方法相一致。例如,设计用于统计的代码时,为了提高处理速度,往往设法使它在不调出文件的情况下,直接根据代码的结构进行统计。

(3) 代码应有逻辑性、直观性强,便于使用以及便于掌握的特点,应能准确、一致地标识出对象的分类特征。

(4) 代码应系统化、标准化、便于同其他代码的连接,适应系统多方面的使用需要,即代码应尽量适应组织的全部功能。例如,由于订货,会引起库存、销售、应收账户、采购、发运等多个方面的变化,所有与此有关的代码应尽量做到协调一致。

(5) 不使用字形相近、易于混淆的字符,以免引起误解。例如,字母 O、Z、I、S 易于数字 0、2、1、5 相混。小写字母 i 易于数字 1 相混。另外,不用空格符作代码。

(6) 代码设计要等长。例如,用 001～200,而不使用 1～200。

(7) 字母代码中应避免使用元音(A、E、I、O、U),以防在某些场合(如下文将要讲述的助忆码)形成不易辨认的英文字。

(8) 不能出现与程序系统中语言命令相同的代码。

11.3.2 一维代码的种类

一维代码的种类如图 11-3 所示,图中列出了最基本的代码。实际应用中,常常根据需要采用两种或两种以上基本代码的组合。

(1) 顺序码

顺序码又称序列码,它是一种用连续数字代表编码对象的代码,通常从 1 开始。例如,一个单位的职工号可以编成:0001,0002,0003,…9999;用 1 表示总经理,用 2 表示部门经理,用 3 表示技术人员,用 4 表示行政管理人员等。

顺序码的优点是位数少,简单明了,便于按顺序定位和查找,易于管理。但这种码没有逻辑含义作基础,缺乏分类特征,故通常与其他形式的分类编码结合在一起使用,作为某种分类下细分的一种补充手段。

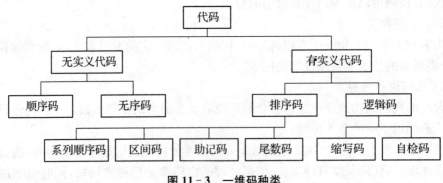

图 11-3 一维码种类

(2) 区间码

区间码是把数据项分成若干组,每一区间代表一组,码中数字的值和位置都代表一定意义,最典型的例子就是邮政编码,先给每一个省、市分配一个区间,省市内则按地段连续编码。

区间码的优点是:信息处理比较可靠,排序、分类、检索等操作易于进行。但这种码的长度与其分类属性的数量有关,有时可能造成很长的码,在许多情况下,码有多余的数,同时,这种码的维修也比较困难。区间码又可以分为以下几种类型:

①层次码。按实体类别的从属层次关系,将代码分成若干组,一般在码的左端组表示最高层次类别,右端组表示最低层次类别,即右端组为左端组的子分类,组内仍然按顺序编码。用这种方法编制的区间码称为层次码。例如某仓库货架的货位编号为五位数,最左边一位代表库区位,然后是库房位,再接着是货架的从里到外的位置号(用两位数表示),最后一位是货位所处的层位,见图 11-4。

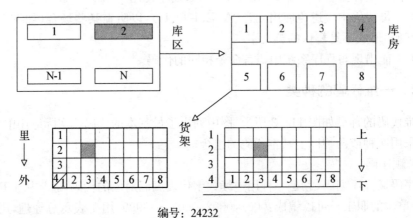

编号:24232

图 11-4 仓库货区层次编码图

不难看出,层次码的优点是能够充分反映实体的属性及其层次关系,使用灵活,容易添加,便于计算机进行处理,缺点是编码太长。

②十进制码。当编码实体的数量不能预先估计时,十进制编码是一种较为合适的结构模式。这是因为十进制码在区间码的前提下采用层次码的原理,同时可以采用小数点符号,在小数点后添加新的数位可以不断增加新的子分类。因此,十进制码常用于图书、文摘、设备零部件的分类编码。例如用十进制码表示汽车零件属性为:631 汽车零件;631.1 小汽车零件;631.11 国产小汽车零件;631.12 进口小汽车零件。

十进制码可以无限地扩充,容易添加新的分类,但位数比较多,且长短不一,不便于计算机处理。

③特征码。特征码与层次码的区别仅在于各类之间没有层次隶属关系,代码的某个位或某几个位表示编码对象的某种特征。例如为了表示钢材的各种特性,规定各特征的取值见表11-1。

表 11-1 特征码示例

产地来源	加工方式	种类	规格
1—国产	1—热轧	1—角铁	00 1.5 mm×6 000 mm
2—进口	2—冷拉	2—平板	01 3 mm×6 000 mm
	3—锻造	3—铁丝	02 6 mm×6 000 mm
		4—钢管	03 12 mm×6 000 mm
		5—铁条	04 18 mm×6 000 mm

因此,代码为21301的钢材就是一种规格为3 mm×6 000 mm的进口热轧铁丝。

(3) 助记码

助记码用文字、数字或文字数字组合来描述,它可通过联想帮助记忆。如,用TV—B—12表示12寸黑白电视机,TV—C—29表示29寸彩色电视机。助记码适用于数据项数目较少的情况,否则可能引起联想出错。此外,太长的助记码占用计算机容量太大,也不宜采用。

(4) 缩写码

缩写码是助记码的特例,常用编码对象名称中的几个关键字母作为序码。如,Amt表示总额(Amount),Cont表示合同(Contract),Inv. No表示发票号(Invoice Number)等。

11.3.3 二维码

上述介绍的主要是一维代码。一维代码是对物品的标识,而要实现对物品的描述,则需要用到二维代码。二维代码可以表示包括汉字在内的小型数据文件;在有限的面积上(如电子芯片上)表示大量的信息;可以对物品进行精确描述;防止各种证件、卡片及单证的伪造;在远离数据库和不便联网的地方实现数据采集。二维代码的出现是代码发展历史上的里程碑,它从质上提高代码技术的应用水平,拓宽了代码技术的应用领域。

国外对二维代码的研究始于 20 世纪 80 年代末,现在已经研究出几种码制,如 Code49、Code16K、PDF417、Code one 等。这些二维代码的密度都比一维代码有较大的提向。

美国 symbol 公司研制的二维代码 PDF417,其信息密度是一维代码 Code39 的 20 多倍。在美国,二维代码 PDF417 已在护照、签证、身份证、驾驶证、军人证、保险卡等各类证件上应用。用它除了将人的姓名、血型、单位、地址、电话等信息进行编码外,还可以将人体的特征,如指纹、视网膜扫描以及照片等个人信息存储在可识别的代码中,并且通过多种加密方式对数据进行加密。这样不但可以实现证件信息的自动录入,而且可以有效地解决证件的防伪,减少犯罪。PDF417 已在美国、加拿大、新西兰的交通部门执照年审、车辆违章登记、罚款及年检上开始启用。我国香港特区所发放的特区护照上采用的就是二维代码 PDF417 技术。

我国第二代身份证,采用无污染、使用期限长的有机材料,材料中间夹着一个无法直接看到的特殊芯片,并保存两部分信息:视读信息和机读信息。视读信息和第一代身份证上的基本一致,包括公民的性别、出生年月、地址等一系列特征以及身份证号码等个人相关信息;机读信息除了包含视读信息外,还能采用指纹或其他人体生物特征技术,以便识别个人身份。新身份证可有效地防止伪造,并能防止制发过程中的内部违法行为。公安部将建立身份证数据库,并实行全国联网。第二代身份证使用了非接触的 IC 技术(即卡不用插入机器,可在一定距离内读写),该技术已在国际公共交通收费系统等领域广泛使用。

11.3.4 代码的检验

在数据处理过程中,一些重要的或具有特殊用途的代码,例如医院病人和处方单的代码、银行账户的编码等,如果出错,便会带来不可挽回的损失。为了尽可能自动地发现代码中因重复转录的键入操作而产生的差错,通常有意识地在原来代码基础上,另外加上一个校验位,使它事实上变成代码的一个组成部分。校验位通过事先规定的数学方法计算出来。代码一旦输入,计算机便用同样的数学运算方法,按输入的代码计算出校验位的值,并将它与输入的校验位进行比较,以证实输入是否有错。这种校验可以发现如下的错误:

抄写错误例如 1983 错写成 1903；
易位错误例如 1983 错写成 1938；
双易位错例如 1983 错写成 1389；
随机错误包括以上两种或三种的综合性错误或其他错误。

这里介绍一种常用来确定校验位值的方法。方法是给原代码的各位分配不同的权数(权因子可选成算术级数、几何级数、质数或其他)，用原代码的加权和除以某一个称为模的数(数用素数，例如 11)，所得的余数或将模和余数的差作为校验位的值。例如：

原代码　　1　2　3　4　5
各乘以权　6　5　4　3　2
加权和　　6+10+12+12+10=50
以 11 为模去除加权和得：
50/11=4……6
取余数 6 为校验位，于是得代码 123456。

一般来说，权与模的取值不同，校验出错的效率是不同的。

对于字母或字母数字组成的代码，也可以用校验码进行检验，但这时的校验位必须是两位，计算时要将字母 A～Z 跟随数字 0～9 的后面按顺序分别赋予 A=10,B=11,…Z=35 等。

11.4 数据库设计

11.4.1 数据库设计内容

数据库设计是在 DBMS(数据库管理系统)的基础上建立数据库的过程，是把现实世界中一定范围内存在的数据及其应用处理的关系，抽象成一个数据库具体结构的工作过程。其设计内容主要有四个方面。图 11-5 是数据库设计与系统开发阶段的对照。

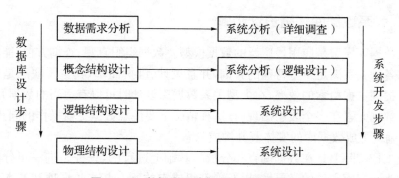

图 11-5　数据库设计与系统开发阶段对照

组织中数据库的设计一般通过以下四个步骤实现。

(1) 用户需求分析

主要任务是从用户那里获得数据库所需要的信息,了解对数据库的使用和处理要求。

①使用要求。指用户及管理人员要从所建定的数据库中获得什么样的信息、并由此得到数据长度、数据类型、数据量以及对数据的可靠性、保密性和安全性方面的要求。

②处理要求。指用户要求完成什么处理功能,包括:由最高管理人员提出的战略管理要求,由中级管理人员提出的控制要求,由终端用户提出的操作要求。并由此确定处理方式,进行诸如对数据使用情况、处理顺序、处理量、处理频率及数据流程等的详细描述。

用户需求分析应在系统分析阶段完成,在详细调查时,应收集用户对数据库的要求。

(2) 概念结构设计(即数据存储分析)

其主要任务是对用户信息需求进行分析,从而建立数据库的概念数据模型,常用的方法是 E—R 和范式等方法。这项工作应在系统分析阶段进行。

(3) 逻辑结构设计

主要目标是把概念设计中建立的与 DBMS 无关的概念模型,转换为与选定的 DBMS 所支持的数据模型相符合的模式。该模式要满足用户对数据库数据目前的应用和将来发展的要求。逻辑设计还要解决数据的完整性、一致性、安全性和有效性问题。

(4) 物理结构设计

物理设计要确定数据库的物理结构,包括数据库在物理设备上的存储结构和存取方法,数据表示和数据存储分配等,并得到一个具体的 DBMS 可接受的物理结构。不同的 DBMS 所提供的物理环境、存储结构、存取方法是不同的。必须深入了解 DBMS 的功能,了解应用环境,了解输入输出设备的特性等,才能进行物理设计。

11.4.2 关系数据库逻辑设计步骤

关系数据库模型是应用最广泛的数据模型。数据组织直观、查询方便,能够在数据之间建立各种关系满足一些特殊的查询,并且设计、维护简单,其主要缺点是处理效率低。为了提高数据检索的效率,在大型关系数据库设计时可以有适当的数据冗余,也就是同一个数据元素在多个表中出现,在这种情况下要注意数据更新操作的同步性。

(1) 确定组成数据库的实体及其构成

这项工作实际上是在数据调查和分析的基础上进行的,任务是进一步分析每个数据存储作为数据库文件的必要性,以及确定组成它的所有基本数据项和基本数据项的结构。分析中需要衡量一下这些数据存储是作为一个单独的实体(文件)存在,还是有必要与其他数据存储合并在一起;数据字典中所有组成数据存储的基本数据项是否都有必要作为文件的字段;这些字段的类型、长度和小数位数是否需要改变等等。每一个文件在确定的过程内必须给文件及其字段以唯一的标识,不同的文件和字段不能同名。

(2) 确定数据库实体之间的关系

这是建立关系型数据库的整体逻辑结构的关键。数据库文件之间或者通过公共(冗余)字段建立起直接1对1的关系;或者通过某种操作或说明而建立起直接命名关系;或者通过另一个文件的直接关系而建立起间接相关的关系。文件之间可以是1对1的,也可以是1对N的,甚至是M对N的联系。数据库的全部实体及它们之间的关系,构成数据库的整体逻辑结构。在确定数据库文件间的关系时,必须考虑要确定的是什么关系,如何建立这些关系,以及怎样为数据库选择一个好的整体逻辑结构。在实践中人们总结了一些选择好的逻辑结构的参考准则,这就是:

①组成文字的字段数据不可过多,每一个文件都应该易于命名;
②相关的字段应尽可能地聚集起来,以避免出现大量的冗余数据项值;
③直接1对1关系的两个文件可以合并,以便形成字段高聚合的单个文件;
④为了便于数据的更新与维护,建议将更新与维护频率较高的字段聚集在一起;
⑤适当的冗余,对于建立文件之间的关系以及获得较好的整体逻辑结构有时是非常必要的。

总之,数据库的逻辑设计是希望通过数据库管理系统提供的功能与描述工具,设计出规模恰当,能正确反映实际信息关系,重复数据少,存取效率高并能满足用户数据要求的数据模型。

数据库的物理设计是指数据库在存储设备上的实现,是数据库逻辑结构的物理组织。在确定的数据库管理系统下,一切都是由系统去完成的,这里只强调几点与物理设计有关的问题:

①关于确定文件中记录数据的组织方式。例如顺序追加、单键索引、组合键索引、预留空间、建立链接结构等。
②关于确定文件的类型及其存放路径。按照用户数据的不同用途,可以把数据库文件分为若干不同的类,例如代码对照表文件、基本数据文件及其索引文件、工作文件、系统参数文件和备份文件等。然后给它们分配不同的目录路径,使数据库文件的存放组织得更有条理,更讲效率。这一点对于分布式数据库来说就显得更为突出了。
③关于确定文件的多版本管理准则。由于应用的需要(例如备份或数据分布)有些文件必须同时存有多个版本。如何保证多个版本之间的一致性和数据的完整性,是我们在数据库设计中必须考虑的问题。

建立管理信息系统的数据库是一项艰巨的任务,数据项多、数据关系复杂的系统更是如此。为了解决数据库实体关系的优化设计,人们通常采用一种称为实体关系图法(简称E—R方法)。E—R图由实体、属性和联系三部分组成,用一个长方形表示实体,用椭圆形表示属性,用菱形框表示不同实体间的联系(例如1对1、1对N和M对N关系）。例如图 11-6 是用 E—R 图描述某仓库的实体联系模型。

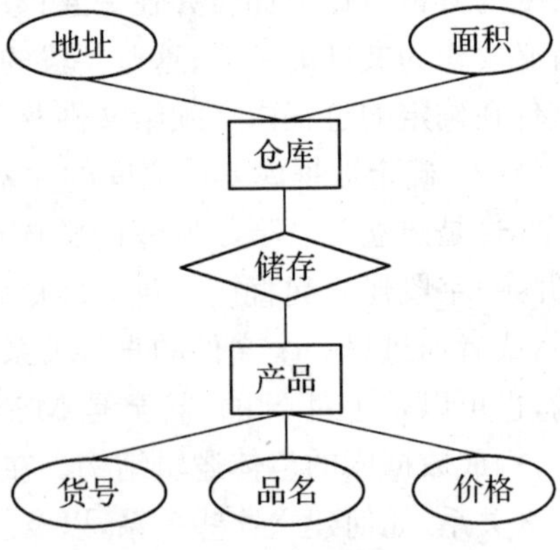

其中，仓库和产品是两个实体。仓库有地址和面积两个属性，产品有货号、品名、价格三个属性。实体与属性之间用实线段联系，实体之间通过属于关系来联系。

11.4.3 数据库设计的实现与维护

1）数据库的实现

根据逻辑设计和物理设计的结果，在计算机上建立起实际数据库结构、装入数据、测试和运行的过程称为数据库的实现。这个阶段的主要工作如图 11-7 所示。

(1) 建立实际的数据库结构

(2) 装入试验数据对应用程序进行测试，以确认其功能和性能是否满足设计要求，并检查其空间的占有情况。

(3) 装入实际的数据，即数据库加载，建立实际的数据库。

2）其他设计

其他设计工作包括数据库的安全性、完整性、一致性和可恢复性等的设计。这些设计总是以牺牲效率为代价的，设计人员的任务就是要在效率和尽可能多的功能之间进行合理权衡。

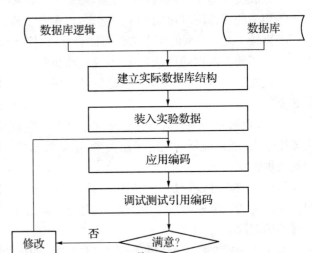

图 11-6 仓库实体关系模型

图 11-7 数据库实施的步骤

(1) 数据库的再组织设计

对数据库的概念、逻辑和物理结构的改变称为再组织，其中改变概念或逻辑结构又称再构造，改变物理结构称为再格式化。再组织通常是由于环境需求的变化或性能原因而引起的，一般来说，DBMS 特别是 RDBMS 都提供数据库的再组织实用程序。

(2) 故障恢复方案设计

数据库设计考虑的故障恢复方案，一般都是基于 DBMS 系统提供的故障恢复手段，如果 DBMS 已提供完善的软、硬件故障恢复和存储故障恢复手段，那么，设计阶段的任务就简化为确定系统登录的物理参数,如缓冲区个数、大小、逻辑块的长度、物理设备等,否则就要制定人工备份方案。

(3) 安全性考虑

许多 DBMS 都有描述各种对象(如记录、数据项)的存取权限的成分。在设计时,也可在应用程序中设置密码,子模式是实现安全性要求的一个重要手段。对不同的使用者给予一定的密码,用密码控制使用级别。

(4) 事务控制

大多数 DBMS 都支持事务概念,以保证多用户环境下的数据完整性和一致性。有人工和系统两种控制办法,系统控制以数据操作语句为单位,人工控制则由程序员以事务的开始和结束语句显示实现。大多数 DBMS 提供封锁粒度的选择。封锁粒度一般有表级、页面级、记录级和数据项级,粒度越大,控制越简单,但并发性能差,这些在设计中都要统筹考虑。

3) 运行和维护

数据库投入正式运行,标志着数据库设计与应用开发工作的结束和运行维护阶段的开始。本阶段的主要工作如下。

(1) 维护数据库的代表性和完整性,及时调整授权和密码,转储及恢复数据库。

(2) 检测并改善数据库性能,分析评估存储空间和响应时间,必要时进行再组织。

(3) 增加新的功能,对现有功能按用户需要进行扩充。

(4) 修改错误,包括程序和数据。

目前,随着 DBMS 功能和性能的提高,特别是在关系型 DBMS 中,物理设计的大部分功能和性能由 RDBMS 来承担,所以,选择一个流行的 DBMS 能使数据库物理设计变得十分简单。

11.5 输入/输出设计

系统输入/输出(I/O)设计是一个在系统设计中很容易被忽视的环节,又是一个重要的环节,它对于用户和今后系统使用的方便和安全可靠性来说都是十分重要的。一个好的输入系统设计可以为用户和系统双方带来良好的工作环境,一个好的输出设计可以为管理者提供简洁、明了、有效、实用的管理和控制信息。

11.5.1 输入设计

1) 输入设计原则

(1) 最小值原则

在保证满足处理要求的前提下使输入量最小。输入量越小,出错机会越少,花费时间越少,数据一致性越好。

(2) 简单性原则

输入的准备,输入过程应尽量容易,以减少错误的发生。

(3) 早检验

对输入数据的检验应尽量接近原数据发生点,使错误能及时得到改正。

(4) 少转换

输入数据应尽量用其处理所需形式记录,以免数据转换时介质发生错误。

2) 输入设计的基本内容

(1) 确定输入数据内容

包括确定输入数据项名称、数据内容、精度、数值范围等。

(2) 确定数据的输入方式

数据的输入方式与数据产生地点、发生时间、处理的紧急程度有关。如果产生地点远离计算机房、产生时间是随机的,又要求立即处理,则应采用联机终端输入。对于数据产生后不必立即处理的,可采用脱机输入。

(3) 确定输入数据的记录格式

记录格式是人和计算机之前的界面,其对输入的准确性、效率、校验等都有重要的影响。所以输入数据的记录格式必须要简单、符合习惯、清楚。

(4) 输入数据的正确性校验

对输入的数据进行必要的校验,是保证输入正确,减少差错的重要工作。

(5) 确定输入设备

数据的类别、数据输入所处的环境以及应用要求是不同的,所以输入设备的确定要根据所输入的数据的特点,数据输入所处的环境以及应用要求,并根据设备本身的特性来确定输入设备。

3) 输入数据的校验方法

输入数据的校验方法如表 11-2 所示。

表 11-2 输入数据的校验方法

重复校验	由多个录入员录入相同的数据文件并比较
视觉校验	对输入的数据,在屏幕上校验之后再作处理
分批汇总校验	对重要数据进行分批汇总校验
控制总数校验	对所有数据项的值求和进行校验
数据类型校验	考查所输入的数据是否正确的数据类型
格式校验	校验数据项位数和位置是否符合定义
逻辑校验	检查数据项的值是否合乎逻辑
界限校验	检查数据是否在规定的范围内
记录统计校验	统计记录个数,检查数据的记录有无遗漏和重复
代码自身校验	利用校验码本身特性校验

上述方法可以根据实际需要综合运用。至于错误的纠正,原则上是一旦发现立即改正,尽可能使差错在进入数据处理之前就得到纠正。

11.5.2 输出设计

1) 输出设计的内容

输出设计在系统设计中占有重要的地位,因为输出是向用户提供信息处理结果的唯一手段,也是评价一个信息系统的重要依据之一。

确定输出内容首先应确定输出信息使用方面的要求,包括使用者的名称、使用目的或用途、输出频率、份数、有效期与保存方法等。其次要确定输出信息内容设计,包括输出项目、位数及数据形式(文字、数字)等。

确定输出内容的原则是首先满足上级部门的要求,凡是上级需要的输出文件和报表,应优先给予保证。对于本单位管理需要的输出,应根据不同管理层次和业务性质,提供详细程度不同、内容有别的报表数据。所有输出必须给予说明,目的是让用户了解系统是如何满足他们的信息要求,同时也让系统开发人员了解如何实现这些要求以及为了实现这些输出,需要怎样的输入。

2) 选择输出方式

选择输出方式是指实现输出要采用哪些设备和介质。目前可供选择的输出设备和介质主要有终端显示器、打印机、磁盘机、绘图仪、磁带机等。输出方式的选择应根据信息的用途和信息量的大小、软硬件资源的能力和用户的要求来考虑。例如需要上报和保存的报表应该用打印机输出,而一些内容不多又不必保存的信息,就可以采用显示输出分式。对于信息处理过程中产生的中间输出,就可以采用磁盘或磁带等输出方式。

3) 输出格式设计

不同的输出方式,其格式是有区别的。下面只讨论显示输出和打印输出中几种常用格式的设计。

(1) 简单组列式

把若干组有关的输出数据,按一定的顺序要求,在进行简单的组织之后,显示在屏幕或打印纸上。这种输出格式的输出程序设计简单,输出内容直观、排列简单紧凑,非常适合于数据项不多,而数据量比较大的场合采用,即作为核对、查阅用的输出格式。例如,在显示或打印库存数据的输出中,就可以设计成如表 11-3 所示的格式。

表 11-3 简单组列式输出格式示例

库存数据单

货物编号	入仓时间	数目	经手人
010203	02/12/2004	3 000	李明好
020504	02/14/2004	3 256	陈可
052140	03/30/2004	1 000	陈可
040212	04/01/2004	2 100	李明好
...	...	...	...

(2) 表格式

表格式指按上级机关规定或自选设计的传统图文表格,可以用做屏幕或打印输出,是目前用得最多的输出格式之一。用做屏幕和打印输出的表格,可能由于输出内容的多少或受到屏幕大小的限制在格式上有所不同。但表格的结构总的来说是有规律可循的,它可以分为表头、表体和表尾三个部分组成,如表11-4所示。

表11-4 表格式输出格式示例

客户资料管理

客户编号	客户名称	地址	联系部门	联系人	职务	账号	电话

表尾第　页(共　页)　　　　　　　制表人:　　　　　　　　　　　时间:

其中,表头由标题、表头线和栏目组成,表体由若干行间线和行构成,而表尾由表底线和表尾说明构成。设计时,必须根据输出数据项目的属性确定每个栏目的长度和每页的行数,同时考虑版面的效果,才能设计出美观实用的表格。

(3) 多窗口关联式

多窗口关联式主要用在屏幕输出中,可用于在多窗口内同时显示关联数据的输出格式。这种格式能够实现关联数据的实时动态响应,尤其适合于基本信息查删改操作,是目前流行的一种屏幕输出风格。图11-8显示的在人事信息查询中采用两个窗口同时显示职工代码对照表和职工基本信息的输出格式。用户可以在左边窗口内移动光带,以确定要查询的职工,同时在右边窗口上动态地显示出相应职工的人事信息。

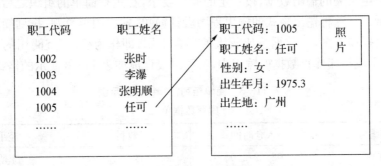

图11-8 多窗口关联显示输出示例

(4) 坐标图示

坐标图示是坐标取值变化在坐标平面反映出来的一种图示输出格式,最常用的有直方图和折线图,如图11-9所示。

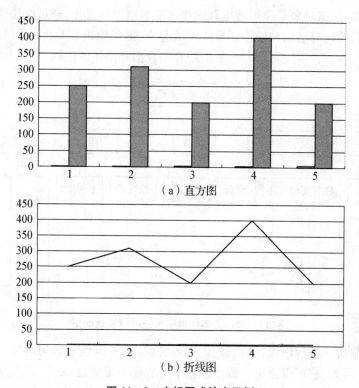

图 11-9 坐标图式输出示例

坐标图示同样适合显示或打印输出。优点是直观,可以进行多项数据的比较和观察数值变化的趋势;缺点是输出图中表示的数据精度不高。

11.6 模块功能与处理过程设计

11.6.1 模块功能设计

系统模块功能设计的任务是确定划分后的子系统的模块功能,并画出模块功能结构图。这个过程必须考虑以下几个问题:

①每个子系统如何划分成多个模块?
②如何确定子系统之间、模块之间传送的数据及其调用关系?
③如何评价并改进模块结构的质量?
④如何从数据流程图导出模块功能结构图?

一个功能模块就是系统中由计算机完成的某项具体工作。如图 11-10 所示是某人事档案子系统的模块功能图,该子系统被分解为 5 个功能。

1) 模块

结构化设计方法的任务之一就是把整个系统模块化。模块定义了一组逻辑上有相互关系的对象,这组对象是一组数据和施于这些数据上的操作,通过模块说明和引用方式把这些数据的内部结构和操作细节掩藏了起来,提供给模块外部使用的只是这些数据和操作的名称等。模块可以看做是围绕有关数据和操作的围墙。

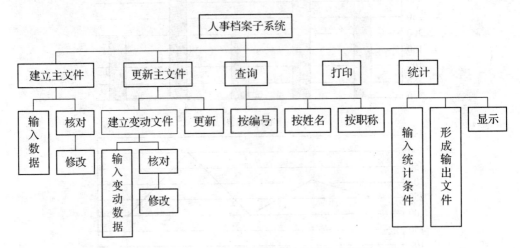

图11-10 人事档案子系统的模块功能图

模块通常用一组程序设计语言的语句来实现,这一组程序语句可用一个已定义的名字来标识,因此,它可以是一个程序或一个子程序。形象地说,它就类似C语言中的一个函数。所以可以将模块理解为类似"子程序"的概念,是一段程序语句。

模块具有输入和输出、处理功能、内部数据、程序代码四种属性。

① 输入输出属性:是模块与外部信息的交换,正常情况下,一个模块从它的调用者那里获得输入,把处理后产生的结果再传递给调用者。

② 处理功能属性:描述模块能够做什么事,具有什么功能。

③ 内部数据属性:指仅提供模块本身引用的数据。

④ 程序代码属性:是用于完成模块处理功能的部分。

在上述四个属性中,输入输出和处理功能两个属性是外部特性,即反映了模块的外貌。内部数据和程序代码两个属性是内部特性。在结构化设计中,主要考虑的是外部特性。

2) 模块设计原则

一个合理的模块划分,应该是内部联系强,模块间尽可能独立,接口明确、简单,有适当的公用性,满足以下原则:

(1) 耦合小,内聚大

耦合反映模块之间联系的紧密程序,而内聚指一个模块内各元素彼此结合的紧密程度。如果所有模块的内聚都很强,模块之间的耦合自然就很低,模块的独立性就强。在模块设计中应尽量减少模块的耦合度,力求增加模块的内聚度。

(2) 作用范围应在控制之内

分解模块时要考虑作用范围与控制范围的要求,判定的作用范围应该在判定所在模块的控制范围之内,当出现作用范围不在控制范围之内时应予以纠正。

(3) 模块的扇入和扇出数要合理

模块的扇出是指一个模块控制的直属下级模块的个数。模块扇出过大说明模块直接所属的下属模块量大,表明系统管理、控制和协调比较困难。而模块扇出过小说明模块直接所属的下属模块量小,说明模块本身或上下级模块可能过大。模块的扇入则是指一个模块的直接上级模块的个数,它反映了系统的通用性。扇入数越大说明共享该模块的上级控制模块数量越多,系统通用性强,便于维护,但同时也会产生模块独立性减弱的问题。通常情况下,比较好的系统结构是高层扇出数较大,中间层扇出数较小,底层模块扇入数很大。

(4) 模块的大小要适当

模块的大小是模块分解时要考虑的一个重要问题。模块自顶向下的分解,主要按功能来进行,也就是说一个模块最好一个功能。同时要注意模块间的接口关系以较为简单为宜。

3) 模块划分方法

①按逻辑划分,即把相类似的处理逻辑功能放在一个模块里。

②按时间划分,即把要在同一时间段内进行的各种处理结合成一个模块。

③按过程划分,即按工作流程划分,从控制流程的角度看,同一模块的许多功能都应该是相关的。

④按通信划分,即把相互需要较多通信的处理结合成一个模块,这样可减少子系统或模块间的通信量,使接口简单。

⑤按职能划分,它是一种普通使用的划分模块的方法,在使用这种方法划分模块时还应该考虑其他因素。

11.6.2 处理过程设计

计算机处理过程设计目的是确定每个模块的内部特征,即内部的执行过程,为编写程序制定一个周密的计划。计算机处理过程设计的关键是用一种合适的表达方式来描述每个模块的执行过程。

1) HIPO 图

HIPO 图(Hierarchy plus Input-Process-Output)是 IBM 公司于 70 年代中期在层次结构图(Structure Chart)的基础上推出的一种描述系统结构和模块内部处理功能的工具(技术)。HIPO 图由层次结构图和 IPO 图两部分构成,前者描述了整个系统的设计结构以及各类模块之间的关系,后者描述了某个特定模块内部的处理过程和输入/输出关系。

HIPO 图一般由一张总的层次化模块结构图和若干张具体模块内部展开的 IPO 图组成,如图 11-11 和图 11-12 所示。

图 11-11 是一张有关修改库存文件部分内容模块的层次模块结构图。图 11-12

是图 11-11 中若干张模块展开图（IPO 图）中的一张，即验证事务单位模块（编号 C.5.5.8）的 IPO 图。图 11-12 上部的内容是：反映该模块在总体系统中的位置；所涉及的编码方案；数据文件/库；编程要求；设计者和使用者等信息。在图 11-12 中，内部处理过程的描述是用决策树方式进行的。最后是备注栏，一般用以记录一些模块设计过程的特殊要求。

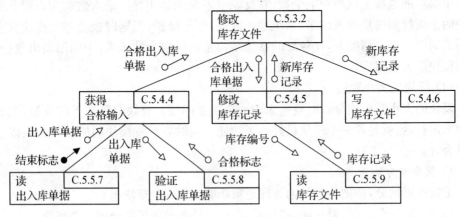

图 11-11　层次化模块结构图

IPO 图编号（即模块号）：C.5.5.8		HIPO 图编号：C.5.0.0
数据库设计文件编号：C.3.2.2,C.3.2.3	编码文件号：C.2.3	编程要求文件号：C.1.1
模块名称：×××××	设计者：×××　　使用单位：×××	编程要求：COBOL,C
输入部分（I）	处理描述（P）	输出部分（O）
• 上组模块送入单据数据 • 读单据存根文件 • 读价格文件 • 读用户记录文件 ……	①核对单据与单据存根记录 ②计算并核实价格 ③检查用户记录和信贷情况 …… 处理过程─1─┬─出错信息（记录不合格） 　　　　　OK　├─价格不对处理 　　　　2─┤─用户信贷记录不好处理 　　　　OK　3─记录合格 　　　　　　OK	• 将合理标志送回上一级调用模块 • 将检查的记录记入×××文件 • 修改用户记录文件 ……

图 11-12　IPO 图

2）流程图

流程图有直观、形象、容易理解等优点。但由于其控制箭头过于灵活，不是结构化设计的理想工具。另外，流程图只描述过程而不描述有关数据。

流程图由处理、逻辑条件和控制流三种基本成分构成，其组成的基本结构有顺序、选择和循环三种结构。流程图基本成分和基本结构如图 11-13 所示。

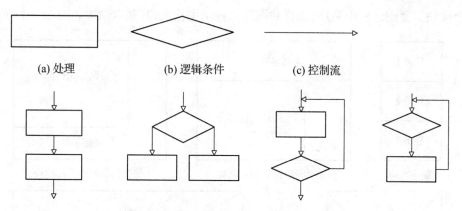

图 11-13 流程图基本成分和基本结构

实际的程序流程图是相互嵌套的。

3）结构化英语

结构化英语是专门用来描述一个功能单元逻辑要求的。它不同于自然英语语言,也区别于任何一种特定的程序语言(如 COBOL、PL\1 等),是一种介于两者之间的语言。

（1）结构化英语的特点

它受结构化程序设计思想的影响,由三种基本结构构成,即顺序结构、判断结构和循环结构。

（2）结构化英语的关键词

结构化英语借助于程序设计的基本思想,并利用其中少数几个关键词来完成对模块处理过程的描述。这几个关键词是:if,then,else,so,and,or,not。

（3）应用举例

下面我们用结构化英语来描述某公司产品销售业务工程中的折扣政策(注:例子是用英语,相应的改用汉语效果是一致的)。

IF customer does more than ＄50,000 business

THEN IF the customer wasn't in debt to us the last 3 months

  THEN discount is 15％

  ELSE(was in debt to us)

    IF customer has been with us for more than 20 years

    THEN discount is 10％

    ELSE(20 year OR less) SO discount is 5％

ELSE(customer does ＄50,000 OR less) SO discount is nil.

4）盒图

盒图是结构化程序流程图。其特点是:设计人员在进行程序设计时必须按结构化思想进行设计,便于验证设计的正确性,结构清晰、规范,可读性强,易于学习和掌握。

在结构上,盒图中的每一步都用一个盒来表示,一个盒或多个盒嵌套构成相对的一个个模块。盒图结构由顺序、选择和循环三种结构构成,其基本结构如图 11-14 所示。

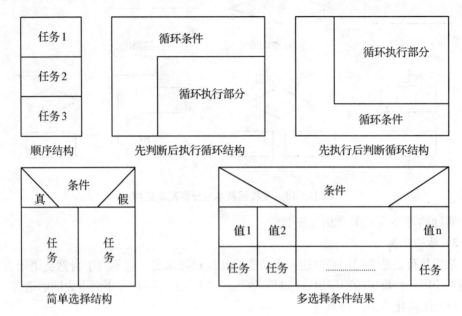

图 11-14　盒图的基本结构

11.7　物流信息系统安全设计

11.7.1　物流信息系统安全概述

物流信息系统的安全设计是一个非常值得重视的问题,特别是对于基于网络应用的物流信息系统而言。信息系统安全是指计算机的硬件、软件和数据受到保护,数据不因偶然和恶意的原因而遭到破坏、更改和泄露,系统能够连续正常运行。下面就物流信息系统的安全性以及所面临的常见威胁进行说明。

1) 物流信息系统的安全性

物流信息系统的安全性主要包括物理安全性与逻辑安全性两个方面的内容。

(1) 物理安全性:指系统设备及相关设施受到物理保护,免于破坏、丢失等。

(2) 逻辑安全性:指系统中信息的完整性、保密性和可用性。其中信息的完整性是指信息不会被非授权修改及信息保持一致性等;信息保密性是指高级别信息仅在授权情况下流向低级别的客体与主体;信息可用性是指合法用户的正常请求能及时、正确、安全地得到服务或回应。

2) 物流信息系统的安全威胁

物流信息系统的安全威胁来自于各方面,有人为的和非人为的、恶意的非恶意的。概括而言,威胁信息系统安全因素的来源有两种:网络内部因素和网络外部因素,如图

11-15 所示。

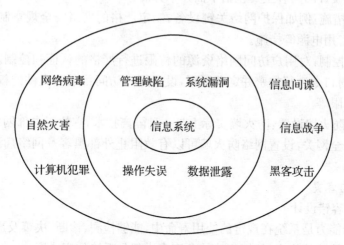

图 11-15 信息系统所面临的安全威胁

(1) 网络内部因素:网络内部因素主要是指网络内部管理制度不健全或制度执行不力,造成管理混乱,缺乏有效的监测机制,给非授权者以可乘之机进行非法攻击,同时也包括网络管理人员进行网络管理或网络配置时操作不当所引发的安全隐患。

(2) 网络外部因素:网络外部因素主要有三类群体从外部对信息网络进行威胁和攻击:黑客、信息间谍和计算机罪犯。常见的攻击手段有传播计算机病毒、截收和信息侦测、缓冲区溢出攻击、口令攻击、破坏系统可用性及信息完整性等。

11.7.2 物流信息系统安全设计

物流信息系统的安全设计主要包括数据安全设计、网络安全设计、容错与容灾三个方面。

1) 数据安全设计

数据安全涉及数据的保密性、完整性、可用性和可控性。要使系统具有足够的数据安全保障能力,就应该有一套好的数据安全设计策略,它可以从终端用户和系统管理员两个方面来考虑。

(1) 终端用户:帮助终端用户了解他们能够使用的数据以及如何使用,知道哪些数据可以和他人共享,同时加强员工对各种系统设备的正确操作能力。

(2) 系统管理员:系统管理员给数据库管理系统提供安全功能,如触发器功能、定时设备功能、数据库加锁功能和表列加锁功能;给重要的数据项加密;提供账户管理、补丁管理功能;制定事件报告制度、制定完备的备份策略。

2) 网络安全设计

网络安全是指网络系统的硬件、软件及其系统中的数据受到保护,不因偶然的或者恶意的原因而遭到破坏、更改、泄露,系统可以连续、可靠、正常地运行,网络服务不被中

断。网络安全设计的内容主要包括下面几个方面:

(1) 物理措施:例如保护网络关键设备,制定严格的网络安全规章制度,采取防辐射、防火以及备用电源等措施。

(2) 访问控制:对用户访问网络资源的权限进行严格的认证和控制。例如进行用户身份认证,对口令进行加密并定期更新,设置用户访问目录和文件的权限,控制网络设备配置的权限等。

(3) 网络防火墙设置:防火墙实际上是一种隔离技术,它位于内部网络与外部网络之间的网络安全网关,设置网络防火墙可以有效阻止外部黑客及网络病毒侵入受到保护的内网。

3) 容错与容灾

(1) 系统容错设计

系统容错能力是系统在规定的使用寿命中,能够检测、诊断、决策及避免永久性、瞬间性和间歇性故障的能力,从概率论的角度来讲就是系统的容错度。

容错设计的主要方法是设置系统冗余以及应用测试技术进行故障检测与诊断,其中设置系统冗余是指重复配置系统的一些部件,当系统发生故障时,冗余配置的部件介入并承担故障部件的工作,由此减少系统的故障时间;应用测试技术进行故障检测与诊断的目的是通过测试提前发现系统故障的位置和类型,同时采取相应的保护措施。

(2) 系统容灾设计

系统容灾设计是指在相隔较远的异地,建立两套或多套功能相同的信息系统,互相之间可以进行健康状态监视和功能切换,当一处系统因意外事件(如自然灾害、外在突发事件等)停止工作时,整个应用系统可以切换到另一处继续正常提供服务。

系统容灾设计可以划分为三个层面:一是数据级容灾,即建立远程数据备份中心;二是应用级容灾,即在数据容灾的基础上,在备份站点构建一套相同的应用系统,保证信息系统可以在意外事件发生后尽快恢复服务能力;三是业务级容灾,即除了必要的IT技术外,备份站点还需要具备全部的基础设施(如办公设施等),保证业务的正常开展。

11.7.3 物流信息系统安全设计评价

1) 评价标准

为了提升信息系统的安全性及其评价的可靠性,早在2001年中国信息安全产品认证中心就发布《信息技术安全性评估准则》,其基本思想是以信息安全的五个属性为基本内容,从实现信息安全的五个层面出发,按照信息安全五个等级的不同要求,分别对信息系统的构建过程、测评过程和运行过程等三个过程进行控制和管理,从而实现对不同信息类别按照不同要求进行分级安全保护的总体目标。具体信息系统安全评价标准体系框架,如表11-5所示。

表 11-5　信息系统安全评价标准体系框架

三个过程控制	构建过程控制→测评过程控制→执行过程控制
五个保护等级	第一级:用户自主保护级
	第二级:系统审计保护级
	第三级:安全标记保护级
	第四级:结构化保护级
	第五级:访问验证保护级
五个安全层面	物理层面、网络层面、系统层面、应用层面、管理层面
五个安全属性	机密性、完整性、可用性、可控性、责任可追查性

2) 评价主要内容

物流信息系统安全性评价通常针对的是企业内部网络,其内容主要包含如下几个方面:

(1) 物理安全评价:一般包括场地安全、机房环境、建筑物安全、设备可靠性、辐射控制与防泄露、通讯线路安全性、动力安全性、灾难预防与恢复措施等几个方面。

(2) 网络与通信安全评价:网络与通信安全性在很大程度上决定着整个网络系统的安全性,评价的主要内容包括网路基础设施、整体网络系统平台综合测试/模拟入侵、设置身份鉴别机制等。

(3) 日志与统计安全评价:日志、统计的完整翔实是计算机网络系统安全的一项重要内容,也是管理人员及时发现、解决问题的保证。

(4) 管理制度的评价:信息安全保障不仅要靠技术来实现,还要依赖于人对安全的重视程度、对技术的熟悉程度、对安全设备的控制程度,因此需要良好的管理制度进行规范和约束,关于管理制度评价的主要内容包括机房管理制度、管理人员培训制度、文档设备管理制度、系统使用管理制度等。

11.8　物流信息系统设计报告

系统设计阶段的最后一项工作是编写系统设计报告,它既是系统设计阶段的工作成果,也是下一阶段实施的重要依据。系统设计报告的主要内容如表 11-6 所示。

表 11-6　系统设计报告

报告项目	具体内容
概述	①系统的功能,设计目标及设计策略 ②项目开发者、用户、系统与其他系统或机构的联系 ③系统的安全和保密限制

(续表 11-6)

报告项目	具体内容
系统设计规范	①程序名,文件名及变量名的规范化 ②数据字典
计算机系统的配置	①硬件配置。主机,外存,终端与外设,其他辅助设备和网络形态 ②软件配置。操作系统,数据库管理系统,语言,软件工具,服务程序和通信软件 ③计算机系统的分布及网络协议文本
系统结构	①系统的模块结构图 ②各个模块的 IPQ 图
代码设计	各类代码的类型,名称,功能,使用范围及要求等
输入设计	①各种数据输入方式的选择 ②输入数据的格式设计 ③输入数据的校验方法
输出设计	①输出介质 ②输出内容及格式
文件(数据库)设计	①数据库总体结构。各文件数据间的逻辑关系 ②文件结构设计。各类文件的数据项名称,类型及长度等 ③文件存储要求,访问方法及保密处理
模型库和方法库设计	关于模型库和方法库设计的相关说明
系统安全保密性设计	关于系统安全保密性设计的相关说明,包括数据安全设计、网络安全设计、容错与容灾设计
系统实施方案及说明	实施方案,进度计划,经费预算等

复习思考题

1. 系统设计的各项任务、工作流程及各步骤产生的文档是什么?
2. 在物流管理信息系统中代码有什么作用? 代码设计的原则是什么?
3. 可以用哪些方法来检验数据输入中的错误?
4. 系统设计时,为什么要先作输入设计,后作输出设计?
5. 什么是输入设计? 输入设计应遵循什么原则? 表格式输入和全屏编辑方式有什么区别? 它们各有什么优点和缺点?
6. 试以商场管理为例,设计一个包含产品入仓信息、基本情况、人员基本信息以及有关代码对照信息的数据库,提出你的设想方案,并说明其特点。
7. 信息系统安全设计包括哪些方面的内容?

12 物流信息系统的开发与实施

学习目标

➢ 了解物流信息系统的各种开发方案及其优缺点以及开发前的一些准备工作
➢ 了解物流信息系统实施的内容
➢ 了解物流信息系统进度管理、质量管理、文档管理等
➢ 了解物流信息的安全、控制、评价等相关知识

12.1 物流信息系统实施概述

所谓实施指的是将系统设计阶段的结果在计算机上实现,将原来纸面上的、类似于设计图式的新系统方案转换成可执行的应用软件系统,系统实施是继系统规划、系统分析、系统设计之后的又一重要阶段,它以系统设计的蓝图为基础,进行具体的实施工作。

1)系统实施的内容和任务

系统实施阶段的主要内容和任务是:

①系统实施环境的建立。按照系统设计方案中提出的设备清单进行购置并安装,包括计算机硬件/软件、计算机外围设备、网络软/硬件以及计算机机房的建设与装修工作。

②程序设计。程序设计人员按照系统设计的要求和程序说明书的规定,采用某种程序设计语言来实现各个功能模块的程序编制工作。

③人员培训。对系统实施与运行中所需要的各类人员进行培训工作,包括管理信息系统知识的普及和教育、新制度的学习,计算机操作培训等。

④数据准备与录入。将准备好的数据,按照系统需要的格式,输入到计算机系统中去。

⑤系统的调试和转换。对系统的各项功能进行程序调试,并进行新旧系统的转换。

2）系统实施的计划与进度安排

系统实施阶段既是成功地实现新系统，又是取得用户对系统信任的关键阶段。管理信息系统的规模越大，实施阶段的任务就越复杂。为此，在系统正式实施开始之前，就要制定出周密的计划，即确定出系统实施的方法、步骤、所需的时间和费用，并且要监督计划的执行，做到既有计划又有检查，以保证系统实施工作的顺利进行。

为了有条不紊按计划完成系统开发工作，要制定好项目工作计划，经常检查计划完成情况，分析滞后原因并及时调整计划。

制订计划可采用卡特图或网络计划技术，以达到用最短的时间、最小的资源消耗完成预定的目标。

系统实施的计划与进度安排包括以下几个方面的内容：

①工作量估计。根据系统实施阶段的各种工作的内容来确定。

②进度安排。理清各种工作的关系，安排各种工作的先后次序，制定进度计划。

③系统人员的配备和培训计划。

④系统实施的资金筹集和投入计划。

3）系统实施环境的建立

（1）计算机和网络产品的购置

一方面，随着信息产业和计算机技术的发展，不同厂家、型号的计算机和网络产品为管理信息系统提供了广阔的选择余地。另一方面，众多的产品也给系统的实施带来了一定的复杂性。

购置计算机和网络产品的基本原则是能够满足管理信息系统的设计要求，需要考虑以下几个方面的问题：

①合理的性能价格比。要求质量可靠、价格合理、性能稳定、使用方便。

②良好的可扩充性、兼容性。

③强有力的售后服务和技术支持等。

在计算机和网络产品到货后，应该按订货合同进行开箱验收，计算机和网络产品的安装与调试任务主要由供货方负责完成。

（2）计算机机房的建设

计算机作为精密电子设备，它对周围环境相当敏感，尤其在安全性较高的应用场合。计算机机房的建设主要应该考虑以下几方面的要求：

①对机房的温度、湿度等都有特殊的要求。

②通常，机房要安装双层玻璃门窗，并且要求无尘。

③硬件通过电缆线连接至电源，电缆走线要安放在防止静电感应的耐压有脚的活动地板下面。

④另外，为了防止由于突然停电造成的事故发生，应安装备用电源设备，如功率足够的不间断电源（UPS）。

12.2 物流信息系统实施内容

12.2.1 程序设计

程序设计的目的是为实现系统分析和系统设计中提出的管理方法和处理构想。编写程序应当符合软件工程化，即利用工程化的方法进行软件开发，这样可以提高软件开发的工作效率，也有利于维护和修改。

1) 程序设计的基本要求

随着计算机应用水平的提高，软件愈来愈复杂，软件费用在整个应用系统中所占的比重不断上升。在过去的小程序设计中，主要强调程序的正确和效率，而现在对于大型程序，首先强调程序的可维护性、可靠性和可理解性，其次才是效率。

衡量程序设计好坏的基本要求有如下几个方面。

（1）可维护性

由于信息系统需求的不确定性，系统需求可能会随着环境的变化而不断变化，因此，就必须对系统功能进行完善和调整，为此，就要对程序进行补充或修改。此外，由于计算机软硬件的更新换代也需要对程序进行相应的升级。

一个不易维护的程序，用不了多久就会因为不能满足应用需要而被淘汰，因此，可维护性是对程序设计的一项重要要求。

（2）可靠性

程序应具有较好的容错能力，不仅正常情况下能正确工作，而且在意外情况下应便于处理，不致产生意外的操作，从而造成严重损失。

（3）可读性

程序不仅要求逻辑正确，计算机能够执行，而且应当层次清楚，便于阅读。这是因为程序的维护工作量很大，程序维护人员经常要维护他人编写的程序。一个不易理解的程序将会给程序维护工作带来困难。

（4）效率

程序的效率指程序能否有效地利用计算机资源。提高程序设计人员的工作效率，不仅能降低软件开发成本，而且可明显降低程序的出错率，减轻维护人员的工作负担。

程序效率与可维护性、可理解性通常是矛盾的。一方面，由于硬件价格大幅度下降，而性能却不断完善和提高，程序效率的重要性下降了。另一方面，程序设计人员的工作效率则日益重要。因此，在实际编程中，宁可牺牲一定的时间和空间效率。也要尽量提高程序的可理解性和可维护性。片面地追求程序的运行效率不利于程序设计质量的提高。

2) 程序设计的基本原则

结构化程序设计强调的是自顶向下地进行分析和设计，同时又强调自底向上地实现整个系统,这是目前主流的程序设计原则。

(1) 自顶向下的模块化设计原则

在程序设计中使用自顶向下方法的目的在于一开始能从总体上理解和把握整个系统,而后对于组成系统的各功能模块逐步求精,从而使整个程序保持良好的结构,提高软件开发的效率。

自顶向下的模块化设计原则描述了程序模块设计的基本原则。根据这一原则,在模块化程序设计中应注意以下问题:

①模块的独立性。在系统中模块之间应尽可能的相互独立,减少模块间的耦合,即信息交叉,以便于将模块作为一个独立子系统开发。

②模块大小划分要适当。模块中包含的子模块数要合适,既便于模块的单独开发,又便于系统重构。

③模块功能要简单。底层模块一般应完成一项独立的处理任务。

④共享的功能模块应集中。对于可供各模块共享的处理功能,应集中在一个上层模块中,供各模块引用。

(2) 结构化程序设计原则和特点

结构化程序设计就是按照流程图的要求,用结构化的方法来分解内容和设计程序。结构化的程序设计有三个基本原则:

①模块内部程序各部分要自顶向下的结构化划分。

②各程序部分按功能组合。

③各程序部分的联系尽量使用调用子程序(CALL—RETURN)方式,不用或少用GOTO方式。

这种方法指导人们用良好的思想方法去设计程序,其特点是采用以下三种基本逻辑结构来编写程序:

①顺序结构。是一种线性有序的结构,由一系列依次执行的语句或模块组成。

②循环结构。是由一个或几个模块构成,程序运行时重复执行,直至满足某一条件为止。

③选择结构。根据条件成立与否,选择程序执行路径的结构。

3) 程序设计方法

在系统设计阶段,已经对系统的总体结构、代码、数据库结构、输入/输出形式,功能模块及其处理过程进行了设计。一旦这些确定了之后,就可以考虑具体的程序编制问题了。

程序设计的主要任务是对结构图中各个模块内部处理过程和算法进行描述,基本功能是指明控制流程、处理功能、数据组织等方面的实现细节,从而在编码时能把对设计的描述直接翻译为程序代码。

(1) Jackson 程序设计方法

Jackson 方法以数据结构作为程序设计的基础,强调对问题解的组合而不是分解。

基本思想是使程序结构和问题结构相对应,即与数据结构相对应。Jackson 方法最适合在详细设计阶段使用,即在完成系统结构图之后的阶段来运用该方法。

Jackson 方法由以下 5 个基本步骤组成:

①分析并确定输入数据和输出数据的逻辑结构,用 Jackson 图来描述这些数据结构。

②找出输入数据和输出数据结构中有对应关系的数据单元。

③利用相应的层次关系规则从描述数据结构的 Jackson 图中导出描述程序结构的 Jackson 图。

④列出所有操作和条件,包括分支条件和循环条件,并把它们分配到程序结构图中对应位置。

⑤用伪码表示程序。Jackson 方法中使用的伪码和 Jackson 图是一一对应的。

(2) Warnier 程序设计方法

Warnier 方法也又称为逻辑构造持续法(Logic Construction of Program,LCP)。Warnier 方法的原理和 Jackson 方法类似,也是从数据结构出发设计程序,但是这种方法的逻辑更严格。

Warnier 图和 Warnier 方法的特点是简单易学、逻辑性强、图形表示清晰、易于表达层次结构和进行分解、既能描述程序结构又能描述数据结构、易于计算机来绘制和处理。

(3) 速成原型法式的程序设计方法

这是速成原型法在程序设计阶段的一种应用。具体实施方法和过程是:

①首先将 HIPO 图中类似带有普遍性的功能模块集中。这些模块,如菜单模块、报表模块、查询模块,统计分析和图形模块等,几乎是每个子系统都必不可少的。

②然后再去寻找有无相应、可用的软件工具。如果没有就可以考虑开发一个能够适合各子系统情况的通用模块工具,然后用这些工具生成这些程序模型原型。

③如果 HIPO 图中有一些特定的处理功能和模型,而这些功能和模型又是现有工具不可能生成出来的,则再考虑编制一段程序加进去。

利用快速原型方法和工具可以很快的开发出所要的程序。

(4) 面向对象程序设计方法

面向对象程序设计(OOP)方法一般应与面向对象的设计(OOD)所设计的内容相对应。这是一个简单直接的映射过程。即将 OOD 中所定义的范式直接用面向对象程序(OOD)设计语言,如 C++、Java 等来取代即可。

例如,用 C++ 中的对象类型来取代 OOD 范式中的类—&—对象,用 C++ 中的成员函数和方法来取代 OOD 范式中的处理功能等。

如果在系统分析和设计阶段使用 OOD 之后,那么,在系统实现阶段运用 OOP 的优势非常巨大,是其他方法所无法比拟的。

(5) 算法描述语言

算法描述语言是一种具体描述算法细节的工具,它只面向读者,不能直接用于计算机。算法描述语言在形式上非常简单,它类似程序语言,因此非常适合那些以算法或逻辑处理为主的模块功能描述。

算法描述语言的语法不是十分严格,它主要由符号与表达式、赋值语句、控制转移语句、循环语句、其他语句构成。符号命名,数学及逻辑表达式一般与程序书写一致,赋值用箭头表示。语句可有标识,标识可是数字也可是具有实际意义的单词。

算法描述语言中语句主要有三种:

①控制转移语句。控制转移语句有两种基本形式,即无条件转移语句和有条件转移语句。

②循环语句。循环语句也有两种形式,即 WHILE 语句的形式和 FOR 语句的形式。

③其他语句。在算法描述中,还可能要用到其他一些语句,因为它们都是用最简明的形式给出的,故很容易知道它们的含义。例如,EXIT 语句,RETURN 语句,INPUT 语句和 OUTPUT 语句等。

(6) 程序流程图

程序流程图又称程序框图,是程序设计中应用最广泛的算法描述方法。程序流程图独立于具体的程序设计语言。

程序流程图的优点是直观、清晰、易于学习。缺点是无法做到逐步求精、随意性较大、对数据的表示有困难、难以形成层次结构。

总的来说,随着各种新工具的出现,程序流程图越来越少使用了。

4) 常用的编程工具与开发环境

编写程序应符合软件工程的思想。软件工程就是利用工程化的方法进行软件开发,通过建立软件工程环境来提高软件开发放率。

管理信息系统的编程工作量极大,而且要经常维护和修改,如果编写程序不遵守软件工程的规律,就会给系统的开发、维护带来很多问题。

编程不是系统开发的目的,只是系统实现的手段,所以在编程和实现中应该充分利用已有的程序、编程工具、开发环境。

(1) 通用编程工具与集成开发环境

过去,应用程序由专业计算机人员逐行编写,不仅周期长、效率低、质量差,而且重复劳动多,不易修改,促使人们对自功化编程工具进行了大量研究,提出了集成开发环境(Integrated Development Environment,IDE)。利用集成开发环境进行程序开发可以大量地减少甚至避免手工编写程序,这样就避免了手工方式下的编程错误,从而极大地提高了系统开发效率。

集成开发环境是在程序生成工具基础上的进一步发展,它不仅具有第四代程序设计语言的各种功能,而且具备可视化编程的能力,成为目前主流的程序开发模式。目前市场上,Microsoft 公司和 Borland 公司都推出了商品化的通用编程工具与集成开发环境,支持大多数流行的编程语言,如有 C 语言、C++语言、BASIC 语言、Java 等。

除了不同程度地具备面向对象的程序设计功能以外,可视化编程是这类工具和环境的显著特征。其中,Microsoft 公司的 Visual BASIC 在可视化编程方面起到开拓性的作用,给程序设计人员提供了一个直观高效的编程手段,把编程的高效性和容易性提高到一个崭新的阶段,特别是各种用户界面和查询软件的编写。

(2) 数据库系统的开发工具

现在的数据库管理系统已不只是局限于数据管理,而且具备相当强的程序设计能力,以支持二次开发。

目前市场上商品化的数据库系统开发工具主要有三类,即面向微机关系数据库、面向大型关系数据库和面向网络数据库。

① 面向微机关系数据库的开发工具

在微机关系数据库中,最典型的产品是 XBASE 系列,如 dBASE—Ⅱ,dBASE—Ⅲ,dBASE—Ⅳ,dBASE—Ⅴ,FoxBASE 2.0,FoxBASE 2.1 等。

Foxpro 以 XBASE 语言为基础,内嵌 SQL 查询语言,支持开放式数据库连接(ODBC)应用程序接口,具有功能很强的菜单生成器、屏幕编辑器、报表编写器、应用生成器和跟踪调试能力、可以迅速地生成各种菜单程序、输入输出屏幕、报表和应用程序。

Visual Foxpro 是 XBASE 的升级方案,拥有可视化编程和查询优化能力,是目前微机上速度最快、数据类型最丰富的关系型数据库管理系统,几乎支持微机上的所有操作系统,例如 Windows 系列、DOS、Macintosh 和 Digital Unix。

② 面向大型关系数据库的开发工具

大型数据库系统工具主要是指一般规模较大、功能较齐全的大型数据库系统。目的最为典型的系统有 ORACLE 系统、SYBASE 系统、INGRES 系统、INFOMAX 系统、DB2 系统等。

例如,ORACLE 数据库管理系统中,利用 ORACLE * FORMS 可以通过选择一些菜单和相应的功能键方便地进行对库操作。SQL * PLUS 的触发器机制为保证数据的完整性、一致性和合法性提供必要的检验手段。ORACLE * REPORT 和 ORACLE * GRAPH 为报表、图形生成提供方便,以上这些 ORACLE 软件工具配合起来使用,可以形成一个综合的应用软件开发环境。

③ 网络数据库的开发工具

随着网络的发展,基于客户/服务器模式的网络数据库开发工具纷纷涌现。例如 PowerBuilder 就是客户机/服务器模式下,专门为各种网络数据库设计的客户端的应用开发工具。PowerBuilder 采用 Windows NT 上的集成开发环境,包含一个直观的可视化界面和面向对象的编程语言,是当今流行的网络数据库开发工具。

PowerBuilder 主要特点如下:

a. 学习和使用方便,开发效率高。

b. 易于继承和维护。

c. 支持多种数据库。

d. 支持第三方开发工具。
e. 支持事务控制、版本控制。
f. 符合 Windows 应用标准,具有良好的表格和报表界面。
g. 支持 Internet/Intranet 上的开发,可以开发动态 HTML 界面、Internet/Intranet 应用软件。

④群件开发工具

著名群件产品 Lotus Notes 对 Internet 和 Web 标准完全开放,可以将 Notes Server 作为服务器,将 Web 浏览器作为客户端,直接支持与 Internet 的连接和集成,其特点是:

a. 提供功能强大和完善的工作流控制及信息传播机制。
b. 具有功能强大的文本数据库功能。
c. 提供较强的网络数据的安全性及数据的完整性。
d. 具有完善的邮件处理和通讯服务机制,提供完整的开发环境。

12.2.2 程序和系统调试

程序和系统调试的目的是为了保证系统运行的正确和有效性,发现程序和系统中可能存在的任何错误,并及时予以纠正。

1) 调试方法和步骤

调试中要严格核对计算机处理和人工处理的两种结果。通常是先校对最终结果、发现错误再回到相应中间结果部分校对,直到基本确定错误范围。

(1) 程序调试的方法

进行程序和系统调试时,通常采用系统模型法,以便以最少的输入数据量完成较全面的软件测试。通过对数据的精心选择,大大减少了输入数据量,不仅可以使处理工作量人为减少,而且也更容易发现错误和确定错误的范围。

①黑箱测试。就是不管程序内部是如何编制的,只是从外部根据要求对模块进行测试。

②数据测试。用大量实际数据进行测试。数据类型要齐备,包括各种边值和端点。

③穷举测试。亦称完全测试,即对程序运行的各个分支都要调试到。

④操作测试。就是对各种显示、输出操作进行全面检查,发现是否与设计要求相一致。

⑤模型测试。就是核算所有的计算结果。

(2) 系统调试的主要步骤

调试过程也得益于结构化系统设计和程序设计的基本思想,采用由小到大、分步骤、分层次的调试步骤,可以比较容易地发现编程过程中的问题。因此,调试的主要步骤可以分为以下 3 个步骤:

①程序模块调试。就是对单个程序模块内部功能进行全面的调试。

②子系统分调。就是由程序的编制者对本子系统有关的各模块实行联调,以考查各模块外部功能、接口以及各模块之间调用关系的正确性。

③系统联调。在各模块、各子系统均经调试准确无误后,就可进行系统联调。联调是实施阶段的最后一道检验工序。联调通过后,即可投入程序的试运行阶段。

2）程序模块调试

程序模块调试就是要在计算机上用各种可能的数据和操作条件对程序进行试验,找出存在的问题加以修改,使之完全符合设计要求。在大型软件的研制过程中调试工作的比重是很大的,一般占50%左右,所以对程序的调试工作应给予充分的重视。

程序模块调试可以分为代码测试和功能调试。

（1）代码测试

测试数据除采用正常数据外,还应包括一些异常数据和错误数据,用来考验程序逻辑上的正确性。测试数据是经过精心挑选的,使程序和模块中的每一条语句都能得到执行,即能够测试程序中的任一逻辑通路。

常用的测试数据有以下几种：

①用正常数据调试。

②用异常数据调试,例如用空数据文件参加测试。

③用错误数据调试。试验程序对错误的处理能力,包括显示出错信息以及容许修改错误的可能性。

具体检查内容有：

①输入键号错误时,包括错的键号和不应有的键号,检查能否及时检出和发出出错信息,并允许修改。

②输入数据错误时,包括错误数据、不合理数据和负数,检查能否及时查出或发出出错信息,并容许修改。

③操作错误时,包括磁盘错误、操作步骤或方法错误,检查能否及时检出并发出警告信息,并允许改正。

（2）程序功能测试

经代码测试正确的程序只是基本上验证了程序设计上的正确性,但并不能验证程序是否满足程序说明中定义的功能,也不能验证测试数据本身是否完备。

程序功能测试则面向程序应用环境,把程序看作一个黑盒子,认为程序只要满足应用功能上的需求,就是可行的。

3）子系统分调

系统应用软件通常由多个子系统组成。在单个程序调试完成以后,尚需对子系统进行分调,即将一个子系统内所有程序联合起来进行调试。这种调试的目的是要保证子系统内各程序模块之间是否具有正确的控制关系,同时可以测试模块的运行效率。

子系统分调所要检查的主要内容有：

①上层模块如何调用下层模块，在调用时传递的控制信息和数据是否正确。

②下层模块是否能正确接受上层模块的控制信息和参数，是否按要求完成相应的处理功能。

③下层模块出现问题时反馈信息如何影响上层模块。

④同时调用多个模块时是否产生锁机现象等。

4）系统联调

系统联调的目的在于查出子系统之间相互关系方面的错误和缺陷。

（1）主控程序和调度程序调试

主控程序和调度程序的语句不多，但逻辑控制复杂。调试目的不是处理结果的正确性，而是验证控制接口和参数传递的正确性，以及发现并解决资源调度中的问题。

因此，调试时，将所有控制程序与各功能模块的接口直接连接，即用直接可以产生事先准备好的计算结果的过渡程序来替代真正的程序模块。

（2）系统总调

整个系统的总调就是将主控程序和调度程序与各功能模块联结起来进行总体调试。系统总调时，需要对系统各种可能的使用形态及其组合在软件中的流通情况进行可行性测试，以便发现问题。

系统调试完成后，应编写操作说明书，完成程序框图和打印源程序清单。

12.2.3 新系统的建立

当系统实施阶段的准备工作完成，即计算机系统的安装与调试、应用程序的编写与调试和人员培训工作都已顺利结束，并且得到系统开发领导小组批准后，新系统交付使用的工作就可以开始。这项工作包括既相对独立又彼此联系的两项任务。首先要完成数据的整理与录入，然后完成系统的切换任务，即用新系统替换老系统。

1）数据录入

数据录入是按照规定的格式，将新系统运行所需要的原始数据输入到计算机系统内部。这是一项重要、细致和工作量很大的工作，需要引起足够的重视。

数据录入一般可以分为以下三个步骤。

（1）收集整理数据

对原系统中原始数据进行收集和整理。由于原始数据记录可能会不全或者与实际不符合，这就需要有经验的管理人员进行补充。在某些情况下，还需要进行清查和盘点。

数据的收集整理工作量非常大，应尽早安排。

（2）转换数据

将整理好的原始数据，按照数据文件和数据库要求，编辑和转化成为系统所需要的格式。这项工作应该由熟悉系统设计和系统转换规则的人员负责进行。

(3) 数据的录入

将已经编辑好的数据输入到计算机中。这项工作应该由熟悉计算机功能和操作的人员完成。数据的录入要注意以下问题：

①录入人员的素质。

②选择合适的录入方法。

③设置严格的数据录入校验程序。

2) 人员以及岗位培训

(1) 人员培训计划

人员培训是与编程和调试工作同时进行的。因此，制定人员培训计划时要考虑如下几个方面的问题：①编程开始后，系统分析人员有时间开展用户培训；②编程完毕后，系统即将要投入试运行和实际运行，如再不培训系统操作和运行管理人员，就要影响整个实施计划的执行；③用户受训后能够更有效地参与系统的测试；④通过培训，系统分析人员能对用户需求有更清楚的了解。

(2) 培训的内容

人员以及岗位培训的主要内容有：

①系统整体结构和系统概貌；②系统分析设计思想和每一步的考虑；③计算机系统的操作与使用；④系统所用主要软件工具（编程语言、工具、软件名、数据库等等）的使用；⑤系统输入方式和操作方式的培训；⑥汉字输入方式的培训；⑦可能出现的故障以及故障的排除；⑧文档资料的分类以及检索方式；⑨数据收集、统计渠道、统计口径等；⑩运行操作注意事项。

3) 系统试运行

系统的试运行和新老系统的切换是系统调试和检测工作的延续。这部分工作对最终安全、可靠、准确地使用系统是十分重要的，理应引起重视。

在系统联调时一般使用的是系统测试数据，而这些数据很难测试出系统在实际运行中可能出现的问题。所以，在一个系统开发完成之后，应该让它在实际环境中试运行一段时间。软件系统的试运行也是大多数软件开发中不可缺少的一环。

(1) 系统试运行的主要工作

系统试运行阶段的主要工作内容有：

①对系统进行初始化，输入各原始资料和数据。

②记录系统运行的数据和状况。

③核对新系统输出和老系统输出的结果。

④对实际系统的输入方式进行考查，考察内容包括方便性、效率、安全性、可靠性、误操作保护能力等。

(2) 基础数据准备

按照系统分析所规定的详细内容，组织和统计系统所需的资料和数据。基础数据准备包括如下几方面的内容：

①基础数据统计工作要严格,满足科学化、程序化和规范化的要求。

②计量工具、计量方法、数据采集渠道和步骤都应该固定,以确保在新系统试运行过程中有稳定可靠的数据来源。

③各类统计和数据采集报表也要标准化和规范化。

4) 系统切换

系统切换指由旧的、手工处理系统向新的计算机信息系统过渡。管理信息系统的切换一般有三种方法,见图 12-1。

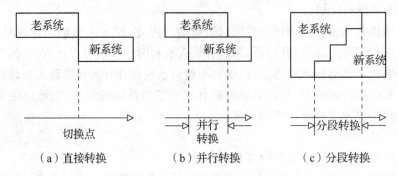

图 12-1 系统转换的三种方式

(1) 直接转换

直接转换指在确认新系统准确无误后,确定一个时刻,停止原系统的运行,并将新系统取代它投入正常运行。这种方式转换过程简单快捷,费用低,但风险很大。一旦新系统发生严重错误而不能正常运行,将导致业务工作的混乱,造成巨大的损失。因此,必须采取一定的预防措施,充分做好各种准备,制定严密的转换计划。这种转换方式仅适用于小型物流信息系统的转换。

(2) 并行转换

并行转换指完成系统测试后,一方面原系统继续运行,另一方面新系统同时投入运行,通过新老系统并行运行一段时间后,再停止原系统的工作,让新系统单独运行,这种方式安全保险,但费用高。转换过程中需要投入 2 倍的工作量,不过用户可以通过新老系统平行运行的过程,熟悉新系统,确保业务工作平稳有序。这种转换方法适用于一些核心系统的转换过程。

(3) 分段转换(试点过渡)

分段转换指在新系统投入正常运行前,将新系统分阶段分批逐步代替原系统的各部分,最后完全取代原系统。这种方式实际上是上述两种方式的折中方案,既可以保证转换过程的平稳和安全,减少风险,又可以避免较高的费用,但也存在新老系统对应部分的衔接不平滑的问题。大多数的管理信息系统的转换采用这种方式。

12.2.4 系统的运行和维护

新系统正式投入运行后,研制工作即告结束。信息系统不同于其他产品,它不是

"一劳永逸"的最终产品。在它的运行过程中,还有大量运行管理和维护工作要做。为让系统长期高效地工作,必须大力加强对系统运行工作的管理。系统运行管理包括系统的日常运行管理、系统维护和建立运行体制。

1) 日常运行管理

物流信息系统的日常运行管理绝不仅仅是机房环境和设施的管理,更主要的是对系统每天的运行状况、数据输入和输出情况以及系统的安全性与完备性,及时、如实地记录和处理。日常运行管理工作主要由系统运行值班人员完成。这项管理包括数据收集、整理、录入及处理结果的整理与分发,还包括硬件的简单维护及设施管理。

2) 系统运行情况的记录

整个系统运行情况的记录能够反映系统在大多数情况下的状态和工作效率,对于系统的评价与改进具有重要的参考价值。因此,信息系统的运行情况一定要及时、准确、完整地记录下来。除了正常情况外,还要记录意外情况发生的时间、原因与处理结果。记录系统运行情况是一件细致而又繁琐的工作,从系统开始投入运行就要抓紧抓好。

3) 系统维护

交付使用的信息系统需要在使用中不断完善,即使精心设计、精心实施、经过调试的系统,也难免有不尽如人意的地方,或者效率还需提高,或者使用不够方便,或者还有错误,这些问题只有在实践中才能暴露。另一方面,随着管理环境的变化,会对信息系统提出新的要求。信息系统只有适应这些要求才能生存下去。因此,系统的维护是系统生存的重要条件。据专家们估计,世界上有90%的软件人员从事系统的修改和维护工作,只有10%的人从事新系统的研制工作。在信息系统开发的全部费用中,研制费用只占其中的10%,而运行和维护费用却占90%。这几个估计数字充分说明系统维护工作是多么重要,又是多么艰巨。因此,不能重开发、轻维护。

系统维护是对系统使用过程中发现的问题进行处理的过程,也是系统完善的过程。系统维护一般包括硬件的维护与维修,应用程序的维护,数据库维护和代码维护等内容。

(1) 硬件的维护与维修

随着系统的运行,系统内的硬件设备也会出现一些故障,需要及时进行维修或替换。当系统的功能扩大后,原有的设备不能满足要求时,就需要增置或更新设备。所有这些工作都属于硬件的维护与维修任务。

(2) 应用程序的维护

在系统维护的全部工作中,应用程序的维护工作量最大,也经常发生。程序维护工作包括以下三种情况。

①程序纠错。程序在执行过程中常会出现某些错误,如溢出现象时有发生,需要及时对程序进行纠错处理。

②功能的改进和扩充。用户常会提出对系统的局部功能的改进,扩充某些新的功

能的要求。

③适应性维护。信息系统运行环境一旦发生变化,就要进行适应性维护工作。比如,计算机系统配置发生变化,就很可能需要对应用软件进行移植性维护。

总之,应用程序维护是整个系统维护工作中最繁琐的一项任务,负责这项工作的系统维护人员必须对整个系统有相当深入的了解,是系统维护的重要内容之一。

(3) 数据库的转储

由于各种不可预见的原因,数据库随时可能遭到破坏。为了有效地恢复被破坏的数据,通常把整个数据库复制两个副本,一般副本都存储在磁盘上。必要时,也可以将副本脱机存在更安全、可靠的地方。

(4) 数据库的重组织

由于系统不断地对数据库进行各种操作,致使数据库的存储和存取效率不断下降。当数据库的效率低得不能满足系统处理的要求时,就应该对数据库实施再组织。

(5) 代码维护

随着环境的变化,旧的程序代码不能适应新的要求,必须进行改造,制定新的代码或修改旧的代码体系。代码维护的困难主要是新代码的贯彻,因此各部门有专人负责代码管理。

4) 系统修改的步骤

在系统的维护中,系统修改是一项非常严肃的工作,往往会"牵一发而动全身"。不论程序、文件还是代码的局部修改,都可能影响系统的其他部分。因此,系统的修改必须通过一定的批准手续。通常对系统的修改应当执行以下五个步骤。

①提出修改要求。操作人员或业务领导用书面形式向主管领导提出对某项工作的修改要求,这种修改要求不能直接向程序员提出。

②领导批准系统。主管人员进行一定的调查后,根据系统的情况和工作人员的情况,考虑这种修改的必要性与可行性,最后做出是否修改、何时修改、由谁修改的决定。

③任务分配。系统主管人员如果认为需要修改,则向有关的维护人员下达任务,说明修改的内容、要求和期限。

④验收成果。系统主管人员对修改的部分进行验收。验收通过后,将修改的部分嵌入系统,取代旧的部分。

⑤登记修改情况。修改要做认真的登记,作为新的版本通报用户和操作人员,指出新的功能和修改的地方。某些重大的修改,可以看做一个小系统的开发项目,因此,要求按系统开发的步骤进行。

12.3 物流信息系统的管理与控制

信息系统建设包括系统项目的计划、进度及费用管理,人员管理和系统的质量管理。信息系统的建设是一类项目,因为它具有项目的几个特点:首先信息系统的建设是一次性的任务,有明确的任务和质量要求,有时间或进度的要求,有经费或资源的限制;信息系统具有生命周期,这与项目具有生命周期也是一致的。所以信息系统的建设也是一类项目的建设过程,可以用项目管理的思想和方法加以指导。

12.3.1 物流信息系统的项目计划变更管理

项目执行过程中,会出现到某一个项目的报告期时,项目的进度早于或晚于计划进度及已经发生的实际成本低于或高于计划成本,这时就需要对相应的计划进行调整。项目控制或调整的过程如图12-2所示。

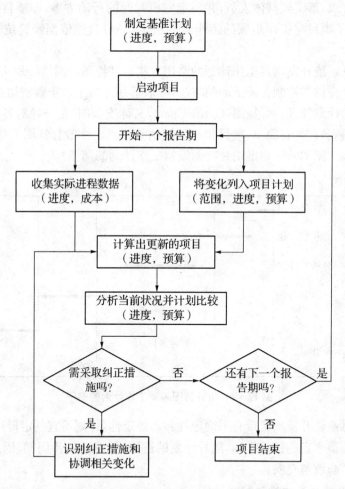

图12-2 管理信息系统项目变更管理过程

可以将某些可以再分的活动进一步细分,研究细分活动之间并行工作或知识重用的可行性,如可行,则可以有效地压缩时间和费用。

12.3.2　系统项目的进度管理与控制

1）信息系统项目的进度管理

项目的进度管理就是要制定好开发工作计划,并对计划的落实进行组织、监督与控制,以保证能按质按时完成预定目标。

信息系统开发项目计划的编制,首先要确定开发阶段、子项目与工作步骤的划分,子项目间的依赖关系与系统的开发顺序,以及各开发阶段、子项目与工作步骤的工作量。在此基础上,根据项目的总进度要求,用某种或多种工程项目计划方法制定出具体工作内容与要求,落实到具体人员,并限定完成时间的行动方案,即项目工作计划。对各开发阶段、子项目与工作步骤的工作量的核定,一般只能依据经验统计数据给出估计数。

编制信息系统开发项目工作计划的常用方法有甘特图与网络计划法。网络计划法是用网状图表安排与控制各项活动的方法,一般适用于与工作步骤密切相关、错综复杂的工程项目的计划管理。甘特图(Gantt Chart,又称线条图)是一种对各项活动进行调度与控制的图表,它具有简单、醒目和便于编制等特点。一般甘特图的横向表示时间,纵向列出工作。图 12 - 3 列出用甘特图编制工作计划的例子。

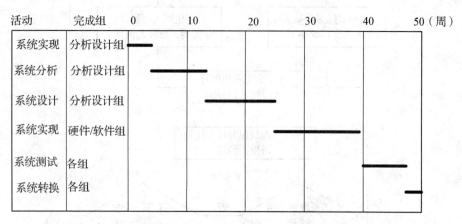

图 12 - 3　用甘特图编制工作计划的例子

由于信息系统开发项目带有不确定性和不稳定性,计划不宜制定得过于具体,一般可在计划中预留一定的机动指标,随着计划的进行,情况会逐步明朗,因此可在计划实施过程中不断修改与充实。

2）信息系统项目的进度控制

项目的进度控制是通过计划执行的监督和检查,根据项目的进度情况,对计划进行不断的调整和修改,实现预期的目标任务。

信息系统开发,是一个随时间展开的过程。由于各阶段的顺序性、连续性,一环扣一环,任何一个环节出了问题,都会影响整个项目的进度。在系统开发过程中,进度延误情况常有发生。其原因除了环境变化、资金不到位、人员变动外,主要的一方面是系统开发的正常进度本来就难以估计,许多因素难以定量化,而可能影响开发进度的因素往往又是随机的,难以预测的,另一方面,也可能由于对进度的重要性缺乏认识,对控制进度缺乏经验和方法。开发进度难以估计主要是分析和设计工作,由于是创造性的劳动,没有两个完全一样的开发进度,况且进度与质量是有矛盾的,当质量要求高时,进度就得放慢。而质量更不能定量化,也难以由以前的项目推出本项目的进度。

针对导致阶段性计划延误的不同原因,要认真分析,采取必要的措施。

①开发中的不确定性问题,可事先在工作计划中留有一定的宽裕度,如工作步骤的工作量取上限,预设机动时间等。

②开发过程中经常性地与用户交换意见,及时明确遗留的不确定性问题,以减少返工现象。

③进行人员的合理调整。

④对原计划的调整,如子项目先后次序的调整,部分工作步骤的提前或推后,必要时也可在不影响总体目标的前提下,删减个别子项目,或降低局部的功能指标。

信息系统是一个复杂的人机系统,开发项目工作计划进度的控制也必然是一项难度极大的工作,目前已有的方法不是很成熟,从根本上说,信息系统开发进度的解决还有赖于企业管理的规范化、系统开发的标准化等问题的解决。

12.3.3 系统建设的质量管理与控制

物流信息系统的质量管理是系统建设的重要内容,它包含系统项目开发的质量管理和系统运行过程的质量管理,质量管理是要提高软件产品的可靠性,延长系统的使用寿命,因此,系统的质量管理贯穿于整个系统生命周期的全过程中。

(1) 质量管理要点

首先要科学地、分阶段地进行软件设计和生产。实践证明,将软件生产的全过程合理地分成若干各阶段,每个阶段都有明确的工作目标,可以保证生产的顺利进行。每个阶段结束时必须进行评审,通过之后才能进入下一阶段。

其次是软件设计和生产要规范化,按规范进行管理是质量管理的基本方法。

最后,软件的设计、生产、测试要进行分工。合理的分工可使职责分明,增强责任感和提高生产效率。

(2) 质量特性

管理信息系统的质量有许多特性,从系统的内部看,系统的质量特性主要是内部结构性能、内部结构的可靠性以及结构的连续性等。从用户的角度看,系统的质量特性主要有系统的作用、正确性以及适应性等。管理信息系统的质量首先是保证符合用户的质量要求。因此,从用户的外部条件出发可以导出管理信息系统质量管理的指标,如表12-1所示。

表 12-1 信息系统质量管理的指标

质量特性		特性内容	定量性指标举例
可用性	目的性	软件的规格应符合用户要求的特定目的,信息处理高速化,提高作业效率,使用对象,系统的运用性等	通过系统化缩短的时间,对象项目书,运行时间,运行周期
	操作性	容易学习软件的使用方法,操作简便	平均学习时间,操作时间
	性能	执行特定的功能所需要的计算机流量和时间	响应时间,屏幕显示时间
正确性	可靠性	应能按规格无故障进行工作	
	准确性	数据的完整性,准确,精确	
	可用性	能迅速从故障状态恢复正常,减少故障时间,具有故障报告功能,再思考功能,自动恢复功能	恢复时间
	保密性	防止没有使用系统内数据资格的任破坏、盗用数据	
透明性	维护性	能简便地分析软件不良的原因,并进行修改	
	扩充性	能简便地变更、升级主机或外设	
	兼容性	不改变环境条件即能使用现有功能	
	可移性	能把软件移到其他环境,并使之运行	
	连续性	能简便地与其他系统连接	

每个指标的定量值或定性要求根据具体的管理信息系统确定,各个指标的重要程度也有赖于系统的应用领域及其环境。根据各个指标的不同限度,管理者可对系统做评审,检验是否符合要求,以加以控制。

(3) 质量控制

进行系统的质量控制,组织保障是最基本的要求,管理信息系统质量控制的组织职能可分为三个层次,即组织机构上层管理者的职责、管理信息系统管理者的职责、系统用户的职责。组织机构上层管理者的职责:在管理信息系统的质量控制中,上层管理人员的任务是要建立总的组织结构,选择信息系统的负责人,审定计划和预算,并评价其成效。系统管理者的职责:组织和监督各种控制和质量保证活动。系统用户的职责:系统用户是应用系统和数据库开发与维护工作的参与者,应对系统的需求定义、输入、输出的结果方式确认和了解数据的关系负有责任。

进行系统的质量控制,项目开发的质量控制是关键。项目的质量控制包括确保获得完全正确的要求、充分审查并确保每一阶段工作与系统相协调、质量控制的程序开发规范、常规的安装调试及事后审计评价等内容,通常还需要结合项目的特点,选择适当的项目开发策略,设置项目质量管理指标来加以控制,保证系统的质量。

12.3.4 物流信息系统的安全与控制

1) 安全性问题

安全性是指制定政策、规章制度和技术措施,防止在未经许可的情况下,修改系统、盗窃信息或进行物理破坏等。

为信息系统提供安全性保证已成为管理者们主要关心的问题。据一项调查显示,几乎一半的公司报告它们在过去的两年中丢失极有价值的信息。向组织提供信息系统的价值,并提供这些信息系统所编制的人员、数据和资产,控制这些系统以确保它们的安全性及正确使用开始变得越来越重要,据统计有 4/5 的公司设立了一名专职信息安全管理人员。

一名管理者应当如何考察信息系统的安全性？如何确保没有忽略潜在的安全性问题？信息系统的安全性的基本目标是：控制资产流失；确保数据的完整性与可靠性；提高信息系统应用的效率。为了实现这些目标,管理者必须对系统可能碰到的风险成竹于胸,才能及时辨识并适当控制。

信息系统所面临的各种危险以及与其相关联的人员、硬件、软件、数据和其他资产都需要安全控制。这些危险包括自然灾害、行业间谍、对企业不满的雇员、计算机病毒、事故等。

(1) 自然灾害

在日常的经营中,由于火灾、停电、暴风雨等一些自然灾害的发生,使计算机的硬件、程序、数据文件和其他设备被破坏,从而导致系统的正常运行中断,甚至整个组织的工作瘫痪。要再把系统恢复起来,可能要用几年的时间,花费巨资,如果企业对系统的依赖比较高,还可能导致组织方法重新运作。因此应设法保护系统免受这些灾害的破坏,安全计划应考虑到灾难预防、灾难控制和灾难恢复。

(2) 使用者失误

机器能在错误的指令或环境下运行,严重干扰或破坏了组织信息系统的数据记录和运行,如一名员工可能在数据输入屏幕中输入了不正确的数,然后这个数有可能被加、减、乘或被用到许多其他程序中,以惊人的速度复合错误。在计算机系统中,错误可能发生在整个处理过程的各个环节中,如数据输入、程序、计算机运行或硬件等都可能发生各种各样的错误。

(3) 计算机犯罪和滥用

通信技术和计算机软件的发展使计算机信息系统更加脆弱,通信网络可以将不同地点的计算机联在一起,这使得未经许可的数据存取、滥用,或发生错误的可能性不再仅限于单个计算机,而是可以在网络的每一个节点上。

管理计算机系统的一个最大忧虑即来自员工、竞争对手或其他入侵系统的危险。

(4) 行业间谍活动

竞争对手窃取其他组织数据的行为时被称为行业间谍活动或经济间谍活动,行业间谍可以利用不同的计算机系统为工具。对于间谍而言,在电话线上插入接头来窃取重要的资料是很容易的事。一旦一个计算机系统提供了拨号登录,则该系统就将面临被非法访问和被窃取数据的危险。

(5) 非法用机

非法用机是指一个人未经授权擅入计算机系统或网络的行为,非法用机有时也称作解码,因为非法用机者破解了系统的登录密码和序列号,黑客或是那些非法进入计算机系统的人可能在网络中输入病毒,窃取数据和软件,损坏数据或肆意破坏系统。

(6) 计算机病毒

计算机病毒已经成为计算机系统的一种真正的危险。目前,存在的病毒数以几千计,而且每个又可以产生上百种新的病毒,据调查有60%以上的计算机用户报告说曾在他们使用的系统中遭受病毒。

计算机病毒是一种将自身加入到计算机系统中隐藏,并迫使系统不断复制该病毒的隐藏程序。它能严重破坏计算机系统,还通过将自己植入它所接触到的每一个系统中,从一台计算机传入到网络上的另一台计算机。病毒也能通过修改数据、删除文件或格式化硬盘造成严重破坏。例如,米开朗基罗病毒在每年的3月6号发作,该病毒能从硬盘上删除文件分配表的文件。文件分配目录是硬盘上重要的数据索引,没有了它,系统将无法找到数据。某些病毒被制作得极为高级,一种病毒平时处于潜伏期,但一旦遇到财务信息就将其截获,并在把这些数据传给窃贼之前处于休眠状态。

组织可以使用防病毒软件来减少计算机感染病毒的可能。防病毒软件是专门设计用来检查计算机系统和磁盘是否感染病毒的软件,它通常也可以把病毒从受感染的区域清除掉。但大多数杀毒软件只对软件编制时已出现的病毒有效,为了保护组织的信息系统,必须从管理上保证不断更新组织的防病毒软件,而且最好同时使用一种以上的防病毒软件。

2) 安全控制

为使系统发生错误、灾难、计算机犯罪或安全受到破坏的可能性最小,必须在信息系统设计和实施过程中考虑并制定专门的规章制度。对信息系统进行安全控制,所谓安全控制是指采取人工和自动化相结合的措施,保护信息系统,确保系统按照管理的标准运行。下面主要介绍访问数据、计算机和网络的控制,事务处理过程控制等内容。

数据是信息系统的中心,数据的安全是信息系统安全管理的核心。对信息系统的控制主要表现在对数据的存取控制。所谓的数据存取控制是数据文件在使用和存储时实施的各种控制,确保在计算机存储介质上各种有价值的商业数据文件不被非法存取、修改或破坏。

为确保系统安全运行,必须防止未经许可的人输入数据。为此,须在各层次采取保护措施,限制计算机终端用户,只有经过许可的人可以接近。可在系统软件中使用口令,口令只授予允许使用系统的人,软件检查用户的口令,确保没有合法口令的人不能进入系统,为一些特殊的系统或应用制定另外一组口令和安全限制。

存取控制的主要任务是进行系统授权,即确认哪些用户拥有存取数据的权利,并且明确规定用户存取数据的范围可以实施的操作,同时检测用户的操作行为,将用户的数据访问控制在规定范围内。

存取控制的主要手段是加密和防火墙。

①加密。保护信息系统的一个主要工具就是给系统加密,或是给数据编码(利用加密软件),公司可以对一些不能随便外泄的数据加密。这样,对于那些未经许可就查看数据的人来说,这些数据看起来让人莫名其妙。

②防火墙。当一个组织的信息系统与外部网,包括国际互联网建立连接后,就为员工寻找对组织竞争力极为重要的数据提供了便利,但它同时也必须允许合作伙伴和顾客与公司内部网建立联系,这种连接就增大了系统的风险。企业内部的信息系统将可能被侵入者访问,被病毒侵扰或遭到其他形式的损害。为了减少这种由外联带来的危害,许多公司采用了防火墙技术。

防火墙保护系统可以在某个站点监控所有的互联网和外部通信活动,关闭所有非授权用户的联机机会尝试。许多防火墙还提供活动日志,这些日志识别入侵者,还有些防火墙能够检查所有下载到公司网上的程序和文件,查询病毒并确认下载文件和程序的用户是否是经过授权的。

12.3.5 人员管理及培训

信息系统项目是智力密集、劳动密集型的项目,项目成员的结构、责任心、能力和稳定性对信息系统的成功和质量有决定性的影响。因此,如何进行人员的组织管理是必须解决的问题。

从事项目开发的人员具有这样的特点:高技术、高知识,具个人作用突出,多层次,知识更新快,流动性大。所以在管理中应做到以下几点。

①组织者不但要有较高的管理水平和经验,而且应具有相当高的专业技术水平。如果没有一定的技术水平和组织能力,对成本估算、人员安排、计划制定就会束手无策。

②合理配置各类人员。要完成一个大型的信息系统项目,各层次的人员要配置得当,力求各尽所能。经验表明,管理信息系统项目的人力分配要表现出前后用人少、中间用人多的不稳定人员需求情况,同时要考虑到人员的短缺情况,在制定人员计划时,要注意结构比例以及人员数量,确保使各阶段的人员稳定。

③组织培训、更新知识。对于每个开发人员而言,要努力学习新技术、新方法,不断更新知识,以便适应技术的需要。管理人员应从长远利益出发,鼓励开发人员奋发学习,并提供进修培训等学习机会,提高他们的业务素质。

12.4 系统的文档管理

12.4.1 文档与文档管理

1) 文档

文档是记录人们思维活动及其结果的书面形式的文字资料,物流管理信息系统的文档是描述系统从无到有整个发展与演变的过程及各个状态的文字资料,也就是从问题定义、需求说明、系统设计、实现到验证测试这样一系列与系统实现有关的文档。

管理信息系统实际上由系统实体及与此对应的文档两大部分组成,系统的开发要以文档的描述为依据,系统实体的运行与维护更需要文档来支持。系统文档是在系统开发、运行与维护中不断地按阶段依次推进编写、修改、完善与积累而形成的。如果没有系统或规范的文档,信息系统的开发、运行与维护会处于一种混沌状态,这将严重影响系统的质量,甚至导致系统开发或运行的失败。当系统开发人员发生变动时,问题尤为突出。有些专家认为,系统文档是信息系统的生命线,没有文档就没有信息系统。

2) 文档管理

文档的重要性决定了文档管理的重要性,文档管理是有序而规范地开发与运行信息系统所必须做好的重要工作。系统文档的管理工作主要如下。

①文档标准与规范的制定。

②文档编写的指导与督促。

③文档的收存、保管与使用手续的办理等。

文档的标准与规范要以国家规定并结合具体系统的特点在系统开发前或至少在所产生的阶段前制定。为保证文档的一致性与可追踪性,所有文档都要及时收齐,统一保管。为做好文档管理,可利用计算机实现对文档的自动化管理,将文档的存储、检索、一致性、可靠性等工作用计算机来协助完成,使对文档的管理成为一个人机结合系统。这时,不仅技术文档可存入计算机,而且程序员的临时工作文档、管理员的管理文档也可以存入计算机。如果整个开发活动是在多个工作站的联网系统中进行的话,配以一定的开发支持系统,整个开发活动将更加一体化、自动化。整个活动是高度联机、实时的,程序员之间、程序员与管理员之间密切联系,管理活动与技术活动交叉进行。这时,文档的生成、修改、更新、传递、删除、检索、维护等成为整个开发工作的一个有机组成部分,文档也必然形式化、规范化。

12.4.2 系统各类文档的内容

管理信息系统的开发过程中的主要文档有系统开发立项报告、可行性研究报告、系统开发计划书、系统分析说明书、系统设计说明书、程序设计报告、系统调试报告、系统使用及维护手册、系统评价报告、系统开发总结报告等。用户可根据实际情况确定文档种类和内容。文档要尽可能地简单明了，便于阅读，并且尽量使用图、表进行说明。

（1）系统开发立项报告

系统开发立项报告是在管理信息系统的正式开发前，由开发单位提出或向委托开发单位提出要开发的新系统的目标、功能、费用、时间、对组织机构的影响等。如果是本单位独立开发或联合开发，则称作立项报告，用于向领导申请经费及支持等。如果是委托开发，则以任务委托书或开发协议（合同）的方式进行说明。

（2）可行性研究报告

可行性研究报告要根据对现行系统的分析研究，提出若干个新系统开发的开发方案，供领导进行决策。

（3）系统分析说明书

当管理信息系统的开发采用委托方式进行开发时，用户需求报告是开发单位与用户间的交流的桥梁，同时也是系统设计的基础和依据。当采用独立开发或合作开发时，系统分析是系统开发中最重要的工作，其工作成果就是系统分析说明书。系统分析工作的好坏决定了新系统的成败。

（4）系统设计说明书

在系统分析的基础上，根据系统分析说明书进行新系统的物理设计，并完成系统设计说明书的撰写。

（5）程序设计报告

依据系统设计说明书，进行程序设计工作。程序设计经调试通过后，应完成程序设计报告，以便为系统调试和系统维护工作提供依据。有了程序设计报告，就可以避免因程序设计员的调动造成系统维护工作的困难。

（6）系统测试报告

系统测试是系统实施阶段的重要工作，系统测试报告主要是指计算机系统的调试工作的总结。

（7）系统使用与维护手册

系统使用与维护手册是为用户准备的文件。系统使用手册一般是面向业务人员的，他们是系统的最终使用者。系统维护手册是供具有一定信息技术专业知识的系统维护人员使用的，一般较小的系统可以将两者合在一起。

（8）系统评价报告

系统评价报告主要是根据系统可行性分析报告、系统分析说明书、系统设计说明书所确定的新系统的目标、功能、性能、计划执行情况、新系统实现后的经济效益和社会效益等给予评价。如果该管理信息系统的开发已作为立项的科研项目，那么，还要请专家进行鉴定。

(9) 系统开发总结报告

在整个物流信息系统开发完成并且正式运行一段时间后,开发人员应与项目实施计划对照,总结实际执行情况,从而对开发工作做出评价,总结经验教训,为今后的开发工作提供借鉴。

系统各类文档的具体内容如表 12-2 所示。

表 12-2 系统各类文档的内容

序号	文档名称	文档具体内容
(1)	系统开发立项报告	①概述。简述现行系统的组织结构、功能、业务流程以及存在的主要问题 ②新系统的目标。开发新系统的定义和新系统实现后的功能、技术指标、安全和保密性、新系统运行环境等 ③经费预算和经费来源 ④项目进度和完成期限 ⑤验收标准和方法 ⑥移交的文档资料 ⑦开始可行性研究的组织队伍、机构与预算 ⑧其他相关需要说明的问题
(2)	可行性研究报告	①概述 ②新系统的目标、要求和约束 ③可行性研究的基本准则 ④现行系统描述及现行系统存在的主要问题 ⑤新系统对现行系统的影响 ⑥投资和效益分析 ⑦其他可选方案及国内外同类方案的比较 ⑧开发计划。系统开发各工作阶段或子项目的任务、分工、负责人、计划时间(开始及结束时间)、人力与资金及设备消耗、实际执行情况等。可用工作进度表、甘特图、网络图及关键路径法等工具辅助管理 ⑨验收标准。每项工作完成后验收的标准(时间、资金、质量等) ⑩协调方法。信息系统开发中各个单位、阶段之间的衔接、协调方法,负责人,权限等
(3)	系统分析说明书	①概述 ②现行系统概况 ③系统需求说明 ④新系统的逻辑方案 ⑤系统开发的资源及时间进度计划

(续表 12-2)

序号	文档名称	文档具体内容
(4)	系统设计说明书	①概述 ②总体结构 ③计算机系统配置 ④代码设计 ⑤数据库设计 ⑥输入/输出设计 ⑦计算机处理过程设计 ⑧接口及通信环境设计 ⑨安全、保密设计
(5)	程序设计报告	①概述 ②程序结构图 ③程序控制图 ④算法 ⑤程序流程图 ⑥源程序 ⑦程序注释说明
(6)	系统测试报告	①概述。说明系统测试的目的 ②测试环境。有关软件、硬件、通信、数据库和人员等情况 ③测试内容。系统、子系统、模块的名称和性能技术指标等 ④测试方案。测试的方法、测试数据、测试步骤和测试中故障的解决方案等 ⑤测试结果。测试的实际情况和结果等 ⑥结论。系统功能评价、性能技术指标评价和结论
(7)	系统使用与维护手册	①概述。主要包括系统功能、系统运行环境(软、硬件)和系统安装等内容 ②使用说明。系统操作使用说明较为详细地说明了操作的目的、过程、方式和输入/输出的数据等。最好将系统操作的界面图放入说明书，便于使用者学习与操作 ③问题解释。解释系统使用中可能出现的问题及解决方法，如非常规操作命令、系统恢复过程

(续表 12-2)

序号	文档名称	文档具体内容
(8)	系统评价报告	①概述 ②系统构成 ③系统达到设计目标的情况 ④系统的可靠性、安全性、保密性、可维护性等状况 ⑤系统的经济效益与社会效益的评价 ⑥总结性评价
(9)	系统开发总结报告	①概述。包括物流信息系统的提出者、开发者、用户,系统开发的主要依据,系统开发的目的,系统开发可行性分析等 ②系统项目的完成情况。包括系统构成与主要功能,系统性能与技术指标,计划与实际进度对比,费用预算与实际费用的对比等 ③系统评价。包括系统的主要特点,采用的技术方法与评价,系统工作效率与质量,存在问题与原因,用户的评价与反馈意见 ④经验与教训。包括系统开发过程中的经验与教训,对今后工作的建议,写出对外发表的论文

12.5 物流信息系统的评价

物流信息系统投入运行后,如何分析其工作质量?如何对其带来的效益和所花成本的投入、产出进行分析?如何分析一个信息系统对信息资源的利用程度?如何分析一个信息系统对组织内各部分的影响?这是评价体系所要解决的问题。要在平时运行管理工作的基础上,定期地对其运行状况进行集中评价。进行这项工作的目的是通过对新系统运行过程和绩效的审查,检查新系统是否达到预期目的,指出系统改进和扩展的方向。

系统评价主要的依据是系统日常运行记录和现场实际监测数据。评价的结果可以作为系统改进的依据。通常,新系统的第一次评价与系统的验收同时进行,以后每隔半年或一年进行一次。参加首次评价工作的人员有系统研制人员、系统管理人员、用户、用户领导和系统外专家,以后各次的评价工作主要由系统管理人员和用户参加。

绩效评价能正确判断信息系统的实际运作水平,提高企业的经营能力与管理水平。第三方物流信息系统绩效评价是运用数量统计和运筹学的方法,采用特定的指标体系,对照统一的评价标准,按照一定的程序,通过定性、定量分析,对信息系统在一定时期内的运作情况和创造的业绩,做出客观、公平和准确的综合判断。

对物流信息系统进行评价是一项非常复杂而又重要的任务,不仅在选择具体实施方案之前要进行评价,而且还要对实施过程中的方案进行跟踪评价,对实施完成后的整个系统进行评价以及对已投入运行的系统进行运行现状评价。评价的目的是判断物流信息系统是否达到了预定的各项性能指标,能否实现信息系统预定的目标。

1) 物流绩效评价的原则

主要是系统性原则。物流企业的绩效受自身人、财、物、信息、服务水平等多种因数及其组合效果的影响,因此,对物流企业绩效的评价不能只考虑某一单项因素,必须采取系统设计、系统评价的原则。

2) 系统评价的主要指标

系统评价主要分为下列三类指标。

①经济指标。包括费用,系统收益,投资回收期和系统运行维护预算等。

②性能指标。包括系统的平均无故障时间,联机作业响应时间,作业处理速度,系统利用率,对输入数据的检查和纠错功能,输出信息的正确性和精确度,操作方便性,安全保密性,可靠性,可扩充性和可移植性等。

③应用指标。包括企业领导、管理人员、业务人员对系统的满意程度,管理业务受益面,对生产过程的管理深度,提高企业管理水平,对企业领导的决策参考等。

3) 评价方法

(1) 定性方法

①结果观察法。完全通过观察对系统的效果进行评价。

②模拟法。采用人工或计算机作定性的模拟计算,估计实际的效果。

③对比法。与基本相同的系统进行对比,得出大概的结果。

(2) 定量方法

主要有专家打分(德尔菲)和贝德尔(Bedell)方法等。

4) 系统评价报告

系统评价后,写出系统评价报告。详细的评价报告一般包括以下五个方面。

(1) 系统运行的一般情况

这是从系统目标及用户接口方面考察系统,包括以下几点。

①系统功能是否达到设计要求。

②用户付出的资源(人力、物力、时间)是否控制在预定界限内,资源利用率。

③用户对系统工作情况的满意程度、包括响应时间、操作方便性和灵活性等。

(2) 系统的使用效果

这是从系统提供的信息服务的有效性方面考察系统,包括以下几点。

①用户对所提供的信息的满意程度(哪些有用,哪些无用,利用率)。

②提供信息的及时性。

③提供信息的准确性和完整性。

(3) 系统的性能

系统的性能包括计算机资源的利用情况(主机运行时间的有效部分的比例);数据传输与处理速度的匹配;外存是否够用;各类外设的利用率、系统可靠性(平均无故障时间,抵御误操作的能力,故障恢复时间)和系统可扩充性。

(4) 系统的经济效益

①系统费用。包括系统的开发费用和各种运行维护费用。

②系统收益。包括有形收益和无形效益,如库存资金的减少、成本下降、生产率的提高、劳动费用的减少、管理费用的减少及对正确决策影响的估计等。

③投资效益分析

(5) 系统存在的问题及改进意见

复习思考题

1. 简述系统实施的含义及主要内容。
2. 简述结构化程序设计的原则及几种基本的逻辑结构。
3. 如何保持良好的程序设计习惯?
4. 软件质量对程序有哪些要求?
5. 系统测试的目的是什么?
6. 物流信息系统开发过程中的主要文档有哪些?
7. 如何进行物流信息系统评价?

13 物流管理及其信息技术

学习目标

➤ 了解 MRP/MRPⅡ/ERP 系统的基本原理和局限性
➤ 了解配送需求计划(DRP)的基本原理和功能结构
➤ 了解物流资源计划(LRP)的基本原理和功能结构
➤ 了解准时制生产计划(JIT)系统的基本原理和功能结构
➤ 了解物流管理各系统中信息技术的应用

本章主要介绍了企业物流信息系统的相关内容,同时结合本书的主题介绍了物流信息技术在这些系统中的应用。制造企业物流管理系统主要历经了物料需求计划(MRP)、制造资源计划(MRPⅡ)和企业资源计划(ERP)这三个主要的发展阶段,现今ERP已经发展成了一种高度集成的系统,除了物流以外,还囊括了财务、人力资源等管理项目。具体到物流上,这些信息管理的方式又有了更有针对性的应用,如:配送需求计划(DRP)、物流资源计划(LRP)和准时制生产计划(JIT)。在学习本章的时候,读者可以参考、回顾本书第4～8章的内容,从而获得更深入的理解。

13.1 生产物流管理(MRP/MRPⅡ/ERP)

13.1.1 物料需求计划(MRP)系统概述

物料需求计划(Material Requirement Planning,简称MRP)是生产企业进行生产管理的一种方法。由它可以制定出企业的物料投产计划和外购件的采购计划,可以保证不会造成库存积压也不会缺货。使得库存管理井井有条,节省仓储成本,并保障企业生产的正常有序进行。

MRP系统的发展经历了两个阶段,从最初基本的MRP系统逐渐发展成为较为完善的闭环 MRP 系统。

1) 基本的 MRP 系统

进行库存优化管理是企业降低产品生产成本的有效途径。在计算机出现之前,企业根据生产订单发出采购订单并进行催货,物料的真实需求依据缺料表(该表列有已经发生缺货的物料)来确定,并据此进行催货。订货点法就是在当时的条件下,为改变这种被动的状况而提出的一种按过去的经验预测未来物料需求的方法。这种方法存在多种形式,但都着眼于"库存补充"的原则,即保证在任何时候仓库里都有一定数量的存货,以便需要时随时取用。由于需求存在波动,不能确定近期内准确的必要库存储备数量和需求量,所以还要求保留一定的安全库存储备。订货点法的假设条件是:对各种物料的需求是相互独立的;物料需求是连续发生的;提前期是已知的和固定的;库存消耗之后,应被重新填满。由于这些假设条件在现实中很难成立,从而难以解决"何时订货"这一库存管理中的核心问题。

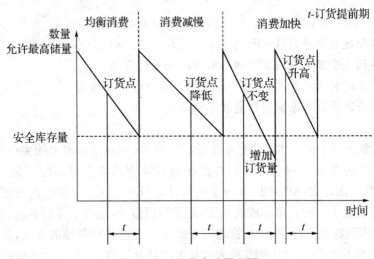

图 13-1 订货点法原理图

基本的 MRP 系统就是为解决订货点法存在的缺陷而提出的,它首先将物料需求区分为独立需求和非独立需求并分别加以处理,其次在库存状态数据中引入了时间分段的概念,所以又称为时段式 MRP 系统,其原理流程图见图 13-2。所谓时间分段,就是给库存状态数据加上时间坐标,即按具体的日期或计划时区记录和存储状态数据,从而解决了何时订货以及订货数量问题。

运行基本的 MRP 系统的前提条件是主生产计划和物料采购计划可以被顺利执行。然而基本的 MRP 系统并没有考虑生产能力和供货能力,既不确定是否有足够的生产设备和人力来保证生产计划的实现,又不确定是否有足够的货源和运能来保证物料采购计划按时、按量完成。因此,基本的 MRP 系统的输入信息和输出结果都可能会存在不合理之处。此外,基本的 MRP 系统也没有涉及车间作业计划及作业分配,不能充分有效地利用设备并以最佳顺序进行作业。早期弥补这些缺陷的工作往往需要由人工介入,耗费大量人力资源且效率、效果均会受到限制。

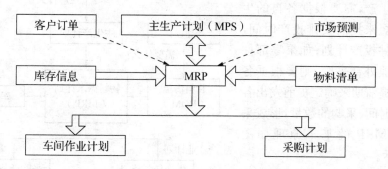

图 13-2 基本的 MRP 系统原理流程图

2) 闭环 MRP 系统

在早期基本的 MRP 系统基础上逐渐发展出闭环 MRP 系统,有效地弥补了基本的 MRP 系统的不足。闭环的 MRP 也可以说是从基本的 MRP 到 MRPⅡ的一个过渡。闭环 MRP 系统除物料需求计划外,还将生产能力需求计划、车间作业计划和采购作业计划也全部纳入 MRP,形成一个封闭的系统,图 13-3 为闭环 MRP 的流程图。其主要特点是对主生产计划和物料需求计划进行生产能力负荷分析,使其具有可行性;在计划执行过程中,依据来自车间、供应商和计划人员的反馈信息,进行计划的平衡调整,从而使生产计划方面的各个子系统得到协调统一。其工作过程是一个"计划—实施—评价—反馈—计划"的封闭循环过程。它能对生产中的人力、机器和材料各项资源进行计划与控制,大大超越了早期 MRP 系统的资源计划范围,使得生产管理对市场的应变能力明显增强。

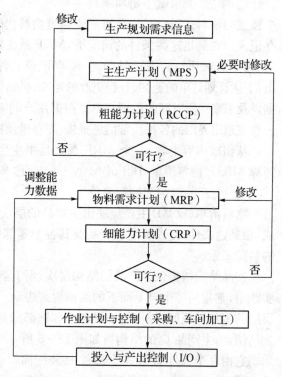

图 13-3 闭环 MRP 系统的原理流程图

3) MRP 系统的基本原理和功能结构

MRP 的基本原理是,由主生产计划和主产品的层次结构逐层逐个地求出主产品所需部件的出产时间、出产数量,并称之为物料需求计划。如果零部件靠企业内部生产,需要根据各自的生产时间长短来提前安排投产时间,形成零部件投产计划;如果零部件需要从企业外部采购,则要根据各自的订货提前期来确定提前发出各自订货的时间、采购的数量,形成采购计划。MRP 的基本原理如图 13-4 所示。

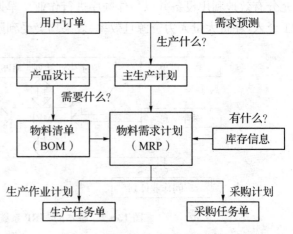

图 13-4 MRP 系统的基本原理

运行 MRP 系统也有若干的前提条件,包括:第一,要有一个主生产计划;第二:要求赋予每项物料一个独立的物料代码;第三,要有一个通过物料代码表示的物料清单;第四,要有完整的库存记录。在满足这些条件的情况下,MRP 系统输入:主生产计划、来自厂外的零部件订货、独立需求项目的需求量预测、库存记录文件和物料清单。经过系统加工处理后输出:下达计划订单的通知、日程更改的通知、撤销订单的通知、物料库存状态分析的备用数据以及未来一段时间的计划订单。根据用户的需求,MRP 系统还可以输出如下信息:不一致或超出界限的各种反常信息报告、库存量预报、采购任务单及作业完成情况等。

从组成内容上看,一个 MRP 系统是由主生产计划(Master Production Schedule,简称 MPS)、物料清单(Bill of Materials,简称 BOM)和库存文件三个基本部分形成的。

(1) 主产品结构和物料清单

物料清单(BOM)主要反映出主产品的层次结构、所有零部件的结构关系和数量组成,根据这文件,可以确定主产品及其各个零部件的需要数量、需要时间和它们相互间的装配关系。

产品结构树提供了产品的结构层次、所有各层零部件的品种数量和装配关系。在实践中,常常用一个自上而下的结构树来表示。每一层都对应一定的级别,下属层是上属层的零部件或原材料,每一层各个方框都标有三个参数。

例如,主产品 Q 的结构树如图 13-5 所示。它由两个部件 A 和一个部件 B 装配而成,而部件 A 又由一个外购件 C 和一个零件 D 装配而成。A、B、C、D 的提前期分别是1、2、3、1周,也就是说,装配一个 A 要 1 周时间(装配任务要提前 1 周下达),装配一个 B 要提前 2 周下达任务,以此类推。Q 产品结构分成 3 层,Q 为 0 层(n=0),A 和 B 为 1

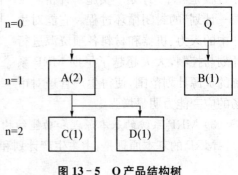

图 13-5 Q 产品结构树

层（n=1），C 和 D 为 2 层（n=2）。

(2) 主生产计划

主生产计划（MPS），是将生产规划需求的产品系列或大类转成特定的产品或特定部件的计划，据此可以制定物料需求计划、生产进度计划与能力需求计划。MPS 在计划中要明确两点：具体化后的"最终产品"；产品交货期与产出期。

主生产计划一般是主产品的一个产出时间进度表，主产品是指企业生产的用以满足市场需要的最终产品，一般是独立需求产品，靠市场的订货合同、订货单或市场预测来确定其未来一段时间（一般是一年）的总需求量，包括需求数量、需求时间等，如表 13-1。把这些资料再根据企业生产能力状况经过综合调配平衡，具体分配到各个时间单位中去，这就是主产品出产进度计划。它是 MRP 系统最主要的输入信息，也是系统运行的主要依据。

表 13-1 产品 Q 的出产进度

时间/周	1	2	3	4	5	…
产量/(件/周)	30	25	15		40	…

结合物料清单，MPS 可以全面描述主产品及由其结构文件 BOM 决定的零部件的出产进度，表现为各时间段内的生产量，有出产时间、出产数量或装配时间、装配数量等。

(3) 库存文件

库存文件是主要提供并记录 MRP 运行过程中实际库存量的动态变化过程。由于库存量的变化，是与系统的期初库存量、需求量、到货量、订货量等各种资料变化相联系的，所以库存文件实际上记录各种物料的所有参数随时间的变化而变化，这些参数主要有以下几项。

①总需要量。指主产品及其零部件在每一周的需要量。其中主产品的总需要量与主生产计划一致。

②计划到货量。指已经确定要在指定时间到达的货物数量，包括临时订货、计划外到货和物资调剂等得到的货物，但不包括根据这次 MRP 运行结果产生的生产任务单生产出来的产品或根据采购订货单采购回来的外购品。这些产品由"计划接受订货"来表示。

③库存量。指每周库存物资的数量。规定这里记录的库存量都是周末库存量。它在数值上等于：

库存量＝本周期初库存量＋本周到货量－本周需求量

＝上周周末库存量＋本周计划到货量－本周需求量

在开始运行 MRP 以前，仓库中可能还有库存量，称为期初库存量。MRP 运行是在期初库存量的基础上进行的，所以各个品种的期初库存量作为系统运行的重要参数必须作为系统的初始输入要输入到系统之中。

例如,Q产品的库存文件。根据主产品出产进度计划(表13-1)输入它在各周的总需要量,又输入它在各周的计划到货量(第1、3、5周分别计划到货15、30、20件),再输入Q产品在MRP运行前的期初库存量(20)。MRP输入完毕后,MRP系统会自动计算出本周的库存量、净需求量、计划接受订货量和计划发出订货量,形成结果,如表13-2所示。

表13-2 Q产品的库存文件

项目:Q 提前期:1		周次					
		1	2	3	4	5	…
总需要量		30	25	15		40	…
计划到货量		15		30		20	…
现有库存量	20	5	-20	-5	-5	-25	…
净需要量		0	20	0	0	5	…
计划接受订货			20	0		5	…
计划发出订货		20	0		5		…

一个典型MRP系统所具有的基本功能模块以及模块间的功能关系如图13-6所示。

4) MRP系统的局限性

MRP解决了物料的计划与控制问题,实现了物料信息的集成。但是它还没有说明计划执行结果带来的效益,是否符合企业的总体目标。同时MRP系统难以实时地接受反馈信息并进行处理,应变能力依然不够强。

13.1.2 制造资源计划(MRPⅡ)系统概述

1) MRPⅡ系统的特点

1977年,美国著名的生产管理专家Olive Wight提出的一个新概念——制造资源计划(Manufacturing Resource Planning,简称MRPⅡ)。它的理论思想是以MRP为核心,将MRP的信息共享程度扩大,使生产、销售、财务、采购、工程紧密结合在一起,共享有关数据,形成一个全面生产管理的集成优化模式。它是对一个企业所有资源编造计划并进行监控和管理的一种

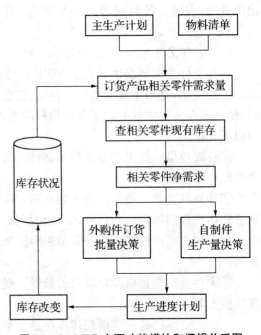

图13-6 MRP主要功能模块和逻辑关系图

科学方法。

这里的企业制造资源既包括企业生产系统的内部资源要素(如生产设备、人力资源、生产能源等),又包括生产系统的非结构化要素及相应的管理体制,还包括与生产系统发生联系的企业内部和外部资源(如产品销售和原料供应的市场资源、企业筹集资金的财政资源、企业产品开发能力和工艺加工水平的技术资源等)。

MRPⅡ涉及企业的主要业务有:市场、销售、计划、生产、物料、成本、财务和技术等。所以 MRPⅡ是以计划与控制为主线,实现企业整体效益的管理信息系统。其特点可以从以下方面来描述:

(1) 计划的一贯性和可行性。MRPⅡ是一种计划主导型管理模式,计划层次从宏观到微观,从战略到技术,由粗到细逐层优化,但始终保证与企业战略目标相一致。它把通常的三级计划管理统一了起来,可以大大提高计划的一贯性和可行性。

(2) 物流资金流的统一。MRPⅡ纳入了成本和财务系统,用资金来表达效益。包含成本会计和成本功能,可以由生产活动直接产生财务数据,把事物形态的物体流动直接转化成价值形态的资金流动,实现了物流和资金流的统一,有利于财务部门随时控制成本,分析企业的经济效益,进行下一步的决策。这也是 MRPⅡ区别于 MRP 的一个重要标志。

(3) 数据的共享性。MRPⅡ是一种企业管理信息系统,企业各部门都根据统一数据进行管理,任何一种数据变动都可以及时地反映给企业所有部门,做到了数据共享,改掉了过去那种数据不同、情况不明、决策盲目、自相矛盾的现象。

(4) 动态应变性。MRPⅡ是一个闭环系统,它要求跟踪、控制和反馈瞬息万变的实际情况,管理人员可随时根据企业内外环境条件的变化迅速做出响应,及时决策调整,保证生产正常进行。它可以及时掌握各种动态信息,保持较短的生产周期,因而有较强的应变能力。

(5) 模拟预见性。MRPⅡ具有模拟功能,可以解决"如果怎么样,将会怎么样"的问题,并可以预见在相当的计划期内可能发生的问题,事先采取措施,消除隐患。

2) MRPⅡ系统的基本原理和功能结构

MRPⅡ的结构原理图如图 13-7 所示,MRPⅡ由包括决策层、管理层以及执行层的有关计划组成,根据基础信息形成了包括应收款信息、应付款信息和总账的财务管理系统。产品的整个制造过程都伴随着资金流通的过程,因而得到更加可行、可靠的生产计划。

MRP 的对象是与主产品成相关需求的物件,产品要定期按量完成,必须明确每种相关零件的生产量、资源投入量、投入产出的日期等。MRP 计划中考虑到生产过程中的废品率的问题,一般按净需求量进行生产,所以会存在零件库存管理的问题。MRPⅡ在 MRP 的核心作用的基础上,纵向连接了经营计划、销售计划;横向连接了生产进度计划、能力需求计划、现场实施反馈信息处理、成本核算与控制,以及支持资金流动计划等,成为制造资源范畴的管理系统。一个典型的 MRPⅡ系统是由 IBM 公司开发的

COPICS 系统,其功能子系统联系结构如图 13-8 所示。

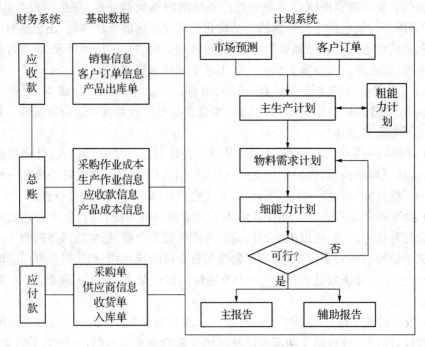

图 13-7 MRPⅡ结构原理图

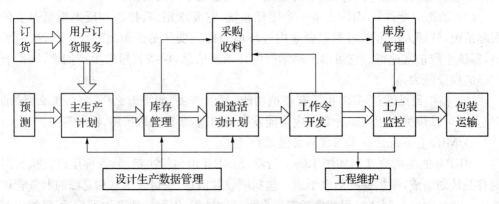

图 13-8 COPICS 的功能子系统联系图

一个典型的 MRPⅡ系统主要包括以下几个功能:

(1) 生产计划大纲

在 MRPⅡ的整个系统中,一般都要包括生产计划大纲(Production Planning),它是对企业在年度范围内所要生产的产品品种及数量作结构性的决策,以平衡企业总体的生产能力、资金需求、销售任务、生产技术准备、总体物资及配套供应等,起到了总体协调企业年度经营的作用。

(2) 主生产计划

根据主生产计划可以指定物料需求计划、生产进度计划和能力需求计划,其在 MRP Ⅱ 中起到交汇枢纽的作用。具体内容前面已做介绍,这里不做过多解释。

(3) 物料需求计划

物料需求计划,前面已做介绍,这里不再叙述。

(4) 生产进度计划

生产进度计划(Operation Schedule,简称 OS),是零件或部件一级的作业进度计划。就是按照交货期的规定,以倒排顺序的方式为每个零部件制定投入期、产出期,如图 13-9 所示。

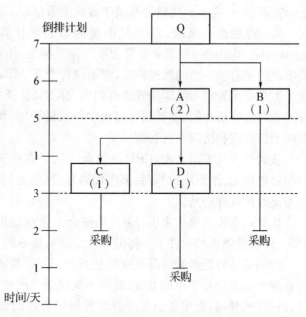

图 13-9 Q 产品及其各零部件的生产、采购计划

(5) 能力需求计划

能力需求计划(Capacity Requirement Planning,简称 CRP),是对计划的可行性进行验证并对生产所需能力进行合理配置。其核心是寻求企业生产能力与任务的平衡方案,进行必要的调整,使得生产进度计划得到优化。

3) MRP Ⅱ 系统的局限性

随着市场竞争日趋激烈、企业管理模式的不断创新和科学技术的不断进步,MRP Ⅱ 系统也逐渐表现出了一系列局限性。

(1) 企业竞争范围的扩大对企业提出了更高的要求。例如,要求企业在各方面都加强管理、企业更高层次的信息集成化、对企业的整体资源(并不仅仅是制造资源)进行集成管理等。这些是 MRP Ⅱ 所不能完成的。

(2) 企业规模不断扩大,要求各集团、各工厂需要协同作战、统一部署,超出了 MRP Ⅱ 的管理范围。

(3) 信息全球化趋势要求企业之间加强信息交流和信息共享。信息管理要求扩展到整个供应链管理,这也是 MRP Ⅱ 所做不到的。

13.1.3 企业资源计划(ERP)系统概述

1) ERP 系统的特点

由于 MRP Ⅱ 系统无法满足不断发展的管理需求,企业资源计划 ERP(Enterprise Resource Planning,简称 ERP)应运而生。ERP 是指建立在信息技术的基础上,以系统化的管理思想，为企业决策层及员工提供决策运行手段的管理平台。

从管理思想上来说，ERP 是由美国著名的计算机技术咨询和评估集团 Garter Group Inc. 提出的一整套企业管理系统体系标准，其实质是在 MRP Ⅱ 基础上进一步发展而成的面向供应链的管理思想，它不仅扩充了 MRP Ⅱ 的制造和财务功能，同时又增加了客户关系管理和供应链管理等内容，并支持流通领域的运输和仓储管理、售后服务管理和在线分析功能，支持制造过程中的质量管理、实验室管理和设备维护管理，支持多国工厂管理和跨国经营管理。

从软件产品方面来说，ERP 是综合应用了客户机/服务器体系、关系数据库结构、面向对象技术、图形用户界面、第四代语言、网络通信等信息产业成果，以 ERP 管理思想为灵魂的软件产品。

从管理系统的角度来说，ERP 是整合了企业管理理念、业务流程、基础数据、人力物力、计算机硬件和软件于一体的企业资源管理系统。

特别是随着近年来国际互联网的发展，ERP 系统又增加了对电子商务、电子数据交换与大规模信息通讯的处理，此外还支持企业的投资和资本运作的管理以及各种法规和标准的管理，近年来也在向着增加知识管理的方向发展。事实上，ERP 已经成为了整个企业的管理信息系统。

ERP 的管理思想的核心是实现对整个供应链和企业内部业务流程的有效管理，主要体现在以下三个方面：

(1) 体现在对整个供应链进行管理的思想

在知识经济全球化的时代，企业不能单独依靠自身的力量来参与市场的竞争，企业必须将制造厂商、供应商、分销商、客户等都纳入一个衔接紧密的供应链中，这样才能合理有效地安排企业的产销活动，才能满足企业利用全社会一切市场资源进行高效的生产经营的需求。ERP 实现了企业对整个供应链的管理，这正符合了企业竞争的要求。

(2) 体现事先计划和事中控制的思想

ERP 的计划体系主要包括：主生产计划、物料需求计划、能力计划、采购计划、销售执行计划、利润计划、财务预算和人力资源计划等，并且这些计划功能和价值控制功能已经完全集成到了整个供应链中。ERP 事先定义了事务处理的相关会计核算科目与核算方式，以便在事务处理发生的同时自动生成会计核算分录，从而保证了资金流与物流的同步记录和数据的一致性。此外，计划、事务处理、控制与决策功能，都要在整个供应链中实现。

(3) 体现精益生产、同步工程和敏捷制造的思想

ERP 支持混合型生产系统，其管理思想体现在两方面：一方面表现在"精益生产"，即企业按大批量生产方式组织生产时，纳入生产体系的客户、销售代理商、供应商以及协作单位与企业的关系已不是简单的业务往来，而是组成了企业的供应链；另一个方面，表现在"敏捷制造"，即企业面临特定的市场和产品需求，在原有的合作伙伴不一定能够满足新产品开发生产的情况下，企业通过组织一个由特定供应商和销售渠道组成

的短期或一次性的供应链,形成"虚拟工厂",把供应和协作单位看成企业组织的一部分,运用"同步工程"组织生产,用最短的时间将产品打入市场,同时保持产品的高质量、多样化和灵活性。

2) ERP系统的发展方向

随着信息技术、先进制造技术的不断发展,企业对于ERP的需求日益增加,进一步促进了ERP技术向新一代ERP或后ERP的发展。未来ERP技术的发展方向和趋势是:

(1) ERP与电子商务、供应链管理SCM(Supply Chain Manage)、协同商务、协同作业管理等的进一步整合。

ERP将面向协同商务,支持企业与贸易共同体的业务伙伴、客户之间的协作,支持数字化的业务交互过程;ERP供应链管理功能将进一步加强,并通过电子商务进行企业供需协作;ERP将支持企业面向全球化市场环境,建立供应商、制造商与分销商间基于价值链共享的新伙伴关系,并使企业在协同商务中做到过程优化、计划准确、管理协调。

(2) ERP与客户关系管理(Customer Relationship Management,简称CRM)的进一步整合。

ERP将更加面向市场和面向顾客,通过基于知识的市场预测、订单处理与生产调度、基于约束调度功能等进一步提高企业在全球化市场环境下更强的优化能力;并进一步与客户关系管理CRM结合,实现市场、销售、服务的一体化,使CRM的前台客户服务与ERP后台处理过程集成,提供客户个性化服务,使企业具有更好的顾客满意度。

(3) ERP与产品数据管理(Product Data Management,简称PDM)的整合。

近年来ERP软件商纷纷在ERP系统中纳入了产品数据管理PDM功能或实现与PDM系统的集成,增加了对设计数据、过程、文档的应用和管理,减少了ERP庞大的数据管理和数据准备工作量,进一步提高了企业的系统集成度和整体效率。

(4) ERP与制造执行系统(Manufacturing Executive System,简称MES)的整合。

为了加强ERP对于生产过程的控制能力,ERP将与制造执行系统、车间层操作控制系统更紧密地结合,形成实时化整合的系统。该趋势在流程工业企业的管控一体化系统中体现得最为明显。

(6) ERP与工作流管理系统的进一步整合。

ERP的工作流管理功能将进一步增强,通过工作流实现企业的人员、财务、制造与分销间的集成,并能支持企业经营过程的重组,也使ERP的功能可以扩展到办公自动化和业务流程控制方面。

(7) ERP软件系统实现技术和集成技术。

ERP将以客户/服务器、浏览器/服务器分布式结构、多数据库集成与数据仓库、扩展标签语言(Extension Markup Language,简称EML)、面向对象方法和Internet/

Extranet、软构件与中间件技术等为软件实现核心技术,并采用企业应用集成(Enterprise Application Integration,简称 EAI)服务器、XML 等作为 ERP 系统的集成平台与技术。

(8) ERP 系统动态可重构性。

为了适应企业的过程重组和业务变化,人们越来越多地强调 ERP 软件系统的动态可重构性。为此,ERP 系统动态建模工具、系统快速配置工具、系统界面封装技术、软构件技术等均被采用。ERP 系统也引入了新的模块化软件、业务应用程序接口、逐个更新模块增强系统等概念,ERP 的功能组件被分割成更细的组件以便进行系统动态重构。

3) ERP 系统的基本原理和功能结构

ERP 系统是在 MRPⅡ 的基础上扩展了管理范围,给出了新的结构。在 ERP 系统设计中考虑到仅靠自己企业的资源不可能有效地参与市场竞争,还必须把经营过程中的有关各方如供应商、制造工厂、分销网络、客户等纳入一个紧密的供应链中,才能有效地安排企业的产、供、销活动,满足企业利用全社会一切市场资源快速高效地进行生产经营的需求,以期进一步提高效率和在市场上获得竞争优势;同时也考虑了企业为了适应市场需求变化不仅组织"大批量生产",还要组织"多品种小批量生产"。在这两种情况并存时,需要用不同的方法来制订计划。

ERP 是将企业所有资源进行整合集成管理,简单地说是将企业的三大流:物流、资金流、信息流进行全面一体化管理的信息管理系统。它的功能模块是不同于 MRP 或 MRPⅡ 的模块,它不仅可用于生产企业的管理,其他类型的企业如一些非生产、公益事业的企业也可导入 ERP 系统进行资源计划和管理。由于针对不同企业所开发的 ERP 系统的风格与侧重点不尽相同,因而其产品的模块结构也相差较大。在这里将以制造企业为例子来介绍 ERP 的功能模块,从这个角度也能够对 ERP 系统所涉及的物流信息管理方面的功能进行较为明确的阐述。

在企业中,一般的管理主要包括三方面的内容:生产控制(计划、制造)、流通物流管理(分销、采购、库存管理)和财务管理(会计核算、财务管理)。这三大系统本身就是集成体,它们互相之间有相应的接口,能够很好地整合在一起来对企业进行管理。

(1) 生产控制管理模块

生产控制管理是一个以计划为导向的先进的生产、管理方法。首先,企业确定它的一个总生产计划,再经过系统层层细分后,下达到各部门去执行。它是 ERP 系统的核心所在。

① 主生产计划
② 物料需求计划
③ 能力需求计划
④ 制造标准

在编制计划中需要许多生产基本信息,这些基本信息就是制造标准,包括零件代码、物料清单、工序和工作中心。这些基本信息都用唯一的代码在计算机中识别。

⑤车间控制

这是随时间而变化的动态作业计划,是将作业分配到各个具体车间,再进行作业排序、作业管理和作业监控。

(2) 财务管理模块

ERP 中的财务模块与一般的财务软件不同,作为 ERP 系统中的一部分,它和系统的其他模块有相应的接口,能够相互集成,比如:它可将由生产活动、采购活动输入的信息自动计入财务模块生成总账、会计报表,取消了输入凭证繁琐的过程,几乎完全替代以往传统的手工操作。一般的 ERP 软件的财务部分分为会计核算与财务管理两大块。

①会计核算

会计核算主要是记录、核算、反映和分析资金在企业经济活动中的变动过程及其结果。它由总账、应收账、应付账、现金、固定资产、多币制、成本和工资等部分构成。

②财务管理

财务管理的功能主要是基于会计核算的数据,再加以分析,从而进行相应的预测、计划、管理和控制活动。

(3) 流通物流管理

ERP 系统的一个重要组成部分,主要是对货品从原材料采购、在库控制以及货品销售的整个渠道的相关信息进行控制和管理。

①分销管理

销售的管理是从产品的销售计划开始,对其销售产品、销售地区、销售客户等各种信息进行管理和统计,并可对销售数量、金额、利润成效、客户服务做出全面的分析,这样在分销管理模块中大致有三方面的功能。

Ⅰ. 对客户消息的管理和服务。它能建立一个客户信息档案,对其进行分类管理,进而对其进行针对性的客户服务,以达到最高效率地保留老客户、争取新客户。这里可以参考前面所述的 ERP 与 CRM 的整合。

Ⅱ. 对于销售订单的管理。销售订单是 ERP 的入口,所有的生产计划都是根据它下达并安排生产的。而销售订单的管理贯穿了产品生产的整个流程。它包括客户信用审核及查询(进行客户信用分级,以审核订单交易)、产品库存查询(决定是否要延期交货、分批发货或用代用品发货等)、产品报价(为客户作不同产品的报价)、订单输入—变更—跟踪(订单输入后,变更的修正,及订单的跟踪分析)和交货期的确认及交货处理(决定交货期和发货事物安排)。

Ⅲ. 对于销售的统计与分析。这时系统根据订单的完成情况,依据各种指标做出统计,比如客户分类统计,销售代理分类统计等等,再就这些统计结果来对企业实际销售效果进行评价,主要针对销售统计(根据销售形式、产品、代理商、地区、销售人员、金额、数量来分别进行统计)、销售分析(包括对比目标、同期比较和订货发货分析,从数量、金额、利润及绩效等方面作相应的分析)和客户服务(客户投诉纪录,原因分析)。

②库存控制

用来控制存储物料的数量,以保证稳定的物流支持正常的生产,但又最小限度的占用资本。它是一种相关的、动态的及真实的库存控制系统。它能够结合、满足相关部门的需求,随时间变化动态地调整库存,精确的反映库存现状。这一系统的功能包括:为所有的物料建立库存,决定何时订货采购,同时作为采购部门采购、生产部门作生产计划的依据;对生产的产品和收到的订购物料,经过质量检验入库;收发料的日常业务处理工作。

③采购管理

确定合理的订货量、优秀的供应商和保持最佳的安全储备。能够随时提供定购、验收的信息,跟踪和催促对外采购或委外加工的物料,保证货物及时到达。建立供应商的档案,用最新的成本信息来调整库存的成本。具体包括供应商信息查询、催货、采购与委外加工统计和价格分析。

(4) 人力资源管理模块

近年来,企业内部的人力资源开始越来越受到企业的关注,被视为企业的资源之本。在这种情况下,人力资源管理作为一个独立的模块,被加入到了 ERP 的系统中来,和 ERP 的财务、生产系统组成了一个高效的、具有高度集成性的企业资源系统,与传统方式下的人事管理有着根本的不同。它主要涉及人力资源规划辅助决策、招聘管理、工资核算、工时管理和差旅核算。

13.1.4　信息技术在 MRP、MRP Ⅱ 和 ERP 中的应用

回顾企业生产物流管理系统的发展历程,我们发现其始终是以管理的需求为导向,以物流信息技术为基础的。正是近几十年来物流信息技术的长足进步,为企业生产物流管理系统的发展提供了可能。例如,在早期没有计算机的情况下,只能依靠手工的订货点法进行管理,伴随着物流信息技术的更新换代,管理系统也从 MRP 升级至 MRP Ⅱ,再拓展成为 ERP 系统。先进的管理系统搭配了先进的物流信息技术,因此在这里将主要按照相对先进的 ERP 系统的模块结构展开,为读者展示物流信息技术在各个模块中的应用。

ERP 系统可以看作是以 ERP 管理思想为核心,综合应用了客户机/服务器体系、关系数据库结构、面向对象技术、图形用户界面、第四代语言、网络通信等信息产业成果的软件产品。因此,计算机与网络技术、信息储存与分析技术(数据库、数据仓库等)、信息传输技术(电子数据交换等)是建立 ERP 系统的基础,整个系统的方方面面都需要这些技术的支撑。

大范围地运用手机应用软件技术,开发 ERP 系统的 APP,可以进一步优化 ERP 系统。与企业相关的各类人员,均可以通过 APP 对系统中各个环节的各类数据进行实

时监控，必要时可以通过其施加人工干预。而且在当前的移动互联网时代，不论身处何地，只要能接入互联网，均可以利用 APP 对企业进行管理，大幅提升效率。

1）生产管理模块

在生产管理模块，主要可以运用到的是物联网技术，利用各类信息识别与采集技术（条形码技术、扫描技术、射频技术等）将产品、物料、设备等直接通过网络接入系统，使得系统可以对各个计划的执行进行实时监控，随时可以获取反馈信息，快速应变，使得每一个计划在执行时都形成闭环，增强系统的可靠性。

对系统而言，在根据主生产计划制定物料需求计划、能力需求计划时，物联网提供的各类反馈可以使其分析得出更加合理的结果。而在车间控制方面，系统通过物联网直接向车间中的设备下达指令，高效、精准地指导生产。

2）财务管理模块

在财务管理模块，主要运用到的是销售点系统技术（POS）和网络支付技术。通过这些支付手段，在支付完成的同时，交易信息即可反馈到系统中。在这些技术的支持下，资金的变动可以被及时、准确地记录，使得会计核算工作实现全面的自动化。特别是随着当前移动网络支付的普及，在各类销售终端，针对小额的零售交易，都可以方便地实现无现金交易，扫除了财务管理模块在运用 ERP 系统时面临的最后障碍。

3）流通物流管理模块

在流通物流管理模块，可以集中运用多种物流信息技术，在这里运用技术种类也是最丰富的。

（1）分销管理

分销管理主要涉及三个方面：客户消息管理服务、销售订单管理和销售统计分析。对客户信息档案建立数据库和数据仓库，利用客户关系管理软件（CRM），可以让企业能提供有针对性的客户服务。电子订货技术能使得销售订单的管理更加方便。而数据挖掘技术可以用于对销售的统计和分析。值得一提的是当前很热门的大数据技术，利用它来做统计、分析，可以获得很好的效果。针对销售端的产品运输，条形码及扫描技术与卫星定位系统相结合，可以实现对产品的跟踪，并将配送情况反馈给系统。

（2）库存控制

对于跨区域，甚至是跨国的大型企业，其仓储点分布于多个地点，地理信息系统很适合用于此种情况下的库存控制。同时，识别与采集技术可以及时反映库存的变动信息，还能协助入库时的质量检测监督。

（3）采购管理

采购管理在某些方面可以看做是逆向的分销管理，因此运用于分销管理的物流信息技术（数据储存与分析技术、电子订货技术、数据挖掘技术、条形码及扫描技术、卫星定位系统等）也都可以运用于采购管理。只是在这里针对的对象变成了供应商信息、催货过程、采购与委外加工统计和价格分析。

4) 人力资源管理模块

在人力资源管理模块,通过 ERP 系统,工资核算与财务管理模块对接,工时管理与能力需求计划对接。利用 APP 可以实现全体人员的互动,提升人力资源管理的效率;信息全面呈现,也有助于进行决策。结合信息识别与采集技术,信息保密、考勤等工作也可以由 ERP 系统完成,简化了流程。这些都促成了人力资源管理与整个系统的融合。

13.2 配送需求计划(DRP)

13.2.1 配送需求计划(DRP)系统概述

1) DRP 系统的基本概念

配送需求计划(Distribution Requirement Planning,简称 DRP)是一种既保证有效地满足市场需要,又使得物流资源配置费用最少的计划方法,是 MRP 原理与方法在物品配送中的运用。它是流通领域中的一种物流技术,是 MRP 在流通领域应用的直接结果。DRP 主要解决分销物资的供应计划和调度问题,达到保证有效地满足市场需要又使得配置费用最省的目的,DRP 实质上是在分配环境下使用 MRP。

DRP 系统是基于 IT 技术和预测技术对不确定的顾客需求进行预测分析以规划确定配送中心的存货、生产、派送等能力的计划系统。其利用互联网建立销售商与供应商之间的沟通渠道,为企业的销售以及与商业伙伴协作提供了新的形式。通过这个渠道,销售商与供应商的订单往来、供货及库存信息查看、市场信息的了解不再受时间、空间的局限,大大缩短了以往两者之间繁琐的供销链,实现了直接终端到终端的供求管理。这种新的管理形式利用互联网的优势,大大扩展了企业的各项商业活动,对其时间、空间、人力进行了重新整合,扩展了企业的销售范围,提高了工作效率。

当前,一些跨地区经营的公司大多实施了 DRP 系统,从而完成对跨地区的订单、库存、财务管理功能,实现了实时了解各级库存,对订单进行快速处理,对应收账款、信用额度进行管理。不但提高销售管理的效果,而且大大减少了传真、邮件等数目,降低了工作强度。

DRP 适用于复杂、多层次的库存分配,通过不断地检查全部存货点的需求和库存,计算各时间段的需求。然后提供货物来满足这些需求。其关键是除了最终需求外,将其他的全作为相关需求来考虑和计算,而不是通过集中存储点对库存需求的预测来决定。

2) DRP 系统的基本原理和功能结构

DRP 系统包括输入、输出与处理过程三个基本部分。

DRP 的输入包括基层网点订货计划、分销网络结构文件、库存文件三个部分:

(1) 基层网点订货计划是 DRP 的主要输入,它也是 DRP 系统运行的驱动力量。

订货计划建立在预测和订单的基础上,可以分为确定性计划(确定的客户订货)和非确定性计划(部分订货与部分预测)。经过需求预测并将实际需求与预测需求进行合理合并之后,就生成了基层网点订货计划。

(2) 分销网络结构文件(BOD)包括组成分销网络的所有层次,用来反映网络层次结构关系及其联系的相关信息,包括各网点订货实现的提前期约定等。它提供地点之间的物料流动方向关系的定义,可以定义简单的单层分布资源网络,也可以定义复杂的多层的分销资源网络。

(3) 库存文件包括各层次各网点的库存状态。库存文件提供在库存中每个项目的物料可用性数据(当前库存状态的数据)和计划数据(有关库存的永久性数据)。

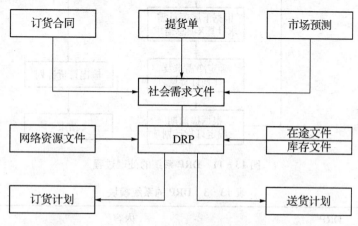

图 13-10 DRP 原理图

DRP 的输出主要包括各层次的需求计划,包括:

(1) 计划订单的下达包括转出网点、时间、品种、数量以及转入网点、时间、品种、数量等;

(2) 修改待下达订单的完成时间或删除待下达订单;

(3) 在未来一段时间计划下达的订单;

(4) 修改库存状态数据。

DRP 的基本处理过程如下图所示。其主要步骤是:决定总需求——决定净需求——对订单下达日期、订单数量等进行计划。DRP 处理的关键是找出上层项与下属项之间的联系,按下属项计划发出的订货量来计算上层项的总需要量并保持时间上的一致。

从系统模块来看,DRP 系统包括分销资源计划、销售和分销,配送管理、运输管理、仓储管理、成本控制以及系统设置和接口。通过 DRP 系统可以实现成本、库存、产能、作业等的良好控制,从而达到顾客完全满意的目的。

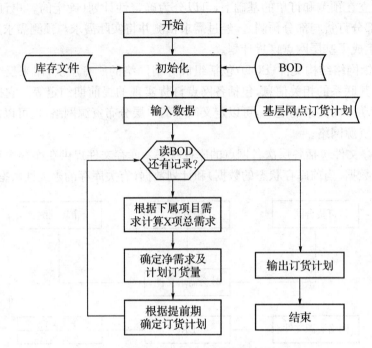

图 13-11 DRP 系统的处理过程

表 13-3 DRP 的系统模块

DRP 系统	内容
分销资源计划	分销链及终端设计与管理、分销资源计划管理
销售和分销	客户订单管理等商流管理
配送管理	配车、凑货
运输管理	货物跟踪,甩货控制,承运人、承运工具,运费结算
仓储管理	物料管理,提供实时仓位,自动安排进出仓货位
成本控制	成本预算、核算、分析、控制
系统设置和接口	系统基础和接口管理

13.2.2 信息技术在 DRP 中的应用

1) 数据库应用

以 DRP 分销软件系统为例。DRP 分销软件系统是一个基于 Web 的数据库应用程序,它是一个可以处理复杂商业逻辑的应用程序。它的应用程序基于 Web 的数据库,它包含大量的,不断增长的数据,拥有强而有力的管理和强大的数据分析、挖掘能力。基于 Web 应用的 DRP 数据库应用程序已经成熟,只需要简单的工具(对终端的要求很低),人们就可以随时随地得到数据,处理信息,从而控制事务。

2) DRP 系统目前的局限

目前,DRP 系统对市场预测的准确性要求比较高,需要每个配送中心精确的、经过协调的预测数,而在实际运用过程中,并不能够保证 DRP 系统内的所有配送中心预测数据的准确性,因而容易产生一定的偏差,存在局限性。

此外,DRP 系统的应用需要稳定的订货周期,由于生产故障或递送延迟,易受系统紧张的影响或频繁改动时间表的影响。

13.3 物流资源计划(LRP)

13.3.1 LRP 系统概述

1) LRP 系统的基本概念

物流资源计划(Logistics Resource Planning,简称 LRP)是一种以物流为基本手段,打破生产与流通界限,集成制造资源计划、能力资源计划、分销需求计划以及功能计划而形成的物资资源优化配置方法。它的基本思想是面向大市场,为企业生产和社会流通的物资需求进行经济有效的物资资源配置。它包含以下几个基本点:

(1) 站在市场的高度,从社会大市场和企业内部经济有效地组织资源;

(2) 打破生产和流通的界限以降低物资资源配置成本;

(3) 以物流为基本手段,跨越生产和流通来组织和配置物资资源;

(4) 打破地区、部门、所有制等多种多样的界限,灵活运用各种手段来组织企业经营活动。

LRP 系统最显著的特点是在计划时考虑了物流的因素,即它不但考虑了物资的搬运、进货、送货的数量和时间,还考虑了物流路线、运输方案的优化,使得物资运动不但能及时到位,而且总是费用最省。

LRP 系统的作业重点包括:①生成生产计划;②生产计划调整;③锁定生产计划;④发放 LRP 工单;⑤审核工单;⑥生成采购计划;⑦采购计划调整;⑧锁定采购计划;⑨发放 LRP 采购单;⑩单据、数据日常维护。

2) LRP 的基本原理和功能结构

LRP 实际上是把 MRP 和 DRP 结合起来应用,在生产厂内部实行 MRP,在生产厂外部实行 DRP,而将物流作为联系二者的纽带。

LRP 输入社会需求主文件、产品结构文件、生产能力文件、物流能力文件、生产成本文件和供货商货源文件等,形成产品生产计划、生产能力需求计划、送货计划和订货进货计划、运输计划、物流能力需求计划等,并进行成本核算。而社会需求主文件(即社会订货)总是先由 DRP 从库存中予以供应,与一般 MRP 不同之处在于,这里的 MRP 的输入是 DRP 生成的订货进货计划的一部分,即向生产部门的订货,其输出除了一般

MRP 生成的产品投产计划之外,还加上了向 DRP 输入的外购计划。MRP 根据 DRP 的生产订货进货计划进行 MRP 处理,制定生产任务单、产生加工任务单交生产部门加工,外购件又加入 DRP 系统的需求文件,进入 DRP 处理。DRP 仍然先从仓库供应,仓库不够的由订货进货计划到资源市场去采购进货。仓库中不够的再向 MRP 订货进货。

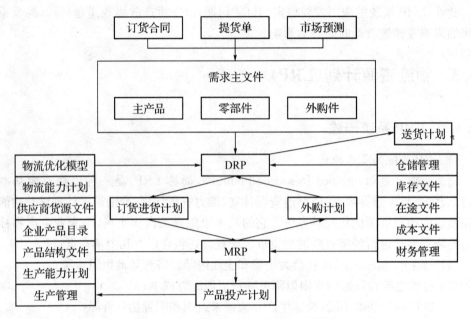

图 13-12 企业物流资源计划一般结构

表 13-4 LRP 系统功能

LRP 系统的功能	包含环节
运输管理功能	优化调度及运输管理
仓储管理功能	物资进出库调拨及各项仓储库存管理
物流配送管理功能	高效低成本的多方实时物流配送
货代及报关管理功能	标准化服务的货代及报关
数据交换管理功能	提供 WEB 形式的数据交换
客户管理功能	收集存储分析各种客户资源信息
合同管理功能	客户合同的分析、转换、跟踪
预算管理功能	对各产品及服务进行预算报价
办公管理功能	低成本前提下提高办公效率
结算管理功能	对企业的各类款项进行核算分析及结算

13.3.2 信息技术在 LRP 中的应用

1) 实时信息传递

在 LRP 系统运转过程中,实时化的要求很强烈。在以往现代化的信息系统还没有引入物流配送业务的时候,很多情况下客户与配送商之间就是通过传统的信息交流方式来解决,经常会造成信息面狭窄、信息不通畅以及信息差失等问题。由于 LRP 系统所面对的客户群庞大,因而对配送环节的反应速度要求越来越高。利用 EDI 技术可以为客户和联盟伙伴提供便利的数据交换,能减少数据处理过程中的延误。引入实时信息传递系统可以提供对客户订单的实时响应,实现高效率低成本的多方实时物流配送。

2) 信息的保存与处理

LRP 系统引入数据库系统,可以将系统处理过程中的信息放入信息系统的数据库,自动生成业务数据,有利于方便快捷地查找和分析数据,并且可以解决信息差失的问题。

3) 仓库管理

通过条形码技术,LRP 系统可以实现对货物进、出库,调拨进行详尽管理(可按先进先出的方式),随时按货位、按批次显示货物的库存情况。通过条码管理来对货位的仓储情况进行图形化的直观管理。

4) LRP 系统目前的局限

LRP 系统目前的局限性主要来源于两个方面。

从企业内部看,由于 LRP 系统由 DRP 与 MRP 系统组成,而 DRP 和 MRP 分别由生产厂和流通中心从资源市场、需求市场获取数据,分别处理。两个市场的产品类别不同,所对应的企业类别也有较大差别,所以用同一个数据服务器处理两个不同系统的数据,就存在一定的困难。

从生产企业所处的供应链角度看,LRP 系统也存在一些局限性。为更好的发展和生存,供应链上下游企业通常会建立起同盟关系,这时各自的信息数据就可能需要采用某种模式进行共享。按照目前的情况来看,企业间一般利用 EDI 进行数据交换,但采用 EDI 标准通过 VAN 网络进行数据交换,带来的就是网络联结维护费用以及 EDI 标准不统一的障碍,使得供应链中的中小企业难以加入。另外,不同企业、不同产品、不同用途的物流数据也使得 EDI 数据翻译器的设计面临巨大考验。

13.4 准时制生产方式(JIT)

13.4.1 JIT 系统概述

1) JIT 的基本概念

准时制生产方式(Just In Time,简称 JIT)又称作无库存生产方式(Stockless Production),是日本的丰田公司为了满足顾客个性化需求,在生产中不断追求多品种、少批量的柔性制造模式,并最大限度地减少现场的各种浪费而发明的一种先进生产方式。

JIT 的基本思想是:只在需要的时候,按需要的量生产所需的产品。JIT 方式主张从反方向来看物流,即从装配到组装再到零件;当后一道工序需要运行时,才到前一道工序去拿正好所需的那些坯件或零部件,同时下达下一段时间的需求量。企业将生产计划下达到最后一道工序,从后道工序向前道工序发出生产指令,通过信息的传递实现"拉动式"的适时适量生产。

2) JIT 系统的基本原理和功能结构

• "准时化"是 JIT 系统的核心,它包括四方面的含义:在所需要的时刻,向所需要的地点,生产或运输所需要品种,和所需要数量的产品。体现在系统功能上,就是从经济性和适应性两个方面为企业提供竞争力支持,从而有足够柔性去满足和适应多变的市场需求,同时降低成本实现利润的增加。

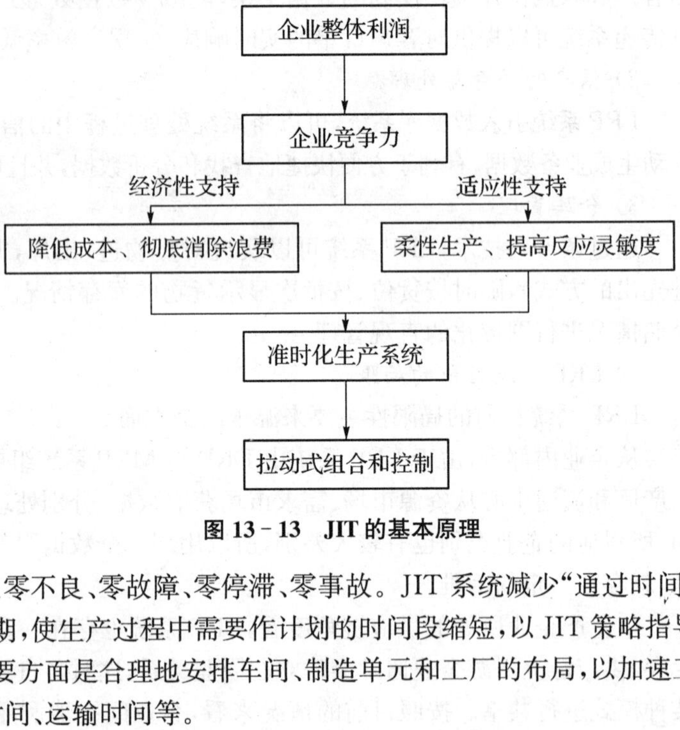

图 13-13 JIT 的基本原理

JIT 追求的目标是零切换浪费、零库存、零浪费、零不良、零故障、零停滞、零事故。JIT 系统减少"通过时间"相应缩短了产品的生命周期,使生产过程中需要作计划的时间段缩短,以 JIT 策略指导制造业规划设计的另一重要方面是合理地安排车间、制造单元和工厂的布局,以加速工件的流动,减少排队等待时间、运输时间等。

下图反映了 JIT 系统在生产中的一般流程。JIT 编制计划的思想上,采用看板管理方式,逐道工序地倒序传递生产中的取货指令和生产指令,各级生产单元依据上级所需再组织生产、进行物料补充。

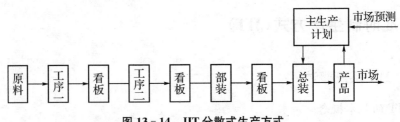

图 13-14 JIT 分散式生产方式

其中,流程图中的看板指的是用来控制生产现场的生产排程工具。具体而言,看板是一张卡片,卡片的形式随不同的企业而有所差别。看板上的信息通常包括:零件号码、产品名称、制造编号、容器形式、容器容量、看板编号、移动地点和零件外观等。

JIT 的拉式生产保证了较低的在制品和需求满足:①各工序只生产后工序所需的物料,避免了不必要的生产;②由于只在需要的时候生产,避免和减少了非急需库存;③不同于 MRP Ⅱ 每道工序都排计划,JIT 从某一点倒排,且各工序之间密切相关,保证了在制品库存水平低、需求与生产一致,使工序间问题反应敏感,利于现场的改善。

13.4.2　信息技术在 JIT 中的应用

1) 实时监测信息系统的建立

在 JIT 生产系统中,需要建立实时监测的信息系统对整个车间生产线的生产情况进行显示和反馈,以便物料供料员确认准确的供料时间。随着条形码技术的发展,条形码已经成为迅速、准确地识别物料的主要手段,也是 JIT 系统中的主要数据采集手段。JIT 主动配送方法实现的基本原理是在生产线的上线点、关键工序和下线点设置条码扫描系统,实时将生产线上的各种信息反馈到系统,系统根据采集到的数据分析在产品、工位库存和生产节拍等信息,用来指导实际的生产节拍和物料配送。

2) 电子订货系统的应用

在 JIT 生产系统中,电子订货技术(EOS)的应用使得供应商可以及时、准确地获得订单的相关信息,并根据订单内容以及供货商系统提供的相关信息,及时安排生产工序,以此指导实际的生产过程。

3) JIT 系统目前的局限

从理论上来说,JIT 系统的整个过程受需求变化影响很大,是一种比较灵活的生产方式,但其仍旧存在一定滞后。后道工序直接受到前道工序的影响,生产的开始阶段处于等待状态。当产品需求动态变化非常快的时候,由于库存的量很少,会导致无法正常交货。因此,准时制生产的滞后问题与其最终实现零库存的目标是有一定矛盾的。

JIT 生产流程复杂,线路差别大,调度困难及瓶颈众多的工厂,难于采取 JIT 生产模式。这是由于生产的过程过于复杂,要求各类物料库存准备充足,由于某些工序的重叠,使得生产调度变得十分困难,众多的生产环节同时使得拉动生产变得吃力,要求提前生产期必须拉长才能保证正常满足产品需求。

复习思考题

1. 简述 MRP 和 MRP Ⅱ 之间的区别和联系。
2. ERP 系统相对于 MRP Ⅱ 系统有哪些改变?
3. 简述 LRP 与 MRP 和 DRP 间的关系。
4. 简述 JIT 的基本思想和追求的目标。
5. 简述信息技术在物流管理系统中的应用有哪些。

14 物流信息系统模式

学习目标

➤ 了解公共物流信息平台的建设现状
➤ 掌握公共物流信息平台的功能需求、体系架构和建设运营模式
➤ 了解电商企业物流信息系统的要求
➤ 掌握第三方物流企业信息系统设计的目标和系统分类
➤ 了解第四方物流企业物流信息系统的功能模块

14.1 物流信息系统模式——公共物流信息平台

14.1.1 公共物流信息平台概述

1) 公共物流信息平台的概念及内涵

公共物流信息平台的定义:公共物流信息平台是为了支持物流服务价值链中各组织间的协调和协作的公共需求,而建立的从 IT 基础结构到通用的 IT 应用服务的一系列硬件、软件、网络、数据和应用的集合。

这个定义包括以下几层涵义:

(1) 公共物流信息平台必须面向供应链物流过程,物流是供应链流程的一部分。公共物流信息平台是供应链成员共同使用的公共品,只有真正融入它们的管理和协调体系中,才能发挥价值。类似的应用环境有虚拟物流中心/虚拟配送中心等。

(2) 公共物流信息平台是一种基于 IT 的协调架构。物流服务价值链是基于供应链的基本原理而构建的。公共物流信息平台的"协调"作用是平台建立的首要目的,供应链上下游成员通过"平台"实现信息共享和紧密集成,共同为顾客传递价值。公共物流信息平台是一种面向客户的多层次电子化协调架构,所谓电子化协调是指通过信息技术和信息系统,实现物流服务的交易协调、政府管理活动的协调以及物流服务价值链

的内部协调。

(3) 公共物流信息平台以提供服务为生存条件。公共物流信息平台作为一种公共的、开放性的、新型的信息技术应用形态,公共物流信息平台的价值取决于为用户创造价值的模式和平台所拥有的用户数量。公共物流信息平台的服务模型,即它的用户价值创造模式,直接影响到用户加入平台所能获得的收益,提供有特色的、优质的、多样的服务是公共物流信息平台生存的必要条件。

(4) 公共物流信息平台以物流信息系统的广泛应用为基础。物流信息系统(LIS)是人、设备和过程的交互结构,为物流经理提供用于计划、实施和控制的相关信息,它的应用反映了组织面向物流管理和操作效率的信息价值观。而在商业环境充斥着越来越多不确定性的今天,面向柔性的信息技术应用和跨组织间集成变为组织的信息价值观的重要内容。公共物流信息平台是物流服务价值链中各组织间的信息交换和集成媒介,通过跨组织的信息系统(Inter-Organizational information Systems,IOS)连接供应链上的企业物流信息系统,使它们紧密集成和协同运行。

(5) 公共物流信息平台是一系列硬件、软件、网络、数据和应用的集合。公共物流信息平台构建在国家信息基础结构(NII)之上,因而相对于 NII 而言,公共物流信息平台解决的是不同组织间物流业务逻辑互连的问题。其逻辑形态表现为一系列物流标准和信息技术标准,是标准化的物流过程及接口和标准化的物流信息视图的集合。物理形态上则表现为一系列硬件、软件、网络、数据和应用的集合,其中数据和应用是其核心内容。

(6) 公共物流信息平台具有开放性和中立性。公共物流信息平台连接了行业物流服务价值链的各种角色,组织间关系是集聚依赖性、顺序依赖性和交互依赖性的集合,从而呈现出共生网络形态。

2) 公共物流信息平台的形态和类型

(1) 公共物流信息平台的形态

公共物流信息平台的主要形态有两种:一是封闭式的平台系统,二是公共物流信息门户。由于两种形态之间并不冲突,因此大多企业用户可以同时使用两种形态提供的服务。

封闭式平台依附于线下实体,为组织内或组织间提供封闭式的信息服务。此种模式的主要代表如:电子口岸系统、物流监管系统、贸易集散地的交易系统。封闭式平台系统拥有特定的公共用户群体,拥有稳定的收入来源,不同的平台系统之间不存在市场竞争的情况。

公共物流信息门户以平台模式出现,属于门户类的物流信息平台,具有较高的开放性,同时,在服务范围上更趋向多样化。此种模式的代表有锦程物流王、福州港口物流信息平台和南昌物流信息平台等。公共物流信息门户有两种不同的价值趋向:一种是政府主导投资的公益性信息门户,不以盈利为目标;另一种是企业主导投资的盈利性信息门户,存在明显的市场化竞争。其商业模式将持续变化,并向多样化方向发展。

(2) 公共物流信息平台的类型

公共信息平台是向各类用户提供信息交换与共享服务的开放式的网络信息系统。根据不同指标，公共物流信息平台包含了不同的类型。

①按公共物流信息平台覆盖区域划分

a. 国家级公共物流信息平台

国家级公共物流信息平台是从国家层面针对各省服务以及国家与国家之间的信息平台，是联系海内外物流服务及事件交涉沟通的平台。

b. 省级公共物流信息平台

以省级行政区划分下的由省级运管部门或省级商务部门主导下的服务于省内物流活动的信息平台，同时承担省与省间物流活动的沟通及交流。

c. 区域级公共物流信息平台

区域级公共物流信息平台通常是为进一步发挥区域物流集聚效应，促进区域特色产业及货运业发达区域而设立的。往往区域级的公共物流信息平台具备完善的企业服务体系，能够更快更直接地创造出经济效益。

②按物流平台的功能划分

a. 用于政府对物流监管的"物流电子政务平台"

b. 用于各类网上物流商务活动的"物流电子商务平台"

c. 用于对特定货物的运输流转过程进行实时跟踪监控的"物流电子监控平台"

③按物流平台的运作模式划分

a. 政府监管型公共物流信息平台

物流信息平台的构建不仅服务于企业物流信息的获取，而且便于主管部门对物流行业动态的监控。政府监管型的公共物流信息平台便于政府获取市场信息及时调整政策措施，促进物流行业的发展。在物流业发展的初期，这种模式的信息平台应普遍采用。

b. 物流行业公共物流信息平台

物流行业公共物流信息平台是指由行业协会等组织创立的信息平台。根据物流协会拥有物流专业背景的条件下，建立高效、结构合理、富有远见的物流信息平台，能够推动物流业向正确的方法发展。

c. 贸易服务型物流信息平台

由企业、物流公司的实际需求建立生产商、贸易商、服务商之间信息的连接渠道，搭建基于电子商务型的公共物流信息平台，往往便于直接创造经济效益，不需要政府投入巨资构建。

3) 公共物流信息平台的建设意义

信息化是现代物流的核心，而物流信息化发展的载体是公共物流信息平台。公共物流信息平台作为国务院《物流业调整和振兴规划》中提出的九大重点工程之一，是有效解决我国信息化程度偏低、供应链上下游企业之间沟通不畅等问题的重要手段，是现

代物流良性运转的基础条件,决定了物流行业的整体水平。其意义是:

（1）有助于推动政府功能的转型。由管理向服务与管理并存的方向转型,政府能够为企业的经济活动和社会公众提供更多更有价值的服务;

（2）有助于交通管理的业务升级换代。从单纯的运输管理向集约化的物流管理方向转型,以交通运输管理为核心,为社会提供集金融服务、保险服务、仓储管理、采购为一体的集约化物流服务;

（3）有助于推动区域成为经济与物流中心。高水平、集约化的物流系统对于推动出口、引进外资和企业的国际化具有十分重要的意义。

14.1.2 国内外公共物流信息平台建设现状

1) 国外公共物流信息平台建设现状

（1）总体情况

国外物流发达国家公共物流信息平台的建设正处于逐步完善阶段,其商业模式也还在探索之中。各个平台商业模式不尽相同,完全商业运营而成功的例子不多,其中较为成功的公共物流信息平台大都与贸易、流通领域相关,涉及政府推动和企业参与双方面因素。比如采取政府主导模式的荷兰@WAVE系统和美国FIRST系统,由政府全资拥有或部分持股。它们的运营管理经验有不少值得借鉴,下面从资金来源、所有权、运作和运营模式几个方面对其进行介绍和比较:

表14-1 各国公共物流信息平台建设比较

建设要素分类		公共物流信息平台特征					
		美国 FIRST 系统	新加坡 PORTNET 系统	荷兰 @WAVE 系统	英国 FCPS 系统	德国 Dakosy 系统	澳大利亚 Trade-gate 系统
资金来源	初期政府支付	✓	✓	✓			✓
	初期商业机构和用户组织支付				✓	✓	✓
所有权	政府部分拥有			✓			
	政府全部拥有	✓	✓				
	商营机构或用户组织全部拥有				✓	✓	✓
运作方式	政府运作	✓					
	商营机构或用户组织运作		✓	✓	✓	✓	✓

(续表 14-1)

建设要素分类		公共物流信息平台特征					
		美国 FIRST 系统	新加坡 PORTNET 系统	荷兰 @WAVE 系统	英国 FCPS 系统	德国 Dakosy 系统	澳大利亚 Trade-gate 系统
运营模式	盈利		√		√	√	
	非盈利	√		√			√

(2) 典型公共物流信息平台介绍

目前,美国、欧洲和日本在公共物流信息平台领域做得较好。

①美国 FIRST 物流配送服务平台

美国交通货运信息实时系统 FIRST 可以整合火车、轮船等交通工具的实时到达信息,图 14-1 是 FIRST 的系统结构。

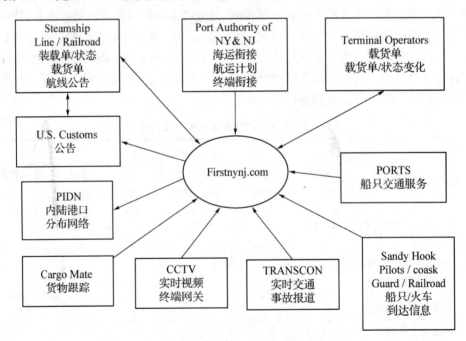

图 14-1 FIRST 的系统概览

②欧洲 INTRARTIP 平台

欧洲多式联运实时信息平台 INTRARTIP 可以为运输与物流用户提供物流市场信息,包括运输条件、基础设施能力、运输路线、运输设施、时间表、价格等,并根据客户需求实时优化物流链及货物配送。

③日本港湾物流信息平台

日本重点发展物流园区信息平台的建设。日本的港湾物流信息平台的核心是被称为"One Stop"的管理行动目标,即任何货物流通过程中涉及政府管理的环节只有一次申请与审批。围绕这一目标,日本政府主要是从进出口角度着手,大力发展一站式电子通关系统(naccs),即以"进出口通关"这一业务为基点,整合海关、税务、交通等政府管理部门"查验手续",整合进出口商、承运商、国内销售商货物及各种数据信息,建立统一的"港湾物流信息平台"。

2) 我国公共物流信息平台现状

(1) 成就与进步

近年来,我国各地区开展的物流相关工作无一例外地包含了公共物流信息平台的内容,各级政府以及物流行业对公共物流信息平台的重要作用都有了充分认识,新的公共物流信息平台不断出现。比如物流全搜索、中国智慧物流公共信息平台及其分站南方智能货运公共信息平台、北京明伦高科科技发展有限公司研发的以长江物流网、三江物流网为代表的区域物流公共信息平台等,这些物流信息平台有一些已经实现货物的中途装卸,以及在平台上实现全程在线交易。

(2) 主要问题

尽管我国公共物流信息平台的建设取得了较大进展,各个地区和各级政府也投入了大量人力物力,但是全国性的和区域性的物流信息平台仍然较为缺乏,同时存在着许多值得注意的问题,比如信息技术较落后、规模小、效率低等,总体水平仍有待提高。目前急需解决的是物流平台的运营机制和系统功能的完善问题。

多数企业建立的物流信息平台基本都是从各自的投资理念和管理体制出发,只有少数取得成功,大部分还未达到预期效果。究其原因,大多是受大包大揽的思想观念影响,未考虑到实际需求,无法保证信息数据的权威性、完整性与真实性,最终导致信息平台的实际运用与物流业务以及管理体制脱节。

很多地方性物流信息平台建设还没有形成全面的信息共享与业务协同机制,导致物流资源无法合理分配,这不但会影响到企业与客户间的信息沟通和各企业、各行业之间的业务协同,而且公路、铁路、港口、机场等物流枢纽与企业之间的业务数据交换常会出现障碍,降低物流系统的效率。

14.1.3 公共物流信息平台设计

1) 公共物流信息平台功能需求

公共物流信息平台要满足物流过程中各个环节的功能需求和信息需求。首先应在技术上满足相关信息的采集、传输和共享问题;其次要满足货主、物流企业对物流过程的信息查询、线路规划、过程监控等功能需要,还要满足工商、税务等政府职能部门的相关信息需求;从而为政府的宏观调控与决策提供信息支持。

一个有效集成的公共物流信息平台,应该能够为物流服务提供商、货主/制造商、交通、银行及海关、税务等政府相关部门提供一个统一高效的沟通界面,为客户提供完整、综合的供应链解决方案。因此,公共物流信息平台应该具有综合信息服务、异构数据交换、物流业务交易支持、货物跟踪、行业应用托管服务等相关功能(如图14-2所示)。

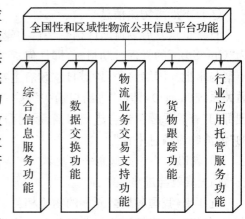

图 14-2 公共物流信息平台功能

2) 公共物流信息平台体系架构

公共物流信息平台的体系架构如图14-3所示。

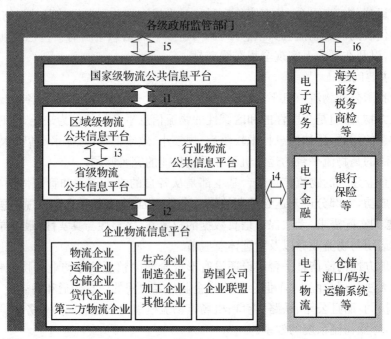

图 14-3 公共物流信息平台架构图

这是一个由政府监管,以税务、交通、银行、海关等为支撑的三层二级体系架构。公共信息平台整体上相对独立,各层相互提供信息和数据交换服务。在此平台架构中,各方的职能如下:

(1) 各级政府监管部门

制定物流产业发展相关政策和规划,协调地区、口岸间的物流发展方向,对公共物流信息平台的运行进行监管;组织物流相关标准研制工作;为物流企业信息化建设提供指导和支持。

(2) 国家级公共物流信息平台

收集和发布中央级政府监管的信息，汇集国际物流信息，合理调配国际物流资源；为国家相关政策提供信息支持。

(3) 区域级、省级公共物流信息平台

收集和发布辖区内各级政府的监管信息，收集和协调辖区内物流平台的物流资源和信息，为区域内各级政府相关政策提供信息支持，提供相应的有偿、增值服务。

(4) 行业公共物流信息平台

行业公共物流信息平台的功能基本上与区域和省级公共物流信息平台类似，主要负责提供具有行业特点的物流监管、供求信息以及相关的商业化开发和增值服务。

(5) 企业级和园区公共物流信息平台

企业级公共物流信息平台以企业现有信息平台为主，主要收集和提供与企业相关的物流信息；物流园区公共物流信息平台汇集园区内企业的物流信息，同省级物流信息公共平台相连，交换信息。

(6) 税务、交通、银行、海关等

税务、银行、海关、公路部门、水路部门、航空部门等各相关企事业单位在政府的监管下为物流信息平台提供电子政务和电子商务所涉及的信息和服务接口，以统一的服务规范来服务统一的物流平台，提高物流平台的整体运行效率。

3) 公共物流信息平台建设运营

(1) 运营模式

从业务模式上分，各级公共物流信息平台的运营方式基本上可以分成两种模式。一种是以政府为主的业务模式。在这种业务模式下，公共物流信息平台的规划、建设和运营维护都由国家直接负责，政府主导的力量很强，但也存在很多弊端，如容易造成与市场结合的紧密度不够、需要国家长期投入等。第二种是以企业为主的业务模式。在这种模式下，运营完全由企业自己负责。在这种模式下，企业可以自主经营，不会给国家带来太大压力，而且企业由于赢利压力的原因，也会积极探索平台营销的方案，与市场需求的结合度也会比较好，企业也会对平台的具体功能和服务质量持续改进。但企业行为有一定的局限性，整体规划性不强，投资压力大。

对比两种运营模式，结合政府要"站高一点，看远一点，想深一点"的思路，可以考虑采用企业为主的业务模式。但是由于企业资金压力大，投资回收缓慢，因此需要政府投入部分初始启动资金并加以引导，并在政策和技术标准等方面予以支持，对取得明显社会效益和经济效益的还可以有适当奖励。

在实际运营中，公共物流信息平台应面向企业，通过政府相关政策和行业协会制度的制约，引入行业准入机制和会员制管理方式。对于加入平台的企业会员，平台可通过收取会费、用户服务费、租赁费、广告费等方式进行市场运作的自主经营，提供有偿服务。政府主要行使宏观调控职能，负责指导公共物流信息平台共享信息服务价格的制定和市场引导政策的出台等。

(2) 建设实施模式

①政府主导项目推动

物流公共信息平台是一个横跨多部门、多行业的综合性平台项目。目前国内没有哪一家企业有建设这样大型信息平台的号召力、经验和经济实力。因此,有必要由国家投入一部分引导资金,通过项目建设方式投入到某个或某几个企业(企业联盟)之中,并且成立项目执行小组,对项目的进展情况进行监督指导。

②综合各方面专家意见

物流信息平台不是一项简单的技术开发工作,还涉及物流产业流程等许多方面,因此有必要成立一个由政府、电信、电子、银行、海关、国检、船代、货代、港务等相关部门的业务及技术专家组成的专家组,进行物流信息平台的规划、方案论证、技术及业务指导,并对建设过程进行监督等,这样才能保证平台的合理性、安全性、先进性。

③流程和标准的规范化

各个部门和企业有自己的业务流程和技术标准,这些千差万别的流程和标准对系统的建立和高效运行是不利的,因此必须对业务流程和技术标准进行规范化。当然规范化的过程中必然影响到相关单位的利益,这就需要政府出面进行平衡和调解。

④政策支持和法律保障

公共物流信息平台牵涉许多部门和企业的利益,为了确保公共物流信息平台在技术及业务规范上运作的科学性、合法性、有效性,必须制定相应的政策和法规对各个部门和企业进行制约和保障。

14.1.4 物流园区公共物流信息平台

1) 概述

物流园区公共物流信息平台属于区域公共物流信息平台的范畴,它是指利用现代计算机和通讯技术将物流园区众多的参与者,包括园区的管理者、物流企业、物流服务需求者、及政府相关部门等有机地联系起来,使之协同运作的一个信息支撑体系,是园区物流活动的神经中枢。

目前我国物流园区信息平台的研究及建设还不成熟,存在起点低、局限性大、标准不规范、缺乏复合型人才等制约因素,需要各方面的长期合作、配合和支持来进行物流信息标准化建设及物流信息人才的培养。

未来物流园区公共物流信息平台的建设方向是更好地运用物联网、大数据、云计算等先进技术,促进园区管理智慧化转型升级以便更好的服务客户,并通过平台积累数据,最后形成大数据系统,为园区决策做支撑。

2) 功能需求

(1) 物流园区开发管理者的需求

对于物流园区的开发管理者来说,信息平台是进行监控与管理、提高园区运行效率、改善园区投资环境的重要工具。他们需要对物流园区的各类资源进行详细的分类管理,及时掌握物流园区内各类企业的业务活动及动向,为入驻企业和物流园区外的客户提供信息支持，并以统一的形象向外发布信息。

(2) 物流园区入驻企业的需求

物流园区入驻企业对物流信息的需求不仅涉及物流运作，还包括物流法规与政策、物流市场供需状况、物流基础设施资源、交通网络等外部信息以及物流企业的数据汇总、财务管理、信息管理等内部信息。此外，提供其他配套服务的企业和后勤保障企业，如金融企业需要通过统一的结算平台为园区内的各类企业提供业务结算服务。

(3) 物流园区外物流客户的需求

物流园区外的物流客户是物流园区内入驻企业的服务对象。作为物流服务需求者，他们需要通过平台将业务需求反应给物流企业，同时了解物流服务的具体情况，包括托运货品的具体位置和运输进度、存储货品的基本情况和预计到达时间、流通加工货物的加工进度及完工时间、配送商品的基本情况等。

(4) 政府部门的需求

政府管理部门负责对辖区物流业的发展进行总体规划与管理。一方面，他们需要掌握物流产业的运作状况、物流基础设施的分布及使用情况等，来制定物流业发展规划以及相应的法律法规；另一方面，政府还要为物流园区的开发企业提供土地信息、金融和基础设施等相关信息，为各类物流企业提供交通状况、城市建设规划等公共信息。此外，与物流相关的政府职能部门如海关、商检、工商、税务等，需要通过与公共信息平台的连接实现业务办理的集成与简化，提高物流运作的效率。

3) 体系结构

根据需求分析，物流园区公共物流信息平台的结构主要有园区内部管理系统、电子商务交易平台、电子政务系统和物流作业平台四个部分：

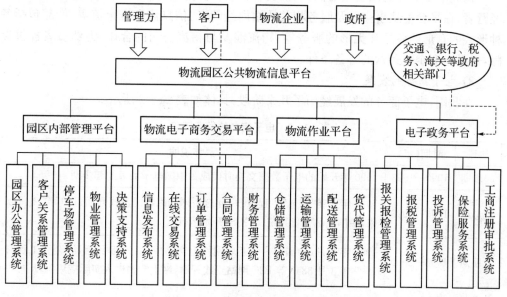

图 14-4 公共物流信息平台架构图

14.2 电商企业物流信息系统

14.2.1 电子商务概述

1) 电子商务的概念

联合国国际贸易程序简化工作组对电子商务的定义是:采用电子形式开展商务活动,它包括在供应商、客户、政府及其他参与方之间通过任何电子工具。如 EDI、Web 技术、电子邮件等共享非结构化商务信息,并管理和完成在商务活动、管理活动和消费活动中的各种交易。

各界人士根据自己所处的地位和对电子商务参与的角度和程度的不同,对电子商务给出了不同的定义。

通常来说,电子商务是在全球范围内,利用计算机技术、网络技术和远程通信技术和电子工具等,在开放的网络环境下,基于浏览器/服务器等应用方式,实现消费者的网上购物、企业内部的信息共享、商户之间的网上交易和在线电子支付以及各种商务活动、交易活动、金融活动的综合商贸服务过程。

但是,电子商务不等同于商务电子化。随着电子商务的高速发展,电子商务包括电子货币交换、供应链管理、电子交易市场、网络营销、在线事务处理、电子数据交换(EDI)、存货管理和自动数据收集系统等。

2) 电子商务的构成要素

构成电子商务的四要素为商城、消费者、产品、物流。商城代表交易平台,涵盖平台经营者、在平台上从事交易及服务相关的站内经营者、信息流和资金流等;产品包括各种形式的有形的商品和无形的服务等;物流涉及与物流公司的合作,为消费者提供保障,也是电商企业运营的必备条件。

3) 电子商务的发展

在我国,电子商务的发展经历了几个阶段,具体如表 14-2 所示:

表 14-2 电子商务的发展历程

阶段	时期(年)	具体说明
起步期	1990—1993	1990 年开始的电子数据交换时代成为中国电子商务的起步期
雏形期	1993—1998	1993 年开展"三金"工程;1996 年金桥网和因特网正式开通;1997 年 4 月以来,中国商品订货系统(CGOS)开始运行
发展期	1998—2000	1998 年 3 月,中国第一笔互联网网上交易成功;1998 年启动"金贸工程";1999 年 3 月 8848 等 B2C 网站正式开通,网上购物进入实际应用阶段

(续表 14-2)

阶段	时期(年)	具体说明
稳定期	2000—2009	电子商务逐渐以传统产业的 B2B 为主体,标志着电子商务已经进入可持续性发展的稳定期
成熟期	2009 至今	3G、4G 的蓬勃发展促使全网全程的电子商务发展,电子商务已经提升到国家战略层面,并衍生出多种模式

4) 电子商务的基本特征

电子商务具有如下基本特征:

(1) 普遍性

电子商务作为一种新型的交易方式,将生产企业、流通企业以及消费者和政府带入了一个网络经济、数字化生存的新环境,并越来越广泛应用于各种商贸活动中。

(2) 便捷高效性

在电子商务环境中,人们不再受地域时间的限制,参与者能以非常简捷的方式完成过去较为繁杂的商业活动,如通过网络银行能够全天候地存取账户资金、查询信息等。电子工具的介入大幅缩短业务时间,调高信息透明度,提高准确率,降低商业活动成本,使企业对客户的服务质量得以大大提高。

(3) 整体协调性

电子商务能够规范事务处理的工作流程,将人工操作和电子信息处理集成为一个不可分割的整体,同时提高人力和物力的利用率以及系统运行的严密性。电子商务环境中,强调客户与公司内部、生产商、批发商、零售商间的协调,同时涉及银行、物流企业、通讯行业、技术服务企业等多个主体的通力协作。

(4) 安全性

在电子商务中,要求网络能提供一种"端到端"的安全解决方案,如加密机制、签名机制、安全管理、存取控制、防火墙、防病毒保护等等,这与传统的商务活动有很大不同。

5) 典型的电商模式

从电子商务的交易主体来分,交易主体包括 A(agent)、B(business)、C(customer)、G(government)(或为 A-administrations),大致可以分为以下几种电商模式:B2B、B2C、C2C、B2M、C2B、M2C、B2G、C2G、O2O、M2O、ABC 等,下面将介绍几种典型的电商模式,如表 14-3 所示。

表 14-3 几种典型的电商模式介绍

类型	模式名称	概念	说明	应用企业举例
传统电商	B2B	Business to Business:企业与企业之间的电子商务	企业与企业之间通过互联网或各种商务平台进行产品、服务及信息的交换,完成整个商务交易的过程	阿里巴巴

(续表 14-3)

类型	模式名称	概念	说明	应用企业举例
传统电商	B2C	Business to Customer：企业与消费者之间的电子商务	这是消费者利用因特网直接参与经济活动的形式，企业通过网络销售产品或服务给个人消费者。例如证券公司网络下单作业等	京东、当当
传统电商	B2G	Business to Government：企业与政府管理部门之间的电子商务	如政府采购，海关报税的平台，国税局和地税局报税的平台等	"金关"工程
传统电商	C2B	Consumer to Business：消费者与企业之间的电子商务	通常情况为消费者根据自身需求定制产品和价格，彰显消费者的个性化需求，生产企业进行定制化生产	U-deals、当家物业联盟
新型电商	C2C	Consumer to Consumer：消费者与消费者之间的电子商务	通过为买卖双方提供一个在线交易平台，使卖方可以主动提供商品上网拍卖，而买方可以自行选择商品进行竞价	eBay、拍拍
新型电商	O2O	Online to Offline：线上与线下相结合的电子商务	让消费者同时享受线上优惠价格和线下的贴心服务，让互联网成为线下交易的前台	美美乐家具网
新型电商	M2C	Manufacturers to Consumer：生产厂家直接对消费者提供自己生产的产品或服务的一种商业模式	特点是流通环节减少至一对一，销售成本降低，从而保障了产品品质和售后服务质量	微品聚网
新型电商	B2Q	Enterprise Online Shopping Introduce Quality Control：在 B2B 和 B2C 模式的基础上，创造性的引入了质量控制的创新模式	交易双方网上先达成意向交易合同，签单后根据买方需要可引进入第三方工程师进行商品品质检验及售后安装调试服务	万商汇 B2Q 平台
新型电商	M2O	Mobile to Online/Offline：线上和线下移动终端	将客户端由传统互联网向移动互联网转移，通过智能移动终端连接厂商和服务商的闭环	自然一度科技
新型电商	ABC	Agents Business Consumer：是由代理商、商家和消费者共同搭建的集生产、经营、消费为一体的电子商务平台	相互之间可以转化。大家相互服务，相互支持，形成一个利益共同体，资源共享，产、消共生	淘福啦

14.2.2 电子商务物流概述

1) 电子商务物流的含义

电子商务物流是基于互联网等电子商务技术、旨在创造性地推动服务于电子商务的物流行业发展的新商业模式,通过把有物流需求的电商企业和提供物流服务的公司吸引起来,提供中立、诚信的网上物流交易市场。电子商务物流的概念是伴随电子商务技术和社会需求的发展而出现的,它是电子商务真正的经济价值实现不可或缺的重要组成部分。

电商物流平台涉及的内容包括订单处理、运输调度、仓储管理、支付平台、购物管理、派件管理、电商运营平台等多方面,如图14-5所示。

图 14-5 电商物流平台涉及内容

2) 电子商务物流的特征

(1) 信息化

电子商务时代,物流信息化是电子商务的必然要求。物流信息化表现为物流信息的商品化、物流信息搜集的数据库化和代码化、物流信息处理的电子化和计算机化、物流信息传递的标准化和实时化、物流信息存储的数字化等。因此,条码技术、数据库技术、电子订货系统、电子数据交换技术等在我国的电商物流中得到普遍的应用。

(2) 自动化

自动化的基础是信息化,其核心是机电一体化,达到省力化的效果,另外还可以扩大物流作业能力、提高劳动生产率、减少物流作业的差错等。物流自动化的设施非常多,如条码/语音/射频自动识别系统、自动分拣系统、自动存取系统、自动导向车、货物自动跟踪系统等。

(3) 一体化

物流一体化就是以物流系统为核心的由生产企业经由物流企业、销售企业直至消费者供应链的整体化和系统化。物流一体化是物流产业化的发展形势,它还必须以第三方物流充分发展和完善为基础。物流一体化的实质是物流管理的问题,即专业化物流管理的技术人员,充分利用专业化物流设备、设施,发挥专业化物流运作的管理经验,以求取得整体最佳的效果。

(4) 网络化

物流的网络化是物流信息化的必然,是电子商务下物流活动主要特征之一。这里指的网络化有两层含义:一是物流配送系统的计算机通信网络,包括物流配送中心与供应商或制造商的联系要通过计算机网络,另外与下游顾客之间的联系也要通过计算机网络通信;二是组织的网络化,即所谓的企业内部网(Intranet)。

(5) 智能化

这是物流自动化、信息化的一种高层次应用,物流作业过程大量的运筹和决策需要借助智化来解决,如库存水平的确定、运输(搬运)路径的选择、自动导向车的运行轨迹和作业控制、自动分拣机的运行、物流配送中心经营管理的决策支持等问题。

(6) 柔性化

柔性化的物流正是适应生产、流通与消费的需求而发展起来的,要求物流配送中心要根据消费需求"多品种、小批量、多批次、短周期"的特色,灵活组织和实施物流作业。

(7) 国际化

物流国际化,即物流设施国际化、物流技术全球化、物流服务全球化、货物运输国际化、包装国际化和流通加工国际化等。物流国际化的实质是按国际分工协作的原则,依照国际惯例,利用国际化的物流网络、物流设施和物流技术,实现货物在国际间的流动和交换,以促进区域经济的发展和世界资源优化配置。此外,物流设施、商品包装的标准化,物流的社会化、共同化,绿色物流也都是电子商务下物流模式的新特点。

14.2.3 电商企业物流信息系统构建

1) 相关概念

电子商务物流信息是反映物流中运输、仓储、包装、装卸、搬运、流通加工等活动中相关知识、资料、图像和文件的总称。

电商物流信息系统是由人员、网络通信设备、计算机软件、硬件及其他设备组成的人机交互系统,旨在对电商企业和活动过程中的物流信息进行数据采集、信息存储、信息传输、加工整理、信息维护和输出,实现对其管理和控制,起到为物流管理者提供战术、战略及辅助决策的支持作用。

2) 电商企业物流信息系统的要求

电子商务物流信息系统是企业经营系统的一部分,由于物流活动本身具有的时空上的特点,使得电子商务物流信息系统具有如下特征。

(1) 开放性

系统不仅在企业内部实现数据的整合和顺畅流通,还应具备与企业外部的供应链的各个环节进行信息整合和数据交换的能力,达到各方面的无缝连接。物流信息系统应用EDI方式、门户平台方式和数据对接等多种接口方式来实现数据整合和顺畅流通。

(2) 可扩展性和灵活性

考虑到电商企业的发展和成本投资问题,物流信息系统要具备随着企业发展而发展的能力,并考虑系统的灵活性。在建设物流信息系统时,应充分考虑企业未来的管理及业务发展的需要,以便在原来系统的基础上建立更高层次的管理模块。

(3) 安全性

局域网和互联网是电子商务物流信息系统的一个基本运行条件,它使物流企业触角得以延伸更远、数据更集中,随着系统开发的深入,特别是以网上银行为主要支付手段的实现和电子单证的使用,安全性已成为电子商务物流信息系统的首要问题。它可分为内部安全性问题和外部安全性问题。

(4) 协同性

系统的协同性体现在其与客户、企业各部门、供应链各环节及社会各部门的协同等方面。

◆与客户的协调。系统应具有和客户的 ERP 系统、库存管理系统等实现连接的能力。系统可以定期给客户发送各种物流信息,如库存信息、车辆配送信息、催款提示等。

◆与企业内部各部门间的协同。如业务人员可将客户、货物的数据输入系统,财务人员可根据业务人员输入的数据进行记账、控制等处理。

◆与供应链上的其他环节的协同。如电商企业应与运输公司、仓储公司等企业紧密联系,通过网络实现信息传输。

◆与社会各部门的协同。即通过网络与银行、海关、税务机关等部门实现信息即时传输。

(5) 动态性

系统反映的数据应该是动态的,可随着物流的变化而变化,能实时反映货物流动的各种状况,支持客户和企业的在线动态查询,需要公司内部与外部数据通信及时、通畅。

(6) 快速反应、预警和纠错能力

系统应能对用户、客户的在线查询、修改、输入等操作做出快速和及时的反应。同时系统应在各模块中设置一些检测小模块,对输入的数据进行检测,以把一些无效的数据排斥在外,物流信息系统灵活设置预警机制、提示信息。

(7) 信息的集成性

物流过程中涉及的环节多、分布广,信息随着物流在供应链上的流动而流动,信息在地理上往往具有分散、范围广、量大等特点,因此,信息的管理应高度集成,同样的信息只需要一次输入,以实现资源共享,减少重复操作,减少信息的差错性。

3) 电商企业物流信息系统开发设计

(1) 开发流程

电商企业物流信息系统的开发可以采用结构化方法。结构化方法是将该系统的开发运行过程,从开始到结束划分为若干阶段,预先规定每一阶段的目标和任务,依据一定的准则按部就班地完成。整个开发流程可以分为五个阶段，如图 14-6 所示。

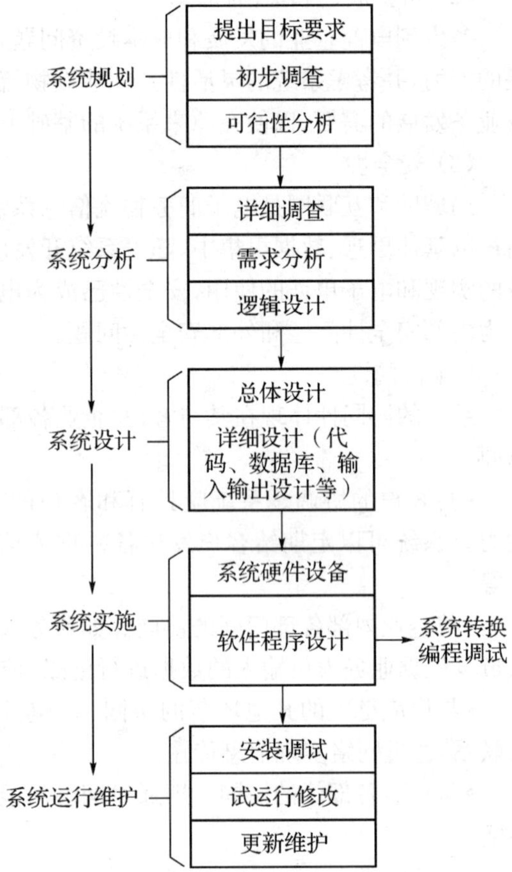

(2) 需求分析和目标设计

需求分析分为三个方面：一是建立起完善有效的物流信息系统，把其纳入电商企业整体战略管理系统中，为决策层提供长远的发展规划服务；二是降低物流管理成本，明确管理流程，提升管理水平，建立覆盖各部门、各业务的信息管理系统；三是建立规范的、易于实施的物流业务操作流程，统一企业内部执行标准，共享数据，满足各个业务环节的信息需求，及时有效地提供信息支持。

总体目标是缩短物流通路的长度、增加物流系统的透明度和规范化，并促进供应链中各环节的有效整合，从而提高物流效率及服务品质，控制并降低物流成本。具体体现在加强企业内部、企业与客户间的信息共享，提高业务自动化水平，强化信息的跟踪控制等方面。

(3) 核心技术的运用

在构建过程中以一些核心技术作为支撑，主要有：网络技术、数据库技术、条码技术（BCT）、电子数据交换技术（EDI）、全球卫星定位系统（GPS）、地理信息系统（GIS）等。

图 14-6 物流信息系统开发流程图

(4) 功能结构设计

从完整的物流流程和电商企业的特点来看，其物流信息系统应该具备的功能应该有：订单管理、仓库货物管理、运输管理、财务管理、合作伙伴管理、顾客管理、市场管理和技术维护这八大模块，如图 14-7 所示。

a) 订单管理。企业订单管理系统是处理接收客户订单、

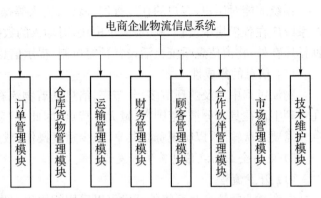

图 14-7 电商企业物流信息系统功能模块

明确时间、确定地点、准备货物、剩余物资管理的信息系统。对于不合格订单返回顾客、配送能力不足订单通过合作伙伴模块寻求合作服务,合格订单传递到仓储管理模块进行处理。

　　b) 仓库及货物管理。仓储管理是对入库、出库、在库的物品进行统计和管理,通过仓储管理,可以明确物流资源特别是在库物品的情况,方便根据库存调整物流业务,还可包括退换货业务,使得物流作业具有预测性、前瞻性。

　　c) 运输管理。配送管理主要是对货物装配、车辆调度、运输线路选择、运输资源管理、配送过程控制、配送货物跟踪、客户签收、配送统计与配送途中意外情况的处理等方面的管理。

　　d) 财务管理。财务管理主要是对物流业务的收入、费用、利润情况进行分析和统计,通过财务管理可生成库存汇总报表、仓库周报表、利润统计报表等一系列报表,从而为企业管理者提供较为详细的分析数据。这部分还涉及了支付系统、电子银行等方面。

　　e) 顾客管理。顾客管理包括顾客分析、会员管理、身份验证、登录管理、查询管理、档案管理、服务支持管理、顾客互动管理、顾客呼叫服务等方面的内容。

　　f) 合作伙伴管理模块。负责合作伙伴资料管理,包括合作伙伴名称、联系方式、业务优势、资信状况、业务往来历史记录等,负责向合作伙伴申请配送合作,对合作伙伴进行监督。当企业局部作业能力无法满足顾客订单需求时,企业根据协议通过此模块向合作伙伴分配合作任务,并监督配送任务的执行。

　　g) 市场管理模块。包括咨询洽谈和广告宣传等部分,属于电子商务的业务范畴,对企业物流信息系统和相关业务起到完善补充的作用。

　　h) 技术维护模块。负责日常网络平台和数据库等技术的运营维护。

　　(5) 物流信息系统的评价

　　系统评价的目的是判断物流信息系统是否达到了预定的各项性能指标,能否实现信息系统预定的目标,并指出系统改进和扩展的方向。系统评价主要的依据是系统日常运行记录和现场实际监测数据,评价的结果可以作为系统改进的依据。

　　评价指标一般按照政策指标、技术指标、经济指标、社会指标和进度指标等。评价的原则有系统性原则、客观性原则等。

14.3　生产制造企业物流信息系统

14.3.1　生产制造企业物流概述

　　由于企业有相当多的价值蕴涵在物流运作之中,如:仓储管理水平、物流生产效率、物流服务水平(维护客户诚信度)、运输成本、劳动生产率等等,因此,很多大型企业的信息系统中往往要涉及很多与物流相关的系统或模块。例如一个大型制造类企业的信息系统包括财务信息管理系统、制造信息管理系统、营销信息管理系统及人力资源信息管理系统等。

随着信息技术向企业不断渗透,目前已经出现了很多先进高效的信息管理系统,用于对企业进行多方位的管理。企业信息管理系统帮助管理者实现企业目标,它向管理者提供信息及其反馈,使他们能够深入洞察企业的日常运转状况,整个系统使管理者能将现有结果与预定目标作比较,确定问题所在,寻求改善的途径和机会。因而优秀的管理信息系统带给企业的是竞争优势和长期战略的领先地位。

目前,与物流相关的信息管理系统从发展历程来看主要经历了物料需求计划(MRP)、制造资源计划(MRPⅡ)、企业资源计划(ERP)三个阶段。除此以外还逐渐发展派生出了配送需求计划(DRP)、物流资源计划(LRP)和准时制生产方式(JIT)等物流管理系统。(详见第13章)

在欧美等发达国家,MRPⅡ/ERP 的应用已经比较普及,多数大中型企业已采用 MRPⅡ/ERP 系统和先进管理方式多年,据称全球 500 强企业的 80% 已购买了 ERP 软件,来应用全球化供应链管理技术和敏捷化企业后勤系统。此外,许多小型企业也在纷纷应用 MRPⅡ/ERP 系统。事实上,MRPⅡ/ERP 所能带来的巨大效益确实对很多企业具有相当大的诱惑力,而这些效益又尤其体现在企业物流管理水平的提高上。

据美国生产与库存控制学会统计,使用一个 MRPⅡ/ERP 系统,一般可以为企业带来如下经济效益:

(1) 采购提前期缩短 50%。采购人员有了及时准确的生产计划信息,就能集中精力进行价值分析,货源选择,研究谈判策略,了解生产问题,缩短了采购时间和节省了采购费用。

(2) 延期交货减少 80%。当库存减少并稳定的时候,用户服务的水平提高了,使用 ERP/MRPⅡ 企业的准时交货率平均提高 55%,误期率平均降低 35%,这就使销售部门的信誉大大提高。

(3) 库存下降 30%~50%。这是人们说得最多的效益。因为它可使一般用户的库存投资减少 1.4~1.5 倍,库存周转率提高 50%。

(4) 制造成本降低 12%。由于库存费用下降,劳力的节约,采购费用节省等一系列人、财物的效应,必然会引起生产成本的降低。

(5) 停工待料减少 60%。由于零件需求的透明度提高,计划也做了改进,能够做到及时与准确,零件也能以更合理的速度准时到达,因此,生产线上的停工待料现象将会大大减少。

(6) 管理水平提高,管理人员减少 10%,生产能力提高 10%~15%。

可见,物流运作水平的发展和物流管理水平的提高离不开对这些企业信息管理系统的应用。

14.3.2 生产制造企业物流信息系统设计

本节将以制造类企业的 ERP 系统的设计为例。ERP 系统的设计主要有需求分析和系统设计两部分组成。在设计完成后,通过项目实施过程控制,来确保系统能够良好地运作。

1) 需求分析

在做需求分析时,要充分地了解企业的概况,并对其进行管理现状分析。管理现状分析主要从 ERP 的四个模块来考虑,即生产控制管理模块、财务管理模块、流通物流管理和人力资源管理模块。在分析了四个模块的现状后总结出各个模块存在的一系列问题,以流通物流管理模块为例,企业可能会存在原材料积压、成品运输时间不确定等各种各样的问题。

针对上面所总结的企业各个模块存在的问题,确定企业的 ERP 实施目标。实施目标也将是系统设计的重要依据。

2) 系统设计

在设计之初,先要确定设计思想,例如管理集中化、系统集成化都可以是设计中体现的思想。

在此基础上即可搭建功能结构。并非每个企业都需要全套的功能结构,在设计时需要根据具体的情况,来搭建功能结构。例如,我国卷烟企业的产品香烟,只能由烟草专卖机构集中采购,因此针对卷烟企业的 ERP 系统就不一定需要客户关系管理等功能。搭建完成的功能结构因企业而异(详见第 15 章的案例讨论)。

功能设计就是设计具体实现功能的方案。在这个环节,针对功能结构中的各项功能,要分别为其确定管理、实施流程,包括作业步骤、反馈、修正、特殊情况的处理等。功能设计不能纸上谈兵,要与企业的加工工序、工作流程等紧密结合,优化运作模式,实现各个模块的功能,以达到 ERP 的实施目标。

14.4 服务企业物流信息系统

随着国民收入水平的提高,社会生产和劳动人口将从农业逐渐转移到制造业,再从制造业转到商业和服务业。在当今世界,服务业正在逐渐取代制造业而成为经济增长和国际经济发展的主要驱动力量。近年来,我国的服务业也得以快速发展,并借助于以 O2O 模式为代表的互联网信息平台,一大批服务业产业得以壮大。因此,深入研究服务业物流的发展现状及特征,剖析其存在的问题,建立合理、完善的物流管理信息系统,进而提高我国服务业的发展水平具有重要的意义。

1) 服务业的特征

由于服务的特殊性质,使得服务业与制造业相比具有较大差异,而对于服务业的研究也就可能与制造业大不相同。总体来讲,服务业具备以下特征。

(1) 服务业过剩的需求和过剩的供给并存

在服务业中经常出现过剩需求和过剩供给的悬殊情况,绝不是偶然现象。例如一天中不同时段的餐饮业,旅游黄金周与淡季的旅馆供需情况等,虽然制造业中供需的波动也会有,但往往发生概率都比较少而且可以通过各种措施来消除。

(2) 价格上涨率高

一般说来服务价格的上涨率相对较高。由于服务业在人员的费用上比重特别大,因而工资的提高敏感地反映到价格中。

(3) 供给者的地区集中

从道理上讲,选择分散地区可以缩短和消费者的平均距离,使利用者感到方便。从服务的供给者来看,也有利于竞争。但从现实的地区集中情况来看,却似乎不是这样。银行、商店、饭店往往集中在繁华场所,在住宅地区的小卖店生意又不是那么兴隆,似乎消费者具有到远处的商业集中区消费服务的习惯。另一方面,制造业却不一定集中在城市地区。

近年来,团购等O2O模式的电子商务有了长足的发展。借助于团购网站等平台,消费者可以寻找到距离近、口碑好、满足自己需求的服务供给者,一定程度上达到了"酒香不怕巷子深"的效果。但是,上述的效果并未改变大的格局,供给者地区集中依然是服务业的重要特征。

(4) 劳动密集型

服务业人力资本比重大,也就是劳动密集的缘故。服务业的成本中,有很大一部分是人工费,这与制造业形成明显的对照。平均来说,制造业产值、附加值中资本费用的比重相当高。另外,在资本费用中,机械设备类的比重又相对高于地点费用。这是因为制造业通过购买机器节省了人力从而急剧地提高了劳动生产率。当然,服务业也并不是完全没有实现机械化的可能。例如香烟和饮料的自动售货机就相当普及,但是在小卖店的销售总额中自动贩卖机的销售额所占比重是微乎其微的,大部分商品还和从前一样,通过人的双手卖出去。

(5) 服务产业的零碎性

一般来说,属于服务产业的企业其规模都是比较零碎的。基本上,除了电力、煤气、自来水、铁路等行业外,其他行业的规模要比制造业小得多。例如,大多数小卖店的规模较小,饮料店或大多数服务业也同样如此,其中也有超级市场那样规模大的商店。但和大工厂相比,它的规模也相对较小。针对服务业的零碎性,也有将其整合的新模式,例如,订餐APP的平台会整合各家餐饮店的配送需求,派出送餐员取餐、送餐,提供统一的外卖配送服务,这就整合了原本零碎的服务内容。

2) 服务业的物流特征

正如前面所介绍的,有的服务产业包含有形产品(如,超市销售的物品);有的服务产业不涉及有形产品(如,教育行业授课)。而现代物流包含物流、现金流、信息流等方面的内容,因此,这里主要介绍第一种服务产业,即包含有形产品服务产业的物流特征。

(1) 只有采购及销售物流,无生产物流

服务业物流与其他行业物流相比最重要的特点为服务业没有生产物流,由销售物流产生、引导采购物流。因此，服务型企业需要时刻关注消费者行为、关注市场新动向，非常注重库存管理，以防有积压货物的产生，造成损失。

（2）服务水平要求较高

随着市场化经济的发展，以及社会追求多样化、个性化的潮流，越来越多的商品出现在消费者的面前，消费者选购某一种产品时往往面临多种选择，即产品的可替代性较高，当消费者不能获得某一种产品时，往往就会选择替代产品。因此，服务业必须要提高服务水平，这不仅仅表现在员工的服务态度，而且表现在产品的可得性。这就对产品的物流提出较高的要求。例如，近年来兴起的通过订餐APP来订购外卖的模式，就通过全面升级了餐饮业的销售物流环节，增强了产品的可得性，进而拉动了整个产业的发展。

（3）库存量相对较小且波动较大

大多数服务业为终端消费者提供服务，这在一定程度上决定了每一位消费者的消费的数量、金额数量有限，并且某些产品的季节性较强（如，当季水果），某些产品的更新换代速度快、价格波动大（如，电子产品、女装）等等，这些客观因素制约着许多服务业的产品库存量相对较小以保持灵活性。

另一方面，很多服务业受到季节、节假日、促销等因素影响，在一定程度上会使商品的销售量激增，甚至出现脱货的情况。

3）服务业的物流信息特征

物流信息是指与物流活动有关的一切信息。物流信息是伴随着企业的物流活动的发生而产生的，企业如果希望对物流活动进行有效的控制就必须及时准确掌握物流信息的情况。由于物流信息贯穿于物流活动的整个过程中，并通过其自身对整体物流活动进行有效的控制。由此可以看出，物流信息可以说是物流的中枢神经，与其他行业相比，服务业物流信息具备以下特征。

（1）物流信息以销售物流信息为核心

服务业物流最重要的特征是无生产物流，而销售物流是物流的核心。因此，服务型企业要时刻关注销售物流，采集、管理销售物流信息，时刻关注销售动态，所建立的服务型物流信息系统应以销售物流为基础，以使物流信息可以在企业中得到迅速流通。

（2）物流信息动态性强

由于服务型企业的物流面向终端消费者，物流在大范围内的活动，物流信息源也分布于一个大范围内，信息源点多、信息量大。如果这个大范围中未能实现统一管理或标准化，那么信息便缺乏通用性。服务企业的物流信息动态性特别强，信息的价值衰减速度很快，对信息工作及时性要求较高。在物流信息系统中，应强调及时性，信息收集、加工、处理应速度快。

（3）物流信息种类多

在电子商务时代，随着人类需求向着个性化的方向发展，服务物流过程也在向着多品种、少量生产和高频度、小批量的方向发展。因此，服务业物流信息也日益呈现出种类多的特征,物流信息系统在设计时要充分考虑这一特征。

(4) 物流信息流动量大

服务业每天要接待大量、不同的消费者,每位消费者的需求又有所不同,因此服务业的信息流动量较大,这就要求某一服务企业建立物流信息系统时,考虑到这一方面,使信息可以准确、快速地流动。

14.5 第三方物流企业物流信息系统

14.5.1 第三方物流企业概述

1) 第三方物流企业的概念

第三方物流是相对于第一方物流(卖方物流/制造企业物流)和第二方物流(买方物流/商贸企业物流)而言的,是由物流劳务的供应方、需求方之外的第三方去完成物流服务的物流专业化运作方式。

通常第三方物流的社会经济职能可以分为两个方面:其基础职能是为制造企业及商贸企业提供物流服务;其核心职能是统筹物流活动,统筹物流资源,以更高的效率和更低的成本输出物流服务。为了更好地实现上述职能,第三方物流企业需要不断提升自身的信息化水平,对货源及运力进行统筹,以实现合理配载以及合理安排运输配送,实现规模经济效益。

2) 国外第三方物流企业信息化建设发展经验借鉴

(1) 法国

法国地处欧洲大陆中心位置,得天独厚的地理位置优势使得法国成为欧洲地区重要的商品集散地,巨大的贸易需求推动了法国物流信息化的快速发展,尤其是在一些专业第三方物流企业中,信息技术以及信息系统标准化的实现程度处于世界领先地位。

以法国 KN 公司为例,它在全球 98 个国家、600 个城市开展物流业务,其开发的标准化全程跟踪信息系统包括 6 个层次的信息服务,第一层做到跟踪集装箱,第二层增加了一些信息服务,第三层次能够确定订货单在什么地方,从第一到三层可以做到实时跟踪批货;从第四层开始跟踪到每个物体,第五层是物流方面的优化服务,第六层次是能够实现物流配送。该信息系统能够做到传送图像资料,如发票、过关资料等可通过信息系统在荧光屏上看到,同时这 6 个层面的信息系统可以根据客户的需要来定制。

(2) 美国

美国作为物流理念的发源地,其物流研究、设计和技术开发一直处于世界前沿。美国第三方物流企业都十分重视现代物流能力的开发,并将物流信息化作为实现这一目的的重要途径进行发展,将物流信息系统建设与物流产业全过程相结合,其特点可以总结为如下几点:

① 普遍采用条形码技术(Bar-Coding)和射频识别技术(RFID),提高信息采集效率

和准确性;采用基于互联网的电子数据交换技术(Web-EDI)进行企业内外的信息传输,实现订单录入、处理、跟踪、结算等业务处理的无纸化;

②广泛应用仓库管理系统(WMS)和运输管理系统(TMS)来提高运输与仓储效率;

③借助网上采购辅助材料、网上销售多余库存等电子商务手段来降低物流成本。

(3) 日本

作为中国的近邻,日本现代物流业发展异常迅速,物流信息化运用具有较高水平。日本十分重视物流信息的处理手段,几乎所有的专业物流企业都是通过计算机信息管理系统来处理和控制物流信息,为客户提供全方位的信息服务,在订货、库存管理、配货等方面,广泛使用物流联网系统、电子数据交换系统(EDI)、供应链管理(SCM)、无线射频识别技术系统(RFID)、卫星定位导航系统(GNSS)、输送过程信息系统、配货配车系统等。

以日本大福公司为例,它非常重视物流新技术、新理念在企业物流系统建设过程中的运用,力求将整个物流经营过程信息化,大福公司自行开发、制造了300多种符合公司经营需要的信息化物流产品,包括自动化立体仓库(AS/RS)、快速分拣系统、数字拣选系统、控制系统(AGC)等,物流信息化的运用提高了大福公司物流组织与管理效率,增强了其综合竞争能力。

经过多年的发展,我国第三方物流企业物流信息化建设方面取得了一定的成绩,2015年物流信息化监测显示,我国第三方物流企业信息化应用KPI(关键绩效指标)表现突出,平均订单准时率达到93.5%,80%的企业订单准时率超过90%。88.9%的企业实现了对自有车辆的追踪,89%的企业实现了全程透明可视化。虽然如此,相比于上述发达国家物流企业物流信息化建设情况,我国物流企业在信息技术应用水平上仍存在差距,同时物流信息化需求层次不高、信息标准与使用规范不统一、信息资源整合利用不成熟等问题也制约着我国物流企业信息化建设水平的进一步提升。

14.5.2 第三方物流企业物流信息系统

1) 第三方物流企业物流信息系统的概念

物流信息系统是把各种物流活动与某个一体化过程连接在一起的通道。物流信息系统是硬件和软件的结合,从而实现对物流活动的各个环节进行管理、控制和衡量。物流信息系统的硬件包括计算机、输入/输出设备和存储媒体等。物流信息系统软件包括用于处理交易、管理控制、决策分析和制定战略计划的系统和应用程序。

物流信息系统不仅仅是作为一种提供信息的工具,协助完成物流作业功能,并且为物流公司和客户创造价值;系统本身就能够创造价值。一般来说,采用物流企业服务的客户的第一利润来自于自身核心业务成本的节省,第二利润是通过物流企业调整供应链为他们节省出来的成本,这种做法被证明非常有效;第三利润则是通过加强信息的流通来加快资金流转速度,这部分利润的获得依赖于物流企业信息化程度的加强。

2) 第三方物流企业物流信息系统的组成要素

通常来看,第三方物流企业的物流信息系统包含以下共同的要素,即:

(1) 程序模块

模块是处理数据和信息的实际程序,例如登录订货或分配存货。

(2) 数据库文件

数据文件是存储具体任务数据的信息结构,例如订货或存货纪录。

(3) 数据录入和获取

数据录入和获取活动代表了物流信息系统必须通过外部网络录入和获取所需数据,例如决策者或另一家厂商得到输入数据的界面和权限。

(4) 物流报告

物流报告提供了有关物流活动的及时信息和履行链接。

(5) 通信链接

通信链接是物流信息系统组件与外部环境之间的内部和外部界面。

3) 第三方物流企业物流信息系统的特性

优秀的物流企业物流信息系统不仅能够降低物流企业运营成本、提高运营效率和提高客户服务水平,还能够使物流企业在使用物流信息系统的过程中,不断丰富和积累物流管理知识,提高物流企业的整体管理水平。物流企业选择物流 IT 系统,与其说是一种信息技术选择,不如说是一种企业管理模式和市场竞争战略的选择。

国内外一些运作良好的典型物流企业物流信息系统共同具有以下特性:

(1) 可得性

物流企业物流信息系统必须具有容易而又始终如一的可得性,即所需信息包括订货和存货状况,当物流企业因物流活动有需要获得时,应能方便并迅速地从计算机系统中得到。迅速的对于客户服务与改进管理决策是非常必要的,因为顾客需要频繁的需要存取货和订货信息。可得性的另一方面是信息系统存取所需信息的能力,无论是管理上的、顾客方面的、还是产品订货位置方面的信息。物流作业的分散化性质,要求能从国内甚至世界各地任何地方得到更新的数据,这样的信息可得性可以减少作业和制订计划上的不确定性。

(2) 精确性

物流企业物流信息系统必须精确反映物流企业当前的物流服务状况和定期活动,以衡量订货和存货水平。精确性可以解释为物流系统报告与实际状况相吻合的程度。平稳的物流作业要求实际的数据与物流信息系统报告相吻合的精确性最好在 99% 以上。当实际数据与物流信息系统报告存在误差时,就要通过缓冲存货或安全存货的方式来适应这种不确定性。

(3) 及时性

物流企业物流信息系统必须能够提供即时的、最快速的管理信息反馈,及时性是指一系列物流活动发生时与该活动在物流信息系统可见时的时间间隔。例如,如果在某些情况下,系统要花费几个小时甚至几天才能将一个新的订货看作一个新的需求,因为该订货不会始终直接由客户数据库进入物流企业的物流信息系统。此外尽管一些生产企业存在着连续的产品流,但如果物流企业物流信息系统却是按每小时、每工班、甚至每天进行更新,则不能保证信息系统的及时性。显然实时更新或立即更新更具有及时性。实时更新往往会增加相关财务上的工作量,因此编制条形码、采用采苗技术和物流EDI有助于及时而有效的数据记录。全球卫星定位技术GPS也有助于物流信息系统的及时性。

(4) 识别异常情况

物流作业要与大量的客户、产品、供应商、和服务公司进行协作或竞争,要求物流信息系统应能有效识别异常情况。在物流系统中,需要定期检查存货情况、订货计划,这两种情况在许多物流信息系统中要求手工检查,尽管此类检查越来越趋向自动化,但由于许多决策在结构是松散的,并且需要人的因素参与判断处理,而人工检查需花费大量时间。因此,要求物流企业的物流信息系统要结合决策规则,去识别这些需要管理者注意并做出决策的异常情况,因此计划人员和经理人员把他们的精力集中在最需要注意的情况,集中在判断分析上。物流企业物流系统应该具备智能识别异常情况功能,使得在物流管理中能够利用系统去识别需要管理部门引起注意的决策。

(5) 灵活性

物流信息系统必须具有灵活反应能力,以满足系统用户和顾客的需求。物流企业物流信息系统以虚有能力提供能迎合客户需要的数据,如票据汇总、实时查询、成本综合分析、市场销售汇总及分析等,一个灵活物流企业的物流系统必须适应这一要求,以满足未来企业客户的各项信息需求。

(6) 界面友好规范

信息系统提供的物流报告应该界面友好和规范,以适当的形式对物流信息进行表述,建立正确和规范的物流信息表达结构,方便客户查询和阅读,方便客户打印和存档。物流报告的表现形式英语传统报告相结合,便于企业报关及管理人员阅读和分析。

4) 第三方物流企业物流信息系统发展必要性

作为专业从事物流业务的第三方物流企业,必须具备比客户企业自营物流更高的效率、更高的准确性、更低的成本。第三方物流企业物流信息系统要能够从客户企业的商流中和由商流引发的物流中提取与物流相关的信息,进行存储、汇总、分析,从而得到客户企业和第三方物流企业所需要的信息,从而为客户企业和第三方物流企业的物流运作提供服务。因此,建设高效的物流信息系统是第三方物流企业提供专业物流服务的基础和保证。

(1) 物流及时化的要求

物流及时化的要求主要体现在"5R":即在适当的时间(Right Time)将适当质量(Right Quality)的货物(Right Commodity)于适当的地点(Right Place)送达适当的客户(Right Customer)。为了实现该目的,需要对物流信息实行系统化管理,通过对各种物流业务的相关数据进行电子化储存与管理,应用科学的运筹学办法,实现对于物流业务的协调运作,将各部分和部门有有效结合发挥综合效益,追求一种整体的、系统的最优化效果。也就是说,第三方物流企业物流信息系统应是各类物流业务的电子数据库的集成,能够实现对有关信息提取后,通过物流运筹分析仿真模型达到对物流服务计划的科学规划,同时应用快速反应(Quick Response,QR)及有效的客户反映(Effective Customer Response,ECR)、自动连续补货(ACEP)、不间断连续供货(SRP)等供应链管理策略对物流业务进行管理,从而实现对物资配送体系的调存运销一体化的供应链管理,对物流服务需求的变化即时做出反应。

(2) 物流信息化的要求

物流信息化表现为物流商品的信息化、物流信息搜集的数据库化和代码化、物流信息处理的电子化和计算机化、物流信息传递的标准化和实时化、物流信息存储的数字化等。为实现物流的信息化,首先用标准化的条码技术(Bar Code)完成商品数据录入和数据采集,再借助自动识别技术、数据库技术(Database)、电子数据交换(EDI)等现代技术手段建立仓储、保管等各类与物流业务管理有关的基本数据库;应用射频技术(Radio Frequency,RF)来进行物料跟踪、运载工具和货架识别等要求非接触数据采集和交换和需要频繁改变数据内容的场合,通过便携式数据终端(PDT)随时通过 RF 技术把客户产品清单、发票、发运标签、该地所存产品代码和数量等数据传送到计算机管理系统;应用 GPS(Global Positioning System)技术,用于汽车自定位、跟踪调度、导航车辆,从而大大提高物流路网及其运营的透明度,提供更高质量的物流服务。

(3) 物流自动化、网络化的要求

自动化要求以信息化为基础,通过条码/语音/射频自动识别系统、自动分拣系统、自动存取系统、自动导向车、货物自动跟踪系统等实现以计算机技术作为媒介的以机电一体化为核心的自动化,这就要求物流中心的信息系统要实现对于商品有关信息的标准化操作,建立有关 ID 代码、条形码或磁性标签等的参数体系,据此来实现对于商品配送的自动化控制。而网络化则要求物流中心通过电子订货系统(EOS)和电子数据交换技术(EDI)与供应商或制造商及下游顾客之间保持实时联系,通过信息的共享,实现对物流服务商的组织网络化(Intranet)。并在此基础上建立基于供应链管理角度的物流配送系统的虚拟增殖网(Virtual Value-Added Network,VVAN)。从而简化物流交易流程,缩短物流环节,实现网络伙伴的一体化互动协作。

(4) 物流智能化的要求

依据对物流自动化、信息化的高层次应用,在物流作业过程需要进行大量的运筹和决策,如库存水平的确定、运输(搬运)路径的选择、自动导向车的运行轨迹和作业控制、自动分拣机的运行、物流配送中心经营管理的决策支持等问题,来实现对于物流的智能化操作。因此物流智能化要求物流信息系统必须建立对于物流业务流程的物流分析系统来进行对于物流的运筹分析。具体而言,物流分析系统应包括以下模型。车辆路线模型:用于解决一个起始点、多个终点的货物运输中如何降低物流作业费用,并保证服务质量的问题,包括决定使用多少辆车,每辆车的路线等。网络物流模型:用于解决寻求物流业务中最有效的分配货物路径问题。分配集合模型:可以根据各要素的相似点把同一层上的所有或部分要素分为几个组,用于解决确定物流服务范围和销售市场范围等问题。设施定位模型:用于确定物流中心应在何地设置一个或多个公共设施或辅助设施等问题。全球定位系统模型:用于对物流业务在海陆空全方位进行实时三维导航与定位,解决对物流业务的合理整合与集成的问题以及对物流业务的跟踪问题。

(5) 第三方物流企业未来发展的要求

物流信息系统建设是长期战略投资,影响企业的未来发展,要求信息系统的结构要具有开放性和扩张性。如要把现在的仓库改造为增值服务中心,则在IT系统的配置方面,至少要有仓库管理系统和商务管理系统,还要配置条码印制系统和无线终端识别系统等。但一定要以企业的物流发展战略为依据,同时还要考虑有关信息技术的经济寿命。要防止为预留功能接口而购进多余的设备造成资金沉淀。

5) 第三方物流企业物流信息系统设计目标

信息系统是第三方物流的中枢神经,它的任务是实时掌握物流供应链的动态,从货物网上订单托运,到第三方物流公司所控制的一系列环节的协调,再到将货物交到收货人手中,使得物流过程尽可能透明化。第三方物流要赢得货主的信任,完善和先进的信息系统是必不可少的。在信息系统进行建设时,应设定以下目标。

(1) 实现对物流全过程的监控

第三方物流提供者通过信息网络能方便地跟踪产品流动的各个环节,通过Internet能够快速查询了解即时的信息,以便确定进一步的生产计划、销售计划和市场策略。

(2) 减少库存,提高企业经营效率

发展第三方物流无疑是促进企业物流活动合理化的重要途径。第三方物流提供者借助精心策划的物流计划和适时运送手段,最大限度地减少库存,改善了企业的资金流量,实现成本优势。

(3) 物流作为系统管理

传统上,物流只是作为企业的一般性功能性活动,物流信息往往零散分布在不同的职能部门。当今,物流已被视为企业的第三利润源泉,企业追求的是从采购、生产到销售整个物流环节的一体化管理。在这种供应链一体化管理环境下,管理和协调物流、信息流,使信息自由、准确地流动就显得更加重要。

(4) 有效地支持高效的物流服务

无论经过多少运输方式、中转环节、是否进行拼装箱操作,确保对同一票货的正确识别,保证运输、仓储等各个环节之间的协调一致,准确及时地完成各个环节的物流指令。

(5) 有效地支持配送、包装、加工等物流增值服务

物流服务商可以针对多个客户的不同要求设计多种增值业务模式,并将新的管理

理念、先进的管理技术与信息系统相结合。

6）第三方物流企业物流信息系统分类

根据物流企业的核心业务，物流企业的应用性物流信息系统主要有：仓储管理系统、运输管理系统、配送管理系统、费用管理系统和报关报检管理系统。

（1）仓储管理系统

仓储管理系统（Warehouse Management System，WMS）帮助仓库管理人员对库存物料的入库、出库、盘点等日常工作进行全面的控制和管理。通过期初余额管理功能，完成库存物料初始化，并完成日常的出入库单的输入、审核等各项管理功能，以达到降低库存，避免物品积压及短缺的目的。仓储管理系统的功能模块包括：

①库位的设定：根据实际情况，计算机自动生成各种仓库，并在仓库中设置库位、货架。

②库存货物信息管理：根据客户货物的性质进行提前输入，并对某些失去价值的陈旧货物进行修改或删除。

③入库管理：根据退货入库订单或收货订单对入库的信息进行预录入，经过审核确认后进行库位的分配，从而完成实际入库操作。

④出库管理：根据客户的实际要求和客户的实际库存情况，提前做好出库准备，一旦确定出库后，以最快速度完成出库，并对发货订单或退货出库订单进行审核，以保证出库物品的正确。同时它还要对客户的库存物品的最低库存进行动态评估。

⑤安全库存管理：对仓库的最大存量进行设置，以确保仓库的最大化满足客户的要求，同时对客户的仓储物品的最低存量进行设置，以满足客户生产的需要，减少资金的积压。

⑥库位的调整：对库存物品的存放合理性进行人工调整，使仓库的利用率最大化，以节约仓储成本，降低客户的资金压力，有利于满足客户实际需要，同时提高物流企业的竞争力。

⑦日报表的管理：实现对入库和出库的数据进行统计，并随时可以掌握目前的库存动态；可以实现对客户的评测，对操作人员的工作成绩的考评。

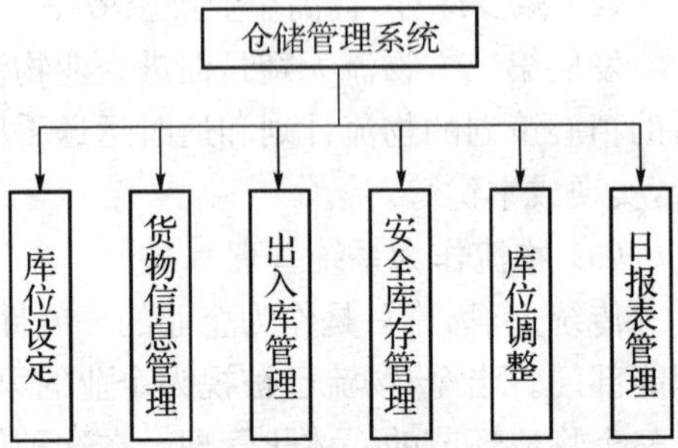

图 14-8　仓储管理系统功能结构图

（2）运输管理系统

运输管理系统（Transport Management System，TMS）帮助运输调度人员对需要运送的货物进行配载工作，并对车辆进行全面的调配。通过货物跟踪系统的功能，完成对货物的实时跟踪和查询，并对一段时间内的车辆和驾驶员的业绩进行考察和评估，以达到充分利用车辆，降低运输成本的目的。运输管理系统的功能模块包括：

①车辆资料管理：对各种车辆的资料经整理审核后录入、修改和删除，并对车辆的

业绩进行统计,并负责车辆的修理资料管理。

②驾驶员管理:对属于本物流企业的驾驶员资料进行输入,对其业绩进行统计,并负责对驾驶员的考勤进行统计,并核算其收入。

③车辆调度:对运输业务单进行电子确认后,安排运输车辆。系统具有自动记录确认时间和确认驾驶员,以及自动浏览功能,以便进行运输任务的安排。

④货物配载管理:对需要运输的货物进行合理配载,根据车辆的载重吨位和容积进行计算,合理分配货物,并制作出货物配载清单。

⑤行车单管理:通过行车单管理,对配载好的货物安排具体的车辆和驾驶员,下达行车单。

⑥货物跟踪/GPS 接口:通过 GPS 接口,利用全球卫星定位系统,提供货物的跟踪、实时查询的服务,以满足客户的需求。

⑦日报表管理:根据需要,系统自动生成各种类型、要求的日报表。

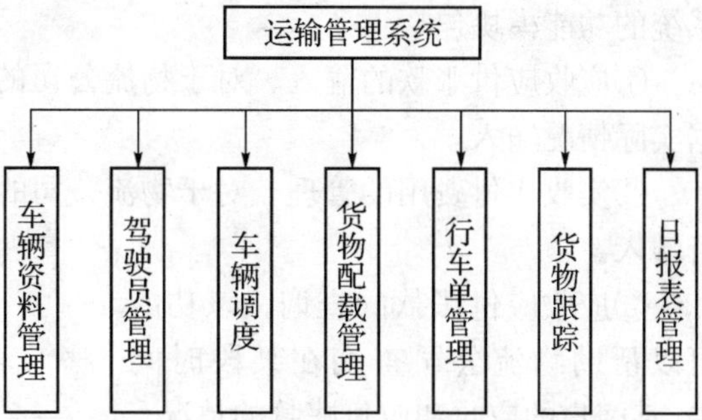

图 14-9　运输管理系统功能结构图

(3) 配送管理系统

配送管理系统(Dispatching Management System,DMS)帮助配送人员对需要运送的货物进行配载工作,对配送的路线进行选择,并对配送车辆进行全面的调配。通过货物跟踪系统的功能,完成对货物的实时跟踪和查询,并对一段时间内的车辆和驾驶员的业绩进行考察和评估,以达到充分利用车辆,降低配送成本的目的。配送管理系统的功能模块包括:

①配送路线确定:通过系统的自动选择功能,为客户所需的货物的配送选择最优路线。

②配送车辆的配载:对需要运输的货物进行合理配载,根据车辆的载重吨位和容积进行计算,合理分配货物,并制作出货物配载清单。

③配送任务单:对于需要配送的货物,安排配送路线,下达配送任务单。

④配送车辆的管理:对各种车辆的资料经整理审核后录入、修改和删除,并对车辆的业绩进行统计,并负责车辆的修理。

⑤配送车辆的调度:配送车辆的调度对运输业务单进行电子确认后,安排运输车辆。系统具有自动记录确

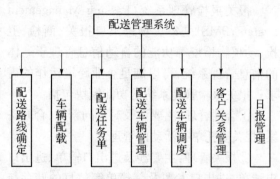

图 14-10　配送管理系统功能结构图

认时间和确认驾驶员,以及自动浏览功能,以便进行运输任务的安排。

⑥客户关系管理:该功能可以对客户的资料进行管理。

⑦日报管理:根据需要,系统自动生成各种类型、要求的日报表。

(4) 费用管理系统

结算管理系统(Settlement Management System,SMS)是对每一项业务所发生的费用进行登记确认,及时判断业务盈亏状况。它包括企业财务管理的所有过程,从费用登记确认,实收实付的确认和销账,到最终生成企业所需要的统计分析表格。费用管理系统的功能模块包括:

①应收应付账款的输入。对于物流公司的各项业务中所产生的费用及收入,可根据实际情况输入。

②实收实付费用的管理。对于物流公司的各项业务中,实际付款和收款的情况,进行输入。

③应收应付账款的查询。该功能可以帮助物流公司查询在某段时间中,某客户的应收和应付账款的情况。

④应收应付账款的处理。对于某个客户在一段时间内所发生的费用,以及该客户在该段时间中所付款项进行处理。

⑤运输费用结算。利用该功能可以把物流公司为客户所提供的运输业务中所发生的费用进行输入。

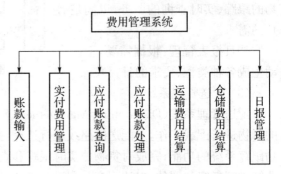

图 14-11 费用管理系统功能结构图

⑥仓储费用结算。利用该功能可以把物流公司为客户所提供的仓储业务中所发生的费用进行输入。

⑦日报表管理。利用该功能可以生成各种业务报表。

(5) 报关报检管理系统

报关报检管理系统(Passing Management System,PMS)是集货物进出口报关、商检、卫检、动植物检疫等功能的自动信息管理于一体的信息管理系统,可以满足企业跨境运作的需求。报关报检管理系统的功能模块包括:

①合同管理:主要涉及对合同草拟、合同备案、报关委托单等活动的管理。

②报关管理:主要涉及进出口输单、进出口申请单、进出口发票及装箱单等信息的储存与管理。

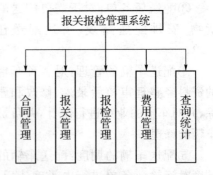

图 14-12 报关报检管理系统功能结构图

③报检管理:主要对企业进出口货物报检涉及的相关活动进行管理。

④费用管理:对企业在报关报检过程中涉及的所有应收及应付费用进行结算与管理。

⑤查询统计:通过此模块可以对货物报关报检的状态及产生的相关费用进行实时查询。

14.5.3 快递物流信息系统

近年来,随着电子商务的迅速发展,网上购物成为一种主流的商品采购模式,由此也产生了巨大的快递物流需求,根据国家统计局数据,2015年我国快递运输量接近207亿件,比2014年增长了47%(如图14-13所示)。在此背景下,为了实现快递包裹的高效管理,各快递物流企业均构建了符合自身市场定位及功能需要的快递物流信息系统。

图14-13 我国2006~2015年快递运输量

1)快递物流的定义与流程

(1)快递的定义

快递是随着电子商务及快速交通方式的发展而产生的一种特殊的第三方物流形式,为了将快递物流与其他物流模式进行区分,各部门对快递物流进行了不同角度的定义(如表14-4所示)。

表14-4 相关机构部门对快递的定义

机构部门	定义内容
美国国际贸易委员会	快速收集、运输、递送文件、印刷品、包裹和其他物品,全过程跟踪这些物品并对其进行控制以及与上述过程相关的服务内容
国际快递协会(GEA)	快递公司为客户提供保证一定时限内递送到目的地的"门到门"服务,同时提供快件跟踪信息、通关和代收货款等增值服务

(续表 14-4)

机构部门	定义内容
中国商务部《中国快递市场发展研究报告》	快递(速递)是指文件、包裹和物品的快速递送服务,本质上是高速的物质流(包含部分信息流),属于服务业的一种
全国人大常委会《邮政法》	在承诺的时限内将信件、包裹、印刷品等物品按照封装上的地址递送给指定个人或者单位的寄送活动,包括收寄、分拣、运输、投递等环节

由上述定义可以看出,快递提供的是多品种、多批次、小批量、高附加值货物的"门到门"物流服务,对时效性要求较高,快递物流的协调组织与管理需要各环节信息互通与共享,因此构建物流信息系统对于快递物流而言至关重要。

(2) 快递物流的流程

快递物流流程主要包括四个环节:收寄环节、快件处理环节、运输环节、投递环节(如图 14-14 所示)。下面对这四个环节的内容及特点进行说明:

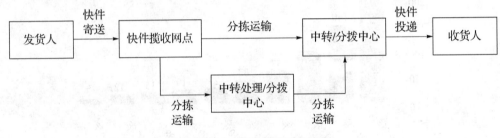

图 14-14 快递物流业务流程

①收寄环节:快递收寄环节的方式有两种:一是快递公司揽收员按客服指派或客户约定,上门取件(上门揽收);二是客户自送到快递公司营业网点,揽收员或营业员对交寄物品进行验视,检查其是否符合运输安全的要求。

②快件处理环节:这个环节是对收寄的快件根据寄达地按路向进行分类(分拣封发),不同快递公司有不同的做法,有些在揽收网点对部分路向的快件进行处理以减缓处理中心压力或加快快件的经转时间,有些是在地区的处理中心/分拨中心对快件进行集中处理以实现规模化效益,这两种处理方式各有优缺点,管理者根据公司对快递处理效益及时效性的平衡决定所选择的具体模式。

③运输环节:该环节是对收寄/处理结束后的快件进行运输,主要分为支线运输(揽收网点—处理/分拨中心)和干线运输(中转处理/分拨中心—处理/分拨中心),运输工具包含火车/高铁(邮政、顺丰、中快运等)、汽车(所有快递公司)、飞机(邮政、顺丰、"四通一达"等)、轮船(主要是邮政等有国际收寄业务的公司)。

④投递环节:该环节是将到达目标城市处理/分拨中心的快件进一步分拣派发到城市内各个快递取货网点(如菜鸟驿站、智能快递柜等)或客户填写的具体收货地址。作

为快递物流"最后一公里"服务的主要表现,投递是成本花费最高也是最影响用户体验的环节。

2) 快递物流信息系统的构建

快递物流信息系统除了具有第三方物流信息系统的一般性功能外,由于其服务对象范围较广以及对时效性要求较高,为客户及快递工作人员提供实时更新的快件状态查询系统成为其重点建设的功能模块。一般情况下,快递管理人员会在收取快件的同时将快递收件信息上传至信息管理系统,系统会自动生成快递物品信息,之后快递物品的信息会随着分拣、运输、投递等过程的进行实时更新,直到送达收件人手中。同时在此期间,客户可以利用快递单号查询快件的即时状态。快递物流信息系统的数据流程如图 14-15 所示。

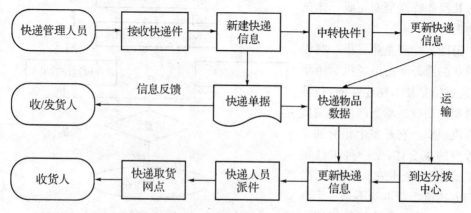

图 14-15　快递物流信息系统数据流程

14.6　第四方物流企业物流信息系统

14.6.1　第四方物流企业概述

1) 定义与内涵

第四方物流(Fourth Party Logistics)是一个供应链的集成商,它调配和管理公司自身以及具有互补性的服务供应商的资源、能力和技术,并提供一整套的解决方案。它是帮助企业实现降低成本和有效整合资源,并且依靠优秀的第三方物流供应商、技术供应商、管理咨询以及其他增值服务商,为客户提供独特的和广泛的供应链解决方案。

第四方物流有三个基本特征。第一个特征是把为企业提供物流服务的行为由多种形态变为一种形态,即变多元化为一元化,变多家物流服务为一家物流服务,并能提供精准的功能齐全的一体化服务。把物流过程集约化,减少流通费用的支出,为物流用户带来价值剩余,使基础物流与传统物流模式得以升华,档次进一步提高,使物流形态发生质的变化。二是它具备调动和协调各种物流资源的能力,对于各种物流技术、网络技术(包括信息监控网络、物流用户网络以及企业内部管理网络等)这种协调、控制、沟通及掌控能力是实现第四方物流服务最本质的内涵。最后一个特征是它能提供计算精确、操作性良好、实用性强并能适应不同需求者特点的物流解决方案。其服务特性是能完成一体化的物流服务。

第四方物流企业是指一些相对独立的服务商由市场机会所驱动,通过信息技术相连接的,在某个时期内结成的动态的能力型虚拟物流组织。它是多个相对独立服务商的集合体,是一种柔性集成系统;成员企业关系呈网络化;第四方物流企业本身不是一个真正的企业,是企业的一种组织形式;第四方物流企业的组建与解

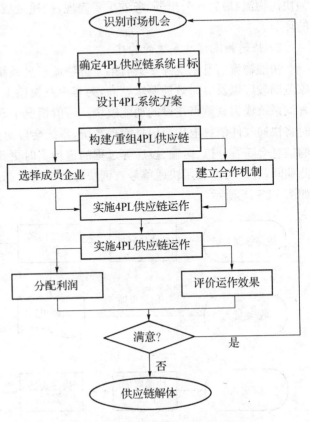

图 14-16 第四方物流供应链运作流程

散主要取决市场的机会存在与消失、原企业可利用的价值;信息技术是第四方物流企业运作的重要技术手段;第四方物流企业具有明显的动态特征。

2) 第四方物流与第三方物流的关系

第四方物流起源于第三方物流,虽然它们的表现形式与内涵不同,但也存在着联系。

第四方物流与第三方物流相比,其服务的内容更多,覆盖的地区更广,对从事货运物流服务的公司要求更高,要求它们必须开拓新的服务领域,提供更多的增值服务。第三方物流独自提供服务,要么通过与自己有密切关系的转包商来为客户提供服务,它不大可能提供技术、仓储和运输服务的最佳整合。因此,第四方物流成了第三方物流的"协助提高者",也是货主的"物流方案集成商"。大多数第三方物流公司缺乏对整个供应链进行运作的战略性专长和整合供应链流程的相关技术。于是第四方物流正日益成为一种帮助企业实现持续运作成本降低和区别于传统的外包业务的关键。

表 14-5 第四方物流与第三方物流的区别

项目	第四方物流	第三方物流
服务目的	降低整个物流供应链的运作成本,提高物流运作效率及服务水平	降低单个企业的物流运作成本
服务范围	提供整个供应链的物流规划与设计方案,负责监控与评估	单个企业的销售或采购物流的部分或全部物流功能
服务内容	企业的战略决策分析,业务流程再造,衔接上下游企业的综合物流解决方案	单个企业的销售或采购物流系统的设计及运作
运作特点	具有多功能的集成化程度较高,物流单一功能运作专业化程度较低	单一功能的专业化程度较低、多功能集成化程度较高
服务能力	涉及管理咨询技能、物流业务运作技能、企业信息平台系统搭建技能、企业变革管理能力	运输、配送、仓储、信息传递、加工等增值服务能力
服务对象	主要针对大、中型物流企业	面向各种类型的企业
与客户的合作关系	战略合作关系	合同契约关系

从表中可以看出第三方物流由于受专业化的限制,只能局限于某些物流功能,难以充分有效地满足客户的全球化、个性化、多样化的需求。而第四方物流由于集成了具有互补性的能力、资源、知识及技术,从战略的角度为客户做出决策,整合每个领域中的"行业最佳"供应商的物流服务,设计综合化的物流方案。

第四方物流与第三方物流联合成为一体和谐地运作,将进一步提高运作效率、降低物流成本,各个物流供应商的利润空间得以大幅提升。第三方物流与第四方物流之间不应存在"你死我活"的关系,而是互补与合作,同时又相互制约和相互促进,相互协调的发展,才能实现物流效率提高和双方共赢的效果。

3) 第四方物流的运作模式

(1) 协同运作模式(如图 14-17 所示)

该运作模式下,第四方物流只与第三方物流有内部合作关系,即第四方物流服务供应商不直接与企业客户接触,而是通过第三方物流服务供应商将其提出的供应链解决方案、再造的物流运作流程等实施。这就意味着,第四方物流与第

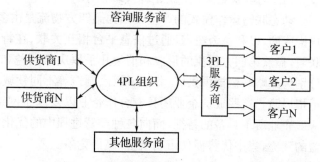

图 14-17 协同运作型第四方物流运作模式

三方物流共同开发市场,在开发的过程中第四方物流向第三方物流提供技术支持、供应链管理决策、市场准入能力以及项目管理能力等,它们之间的合作关系可以采用合同方式绑定或采用战略联盟方式形成。

(2) 方案集成商模式(如图 14-18 所示)

该运作模式下,第四方物流作为企业客户与第三方物流的纽带,将企业客户与第三方物流连接起来,这样企业客户就不需要与众多第三方物流服务供应商进行接触,而是直接通过第四方物流服务供应商来实现复杂的物流运作的管理。在这种模式下,第四方物流作为方案集成商除了提出供应链管理的可行性解决方案外,还要对第三方物流资源进行整合,统一规划为企业客户服务。

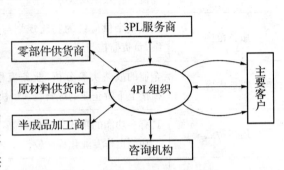

图 14-18 方案集成型第四方物流运作模式

(3) 行业创新者模式(如图 14-19 所示)

行业创新者模式与方案集成商模式都是作为第三方物流和客户沟通的桥梁,将物流运作的两个端点连接起来。两者的不同之处在于:行业创新者模式的客户是同一行业的多个企业,而方案集成商模式只针对一个企业客户进行物流管理。这种模式下,第四方物流提供行业整体物流的解决方案,这样可以使

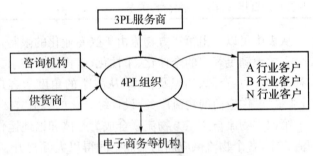

图 14-19 行业创新型第四方物流运作模式

第四方物流运作的规模更大限度地得到扩大,使整个行业在物流运作上获得收益。

(4) 动态联盟模式(如图 14-20 所示)

动态联盟运作模式的产生是因为第四方物流是由多个独立的服务提供者和多个客户构成的,以利益为纽带,通过信息平台相互关联、在特定时期形成的一个供应链战略联盟,显然第四方物流的形成和消失几乎取决于利益和市场机会是否存在。成员企业分别为战略联盟提供供应、分销、设计、制造等不同领域的核心服务,以获取利润并共同承担风险。这些成员企业还具有合作企业以及基于网络的全球伙伴关系的特征,这是一般企业所不具备的特征,面向各种经营过程中的优化组织特征,能够快速实现战略联盟的建立,集中优势抓住市场机会,赢得竞争。

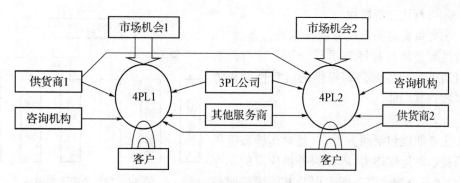

图 14-20　动态联盟第四方物流运作模式

14.6.2　第四方物流企业物流信息系统

1) 第四方物流企业物流信息系统的构建

第四方物流企业的构建需要紧密关注市场机遇，识别机遇，获取机遇。需要遵循如下原则：时效性原则、真实性原则、适用性原则、风险评估原则。第四方物流企业信息系统功能需求包括：供应链管理需求、一体化物流需求、供应链再造，整合上下游产业需求。

2) 第四方物流企业物流系统的基本模块功能

（1）客户管理子系统

主要职能是代表第四方物流与客户进行沟通和协商，将订单管理的功能具体化，设立客户服务、合同谈判、可行性分析。其中包括：

①客户服务模块（如图 14-21 所示）

主要包括两个方面：一是接收客户订单、验证客户身份、确认并管理订单信息以及客户对物流服务咨询与反馈、对物流业务执行情况查询等工作，使顾客可以适时、适地、适量、准确地

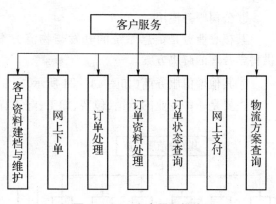

图 14-21　客户服务模块

收到货物，并对顾客提供定购货物的即时消息和物流咨询。二是客户基本信息管理，即客户的地理位置，货物种类，运输要求，订单情况，仓储要求，需要代办的其他服务等。

②合同谈判模块（如图 14-22 所示）

主要负责与客户协商调整订单内容及合同谈判。可以完成全部合同资料的产生、新增、删除、修改、查询、审核及打印等任务。合同处理包括合同金额执行、合同执行情况汇报表、合同金额执行汇总表、合同到期款项列表，对于合同处理执行情况，应付款、已付款和未完成合同的各项统计可以做到一目了然。

③可行性分析模块

主要负责对物流任务的技术可行性、时间可行性和经济可行性等进行分析。可行性分析可通过管理咨询公司提供的可行性分析方法来履行其职能。

(2) 资源管理子系统

主要职能包括两方面,一是对运输服务供应商提供的运输能力、库存服务供应商的库存能力、第三方物流服务能力以及其他增值服务商等物流资源的管理;二是对管理咨询公司、IT公司等物流服务支持商的管理。

①第三方物流服务模块(如图14-23所示)

主要包括3PL的地理位置、运营业务范围、运输工具、运输路线、仓储能力、代办服务种类等。

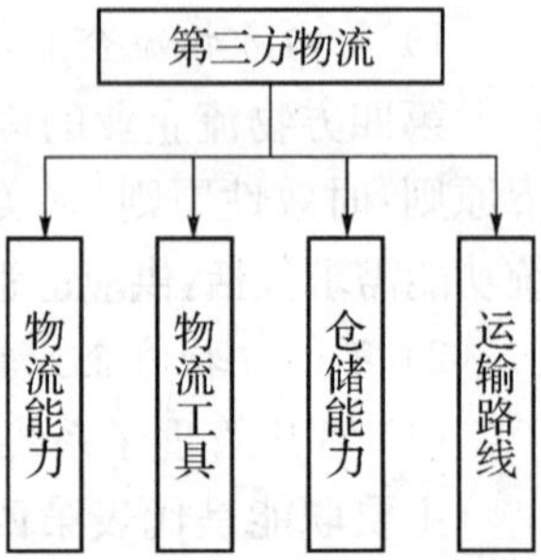

②管理咨询公司服务模块

主要从事物流评审、物流规划、物流顾问、系统实施及物流培训等方面的业务,能够帮助企业做出科学的规划和管理。

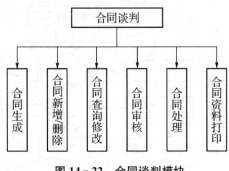

图14-22 合同谈判模块

③公司服务模块

其核心业务是信息系统的开发与物流方案的设计,提供科学合理的解决方案。

图14-23 第三方物流模块

④其他增值服务商(如图14-24所示)

主要是一些专业的营销、包装、加工、配送、运输、库存等服务商。

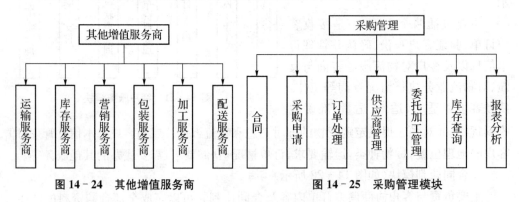

图14-24 其他增值服务商　　　　图14-25 采购管理模块

(3) 采购管理子系统(如图14-25所示)

采购管理子系统主要负责的是与上游供应商之间的交互业务,该模块设计的目的在于向采购人员提供一整套快速准确的工具来向合适的供应商适时适量地下达采购请求,以使商品能在出货之前准时入库避免缺货和过多库存情况发生。采购管理模块包括的主要功能有商品需求数量的统计、供应厂商的询价、交易条件的讨论、经济定购批量的计算以及针对货品需求项目向供应商下达采购订单和跟踪行为等。采购管理模块功能主要有:库存控制、交货日期控制、厂商信息收集。

(4) 任务管理子系统

主要职能是负责物流任务的设计、分解、组合、控制及监督等工作。子系统设立二个模块从事具体事务的处理,分别有任务执行、任务监督。

①任务执行

负责将执行方案中的子任务分配给指定的运输服务供应商、库存服务供应商以及其他物流联盟。由承担的物流供应商提出反馈意见,确定后签订协议,开始相关的物流计划。

②任务监督

负责监督物流任务的执行情况。

(5) 协同管理子系统

主要职能是协调 4PL 中的物流作业或者成员企业之间的矛盾和冲突。

①合作与信任机制

合作与信任机制是 4PL 供应链联盟顺利运作的前提和基础。基于信任的合作可以增强联盟各方之间的透明度,减少交易费用,使联盟各方以更加积极主动的态度进行合作,实现资源的有效整合和利用。

②沟通与协调机制

由于各企业在组织规模、管理理念、运作模式、组织文化等方面存在着差异,因此合作伙伴的冲突不可避免,这就需要成员进行有效沟通和协商,以便服从联盟的整体利益。根据矛盾和冲突的来源,可以分为时间协调、资源协调、冲突协调。时间协调负责计算物流作业需消耗的时间及合理地安排各个物流环节的起止时间;资源协调负责根据物流作业挑选最适合的运输服务和库存服务等供应商,以实现资源利用最大化;冲突协调负责处理各种矛盾和冲突,避免因矛盾和冲突化而影响 4PL 的运作。

③收益与风险分配

供应链协同的成功运作必须以公平、合理的收益分配方案的制订为基础。收益分配是指协同各方成员从供应链总体利益中根据各成员企业在物流作业中所承担的任务以及物流服务的质量分得自己所应分的部分,能避免各企业因利润分配不公而产生矛盾和冲突。此外,供应链企业进行协同的一个重要目的就是在整个供应链上分配风险,减少自己独立承受风险的压力。

④风险防范机制

4PL 模式下的供应链联盟的风险比单个企业面临的风险更为复杂。它除了具有一般企业所面临的风险/如市场风险、自然风险、金融风险等之外,还具有由于联盟而产生的风险,如联盟企业由于联络渠道不畅而产生的沟通风险;由于组织文化或管理模式的不适而发生的组织与管理风险;由于合作伙伴承担的利益和风险不匹配而产生的激励风险;由于伙伴的突然退出而产生的流动性风险等。因此,风险防范机制是基于4PL的供应链运行的稳定剂,有必要建立完善的预警机制。为此,应建立4PL企业风险管理的信息传输和处理系统,收集风险信息及相关知识,并对风险进行合理预测;建立风险管理的预警预测系统,尽可能在源头上予以消除或进行有效控制;分析评估先前风险,强化风险意识,以提高对未来风险的控制能力;在预警系统做出警告后,应急系统及时对紧急、突发的事件进行应急处理,以减小或避免给供应链节点企业之间带来的严重后果。

(6) 财务管理子系统

主要职能是预算与管理4PL中物流作业的物流成本以及分配企业利润。包括:各项费用,如仓储费用、运输费用、装卸费用、行政费用、办公费用的结算,与客户应收、应付款项的结算,与物流服务供应商IT公司、咨询公司等利润分配。系统将根据合同、货币标准、收费标准并结合相关物流活动自动产生结算凭证,为客户提供完整的结算方案和统计分析报表。财务管理子系统功能结构图如图14-26所示。

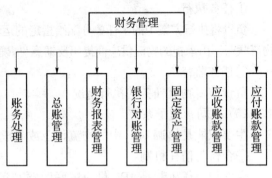

图14-26 财务管理模块

(7) 优化评价子系统

①4PL供应链解决方案优化(如图14-27所示)。

该模块能够对客户的物流任务进行设计、分解、组合和优化。对于物流路径的优化,4PL供应商需要根据当前的物流信息建立适当的网络模型,通过智能系统、专家系统的决策分析,根据客户的实际需求产生若干个备选运输路线、设计最优的供应链的解决方案,降低运输的空驶率和运输成本。对备选的各方案中的物流供应商进行选择,并与客户进行适当的交流调整,然后确定最终的物流方案。其中,方案设计中的执行方案是从管理咨询公司提供的可行方案中选择出来的。

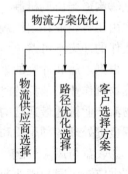

图14-27 物流方案优化模块

②3PL供应商选择

在3PL供应商评价的基础上,分析物流成本、物流时间和物流质量等,最后对3PL供应商做出综合选择。

③绩效考核

绩效考核除了能反映各项运营管理策略制定的正确性、计划的执行效果之外,还能为分析政策、管理及实施方法修正提供依据。4PL企业的绩效管理的内容如下:业务人员管理考核、供应商管理考核、订单处理绩效核评、库存服务评核、运输服务绩效分析、第三物流绩效分析。

(8) 系统维护

系统提供对安全管理的支持,包括数据备份、数据恢复、系统设备、系统工具箱、文档管理等内容。安全管理对系统参数和系统安全进行管理,包括系统权限管理/组、角色、用户多级安全管理、功能权限和数据权限设定、系统配置设定、系统日志跟踪与记录等,保障系统正常运行。

复习思考题

1. 你了解我国公共物流信息平台的建设现状是什么样的?
2. 公共物流信息平台包括哪些功能需求?其建设运营模式有哪些?
3. 电商企业物流信息系统具有哪些特征?
4. 详细论述第三方物流企业物流信息系统的特性、设计目标和系统分类。
5. 快递物流信息系统的数据流程是什么样的?
6. 第四方物流企业物流系统的基本功能模块有哪些?

15 物流信息系统案例分析

学习目标

- 了解南方现代物流公共信息平台的设计方案
- 了解京东物流信息系统的模块结构
- 了解某汽车零部件制造生产企业 R 公司实施 ERP 的过程
- 了解互联网外卖订餐平台的订餐流程
- 了解安得物流供应链管理信息系统的功能模块结构
- 掌握菜鸟网络的运作模式

15.1 公共物流信息平台案例：南方现代物流公共信息平台

15.1.1 南方现代物流公共信息平台概述

1）南方现代物流公共信息平台介绍

南方现代物流公共信息平台是中国首个跨区域、跨行业、综合性、国际化的物流信息平台，它以珠三角地区为基础、泛珠三角地区为依托，利用计算机、网络、通讯、无线射频识别、地理信息系统和卫星导航等现代信息技术，对物流作业、物流过程和物流管理公共环节所涉及的各部门物流信息进行采集、分类、筛选、储存、分析、评价、反馈、发布、管理和控制，实现标准化处理、共享与交换，提供面向区域的公共信息服务。平台将物联网应用、数据和政府等要素串联了起来，打通各个节点，是促进南方地区物流现代化发展的共性基础平台。

2）南方现代物流公共信息平台建设背景

（1）虽建有部分物流信息平台，但互联互通较弱，需要一个公共平台整合资源，减少物流中间环节，降低成本，提高效率；

(2) 企业的信息化水平不同,信息独立分散,需要一个公共平台提升信息化水平,解决它们上下游之间的信息交换,为企业的发展提供完整的供应链解决方案;

(3) 政府职能部门环节较多,需要一个公共平台提供"一站式"电子政务,提高职能部门对物流的监管力度;

(4) 广东经济和信息都比较发达,但是没有一个完整的区域信息平台服务于行业和企业的上下游对接并实现国际对接,需要一个区域共享平台来提升区域整体服务水平。

3) 南方现代物流公共信息平台目标定位

(1) 以粤港澳为核心、珠三角为基础、泛珠三角为依托,打造以广佛肇、深莞惠和珠中江为中心的珠三角物流信息交换中枢网络,提升信息整合、资源共享、供应链优化与自动跟踪的物流环节服务能力;

(2) 开展工商、税务、海关、外经贸、检验检疫等跨部门物流协同管理,推动基础信息资源开发,加快公路、铁路、港口、机场等物流运输系统"一站式"信息建设,完善物流和制造、商贸、消费、公共服务等领域的信息互联互通;

(3) 推进平台与全国及国际特别是亚太相关物流公共信息平台的对接,实现物流全球可视化服务,提升行业水平和国际竞争力,最终实现区域提升和产业转型的目标。

15.1.2 南方现代物流公共信息平台设计

1) 南方现代物流公共信息平台建设内容

道路	铁路	水运	航空	大通关	物流园区	金融服务	多式联运	八类行业应用接入
物品编码标准	物流信息共享交换		信息安全及隐私保障		物联网IP组网	云计算		五个共性关键技术
广佛肇—广州			深莞惠—粤东			珠中江—粤西		三个主节点
统一编码解析和政务职能审批交换中心				基于数据库的搜索服务与国际互联中心				两个支撑

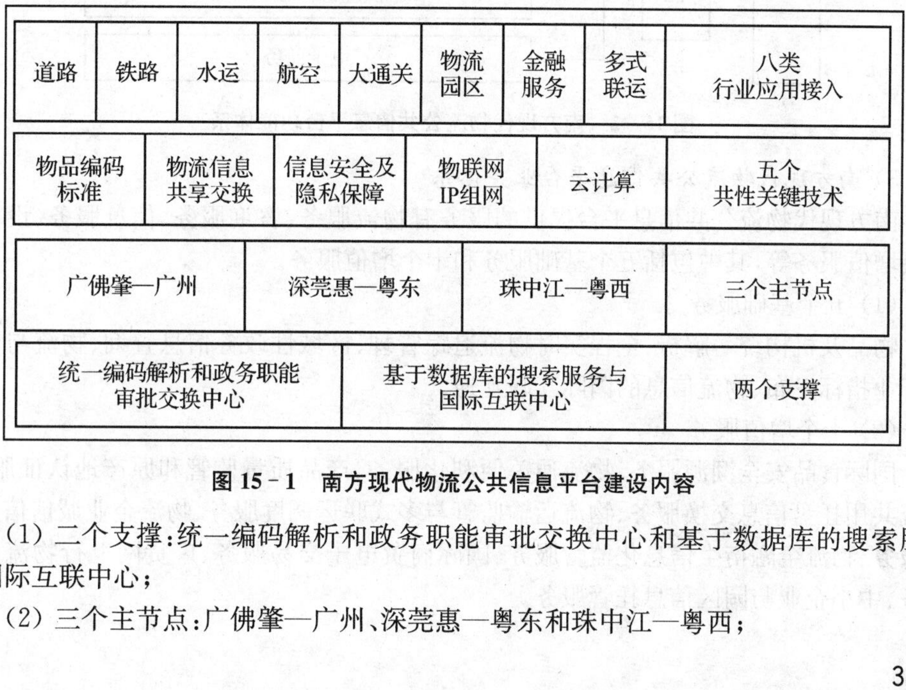

图 15-1 南方现代物流公共信息平台建设内容

(1) 二个支撑:统一编码解析和政务职能审批交换中心和基于数据库的搜索服务与国际互联中心;

(2) 三个主节点:广佛肇—广州、深莞惠—粤东和珠中江—粤西;

(3) 五个共性关键技术：物品编码技术、物流信息共享交换、信息安全及隐私保障、物流网IP组网和云计算等技术；

(4) 八类"一站式"行业应用：道路、铁路、水路、航空、大通关、物流园区、金融服务和多式联运。

2）南方现代物流公共信息平台功能模块

南方现代物流公共信息平台的主要功能分为基础功能和增值功能，如图15-2所示：

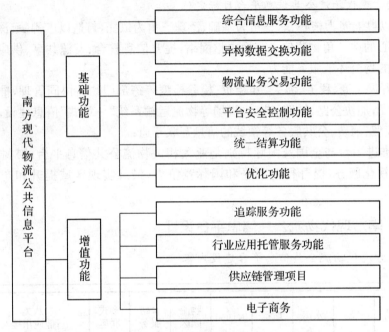

图15-2　南方现代物流公共信息平台功能体系

3）南方现代物流公共信息平台业务体系

南方现代物流公共信息平台提供的服务有物流服务、咨询服务、信息服务、设备服务及增值服务等，其中包括五个基础服务和十个增值服务。

(1) 五个基础服务

物品及机构统一解析、全程实时物流追踪管理、区域性政务信息查询、物流与信息化行业指标发布、物流信息的国际互联互通。

(2) 十个增值服务

国际食品安全溯源服务、物流通关便利化服务、产品质量监管和原产地认证服务、物流共用托盘信息交换服务、物流运输监管与多式联运调度服务、物流企业诚信信息发布服务、物流金融衍生信息化监管服务、国际商贸电子交易服务、广货网上行物流支持服务、中小企业与园区信息托管服务。

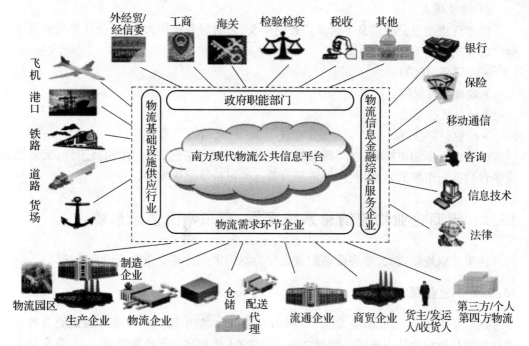

图 15-3 南方现代物流公共信息平台业务体系

15.1.3 南方现代物流公共信息平台建设实施

1）南方现代物流公共信息平台建设原则

（1）顶层设计，分步建设

在顶层设计的基础上开展系统建设，先易后难，实现项目滚动发展效果；

（2）应用导向，规模发展

以需求为导向，在珠三角建立现代物流服务体系和产业化基础，推动区域经济社会发展；

（3）地市参与，形成联动

通过建立"省牵头"＋"地市参与"＋"应用与企业配套"的联动机制，形成"一石激起千层浪"的整体推动和"协调委员会"的协同机制；

（4）资源整合，实现共享

以南方现代物流公共信息平台为中间环节，整合成熟的物流信息资源和应用系统，在推广典型行业供应链的基础上，实现资源共享和优化；

（5）国际合作，互联互通

部省合作，共同立项，避免了零散立项、松散开发和无序建设的局面；

（6）自主创新、安全机制

采用自主创新和自主可控原则，形成核心竞争优势。

2) 运营模式

南方现代物流公共信息平台采用政府牵头、公共服务机构为主体、企业参与和国际合作的模式。

- ➢ 政府部门统筹
- ➢ 政策法规保障
- ➢ 经济效益驱动
- ➢ 行业引导扶持

政府监督下的市场化运作,既可兼顾平台的公共服务性、中立性和公正性,又可实现平台功能与市场的紧密结合,保证平台营运的可持续健康发展。

15.2 电商企业物流信息系统案例:京东物流信息系统

这里选取规模较大、发展成熟的京东作为案例来探讨其企业物流信息系统。

15.2.1 企业概况

京东是中国 B2C 市场最大的 3C 网购专业平台,是中国电子商务领域最受消费者欢迎和最具影响力的电子商务网站之一。自 2004 年涉足电子商务领域以来,京东网上商城一直保持高速成长,在线销售家电、数码通讯、电脑、家居百货、服装、母婴、图书、食品、在线旅游、理财等 16 大类百万种商品。京东在 2012 年的中国自营 B2C 市场占据 49%的份额,凭借全供应链继续扩大在中国电子商务市场的优势,已经建立华北、华东、华南、西南、华中、东北六大物流中心,同时在全国超过 360 座城市建立核心城市配送站。

京东拥有高效的供应链体系。继推出"京东快递"开放物流平台后,又推出了供应链金融服务,面向供应商提供贷款,其涉及的领域包括收购第三方支付网银在线,上线数字音乐和应用平台,推出网游、在线旅游、医药电商等等。

15.2.2 京东企业物流信息系统

京东的物流是其核心竞争力之一,包括整个链中从供应商到客户的产品流动和退货、产品回收等反向流动等。它拥有一套复杂完整的物流信息系统——青龙系统。

整个青龙系统模块结构主要由:整体系统架构+核心子系统组成。

1) 整体系统架构

主体架构上,整个青龙系统成为京东物流的内核,前段接口开放给所有平台,下面直接开放到内部的物流运营机构和第三方物流企业,如图 15-4 所示。

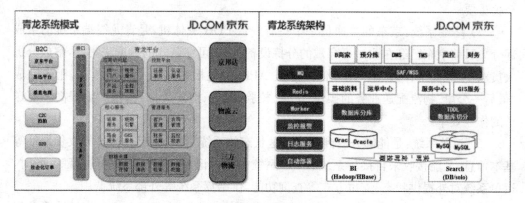

图 15-4　青龙系统模式和系统架构图

2）核心子系统模块

青龙系统的核心子系统是由 6 大核心结构组成，涉及对外拓展、终端服务、运输管理、分拣中心、运营支撑、基础服务组成。

图 15-5　青龙系统核心子系统结构图

在这 6 个核心模块中，实现京东快速物流配送的核心要归功于预分拣子系统。预分拣是承接用户下单到仓储生产之间的重要一环，预分拣的准确性对运送效率的提升至关重要。

（1）终端系统：京东的快递员手中持有一台 PDA 一体机，是青龙终端系统的组成部分。目前京东已经在测试可穿戴的分拣设备，推行可穿戴式的数据采集器，解放分拣人员双手，提高工作效率。此外像配送员 APP、快递柜系统也在逐步覆盖，用来完成"最后一公里"物流配送业务的操作、记录、校验、指导、监控等内容，极大地提高了配送员的作业效率。

（2）运单系统：是能够查看到货物运送状态的系统，它既能记录运单的收货地址等基本信息，又能接收来自接货系统、PDA 系统的操作记录，实现订单全程跟踪。同时，运单系统对外提供状态、支付方式等查询功能，供结算系统等外部系统调用。

（3）质控平台：京东对于物品的品质有着严格的要求，为了避免因为运输造成的损坏，质控平台针对业务系统操作过程中发生的物流损坏等异常信息进行现场汇报收集，由质控人员进行定责。质控系统保证了对配送异常的及时跟踪，同时为降低损耗提供质量保证。

（4）监控和报表：为管理层和领导层提供决策支持，青龙系统采用集中部署方案，为全局监控的实现提供了可能。集团可以及时监控各个区域的作业情况，根据各环节顺畅度及时统筹安排。

（5）GIS 系统：基于这套系统，青龙将其分为企业应用和个人应用两个部分，企业方面利用 GIS 系统可以进行站点规划、车辆调度、GIS 预分拣、北斗应用、配送员路径优化、配送监控、GIS 单量统计等功能，而对于个人来说能够获得 LBS 定位服务、订单全程可视化、预测送货时间、用户自提、基于 GIS 的 O2O 服务、物联网等诸多有价值的物流服务，通过对 GIS 系统的深度挖掘，使物流的价值进一步的得到扩展。

15.3　生产制造企业物流信息系统案例：某汽车零部件制造商 ERP 实施案例

现代的 ERP 系统具有高度集成的特征，其管理思想的核心是实现对整个供应链和企业内部业务流程的有效管理。对于生产制造企业而言，其物流信息的管理自然也是被囊括在 ERP 系统的功能之中的（详见 13.1 节和 14.3 节）。本节将选取上海某汽车零部件制造生产企业的 ERP 实施过程作为生产制造企业物流信息系统的案例。

上海 R 公司是一家汽车零部件制造生产企业，成立于 1995 年。公司业务遍布全国各大汽车生产基地以及欧美等多个国家和地区。公司在美国底特律设有北美分公司，在国内多个城市设有分支。公司 2014 年产值超过了 12 亿人民币，拥有 3 000 余名员工。

15.3.1 企业引入 ERP 系统的必要性

R公司在金融危机后借着国家的政策扶植,得到了快速的发展,2010年的产值较前一年几乎翻了一番。高速的发展也使得公司暴露了一些管理上存在的问题,而这些问题都可以通过引入 ERP 系统来解决。

表15-1 R公司存在的管理问题及 ERP 系统的解决方案

项目	存在的问题	ERP 系统解决方案
产品数据管理	产品数据量过于庞大,手工管理效率低下,已无法适应公司快速发展的步伐,并造成了管理成本居高不下	ERP 系统有强大的数据存储功能,且各模块数据之间可以实现有效集成与共享,产品数据可以同步更新
仓库记账管理	人工记录收货、发货和汇总登记存货账目的方式,录入出错的概率大大增加,且无法识别先进先出和库位管理	系统自动生成库存单据,效率大大提高,而且系统会自动识别批号和库位管理,并在材料和产成品出库时自动识别先进先出
统计和核算	手工核算效率低下,人员大幅度增加,工作效率和正确率也无法有效保证	系统可以实现原材料的自动核算,在基础数据正确的情况下核算的正确率也会远高于手工核算
实时化考核数据	无法为考核材料消耗提供依据,手工记账无法考核各车间产品的消耗,材料浪费严重,无法追溯到相关责任人	领料单根据材料定额自动生成,超过定额标准的仅能通过超额领料单来完成领料,有利于企业进行实时化考核和成本控制
公司流程管理	由于公司快速发展,工作量的大幅度增加,工作人员常常顾此失彼,流程运行常常处于失控的状态。	系统固化流程,保障了公司流程的有效推行

除此以外,实施 ERP 也是汽车行业发展的趋势所在,主要体现在如下几个方面。

(1) 数据共享的要求

协调各部门的业务,有效地整合公司资源,加快存货流转效率,使公司各部门成为相互协作的整体,这些都依赖于数据的高效共享。

(2) 客户厂商的要求

成为国内外各主机汽车厂商的 A 级供应商是 R 公司一直以来的目标,而成为 A 级供应商的必要条件就是公司的主要原材料和产成品必须实行批号和库位管理,存货流转批号实行先进先出的方式。ERP 系统可以满足主机厂商对于 A 级供应商库存管理的要求。

（3）成本控制的要求

借助于 ERP 系统，公司可以大大提升工作效率，降低工时、物料和仓储等浪费并可以减少不必要的人力资源。从而降低成本，提高竞争力。

（4）流程运行的要求

ERP 系统能够帮助企业严格执行相关制度和工作流程，使得企业生产过程能够更加规范化和制度化，降低了企业的经营风险，提高员工的整体素质。

15.3.2　ERP 项目的实施过程

R 公司在实施 ERP 的过程主要如图 15-6 所示。

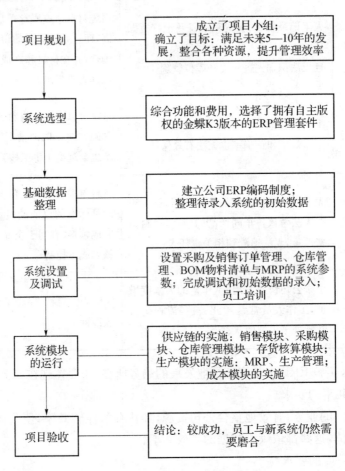

图 15-6　R 公司 ERP 的实施流程

实施了 ERP 之后,各个模块的运行情况如表 15-2 所示。

表 15-2　ERP 系统各模块运行情况

模块	子模块	运行情况	验收评价
供应链	销售	销售订单与成品各类单据关联,生成销售发票;与应收相关联,通过核销自动生成应收账款账龄分析	合格
	采购	采购与仓库模块关联,建立采购价格库,自动进行暂估入库和采购发票,自动生成暂估差异补差单;与应付相关联,提升供应商管理水平	合格
	仓库	自动识别库位和批号管理以及先进先出,自动生成入库单,红字入库单也可自动生成	合格
	存货核算	原材料和成品出库自动通过移动加权平均进行核算,所有存货凭证可自动生成,减轻了工作量,并使总账数据与供应链数据相关联,保证了存货数据的正确性	合格
生产模块	MRP	自动核算出物料需求和采购计划,定额控制领料	合格
	生产计划	通过销售订单可以自动生成生产任务单,通过生产任务单得到物料需求计划,并通过生产任务单安排各车间进行生产	合格
	生产工序	各产品的加工工序进行控制;半成品管理存在编码串码、错码的情况	须整改
成本模块	—	通过一次性投料,直接核算出产成品的总成本(料、工、费),各工序的成本计算准确率有待提高	基本合格

15.3.3　引入 ERP 系统后的效果

ERP 系统引入后,R 公司的数据集成度和即时性得到了很大的提升,流程得到了严格执行,对各单位也能进行实时化考核,解决了信息孤岛问题。财务核算、业务报表、价格管理控制及成本控制都能自动完成并能严密监控,降低物料的损耗。更进一步,ERP 的引入也为公司带来了更为先进的理念,并能满足下游企业对供应商的高标准要求,极大地提升了竞争力。

值得注意的是,ERP 实施以后,公司的一些隐藏甚至是人为隐匿的问题得到了暴露。生产计划工作薄弱、材料浪费、外协件管理繁琐且缺乏监控的问题得到了暴露,这也引起了公司高层的重视。很多过去手工记账的过程改为 ERP 系统记录后,篡改记录等舞弊行为也从根源上被杜绝。经过对症下药，R公司在销售、采购、存货、生产计划、财务等方面取得了很大的进步。

15.4　服务企业物流信息系统案例：互联网外卖订餐平台

随着移动互联网经济的兴起，各式各样的服务业也乘着"互联网+"的东风，提升了其信息化水平。本节将选取餐饮业近年来兴起的互联网外卖订餐平台作为案例，分析服务企业及其物流与信息的特点。

15.4.1　平台兴起背景

传统模式的小型餐饮店，业务主要是堂食和打包，如果自身有配送能力也会有一些外卖的业务。外卖的订餐主要靠电话订餐，在菜品选择上有很大的限制。商家往往只能用发传单的方式进行低效的推广。在外卖的配送环节，商家基本只能依靠店家自身的人力资源，在用餐高峰时段，很难保证人手足够，订单完成的时间也普遍较长。由于信息不畅，外卖所占的比例较低，单次外出送餐所完成的订单量较小，配送效率很低。

另一方面，在订餐平台兴起的前几年，移动互联网和第三方支付等技术与设备的普及，也为订餐平台的发展提供了技术基础。

15.4.2　平台的订餐流程

商家在平台上发布菜单、优惠等信息，用户在平台上挑选、订餐并使用第三方支付来付款。用户下单、商家接单、送餐员抢单，订单信息的传递一气呵成。外卖订餐平台充分整合了原本零散的小型餐饮店的外卖业务，打通了客户与商家的信息通道，还大大提升了配送效率。外卖平台再分别针对用户和商家给出一定的补贴，以提高平台的活跃度。

在配送环节，商家可以自行派出人员送餐，也可委托外卖平台负责送餐。借助于订餐平台，商家外卖的业务量占比显著提高，自行配送的商家也能在短时间内积累较多订单，少量的几次外出即可完成配送。而订餐平台的职业送餐员可以通过APP抢到附近的送餐订单，抢单成功后前往对应商家取餐，再送到用户手中。整个过程中，用户、商家、送餐员之间都可以通过电话保持沟通，用户还可以在线上催单并获得反馈。对于外卖平台负责配送的订单，用户还可以通过APP了解送餐员的实时位置。而在订单完成后，用户还能对包括配送在内的服务做出评价。

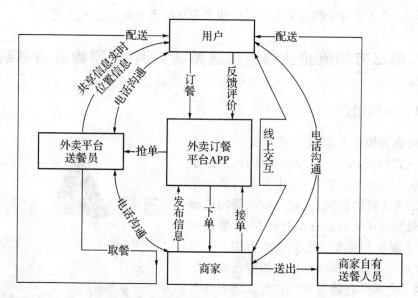

图 15-7 互联网外卖订餐流程

15.4.3 分析与评价

外卖订餐平台能够取得巨大的成功,很大程度上是由于针对服务业及其物流与信息的特征,做出了针对性的设计。

服务业具有过剩的需求和过剩的供给并存、供给者地区集中、零碎性的特点(详见14.4节)。餐饮业在用餐高峰时间业务会非常繁忙,但在其他时段却相对清闲,针对这一特点,外卖平台招收了很多的兼职送餐员,只在用餐高峰时段工作。由于订餐平台主要基于用户的位置来提供附近的商家,这在一定程度上打破了供给者地区集中的现象,很多商家也因此会选择离开商业中心而搬迁至租金更低廉的居民区。以小型餐饮店为代表的服务业普遍规模小,外卖配送的业务很零碎,而订餐平台最大的特点就是集中了大量的小商家,并运营专业的送餐团队,整合了零碎的资源。

服务业对服务水平要求高,其信息以销售物流信息为核心,动态性强、种类多且流动量大(详见14.4节)。针对服务水平要求高,订餐平台优化、规范了配送服务流程,做出了"准时达"、"过期赔付"等承诺,结合用户的评价体系,使得用户体验得到了显著提升。外卖平台整合了餐饮业物流信息的核心——销售物流,利用互联网打通了信息通道,使得用户、商家、送餐员之间的订单信息能实时共享、更新,即时处理动态、丰富、流动量大的物流信息。除此以外,利用大数据技术,平台还能分析、综合出更具价值的物流信息,反过来能促进整个系统的进一步优化。外卖平台还借此拓展了业务,利用其物流系统开展同城快递等服务。

互联网外卖订餐平台的兴起,改变了餐饮业的格局。许多小型餐饮店的业务结构发生了质的变化,提升了服务品质,促进了行业的发展,做大了这块蛋糕。由此可见,先进的物流信息系统对于包含有形产品的服务业具有重大而深远的意义。

15.5　第三方物流企业物流信息系统案例:安得物流信息系统

15.5.1　公司简介

安得物流股份有限公司是由美的公司控股的第三方物流,成立于 2000 年 1 月,是最早的现代化大型物流企业之一,主要为各类快速消费品的企业提供仓储、运输及配送等物流服务。安得物流在全国各省市拥有 83 个物流中心,176 个服务平台,管理超过 500 万平方米的仓库,且在全国各地都拥有强大的后备仓库资源,能满足全国性仓储需求。安得物流能够强力整合公路、铁路、海运的运输资源,实现多种运输模式组合,通过建立高效的协调机制和信息集成,实现客户需求与运输资源的最佳配合,货量的持续增长和货源的结构匹配,促进

图 15-8　安得物流芜湖总部

了更低成本、更高效率的运输服务。安得物流可调用车辆 8.6 万辆,在全国分布有 3 000 多个最后一公里送装网点,可以为 2 869 个县区提供送装一体化服务。

安得物流连续多年被中国物流与采购联合会评为"中国物流杰出企业",授予"国家 5A 级物流企业"资质证书,同时鉴于企业在物流信息化建设方面取得的成绩,中国国际电子商务中心为安得物流颁发了"互联网＋创新竞争力信用企业"评定证书。

15.5.2　安得物流信息系统建设

安得物流公司在成立之初,信息系统的应用相对落后,随着业务量的逐渐拓展,落后的信息系统对企业的运作与管理产生了不利影响,主要表现在:

- 信息传递慢,不能按客户要求进行送货;
- 缺少监控手段,管理部分失控;
- 信息传递容易失真,造成大量的操作错误;
- 无法对管理的资产状况实时汇总,造成大量错单;
- 工作效率低下,成本控制难度较大。

为了解决上述问题,提高企业运营效率,2004 年 7 月,由安得自主研发的安得物流供应链管理信息系统(ALIS)正式投入使用,一开始该系统中仅有仓储管理一个功能模块,但是随着系统开发的不断深入,越来越多的功能模块被吸纳入 ALIS 中,包括订单处理模块、运输模块、配送模块、财务管理模块、人力资源管理模块、合同管理模块、保险

管理模块、接口系统决策分析、计划管理模块等。ALIS 在运用过程中追求信息准确性、全面性和实时性。在公司信息的快捷传递中功不可没,成为网络化运营不可或缺的工具。ALIS 不但很好地解决了自身内部的信息互联互通的需要,还能与客户、供应商、GPS 系统等外部信息系统进行电子数据交换。另外,ALIS 的决策分析模块也是其独特的地方,为自身内部管理效率提升和客户服务方面不断创造价值。

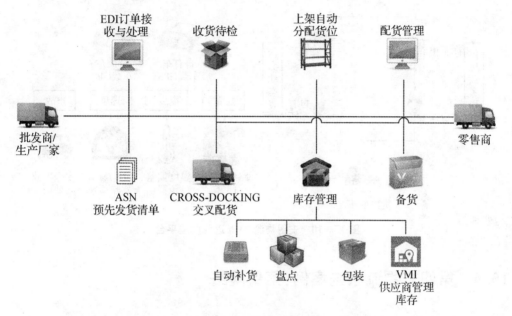

图 15-9 安得物流 ALIS 仓储管理模块(智能云仓)

除此之外,安得物流公司还先后开发了"远程视频监控系统"、"GPS 车辆管理系统"、"网络办公平台"等系统,为提升管理效力与提高客户服务价值的方方面面保驾护航。

"远程视频监控系统"和"GPS 车辆管理系统"是公司远程运营监控和管理的重要系统。目前"远程视频监控系统"和"GPS 车辆管理系统"已经完成了与 ALIS 的无缝对接。针对物流信息的特点,在不能使用 GPS 等电子手段的情况下,安得物流建立了综合信息处理的呼叫中心,这一举措还荣获了"美国供应链管理专业协会最佳案例奖"。

"网络办公平台"作为公司内部管理的有效手段,通过集成短信,文件审批等功能,为公司信息的快捷传递起到了十分重要的作用,如今已是公司文化传播的重要载体,是网络化管理的重要屏障。

安得的物流信息化建设始终以框架为基础,坚持整体设计、分步开发、分步实施的原则,采用模块设计方式,开发完成一个模块实施一个模块,避免求大求全。软件开发坚持以实用为本,避免片面追求功能或技术先进,以免导致投资浪费、项目周期加长、应用性降低等问题。通过建立响应客户需要及适合公司业务向前发展要求的物流信息系统,安得物流能够在激烈的物流市场竞争环境下不断发展壮大,为客户提供安全仓储、快准运输、精益配送等优质物流服务。

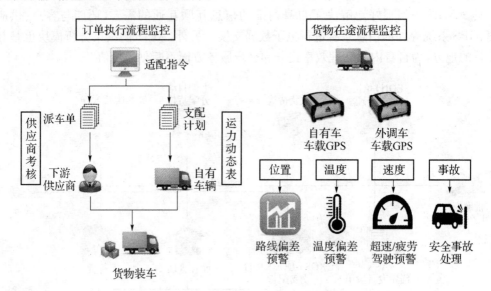

图 15-10 安得物流 24 h 远程监控平台

15.6 第四方物流系统案例:菜鸟网络

15.6.1 菜鸟网络的兴起背景

随着经济结构的发展与升级,网购消费者关注点逐渐从价格转移至电商综合服务质量上来,以京东为代表的 B2C 电商重资产自建物流,改善了用户体验,平台交易规模增速超越阿里。从国家邮政局统计的数据来看,京东、1 号店、世纪卓越等电商自建快递的投诉率远低于三通一达,自营物流的电商在末端服务上对阿里构成巨大压力。面对庞大且高速增长的市场需求和竞争者压力,短时间内自建物流系统几乎不可能,因此,阿里选择通过整合物流全产业链资源,保持商业优势;建立分布式仓储提升全网运作效率;主导下游快递行业,借助自身商业、数据优势提高最后一公里服务品质的方式进行自我优化。菜鸟网络应运而生。

菜鸟网络是 2013 年 5 月 28 日,阿里巴巴集团、银泰集团联合复星集团、富春集团、顺丰集团、三通一达(申通、圆通、中通、韵达),以及相关金融机构合作各方共同组建的"菜鸟网络科技有限公司"。菜鸟网络专注打造的中国智能物流骨干网将通过自建、共建、合作、改造等多种模式,在全中国范围内形成一套开放的社会化仓储设施网络。同时利用先进的联网技术,建立开放、透明、共享的数据应用平台,为电子商务企业、物流公司、仓储企业、第三方物流服务商、供应链服务商等各类企业提供优质服务,支持物流行业向高附加值领域发展和升级。最终促使建立社会化资源高效协同机制,提升中国社会化物流服务品质。

表 15-3 菜鸟网络的形成因素

行业趋势	B2C 是行业发展大趋势,提供构建物流的需求与机遇
弥补短板	对于电商企业来说,最重要的就是信息流、资金流和物流。2012 年,阿里拥有 B2C 市场 52.1%和 C2C 市场 96.4%的份额,能够获取海量数据。支付宝的推出和成功又解决了资金流的问题
保持竞争优势	在解决了信息流、资金流之后,要为电商版图的物流突围找到支点。如果不从产业链和供应链方面保持竞争优势的话,阿里系有可能被京东、腾讯、苏宁易购与国美瓜分市场份额
订单优势基础	阿里包裹占据了全国包裹的 60%,甚至最高峰时接近 80%,订单优势明显

15.6.2 菜鸟网络的战略规划

菜鸟网络计划利用开放的数据应用平台,建立一张能日均 300 亿,即支持每年约 10 万亿网络零售额的智能骨干网络,目标是"让全中国任何一个地区做到 24 小时内送货必达"。菜鸟网络的仓储物流同传统的干线物流是不同的,它重点构建仓储系统,结合"天网+地网",依靠社会化分工,物流、快递、干线运输等社会资源可自由接入菜鸟平台。

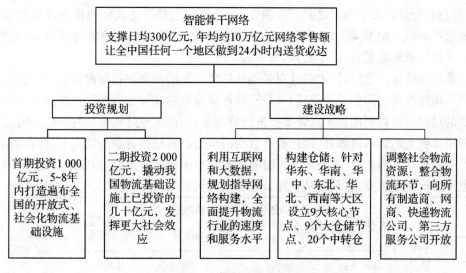

图 15-11 菜鸟网络战略规划

15.6.3 菜鸟网络的模式分析

菜鸟网络定位在网络服务的领域。其服务对象是国内物流企业，目的是为物流行业提供更优质更高效更智能的服务。菜鸟网络的主要依托是阿里巴巴成熟的物联网、云计算、网络金融服务等技术，在这些技术的支持下，各类 B2B、B2C 和 C2C 企业可以获得开放的服务平台。其总体思路为采用自建、共建、合作、改造等多种模式构建两个平台：一个是物流仓储平台；一个是物流信息平台。这两个平台共同构成一套开放、共享、社会化的基础设施平台，在全中国范围内形成一套开放的社会化仓储设施网络。

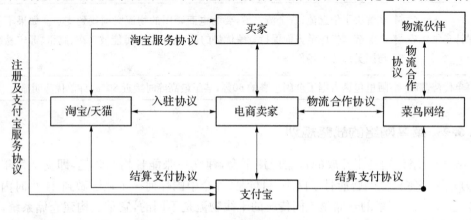

图 15-12 菜鸟网络运作模式

建立菜鸟网络之前，货物的配送以零散的包裹为主，主要由快递公司进行收货、分拣、打包和配送。由于包裹之间相互独立，配送模式上难以达成集约化和规模化运输，运输成本难以大幅度降低；独立包裹的在途路程长，运输过程中的损毁风险高，且再次补货又要厂家重新发货，成本较高。

菜鸟网络建成之后，厂家将针对各地域销售情况的预测进行提前备货，大大缩短了用户下单到收货之间的配送路程和时长，这样整合货物仓储使得集约化配送成为可能，备货的过程中可以利用整车或者零担进行货物分配，极大地降低单一发货的运输成本，且利用社会上的运输资源，能迅速提升自身的运力。再提前备货的情况下，库存商品在订单发出前具有同质性，即便在仓库时有所损毁也不会影响发货，即使最后配送环节损毁也无需厂家重新发货，只需从仓库就近补发即可。

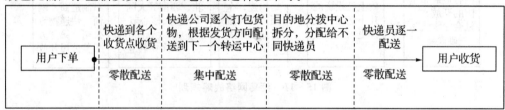

图 15-13 建立菜鸟网络之前的配送模式

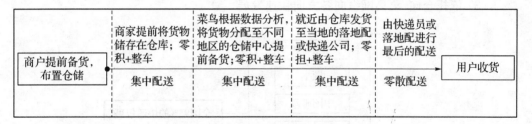

图 15-14 菜鸟网络的配送模式

15.6.4 菜鸟网络的建设分析

菜鸟网络以"仓储"为核心,依托阿里的大数据而建,转而完善了阿里大数据中"物流"的缺憾。通过自建、收购和租赁,菜鸟已经在全国布局 9 大仓储节点,仓储面积达 107 万平方米。依托仓储,菜鸟得以进行信息流整合,向商家提供仓储物流服务、拓展农村电商业务、完善"最后一公里"、构建国际配送网络。未来,菜鸟网络将催生数据经济,带来产业模式变革。

(1) 大数据统领网络运转

菜鸟网络的核心资源包括基于大数据构建的"天网"和以仓配网络为基础的"地网",这两者相互补充、相互支持,共同支撑起整个物流网络的运转。阿里的线上数据主要由云计算＋大数据(互联网＋物联网＋移动互联网)构成。云计算为大数据应用提供可能,阿里丰富的大数据资源也能助力物流网络搭建。

(2) 初步建立仓储,支持第四方物流体系运转

菜鸟网络在规划时提出,针对华东、华南、华中、东北、华北、西南、西北等大区,建立 8 大核心节点,分别是:总部深圳、华东金华、华南广州、华北天津、华中武汉、西南成都、西北西安、东北暂未确定,并选择中心位置进行仓储投资,逐步设立 9 个大仓储节点、20 多个城市中转仓。

图 15-15 菜鸟物流核心节点位置

(3) 依托仓储,菜鸟网络向各方向快速发展

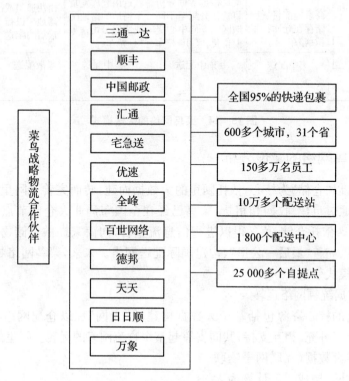

图 15-16　菜鸟物流战略合作概况

复习思考题

1. 南方现代物流公共信息平台可以提供哪些服务?
2. 京东物流信息系统的模块结构是什么样的?
3. 试描述某汽车零部件制造生产企业 R 公司实施 ERP 的过程。
4. 试分析互联网外卖订餐平台的订餐流程。
5. 安得物流供应链管理信息系统目前包括哪些功能模块?
6. 试分析菜鸟网络的运作模式。

参考文献

[1] 薛华成. 管理信息系统(第六版)[M]. 北京:清华大学出版社,2012
[2] 叶怀珍. 现代物流学(第三版)[M]. 北京:高等教育出版社,2014
[3] 林自葵. 物流信息系统管理(第二版)[M]. 北京:中央广播电视大学出版社,2014
[4] 肖玉,周磊. ERP 原理、实施与案例(第二版)[M]. 北京:清华大学出版社,2014
[5] 孙滨丽. ERP 原理与应用[M]. 北京:电子工业出版社,2013
[6] 蓝仁昌. 物流信息技术应用(第二版)[M]. 北京:高等教育出版社,2011
[7] 杨永明,周剑敏. 物流信息系统管理(第二版)[M]. 北京:电子工业出版社,2010
[8] 张哲瑞. 快递物流管理系统的设计与开发[D]. 燕山大学,2015
[9] 喻莉,熊瑛. App 数字平台在物流行业转型中的运用[J]. 中国市场,2015,(15):20 - 21
[10] 李红卫. 基于物联网的物流信息平台规划与设计[J]. 信息技术,2011,(09):13 - 16
[11] 彭祖成. 基于物联网优化 ERP 系统基础数据研究[J]. 制造业自动化,2014,(05):21 - 23,37
[12] 王美佳. L 集团 ERP 设计与项目实施研究[D]. 山东大学,2011
[13] 邱伟国. 通力公司 ERP 设计与项目实施研究[D]. 南京理工大学,2010
[14] 刘杰. 上海 R 汽车公司 ERP 实施分析[D]. 江苏科技大学,2015
[15] 郑少峰. 现代物流信息管理与技术[M]. 北京:机械工业出版社,2015
[16] 修桂华,王淞春. 物流信息系统与应用案例[M]. 北京:清华大学出版社,2015
[17] 夏火松. 物流管理信息系统[M]. 北京:科学出版社,2012
[18] 曹达仲. 移动通信原理、系统及技术[M]. 北京:清华大学出版社,2011
[19] 孙艳艳,王瑞亮,牛志文. 物流信息系统[M]. 北京:北京理工大学,2012
[20] 陈静. 电子商务企业物流信息系统的设计与实现[D]. 长沙:湖南大学,2013
[21] 肖离离. 基于电子商务的企业物流信息系统构建问题研究[J]. 物流技术(装备版),2012,31(12):51 - 53
[22] 刘峰. 基于 DRP 分销资源管理系统的研究[D]. 电子科技大学,2014
[23] 王晓援. DRP 分销资源管理系统的设计与实现[D]. 吉林大学,2014
[24] 朱成国. 基于 JIT 的库存管理模式研究[D]. 天津大学,2009
[25] 李佳. 具有可靠性要求的第四方物流系统网络设计与优化研究[D]. 沈阳工业大学,2016
[26] 翟笃凤. 服务于第四方物流企业的智慧型供应链构建研究[D]. 宁波大学,2011
[27] 田歆,汪寿阳. 第四方物流与物流模式演化研究[J]. 管理评论,2009,21(9):55 - 61
[28] 宋新,赵小鹏. 基于"菜鸟网络"的我国第四方物流发展探究[J]. 中国市场,2016(49):15 - 16
[29] 菜鸟网络深度分析报告[R]. 证券研究报告,2015
[30] 王喜富,沈喜生. 现代物流信息化技术[M]. 北京:北京交通大学出版社,2015
[31] 任芳. 物流信息化技术创新应用[J]. 物流技术与应用,2015(8):66 - 69
[32] 金海. 计算机仿真技术在现代物流中的应用[J]. 物流技术,2012(17):387 - 389
[33] 郑红剑,张鹏飞,张凌云. 现代物流园区信息化平台构建研究[J]. 物流技术,2013(13):446 - 448
[34] 王蕊,李国洪. 仿真技术在物流系统中的应用[J]. 物流技术与应用,2013(11):115 - 117
[35] 赵希和,白晓松. 物流公共信息平台建设与运营[J]. 中国市场,2014(22):24 - 25
[36] 刘航源. 智慧物流园区信息平台建设研究[J]. 信息技术与信息化,2016(9):123 - 125
[37] 南方现代物流公共信息平台建设实施方案. 互联网,http://wenku.baidu.com/